高等学校金融学专业主要课程精品系列教材

金融市场学

（第二版）

晏艳阳　刘轶　王天轶　主编

高等教育出版社·北京

内容简介

本教材根植中国金融市场，放眼世界，通过对本教材的学习，读者可以了解全球金融市场的现状和发展脉络，全面系统把握中国金融市场的发展现状与趋势。本教材内容满足《金融市场学》教学框架要求，也适应《投资学》的基本教学要求，能够帮助读者完善金融学与投资学入门知识框架构建。

本教材内容围绕金融市场和金融工具展开，分为概述（第1章）、金融机构和金融监管（第2—3章）、金融工具（第4—13章）、投资学理论（第14—15章）四个部分。同时，为了体现新形态的教材发展趋势，本教材还增加了大量二维码案例资源和章末即测即评二维码链接，以拓展教学内容、增强复习巩固效果。

本教材可作为金融学专业本科生的专业核心课教材，也可以作为非金融专业读者学习金融市场知识的读本或者非金融专业学生的通识选修课教材。

图书在版编目（CIP）数据

金融市场学/晏艳阳，刘轶，王天轶主编. --2版. --北京：高等教育出版社，2020.12（2024.2重印）
ISBN 978-7-04-054821-1

Ⅰ.①金… Ⅱ.①晏… ②刘… ③王… Ⅲ.①金融市场-高等学校-教材 Ⅳ.①F830.9

中国版本图书馆 CIP 数据核字（2020）第 144600 号

策划编辑	李欣航	责任编辑	郭金录	封面设计	张 楠	版式设计	于 婕
插图绘制	于 博	责任校对	王 雨	责任印制	刁 毅		

出版发行	高等教育出版社	网　　址	http://www.hep.edu.cn
社　　址	北京市西城区德外大街4号		http://www.hep.com.cn
邮政编码	100120	网上订购	http://www.hepmall.com.cn
印　　刷	北京市鑫霸印务有限公司		http://www.hepmall.com
开　　本	787mm×1092mm 1/16		http://www.hepmall.cn
印　　张	21.25	版　　次	2008年7月第1版
字　　数	480千字		2020年12月第2版
购书热线	010-58581118	印　　次	2024年2月第2次印刷
咨询电话	400-810-0598	定　　价	49.60元

本书如有缺页、倒页、脱页等质量问题，请到所购图书销售部门联系调换
版权所有　侵权必究
物 料 号　54821-00

第二版前言

自《金融市场学》第一版的推出已经过去了十二年,这期间全球经济格局与金融市场发展发生了巨大变化,也促使金融市场有关理论不断丰富和发展,我们将其择要吸收在本版教材中,其中最主要的变化体现在以下三个方面。

一是中国金融市场发展迅速。习近平总书记说,"金融兴,经济兴"。过去的十二年,中国金融市场以前所未有的开放态度,努力将自己不断融入世界金融市场发展的浪潮之中。2009年创业板开板;2010年股指期货在中国金融期货交易所挂牌上市,同时A股市场启动融资融券交易;2014年"沪港通"和"港股通"推出;2017年A股被正式纳入MSCI新兴市场指数;2018年科创板推出,注册制试点,中资银行和金融资产管理公司外资持股比例限制被取消;2019年美国标准普尔全球公司进入中国,股指期权交易推出;2020年创业板实施注册制改革,科创板计划引入做市商制度……金融市场的创新与探索一直在持续。

二是互联网金融发展迅速。互联网是信息高效集中和流通的媒介,能极大地降低信息获取与传递的成本,最大限度地发挥大众融资的作用。从理论上说,互联网能够调动资源,实现资源全球配置的深化发展,加密货币和跨境互联网金融活动日益兴起就是最好的证明。无论是网络借贷还是股权众筹,都在根本上改变着传统金融的理念和格局,基于互联网的金融创新在超越传统的同时,也在瓦解传统金融的垄断地位。从微观角度看,互联网金融推动了金融中介变革传统业务和金融市场"去中介化"这两者之间的螺旋发展。

三是全球金融市场监管行为发生变化。2008年美国次贷危机爆发,并迅速波及全球,金融监管原则从危机前的微观审慎普遍过渡到危机后的宏观审慎。美国监管机构更加关注金融市场整体健康程度和可持续性,强调在系统性风险发生之前介入。特别是以美联储的量化宽松政策为代表的央行货币政策,从危机前的以商业银行体系为最主要的政策中介渠道,变为次贷危机后以资本市场为主要渠道,直接通过资本市场向工商企业注入流动性支持。在最近爆发的新冠危机当中,美联储更是直接无限量购买公司短期融资券和中长期债券。以美联储为代表的中央银行绕开商业银行体系,直接进入资本市场进行市场操作,预示着未来金融市场各子市场的结构与规则可能会发生巨大变化。

金融市场学是教育部金融类专业教学指导委员建议的金融专业核心课程,国内主要高校均开设了此课程。湖南大学金融与统计学院的金融市场学课程已有将近20年的开课历史,每年覆盖300名左右的金融专业本科学生,以及部分非金融学专业本科学生。本教材以金融市场和金融工具为核心,系统介绍了国内外市场的主要金融工具的概念、风险收益特征、基本功能、交易方式和估值方式。同时,为使体系完整,本教材也对投资组合理论、有效市场假说、行为金融理论等投资学理论进行了相应的介绍,方便与后续专业课程相衔接。另外,本教材还附加了大量二维码案例资源以及章末即测即评二维码链接,以进一步拓展教学内容和强化教学效果,凸显了新形态特征。

本书修订后,从内容上兼顾了《金融市场学》的基本框架要求,也符合《投资学》的教学基本框架,因此,本教材既可以作为《金融市场学》课程的教材,又可以作为《投资学》课程的教材。我们给出如下建议:金融方向的本科学生以及本科非金融专业的研究生重点学习教材的1—13章内容,14—15章内容可以在学有余力时学习。建议的授课时间为40—48学时。如果使用本教材面向非经管专业本科生开设公选课,则建议学习教材的第1—6章、第8章、第10—13章,建议的授课时间为32学时。

本教材由晏艳阳、刘轶、王天轶联合主编,王忠生、伍伟、曹晓东、张磊参与编写。教材框架由全体编写组成员多次讨论确定。书稿在全体编写人员的共同努力下,几易其稿得以完成,相对于第一版,内容几乎进行了全新的编写。全书共15章,各章节撰写人如下:晏艳阳(第1、2、5章)、刘轶(第10、11、12章)、王天轶(第4、7、9、14章)、王忠生(第3章)、伍伟(第6章)、曹晓东(第8、13章)、张磊(第15章)。

本书第一版发行以来,得到了国内同行的支持与信任,被许多学校选为教材,借此机会表示感谢。在教材的编写过程中,我们参考了国内外大量专著文献、数据文件,在此谨向所有参考文献的编著者表示衷心的感谢。在写作和修订期间,教材讲义在湖南大学金融专业2016、2017、2018级试用,得到了这三届同学们的积极反馈,感谢这些同学们提出的宝贵意见。

衷心感谢高等教育出版社的信任,特别是郭金录老师、李欣航编辑给予的关心与支持。由于编者水平有限,书中难免有错误和不完善之处,欢迎同行专家与广大读者批评指正。

编　者
2020 年 5 月

第一版前言

金融市场学是研究市场经济条件下金融市场运行机制及各主体行为规律的科学。20世纪90年代初,原湖南财经学院金融系根据当时我国金融市场的特点,特别是资本市场正处于发展初期的国情,开设了"证券投资学""金融期货与期权""证券投资分析与组合管理"等课程,重点讲述资本市场的相关内容。随着中国改革开放的日益深入和社会主义市场经济体系的日益完善,金融市场成为整个经济体系的核心,其地位也日益重要。在教育部"面向21世纪金融学专业系列课程教学内容与课程体系建设"全面实施和推广后,"金融市场学"被教育部正式列为金融学专业六门核心课程和财经类专业主干课程。该课程对学生全面掌握市场经济条件下金融市场运行的原理和规律,适应教育部"宽口径、厚基础"的改革要求,适应社会主义市场经济对于人才的要求具有重要意义。2000年,湖南大学金融学院在相关课程的基础之上开设了"金融市场学"课程。

我们对于"金融市场学"课程的建设工作一开始就瞄准国内外先进水平,配备了一支以中青年教师为骨干的、年富力强、充满活力的师资队伍;全面推广使用了教育部面向21世纪课程教材(张亦春教授主编的《金融市场学》,高等教育出版社1999年版)。由于教授本课程的多名教师有在国外知名高校的留学经历,同时,课程建设过程中也选送了青年骨干教师赴英国诺丁汉大学等高校攻读学位或进修学习,使"金融市场学"课程建设做到了与现代金融体系的发展相适应并与国内外金融市场的最新变化同步。2004年,本课程被确定为湖南大学校级精品课程。

近几年来,国内外金融市场上新的工具、新的事物层出不穷。为了更好体现国际国内金融市场的发展变化,我们吸收了国内外金融市场理论研究的最新成果,尽可能将金融市场的最新发展与变化纳入视野,遵循教材续写前瞻性、科学性、系统性、实用性统一的原则,组织讲授"金融市场学"及相关课程的教师编写了本书。本书是一本关于金融市场的概论性质的教材,主要围绕"金融市场与金融工具""金融市场的运行机制"展开,分为导论、金融市场与金融工具、投资理论、证券价值分析等四个部分,介绍的重点为基本概念和基础知识,适合作为高等院校经济类、管理类本科专业的核心课程教材,也可以作为财经类各专业研究生的教学参考书。与国内同类教材相比,本教材具有以下特色:

一是体系的完整性。本教材立足于金融市场学的课程要求,注重内容体系的提炼概括,建立了一个统一的体系框架,并将金融市场发展变化的一般性与中国金融市场的实践紧密结合。近年来中国金融市场发展迅猛,许多业务和金融工具在短短的时间内迅速推出并逐渐完善。时至今日,中国股票市场的总市值已经逼近GDP,投资基金成为市场上最重要的机构投资者,资产支持证券、黄金期货、金融互换均已一一登场。本教材在正文进行一般性阐述的同时,主要通过专栏的形式对我国金融市场的发展与创新进行了介绍。

二是内容的时效性。本教材力求反映国内外金融理论和金融实践的最新进展,使教学内容紧跟时代步伐,与时俱进。现实中出现的新情况,如 NASD 市场由场外交易市场向交易所市场的演进,Google 的荷兰式拍卖 IPO 对传统新股发行制度的颠覆,2007 年的美国次级债危机,我国的股权分置改革,我国的 QFII 与 QDII 制度,中国金融衍生市场的最新发展等问题都在本教材中得到了较好反映。

三是教与学的方便性。本教材在每章开篇提出了"本章学习目的",在章末有本章"小结""关键词""习题"和"参考文献及进一步阅读建议",对一些较难的公式等内容在附录中进行了详细推导。我们还为使用本教材的教师准备了教学课件,能较好地满足教学的需要。我们还计划陆续推出专门的教学网站,出版配套的习题指南,以利于提高学生对知识的理解能力和应用能力。

四是考研的适用性。本教材编写过程中较为充分地考虑到了国内各主要高校在研究生入学考试中对于金融学相关内容的考试要求,因此便于学生系统地学习和复习金融学专业研究生入学考试的必备知识。

本教材由晏艳阳任主编,刘轶、王天轶任副主编。本书的编写框架由主编与副主编多次讨论确定。书稿在全体编写人员的共同努力下,历经一年多时间,几易其稿而成。各章编写人员如下:第一章由刘轶撰写;第二章、第九章、第十章由晏艳阳、蒋恒波、赵大伟撰写;第三章由陈珂撰写;第四章由伍伟撰写;第五章、第十四章由何康撰写;第六章、第十一章由陈之大撰写;第七章、第十二章、第十三章由王天轶撰写;第八章由曹晓东撰写。最后,晏艳阳对全书进行了总纂。

在本教材的编写过程中,参考了国内外大量相关教材、专著和资料,在此谨向所有参考文献的编著者表示衷心的感谢!本教材的出版,得到了高等教育出版社以及湖南大学金融学院的热情关怀和大力支持,在此一并向他们表示最诚挚的谢意!

"金融市场学"课程还在不断建设之中,存在疏漏、不当和缺憾之处在所难免,敬请学术界同行和广大读者批评指正。

编　者
2008 年 2 月

目录

第1章 导论 ··· 1
  1.1 金融市场的概念 ··· 1
  1.2 金融资产 ·· 2
  1.3 金融市场的类型 ··· 7
  1.4 金融市场的参与者 ·· 12
  1.5 金融市场的功能与地位 ·· 13
  1.6 金融市场的变革与创新 ·· 17

第2章 金融机构 ··· 27
  2.1 金融机构的界定 ··· 27
  2.2 存款性金融机构 ··· 29
  2.3 非存款性金融机构 ·· 35
  2.4 存款性金融机构与非存款性金融机构的异同 ············· 42

第3章 中央银行与金融监管 ··· 45
  3.1 中央银行概述 ·· 45
  3.2 中央银行与金融市场 ·· 48
  3.3 金融监管概述 ·· 51
  3.4 金融监管机构体系 ·· 52

第4章 货币市场 ··· 58
  4.1 货币市场概述 ·· 58
  4.2 短期国债市场 ·· 60
  4.3 同业拆借市场 ·· 63
  4.4 债券回购市场 ·· 67
  4.5 短期融资券市场 ··· 71
  4.6 银行承兑汇票市场 ·· 73
  4.7 大额可转让定期存单市场 ······································ 75

第5章 利率理论 ··· 78
  5.1 有关利率的基本概念 ·· 78
  5.2 利率的计算 ··· 82
  5.3 利率的决定因素 ··· 86
  5.4 利率的风险结构 ··· 91
  5.5 利率的期限结构 ··· 95

5.6 国债收益率曲线的解读与运用 ………………………………………… 100

第6章 债券市场 …………………………………………………… 106
6.1 债券概述 …………………………………………………………… 106
6.2 债券的品种 ………………………………………………………… 109
6.3 债券发行市场 ……………………………………………………… 115
6.4 债券流通市场 ……………………………………………………… 120

第7章 债券估值 …………………………………………………… 127
7.1 收入资本化法和债券内在价值 …………………………………… 127
7.2 债券价值的影响因素 ……………………………………………… 131
7.3 债券的收益率 ……………………………………………………… 137
7.4 债券的久期和凸性 ………………………………………………… 140

第8章 权益市场 …………………………………………………… 149
8.1 股票概述 …………………………………………………………… 149
8.2 股票发行市场 ……………………………………………………… 154
8.3 股票流通市场 ……………………………………………………… 158
8.4 股权投资 …………………………………………………………… 176

第9章 股票估值 …………………………………………………… 183
9.1 股票的内在价值 …………………………………………………… 184
9.2 权益估值模型的分类 ……………………………………………… 184
9.3 红利折现模型 ……………………………………………………… 185
9.4 公司自由现金流模型 ……………………………………………… 193
9.5 财务倍数估值 ……………………………………………………… 197

第10章 远期与互换市场 ………………………………………… 206
10.1 远期市场 ………………………………………………………… 206
10.2 互换市场 ………………………………………………………… 215

第11章 期货与期权市场 ………………………………………… 225
11.1 期货市场 ………………………………………………………… 225
11.2 期权市场 ………………………………………………………… 233

第12章 资产证券化与抵押债务凭证 …………………………… 247
12.1 资产证券化 ……………………………………………………… 247
12.2 抵押支持证券市场 ……………………………………………… 252
12.3 资产支持证券市场 ……………………………………………… 256
12.4 担保债务凭证 …………………………………………………… 258

第13章 投资基金市场 …………………………………………… 263
13.1 投资基金概述 …………………………………………………… 263
13.2 投资基金的分类 ………………………………………………… 270

13.3　投资基金的收益与风险 ………………………………………………… 276
第 14 章　投资组合理论 ………………………………………………………… 283
　　14.1　投资者效用和均方准则 ………………………………………………… 283
　　14.2　投资组合的风险和收益 ………………………………………………… 290
　　14.3　投资可行集和投资者效用最大化 ……………………………………… 295
　　14.4　资本资产定价模型 ……………………………………………………… 301
第 15 章　有效市场假说和行为金融理论 …………………………………… 312
　　15.1　有效市场假说 …………………………………………………………… 312
　　15.2　有效市场假说的异象 …………………………………………………… 316
　　15.3　行为金融 ………………………………………………………………… 320

第 1 章
导 论

本章学习目的

- 掌握金融市场的概念、类型
- 理解金融市场在经济体系中的地位
- 理解金融资产的类型、金融市场的功能
- 理解金融中介与金融市场的互动发展
- 了解金融市场的创新与变革

金融市场是现代市场体系的重要组成部分,在经济运行中起着核心作用。本章介绍金融市场的定义、金融市场的交易对象、金融市场的类型;阐述金融市场的功能及其在经济体系中的地位;讨论金融市场的变革与创新。本章的主要任务是为掌握金融市场学的整个理论体系打下根基。

1.1 金融市场的概念

1.1.1 金融市场的定义

从经济学的角度看,所谓市场,就是商品和服务交易的场所,潜在的买家和卖家在这里聚集,以完成他们自愿进行的商品或服务的交易。

金融市场(Financial Market)作为市场的一部分,其定义来源于所交易的商品的特殊性,是指以金融资产为交易对象而形成的供求关系的总和。它包括如下三个含义:① 它是金融资产进行交易的场所(有形和无形);② 它反映了金融资产的供应者和需求者之间所形成的供求关系;③ 它包含了金融资产交易过程中所产生的运行机制,其中最主要的是价格(包括利率、汇率及各种证券的价格)机制。这是广义的金融市场概念。

在许多人的印象中,提到金融市场首先就想到了纽约证券交易所、深圳证券交易所和上海证券交易所,这些场所是以交易股票和债券为主的集中交易场所,我们称为狭义的金融市场。传统上,狭义的金融市场都有一个有形的交易场所,但随着电子技术的进步,无形的、由电脑终端所组成的交易平台发展越来越快。

与所有市场一样,金融市场上金融工具交易的价格同样反映了金融资产的供应者与需求者之间所形成的供求关系,反映了金融资产交易过程中所产生的运行机制,其中最主要的是价格(包括利率、汇率及各种证券的价格)机制。

1.1.2 金融市场的特性

除了一般市场的共性,金融市场还存在下述特性。

(1) 在金融市场上,市场参与者之间的关系不是一种单纯的买卖关系,而是一种借贷关系或委托代理关系,是以信用为基础的资金的使用权和所有权的暂时分离或有条件的让渡。

(2) 金融市场的卖方通过出售金融工具获得所需要的资金,这些资金被用作生产要素而不是用来交换最终消费品。而金融市场的买方所购买的金融工具也不是用来"使用"的。买方是通过让渡货币资金的使用权来换取所购买的金融工具所可能带来的收益。

(3) 从金融市场的市场形态来看,虽然目前仍然存在有形的市场,但交易场所在大部分情况下是无形的,通过电信及计算机网络等进行交易的方式已越来越普遍。并且,由于其交易对象的特殊性,交易往往伴随着一系列电子账务划转,通常情况下没有商品流或物流。

1.2 金融资产

如前所述,金融市场上交易的对象是金融产品(金融工具)。为了理解金融产品为什么可以用来进行交易,我们首先必须了解另一重要概念——金融资产。

1.2.1 金融资产的界定

1. 金融资产的概念

金融资产(Financial Asset)指一切代表未来收益或资产合法索取权的凭证,能够在市场交易中为其持有者提供即期或远期的货币收入流量。它通常以凭证、合同或其他法律文件形式存在。

专栏 1-1

古老的金融资产——债券

在金融资产中,债券的历史比股票要悠久,其中最早的债券形式就是在奴隶制时代产生的公债券。据文献记载,古希腊和古罗马在公元前4世纪就开始出现国家向商人、高利贷者和寺院借债的情况。进入封建社会之后,公债得到了进一步发展,许多封

> 建主、帝王和共和国每当遇到财政困难特别是发生战争时便发行公债。12世纪末期，在当时经济最发达的意大利城市佛罗伦萨，政府曾向金融业者募集公债。其后热那亚、威尼斯等城市相继仿效。15世纪末16世纪初，美洲新大陆被发现，欧洲和印度之间的航路开通，贸易进一步扩大。为争夺海外市场而进行的战争使得荷兰、英国等竞相发行公债，筹措资金。美国在独立战争时期，也曾发行多种中期债券和临时债券，这些债券的发行和交易便形成了美国最初的证券市场。19世纪末到20世纪，欧美资本主义各国相继进入垄断阶段，为确保原料和产品市场，建立和巩固殖民统治，加速资本的积聚和集中，股份公司发行大量的公司债，并不断创造出新的债券种类，今天多品种、多样化的债券体系逐渐形成。

2. 金融资产与实物资产

为了准确理解金融资产的特征，我们将其与一般意义的资产概念进行比较分析。

通常，资产(Assets)是一种经济资源，可以给其所有者或控制人带来价值。资产按形态可以分为有形(Tangible)资产和无形(Intangible)资产。有形资产也称作实物资产(Real Assets)，即具有实物形态的资产，包括固定资产，如机器、房屋、土地等，也包括流动资产，如存货。无形资产是没有实物形态但能给企业带来利益的资产，如专利、商标、版权、品牌识别(Brand Recognition)、金融资产(如股票、债券等)。一个实体的全部资产由其所拥有的有形资产和无形资产组成，其价值也由两者共同创造。

金融资产是一种广义的无形资产，是一种索取实物资产的无形的权利。值得注意的是，并不是所有的无形资产都是金融资产。如商誉、商标、知识产权、肖像权、计算机软件、技术诀窍等都是无形资产，但它们不是金融资产。金融资产是建立在债权债务或所有权关系基础上的一方向另一方在将来提供报偿的索取权。

一个社会的物质财富最终取决于该社会经济的生产能力，即为社会成员提供产品与服务的能力，而这种生产能力由实物资产的产出能力决定，并且，实物资产本身也是社会财富的直接表现。相反，金融资产对社会经济的生产能力并没有直接的贡献，因此金融资产并不是社会财富的代表。但是，并不能因此而否定金融资产在物质财富创造中的作用。恰恰相反，正是因为创造了金融资产，才使得实物资产可以更为广泛地在不同经济主体中进行配置，也更广泛地动员了社会资源在不同资产之间进行配置，从而最大限度地合理利用了社会资源，大力提升了社会经济生产能力。

由此，我们可以看到，拥有实物资产可以直接创造社会财富，如拥有土地可以直接生产粮食，拥有钢厂可以直接生产钢铁；拥有金融资产则对实物资产所创造的财富拥有收益权，如持有农业企业的股票可以得到分红，持有钢铁公司的债券可以获取利息。正因如此，所有经济参与主体，无论是政府、企业还是个人，都会适当选择持有一定量的金融资产。

个人可以选择消费当下所拥有的财富，也可以把它们用于投资以便将来可以获得收益从而用于未来的消费。大部分个人并不拥有可以直接进行实物投资的财富，因此，他们可以选择的投资方式就是持有金融资产。将资金量较小但群体巨大的个人的资金利用起来是社会资源配置的一个重要方面。需要资金的企业寻求合适的筹资方式,通过发行证券(将它们卖给投资者)获得用于购买实物资产的资金,最终将实物资产所创造的收入按一定的方式分配给其金融资产的持有人。通过持有金融资产的方式拥有实物资产的索取权对于个人而言有着重要的意义。如前所述,现实中绝大多数人不可能亲自拥有实物资产,如油田,但是,他们可以持有中国石油(601857)的股份从而分得石油生产所创造的收入。这样使得小额分散的资金能得到充分利用,最大限度地调动了社会资源,而且对于个人而言,创立了一种可以灵活选择的投资机制,提高了其收益性。

专栏1-2

中国居民拥有的金融资产

关于各国居民金融资产的统计,一般按照总量与结构两个方面进行分析。而从总量的角度,通常按照"户均"与"人均"两个统计口径进行,并且将这一指标与人均GDP进行比较。按照兴业银行首席经济学家鲁政委从中国人民银行编制的住户部门金融资产负债表所获得的资料测算,2014年我国居民金融资产总量为84.5万亿元,我国户均金融资产/人均GDP比率为4.8倍,高于2.5倍的世界平均水平;我国居民金融资产占家庭总资产的41%,也高于26%的世界平均水平。

如果跟世界上主要发达国家相比,则可以发现我国居民拥有的金融资产还处于较低水平,《2016安联全球财富报告》显示,中国居民人均金融资产结果显著低于其他国家,如图1.1所示。

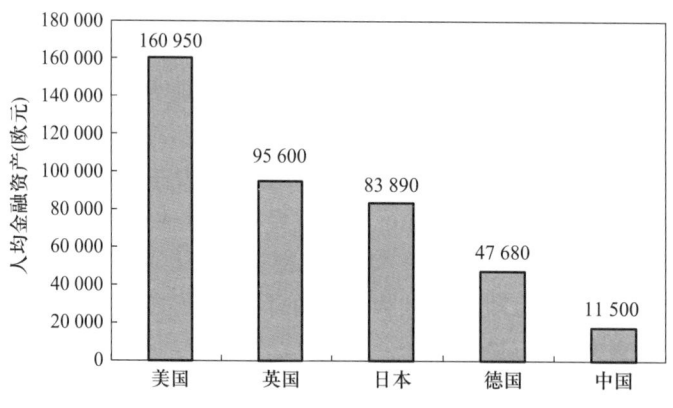

图1.1 各国居民人均金融资产

从资产结构的角度来看,居民金融资产一般由通货、存款、证券(又细分为债券和股票)、证券投资基金份额、证券公司客户保证金、保险准备金、代客理财资金、资金信托计划权益等组成。2014年,我国居民金融资产构成大致如下:存款70%,保险12%,股票9%,基金1.8%,债券1.2%,其他6%。其中,存款比率显著高于世界平均水平(35%左右)。

3. 金融资产的特征

与实物资产相比,金融资产有下列特征:第一,与实物资产能给其所有者带来使用价值不同,金融资产没有使用价值,但能为其所有者带来未来收益,并作为价值(购买力)的储存手段。第二,与实物资产,如机器会因为使用出现或多或少的损耗不同,金融资产不会折旧,如股票不会因为持有而导致价值的损失。第三,金融资产的物质条件或形式与其市场价值(价格)无关。例如,一份股票凭证不会因打印它的纸的规格或质量,或它的边缘是否磨损,而出现价值的增加或减少。这是因为金融资产通常用一张纸(凭证或合同)或存在于计算机文档中的信息表示,其介质本身价值很小或没有价值,而且转移与储存的成本很低。第四,它们能够轻易地改变形式。例如,一张债券和一份股票能够很快地转换成持有者希望的其他任何资产。这是因为金融资产能够通过金融市场进行交易,迅速转换成货币,因此金融资产比实物资产有着更强的流动性。

4. 金融产品与金融工具

金融产品(Financial Product)是由金融机构设计与开发的金融资产,比如银行储蓄、回购协议、期货、期权、掉期与互换,或者是由政府或公司委托金融机构设计并发行政府债券、股票、企业债券与商业票据等。金融产品设计与开发的动力来自市场的需求。金融产品通常是标准化的,类似于工厂流水线上下来的产品,如都有统一的期限、面值等。它的好处是容易进行资产组合,人们愿意持有它。之所以把金融机构设计与开发的金融资产称作金融产品,是因为它具有较高信用、较大规模、标准面值与期限、统一的发行与偿还等条件,适合面向社会大规模发行。而那些不是由金融机构设计发行的非标准化的债权债务关系,譬如,亲朋之间的借贷收据,虽然也是金融资产,但不能称作金融产品。

尽管在很多时候,人们没有将金融工具(Financial Instruments)与金融产品进行区分。但严格来说,金融工具只是金融产品的一种,它的样式、内容以及法律要件都是规范、标准与统一的,交易方式简便,容易获得市场普遍的接受,因此具有较好的流动性,交易成本较低,可以有一个活跃的二级市场;而金融产品中可能还包括那些不能交易的,或没有二级市场的金融资产。所以,标准化和可交易是识别金融产品与金融工具的两个重要的指标。在金融市场的讨论与分析中,主要的研究对象是各种金融工具。

专栏1-3

从金融产品到金融工具——资产证券化

贷款是商业银行资产业务的重要组成部分,也是其最主要的金融产品,但由于其通常情况下不能转让,也没有二级市场,因此也不叫作金融工具。但是,可以通过金融创新手段,将银行的这部分资产证券化从而转变成金融工具。

资产证券化(Asset Securitization)是把流动性较差的资产,如金融机构的一些长期固定利率放款或企业的应收账款等通过商业银行或投资银行的集中及重新组合,以这些资产做抵押来发行证券,从而实现相关债权的流动化。

资产证券化最早起源于美国。最初是储蓄银行、储蓄贷款协会等机构的住宅抵押贷款的证券化,接着商业银行纷纷效仿,对其债权实现证券化,以增强资产的流动性并转移风险。从20世纪80年代后期开始,资产证券化已成为国际金融市场的一个显著特点。

2005年12月,中国国家开发银行第一期41.77亿元"开元"信贷资产支持证券和中国建设银行第一期30.17亿元"建元"个人住房抵押贷款支持证券成功发行交易,标志着中国规范的信贷资产证券化业务在境内正式开展。

1.2.2 金融资产的类型

根据金融资产与实际信用活动是否直接相关,可以将金融资产划分为基础性金融资产和衍生性金融资产。

基础性金融资产主要包括固定收益证券和权益证券。

固定收益证券(Fixed-income Securities)的持有人可以在特定的时间内取得固定的收益并预先知道取得收益的时间和数量,主要包括固定利率债券、优先股等。根据偿还期限不同,固定收益证券可以分为货币市场工具和中长期债券。其中货币市场工具是指期限在一年或一年以下的以赚取利息为主要目的的证券。而中长期债券的期限一般在一年以上,长的可达10~30年,甚至更长。例如,没有固定到期日的永续年金,其寿命可以看作无限的。

权益证券(Equity Securities)工具主要是指普通股(Common Stock)。普通股也称作权益(Equity),它对投资者而言有两个主要特征,一是对剩余的索取权,二是只承担有限的责任。所谓剩余是指发行普通股的公司在经营中所获得的销售收入减去各项成本、费用与税收后所剩下的净利润,而普通股的持有人即股东有权得到这些利润,能得到利润的数量取决于利润总量的大小和持股数量的多少。所谓有限责任是指股东对公司赔偿责任最多只以所购股票的资金为限。如果企业破产需要进行清算,并且通过出售公司资产的所得不足以清偿这家企业的全部债务,那么债权人无法向普通股的持有者索取资金来弥补这一缺口。债权人的索取权被限定在企业资产的范围之内。普通股的另一个特点是它不会到期,不愿继续持有时只能通过股票市场的交易转让出去。

衍生性金融资产又称为金融衍生工具(Financial Derivative Instruments),主要包括远期合约、期货合约、期权合约和互换合约等。它是一种派生的金融合约,其合约的价值是从原生金融资产或基础性金融资产(Underlying Instruments)的价值表现中派生的。这些基础性金融资产通常包括股价、利率、汇率、价格指数、商品等。其交易目的一般包括以下几个方面:回避价格变化风险;为投机者带来更多的信息资源;为新产品进入市场提供便利。根据产品形态,金融衍生工具可以分为远期合约(Forward Contracts)、期货合约(Futures Contracts)、期权合约(Options Contracts)和互换合约(Swaps)等。随着金融技术的发展,金融衍生工具的品种不断出现新的形式。

国民账户体系从统计角度对金融资产的分类(扫码学习)

1.3 金融市场的类型

根据不同的分类标志,可以将金融市场进行各种不同的区分。本节将金融市场的类型从五个不同的角度进行区分。

1.3.1 货币市场和资本市场

货币市场(Money Market)是指以期限在一年及一年以下的金融资产为交易标的物的短期金融市场。它的主要功能是保持金融资产的流动性,以便随时转换成现实的货币。在美国金融史上,早期的货币市场概念狭义地指对证券经纪商和交易商进行通知放款的市场。后来,货币市场的概念又包含了短期资金市场。现在,货币市场一般是指国库券、商业票据、银行承兑汇票、可转让定期存单、回购协议、联邦基金等短期信用工具买卖的市场,许多国家将银行短期贷款也归入货币市场的业务范围。一般地说,资金借贷以3个月到6个月期最为普遍,而债券则以6个月到9个月期为多。由于该类市场的信用工具随时可以在发达的二级市场上出售变现,具有很强的流动性,功能近似于货币,又由于该市场主要经营短期资金的借贷,故又称短期资金市场。货币市场一般没有正式的组织,所有的交易特别是二级市场的交易,几乎都是通过电信方式进行的。

资本市场(Capital Market)是指对期限在一年以上的金融资产进行交易的市场。一般来说,广义的资本市场包括两大部分:一是中长期信贷市场;二是有价证券市场,即通过有价证券的发行与交易进行融资的市场。狭义资本市场就单指有价证券市场。通常,资本市场主要指的是债券市场和股票市场。

资本市场与货币市场作为市场经济的重要组成部分,既相辅相成又有所区别,两者的共同点与联系为:

(1)资本市场与货币市场都是资金供求双方进行交易的场所,两者是经济体系中聚集、分配资金的水库和分流站。但两者有明确的分工,货币市场满足经济系统正常运转的流动性需求,而资本市场为经济系统提供增长动力。

(2)货币市场与资本市场具有一定的内在连通性。首先,它们的市场主体相同。投资者的市场行为能产生连锁效应,如货币市场资金供需变动会导致投资者所持有的货币市场工具发生调整,进而改变企业和居民对资本市场的投资决策。其次,它们的价格具有相关性。货币市场利率下调,资本市场资产价格就会趋于上升。

(3)货币市场与资本市场日益融合。现在个人或组织参与货币市场的目的不仅仅是满足资产流动性管理之需,还越来越倾向于获取货币市场的超额收益,货币市场的投资功能越来越明显。

资本市场与货币市场之间的区别为:

(1)期限差别。资本市场上交易的金融工具均在一年以上,期限长的可达数十年,有些甚至无期限,如股票等。而货币市场上一般交易的是一年以内的金融工具,最短的只有几日甚至几小时。

(2)作用不同。货币市场所融通的资金,大多用于工商企业的短期周转。而在资本市场所融通的资金,大多用于企业的创建、更新、扩充设备和储存原料。

（3）风险程度不同。货币市场工具,由于期限短,因此流动性高,价格难以发生剧烈变化,风险较小。资本市场工具,由于期限长,流动性较低,价格变动幅度较大,风险也较高。

专栏1-4

改革开放后中国资本市场大事记

1. 1981年1月,我国颁布《中华人民共和国国库券条例》,财政部开始发行国债。
2. 1984年11月,飞乐音响成为我国第一家公开发行股票的企业。
3. 1988年,财政部在全国61个城市进行国债流通转让试点。
4. 1990年10月,中国郑州粮食批发市场经国务院批准,引入期货交易机制。
5. 1990年11月,上海证券交易所成立。
6. 1990年12月,深圳证券交易所成立。
7. 1992年12月,上海证券交易所推出国债期货交易。1995年5月,国债期货市场关闭。
8. 1997年10月,国务院通过《证券投资基金管理暂行办法》。
9. 2006年9月,中国金融期货交易所在上海成立。
10. 2007年,股权分置改革基本完成。
11. 2009年10月,深圳证券交易所创业板开市交易。
12. 2010年4月,中国股指期货上市。
13. 2011年12月,首批RQFII产品正式获得香港证监会批准。
14. 2013年11月,证监会发布《关于进一步推进新股发行体制改革的意见》,股票发行注册制改革启动。
15. 2014年11月,沪港通开通。
16. 2016年12月,深港通开通。
17. 2017年6月,中国A股加入MSCI明晟指数。
18. 2018年9月,富时罗素宣布将A股纳入其全球指数体系。
19. 2018年11月,中国国家主席习近平宣布,将在上海证券交易所设立科创板并试点注册制。
20. 2019年6月,科创板正式开板。

虽然货币市场和资本市场是根据金融资产期限长短划分的市场类型,但是在现实金融市场当中,对于投资者而言,市场的交易期限是不确定的,两者之间并不存在严格的界限。比如,一个投资者购买10 000元10年期债券,最大期限是持有至到期日,但是,他也可以在到期以前的任何时间将其出售。由于金融工具的初始期限是确定的,因此判别一种金融工具是长期还是短期的依据正是初始期限。股票没有到期日,是最典型的资本市场工具。隔夜拆借到期日只有24小时,堪称最短的货币市场工具。

1.3.2 发行市场与流通市场

资金需求者将金融资产首次出售给公众时所形成的交易市场称为发行市场(Issuing Market)、初级市场(Primary Market)或一级市场。金融资产的发行方式主要有两种:一是将金融资产销售给特定的机构;二是将金融资产广泛地发售给社会公众。前者成为私募发行,其发行对象一般为机构投资者;后者称为公募发行,其发行对象为社会公众。

证券发行后,各种证券在不同的投资者之间买卖流通所形成的市场即为流通市场(Circulating Market),又称次级市场(Secondary Market)或二级市场。它可分为两种:一是场内市场即证券交易所;二是场外交易所。证券交易所是依照国家有关法律规定,经政府主管机关批准设立的证券集中竞价的有形场所。场外交易市场又称柜台交易或店头交易市场。它是证券交易所之外进行证券买卖的市场。原则上在场外交易的证券以未上市的证券为主,然而现在情况发生了很大变化,为数不少的上市证券,尤其是政府债券、地方和公司债券也纷纷涌入场外交易市场进行交易。表1.1为1992—2018年中国股票发行规模的相关数据,反映了我国股票市场的发展情况。

表1.1 中国证券市场发行规模

年份	上市公司总数(家)	IPO*融资额(亿元)	年份	上市公司总数(家)	IPO*融资额(亿元)
1992	53	69	2006	1 434	1 342
1993	183	185	2007	1 550	4 771
1994	291	154	2008	1 625	1 034
1995	323	42	2009	1 718	1 879
1996	530	241	2010	2 063	4 883
1997	745	652	2011	2 342	2 824
1998	852	412	2012	2 494	1 034
1999	949	495	2013	2 489	—
2000	1 088	863	2014	2 613	669
2001	1 160	614	2015	2 827	1 586
2002	1 224	499	2016	3 002	1 504
2003	1 287	472	2017	3 438	2 304
2004	1 377	361	2018	3 543	1 387
2005	1 381	58			

资料来源:《中国金融年鉴2015》《中国金融年鉴2016》《中国金融年鉴2017》《中国金融年鉴2018》中的相关数据。

* 首次公开募股(Initial Public Offering,IPO)。

发行市场是流通市场的基础和前提,没有发行市场就没有流通市场;流通市场是发行市场存在与发展的重要条件之一,无论从流动性上还是从价格的确定上,发行市场都要受到流通市场的影响。

1.3.3 直接搜寻市场、经纪人市场、交易商市场和拍卖市场

直接搜寻市场(Direct Search Market)是指买卖双方直接寻找交易对手的市场,它是最缺乏组织的市场,交易效率较低。这种市场交易的例子之一是旧家具的出售者在地方报纸上做广告寻找买者。其市场特征是:交易的偶然性、低价格和商品的非标准性。对绝大多数追逐利润的个人和公司来说,局限于这种市场是得不偿失的。

经纪人市场(Broker Market)是经纪人为买卖双方提供服务的市场。在这种市场中,经纪人凭借自己的专业知识为买卖双方寻找交易对手,自己收取一定的费用。由于经纪人对于买卖的撮合,使得交易比较活跃。经纪人具有在既定市场上为资产定价的专业知识。一个重要的经纪人市场是初级市场,新证券在这里公开发行。在初级市场上,投资银行充当经纪人,寻找从发行机构直接购买证券的投资者。另一个经纪人市场是大宗交易市场,在这个市场上,进行着巨额股票的买卖。这些交易如此之大以至于经纪人或大机构(Block Houses)经常直接寻找其他大交易商而不是在交易所里与相对较小的投资者进行交易。

交易商市场(Dealer Market)是交易商为自己买入或卖出证券,并通过买卖差价赚取收益的市场。在这里交易商对各种资产分类研究,购买资产作为存货并通过销售从中盈利。交易商市场能够节约交易人的搜寻成本,交易人可以很容易地从交易商那里了解到资产的买价或卖价。交易商充当其他人的交易对手,并肩负做市商的职能,以保证市场的流动性。显然,市场上存在大量的交易活动是交易商能够有利可图的前提条件。

拍卖市场(Auction Market)是所有参与者集中报价进行物品买卖的市场,买方报出一个竞争性的出价,卖方同时报出一个竞争性的要价,成交价是买方愿意出的最高价,卖方愿意出的最低价,其交易效率较高。纽约证券交易所是拍卖市场之一。拍卖市场优于交易商市场的地方在于:在拍卖市场,交易者不必自己去四处寻找最佳价格。所有参与者集中到一起,以大家都赞同的协议价成交,彼此免去买卖双方各自报价的烦琐。持续性的拍卖市场(与艺术品及其他类似物品的拍卖市场只进行周期性拍卖相对应)要求大规模、频繁的交易来抵偿维持市场运行的成本。为此,纽约证券交易所和其他的证券交易所确立了上市要求,限定上市的公司必须具备足够的交易股权。

1.3.4 资金市场、外汇市场、衍生市场、保险市场和黄金市场

1. 资金市场

资金市场(Money Market)是一个相对宽泛的概念,既包括短期资金市场(主要是货币市场),也包括长期资金市场(主要是资本市场)当中的大部分原生金融资产或者金融工具。同业拆借市场、票据贴现市场、回购市场、股票市场、债券市场、基金市场等都可视为资金市场的组成部分。

资金市场中的金融资产或者金融工具主要以原生资产为主,包括货币、股票、债券、利率等。外汇也属于资金市场的范畴,但是由于其涉及多个国家和地区的货币,我们将单独对其进行分析。

2. 外汇市场

外汇市场(Foreign Exchange Market)是指从事外汇买卖,调剂外汇供求的交易场所。它交易的是各个国家的货币。外汇市场有狭义和广义之分。狭义的外汇市场指的是银行间的外汇交易,包括同一市场各银行间的交易、中央银行与外汇银行间以及各国中央银行之间的外汇交易活动,通常被称为批发外汇市场(Wholesale Market)。广义的外汇市场是指由各国中央银行、外汇银行、外汇经纪人及客户组成的外汇买卖、经营活动的总和,包括上述批发市场以及银行与企业、个人间外汇买卖的零售市场(Retail Market)。

3. 衍生市场

衍生市场(Derivative Market)是各种金融衍生工具进行交易的市场。所谓金融衍生工具,是指由原生性金融商品或基础性金融工具创造出的新型金融工具。它一般表现为一些合约,这些合约的价值由其交易的金融资产的价格决定。金融衍生工具包括远期合约、期货合约、期权合约、互换协议等。金融衍生工具同时也是一种投机的对象,其交易中所带来的风险也应引起注意。

4. 保险市场

保险市场(Insurance Market)是以保险单为交易对象的场所。保险单是一种有价证券,它不仅能为其持有者(被保险人或受益人)提供保险保障,即在保险单约定的保险事故或保险事件发生时,有权向保险单的发行人(保险公司)索取赔款或保险金,以弥补其财产或收入的损失,而且能为投资者储存财富,成为其保值和增值的手段(如两全保险和投资连接保险),是一种具有防范风险和储蓄与投资功能的金融工具。此外,保险市场还提供信贷,为消费与投资支出融资(如保单质押贷款)。所以,保险市场属于金融市场,但是它的金融性是指在提供保险保障的基础上实现财产与收入损失的风险防范及储蓄与投资的功能。与其他市场一样,保险市场也有狭义和广义之分。狭义的保险市场是指进行保险交易活动的场所,这是一种静态的、有固定交易场所的市场。广义的保险市场是指保险交换关系或保险供求关系的总和,这是一种动态的、没有固定交易场所、由保险组织及其代理机构分散进行保险交易的无形市场。随着社会的进步和科学技术的发展,特别是现代通信设备和计算机网络技术的广泛应用,保险交易活动已不受时间和空间的制约,没有固定交易场所的无形保险市场已成为保险市场的主要形式。

5. 黄金市场

黄金市场(Gold Market)是专门集中进行黄金买卖的交易中心或场所。目前,由于黄金仍是国际储备工具之一,在国际结算中占据着重要的地位,因此,黄金市场仍被看作金融市场的组成部分。但随着时代的发展,黄金非货币化趋势越来越明显,因此,本书不专门介绍黄金市场。黄金市场早在19世纪初就已形成,是最古老的金融市场。现在世界上已有40多个黄金市场,其中伦敦、纽约、苏黎世、芝加哥和中国香港的黄金市场被称为五大国际黄金市场。中国上海黄金交易所于2002年年底成立,实行的是会员制,以商业银行为代表的金融类会员占据了大部分的交易量。

1.3.5 国内金融市场和国际金融市场

金融市场按地域划分,又可以分为国内金融市场和国际金融市场。国内金融市场是指金融交易的作用范围仅限于一国之内的市场,它除了包括全国性的以本币计值的金融资产交易市场之外,还包括一国范围内的地方性金融市场。国际金融市场则是金融资产的交易跨越国界进行的市场,是进行金融资产国际交易的场所。国际金融市场有狭义与广义之分。狭义的国际金融市场是指进行各种国际金融业务的场所,包括货币市场、资本市场、外汇市场、黄金市场以及衍生市场等;广义的国际金融市场则还包括离岸金融市场。离岸金融市场(Offshore Finance Market)是指主要为非居民提供境外货币借贷服务的国际金融市场,也称境外金融市场。离岸金融市场的主要特点是,其市场交易以非居民为主,基本不受所在国法规和税制限制。世界主要的离岸金融市场在英国伦敦、美国纽约、日本东京、瑞士、中国香港、新加坡、卢森堡以及南美洲、欧洲、中东和亚太地区的岛屿国家或地区,如开曼群岛、维京、百慕大等。

国内金融市场是国际金融市场形成的基础,国际金融市场是国内金融市场发展到一定阶段的产物,是与实物资产的国际转移、较为发达的金融业、资本的国际流动及现代电子信息技术的高度发展相辅相成的。

1.4 金融市场的参与者

在金融市场上,参与者可能扮演着多重角色,但各类主体参与金融市场有自己主要的目的。参与市场的主体主要包括企业、政府、居民个人、金融机构。

1.4.1 企业

企业通常以最大资金需求者的身份参与金融市场活动。企业极少仅以自有资本进行投资,因此在大多数国家,企业均是通过在金融市场上的筹资活动获得资金,安排生产,从而形成经济发展的强大动力。企业在金融市场上筹资一般出于两个目的:一是用于自身发展,如扩大原有生产规模、进入新的行业生产新产品等;二是改善企业内部财务结构,如资本结构的改变、债务结构的改变等。筹资的方式可以是各种方式的股权融资,也可以是各种方式的债务融资。

1.4.2 政府

各级政府作为金融市场的主要参与者,其目的是筹措资金进行基础设施建设、弥补财政预算赤字等。与企业主要采用股权融资方式募集资金不同,政府募集资金均采用债务融资的方式。政府债券是债券市场的主要供应者,包括各种期限、各种规模、各种利率水平的债券品种。

1.4.3 居民个人

金融市场为个人消费的时间规划提供了方便和可能。选择当前消费而资金不足的个体,可以通过金融市场获得当今消费所需要的资金,如购房、购车所需资金;选择部分未来消费的个人通过购买金融工具而让渡资金的使用权。未来消费既包括购买大件物品,如购房买车、购买其他大件耐用消费品等,也包括养老金和各种备用应急开支。个人的储蓄投资活动既可以自主直接进行,如银行存款、股票与债券投资等,也可以通过中介间接进行,如购买基金份额、保单等。个人日益成为金融市场活动的重要参与者。

1.4.4 金融机构

金融机构在金融市场中扮演中介的角色。传统上,有三类主要的金融机构。

(1)储蓄机构,指可以接受存款和发放贷款的金融机构,包括商业银行、社区银行、信用社等。在美国等地,储蓄机构还包括一些别的组织,如住房协会、信用联盟、信托公司、按揭贷款公司等。

(2)契约性机构,是以合约的方式定期定量地从持约人手中收取资金,然后按合约规定向持约人提供服务或保障的机构,如保险公司、养老金。

(3)投资机构,指在一级市场和二级市场从事投资活动的法人投资者,包括投资银行、经纪公司等。

金融机构编码规范(扫码学习)

1.5 金融市场的功能与地位

1.5.1 金融市场的基本功能

金融市场创造了一个开放、规范的市场环境,供市场参与者进行金融交易活动。因为金融市场是一个面向公众的市场,因此市场中交易的任何资产的价格形成过程都是公开透明的,这一机制能够保证交易的任何金融工具的所有相关信息都反映在价格中,因此有效消减了获取信息的成本。

对于企业而言,金融市场是其(通过股票和债券)筹措大额资金的场所。同时,在这个市场上企业借助商品期货、外汇期货以及其他金融衍生工具冲销风险。

由于其规模巨大,因此为金融资产提供了良好的流动性。换言之,需要资金时可以通过快速卖出金融资产获得资金;同时因为巨大的市场规模使得企业想要交易时不需要四处寻找交易对手,从而也极大地减少了交易者的成本。

具体而言,金融市场有以下六大功能。

1. 借贷功能

在金融市场上,无论是资金需求者还是资金供给者,无论是投资还是消费,都能很容易地找到交易的对手、交易的方式与工具,从而便捷地实现资金在各主体之间的流动转移。

2. 价格决定功能

金融市场通过对金融工具的定价实现所交易资产的定价功能,不论是新发行的金融资产还是已经交易的股权,均可以合理定价。这种定价"合理"之处在于任何市场参与者都不可能左右价格的变化,他们是市场价格的接受者而不是制定者。金融市场的价格是所有参与者共同达成的结果。

3. 信息聚集功能

金融市场是关于金融资产价值和资金在借贷者间流动的信息汇集和综合的场所。在金融市场上所观测到的利率和资产价格,是企业与家庭做出资产配置和消费储蓄决策的重要依据,同时也是企业选择投资项目和做出融资决策的重要信号。金融市场上交易的金融工具越完善多样,从它们的价格中可以获取的信息就越多;而信息越丰富,就越有利于资源配置的决策。

4. 风险分担功能

金融市场是风险分担、风险管理和配置的最重要场所。一方面,金融市场提供了风险转移机制(从投资的主体转向为投资提供资金的主体),使得风险从聚集于少数主体到分散化至众多主体,这种风险分担机制极大地减小了企业家所承担的风险。另一方面,金融市场风险管理和配置能力的发展使金融交易的融资和风险负担得以分离,从而使市场参与主体均能够选择其愿意承担的风险,回避不愿承担的风险。随着金融全球化进程的加速,风险分担机制由局部市场走向区域市场、全球市场。

5. 流动性功能

金融市场为金融资产的持有者提供了极好的流动性,在这个市场上,无论是买入还是卖出金融资产,不需要知道或寻找交易对手,也不需要讨价还价,只要愿意接受资产的市场价格,随时可以成交。

6. 效率市场功能

金融市场减少了交易成本和信息成本。金融市场将买者与卖者聚合在一起,以便于金融资产交易,降低交易成本,促进市场成长。当买卖双方比较分散的时候,收集信息的难度增加、成本高昂,使得交易难以完成。金融市场此时的作用就在于通过提供交易场所(有形或无形)将资金供求双方聚集在一起,从而减少交易成本,方便交易开展。

值得注意的是,金融市场的上述六方面的功能并非彼此独立,而是相互影响甚至互为前提。因此,一个完善的金融市场的建成需要一个过程,特别需要参与市场主体的用心维护和监管者的精心呵护。

专栏 1-5

金融功能理论

美国麻省理工学院斯隆管理学院教授、著名金融学家罗伯特·默顿(1997年诺贝尔经济学奖获得者)和滋维·博迪于1993年提出基于功能观点的金融体系改革理论。他们于1995年组织专门的研究小组进行研究,并将其成果结集出版了《全球金融体系:功能观点》一书。1996年博迪又发表论文,以功能观点为基础对银行业的改革提出了独到的见解。基于功能的观点是相对于传统的机构观点而言的。后者将现有的金融机构与组织看作既定的,是分析讨论所有金融问题的前提,所有的金融体系调整与改革都只能在这个既定的前提下进行。这就是说无论现有的金融机构还是监管部门都力图维持原有的组织结构的稳定性,所有的问题,譬如商业银行的坏账准备、商业银行贷款的系统风险问题等,都应在这种既定的结构框架下解决,即便这是以牺牲效率或违背市场发展方向为代价的。

默顿与博迪提出了两个假设:第一,金融功能比金融机构更稳定,即随着时间推移和区域变化,金融功能的变化要小于金融机构的变化;第二,金融功能优于组织结构,即金融机构的功能比金融机构的组织结构更重要,只有机构不断创新和竞争才能最终导致金融体系具有更强的功能和更高的效率。他们认为从功能观点看,首先要确定金融体系应具备哪些经济功能,然后据此来设置或建立可以最好地行使这些功能的机构与组织。

默顿与博迪认为,任何金融体系的主要功能都是在不同时间和空间中配置经济资源。具体地说,可以将金融体系的功能分为以下六种。

(1) 清算、支付和结算的功能,即金融体系提供了完成商品、服务和资产交易的清算、支付和结算的方法。传统的支付体系可以提供这种服务,各种金融创新,包括一些衍生工具也具有清算、支付和结算的功能。

(2) 聚集和分配资源的功能,即金融体系具有为企业或家庭聚集或筹集资金,对企业或家庭的资源重新有效分配的功能。聚集或筹集资金可以有两种方式:一是通过完善的金融市场直接筹集,二是通过金融中介间接筹集。

(3) 在不同时间和空间之间转移资源的功能。默顿与博迪特别强调了证券化在这方面的作用。他们以美国的抵押贷款市场的发展为例,说明美国的抵押贷款之所以可以从一个社区内小规模的金融活动发展成一个巨大的全国乃至全世界性的抵押贷款市场,主要得益于抵押贷款证券化的发展有效地解决了信息不对称的问题。

(4) 管理风险的功能。金融体系既可以提供管理和配置风险的方法,又是管理和配置风险的核心。

(5) 提供信息的功能。必要的信息是协调各个经济部门分散决策的重要条件,而金融体系就是一个重要的信息来源。企业与家庭根据金融市场观察到的利率和资产价格进行资产配置和消费储蓄的决策,利率和资产价格也是企业选择投资项目和融资的重要信号。

(6) 解决激励问题的功能。这里的激励问题实际就是股份制公司的委托代理问题,激励问题的存在会增加社会成本,而通过金融创新可以有效地缓解激励问题。

金融体系的这六种功能并不是彼此独立的,实际上,任何一家金融机构所从事的金融业务都可能是在行使这六种功能中的一种、两种或者更多种功能。

资料来源:Dwright B. Crane, Robert C. Merton, Zvi Bodie, et al. The Global Financial System: A Functional Perspective. Boston: Harvard Business School Press, 1995.

1.5.2 金融市场在市场体系中的地位

市场是指买卖双方进行交易的场所。市场经济体系越发达,市场的边界越宽,所包含的内容也更广,同时细分程度、专业化程度也越高。通常,经济体系中包含三种不同类型的市场:① 要素市场;② 产品市场;③ 金融市场。在要素市场上,消费单位向出价最高的那些生产单位销售他们的劳动力与其他资源。要素市场分配着生产要素——土地、劳动力与资本,并向生产资源的所有者分配收入——工资、租金等。产品市场也称为商品市场,是指有形物质产品或劳务交换的场所。企业在这里出售其产品或服务,消费单位把从要素市场上获得的收入中的大部分用于在产品市场购买产品与服务。服装、食物、住房、汽车与电影票都是在产品市场上销售的产品与服务。金融市场在市场机制中起中枢的调节作用和使市场体系充满活力的供血作用。如图1.2所示,金融市场联结着资金的供需双方:生产者需要从金融市场上筹集资金,用来在要素市场上购买劳动力等生产资料,然后将生产出来的产品或服务在产品市场上出售,用换回的资金归还债权人或向投资者进行分配。消费者首先在要素市场上出卖自己的劳动力获取生存和发展所需要的资金,然后一部分用来在产品市场上换取当前生活所必需的生活品(产品和服务),另一部分节余下来作为未来消费的储备,储蓄下来的这部分余钱大部分进入金融市场购买金融产品,以达到保值增值的目的。也正是通过金融产品的购买行为,使资金注入生产企业,进入新一轮的物质财富创造过程。

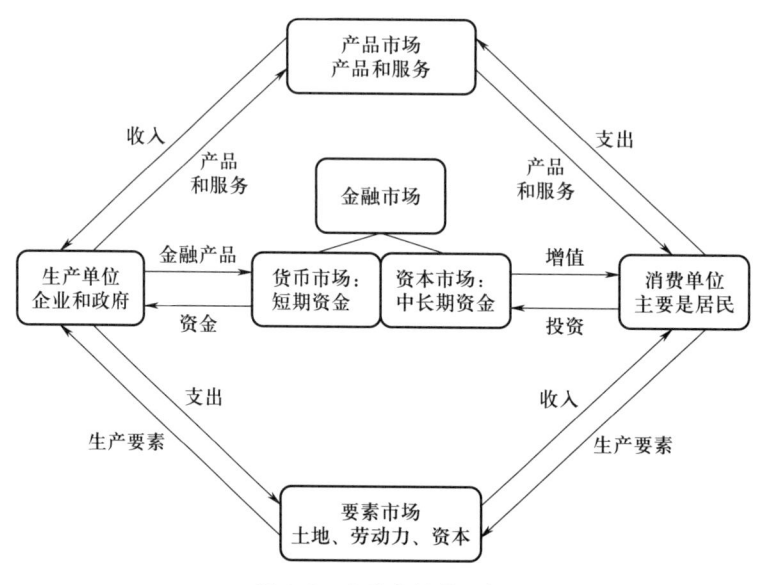

图1.2 金融市场的运行

因此不难理解为什么说金融是经济的核心,金融市场的效率决定着经济活动的活跃程度。在一个有效的金融市场上,金融资产的价格能及时、准确和全面地反映所有公开的信息,资金在价格信号的引导下迅速、合理地流动。金融市场作为货币资金交易的渠道,以其特有的运作机制使千百万居民、企业和政府部门的储蓄汇成巨大的资金流润滑和推动着商品经济这个巨大的经济机器持续地运转。金融市场还以其完整而又灵敏的信号系统和灵活有力的调控机制引导着经济资源向合理的方向流动,优化资源的配置。在金融市场上,价格机制是其运行的基础,而完善的法规制度、先进的交易手段则是其顺利运行的保障。

1.6 金融市场的变革与创新

伴随着第四次工业革命的来临,金融业也正处于重大变革中。这些变革不仅涉及金融技术的升级换代、金融活动覆盖范围的拓展,更包含一些金融理念的更新与创造。

1.6.1 金融功能社会化

金融发展将从单纯商业模式转向商业模式与公益模式并存,这时金融的功能将不仅限于促进经济发展,更重要的是将促进人类社会福利的提升。而这个过程将通过一系列金融创新完成。具体来讲,主要包括以下几个方面。

(1) 金融将不再是"富人的俱乐部",也不再是大额资金流动的代名词。金融服务能惠及每一个社会群体,每一个微小主体。金融服务对象的广泛覆盖化不仅仅是社会发展和现代社会管理对金融服务的要求,并因此而产生的金融服务理念的变化,而且,伴随着金融科技快速发展,特别是人工智能普遍运用,此前高净值客户才能享有的财富管理、投融资服务将向广大的长尾用户群体辐射。创新的金融产品能覆盖到每一个小额的资金需求和资金供给,真正实现"普惠金融"。

(2) 金融将成为调节社会贫富差距的重要杠杆。无论是国与国之间的贫富差距,还是一国之内不同人群之间的贫富悬殊,都将是导致矛盾和冲突的潜在因素,也必将影响人类整体社会福利和生活质量,因此,越来越多的金融有识之士将致力于用金融的手段和方式来解决这一问题。可以预见,未来将出现更多的低息贷款、无息贷款计划;出现更多的激励年轻人投资于自身才能成长的金融安排;出现更合理的代际赡养解决方案。不仅如此,还可能出现如耶鲁大学罗伯特·席勒(Robert Shiller)教授所提出的主权财富交易市场、与收入挂钩的还款计划等金融创新工具。

(3) 将社会公益与慈善事业纳入金融功能的重要组成部分。对于富人的社会公益活动和慈善活动,以往多以道德的尺度进行评价和宣传,只能对做得好的给予精神上的激励,对于做得不够好的则没有任何约束,因此,整体上的激励是不够的。为了用经济手段激励个人和机构积极参与慈善活动,许多国家已经进行一些有益的尝试,如捐赠减税计划,取得了较为明显的效果。未来,可能创新更多的金融手段激励富人进行更多的公益活动和慈善活动,如与捐赠挂钩的融资便利、与养老金挂钩的纳税方案等。核心目的是用市场的手段激发人们主动从事公益活动的自觉动机。

1.6.2 金融全球化

国际经济合作的不断深入与信息技术的发展共同推进了金融全球化。一方面,为了应对日益激烈的国际金融竞争,各国政府相继放松了金融监管,发达的通信技术使得有关证券价格的实时信息、关键信息能够自由地在不同的市场参与者之间传播,因此,投资者可以通过观测全球的数据来评估这些信息对其投资组合收益与风险所产生的影响,也可以让投资者及时捕捉到套利机会并能迅速做出反应以获得收益。金融机构作为金融活动的组织者和服务者,在海外广设分支机构,形成国际化或全球化的经营,加速了金融市场全球化的进程。

另一方面,金融全球化对促进世界经济的发展和世界资源的最优配置起到了巨大的推动作用,并刺激国际分工加速发展,加快产业、资本以及技术等生产要素的国际流动。这可以有效弥补本国资本和技术的不足,推动产业升级、技术进步、制度创新,从而加快经济发展速度。金融全球化的前提条件是贸易自由化和生产国际化,而金融市场的一体化以及金融信息的国际化是金融全球化的必要保障,金融机构的跨国趋势以及金融衍生产品的国际化是金融全球化的发展动力。

金融全球化意味着资金可以在国际自由流动,金融交易的币种和范围超越国界。具体包括以下内容。

(1) 市场交易的国际化。在短期资金市场和长期资金市场,以及与此紧密相连的外汇市场,其国际化程度都达到了空前的水平。

第一,货币市场交易全球化。货币市场的全球化结果已经形成了以欧洲货币市场为主的国际货币市场。它涉及银行间的拆借、定期存单的发行及交易和各国大银行进行的银团贷款活动,此外,还有20世纪80年代资产证券化所产生的证券发行便利和欧洲票据市场。西方主要发达国家及部分发展中国家的银行及其他一些大金融机构通过欧洲货币市场筹集或运用短期资金,参与国际金融市场的活动。一些跨国公司也通过国际货币市场发行短期商业票据来融通资金。目前,伦敦是最重要的国际货币市场中心。另外,巴黎、卢森堡、巴林、新加坡、中国香港等地在国际货币市场的交易中也占据着重要地位。

第二,资本市场交易全球化。为适应企业跨国经营和国内企业对外融资的需要,一些国家的政府和大企业纷纷进入国际资本市场融资。国际资本市场的融资主要是通过发行国际债券和国际性的股票直接募资。国际债券市场既有各发达国家国内金融市场发行的以本币计值的外汇债券,如美国的扬基债券、日本的武士债券,也包括离岸债券市场,即欧洲债券市场发行的以多种货币计值的债券。股票市场交易的国际化体现在两个方面。一个是一些重要的股票市场纷纷向外国的公司开放,允许国外公司的股票到其国家的交易所上市交易,如美国的纽约证券交易所、英国的伦敦证券交易所、德国的法兰克福证券交易所等;另一个表现是一些国家既允许外国投资者参与本国股票市场上股票的买卖,如1986年10月27日被称为"大爆炸"(Big Bang)的伦敦证券交易所改革,允许国外的银行、非银行金融机构等直接进入英国股市进行交易,也允许本国投资者买卖在英国以外市场交易的股票。虽然目前资本市场的开放还有地区性及国别的差异,但由于一些主要发达国家在市场上所占份额很大,这些国家市场的国际化对国际金融市场的影响非常巨大。

第三,外汇市场全球化。外汇市场的全球化表现在以下三个方面:① 外汇市场分布全球化,在欧洲、美洲、亚洲、大洋洲均有分布,如美洲的纽约市、多伦多市;欧洲的伦敦市、巴黎市、法兰克福市、苏黎世市、米兰市、布鲁塞尔市、阿姆斯特丹市;亚洲的东京市、香港市、新加坡市;大洋洲的惠灵顿市、悉尼市等。② 各地外汇市场具有同质性,全球市场连成一体,交易方式、规则基本相同,价格相互影响。③ 外汇市场全天候运行。与货币市场与资本市场不同,外汇市场每天 24 小时不停工作,外币交易在一周内的工作日中不会中断。同时,几乎在每个时区(伦敦、纽约、东京、香港、悉尼等)都有愿意对外汇提供报价的交易商。因此,外汇市场是一个国际化程度更高的市场。据国际清算银行(Bank for International Settlements,BIS)报告,2016 年 4 月外汇市场的日均交易额为 5.1 万亿美元。

专栏 1-6

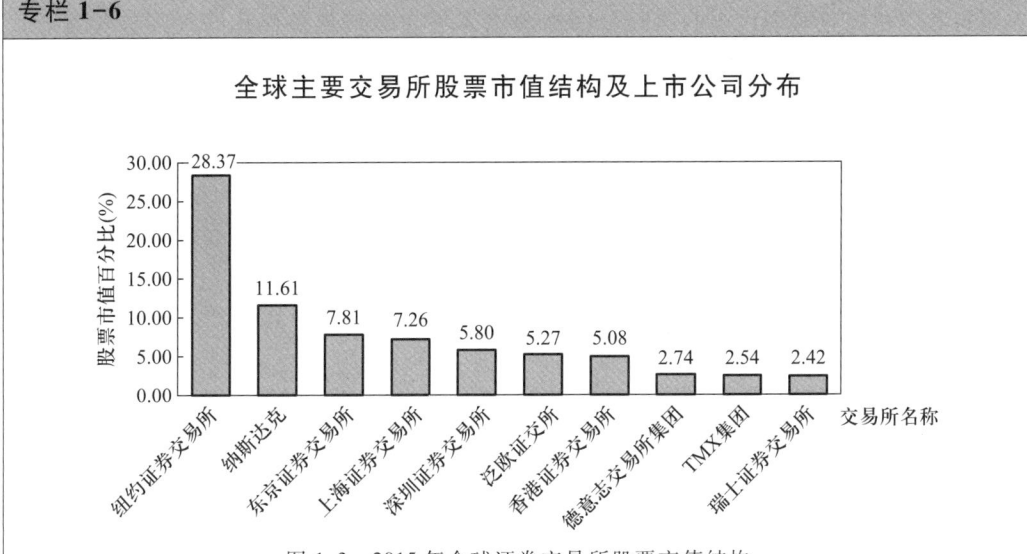

图 1.3 2015 年全球证券交易所股票市值结构

资料来源:world exchange

根据 Osiris 的数据,2017 年全球有 94 735 家上市公司,其中远东及中亚地区(包括中国)占比 37.06%,北美地区占比 25.10%,西欧地区占比 16.26%。具体情况如表 1.2 所示。

表 1.2 全球各地区上市公司数量以及占比情况

地区	上市公司数量(家)	股票市值占比(%)
远东及中亚地区	35 112	37.06
北美地区	23 782	25.10
西欧地区	15 405	16.26
中南美地区	6 834	7.21
东欧地区	5 000	5.28
大洋洲地区	3 674	3.88
非洲地区	2 557	2.70
中东地区	2 371	2.50
全球总计	94 735	100.00

第四,衍生证券交易的国际化。几乎所有主要的国际金融中心都在进行大量的海外资产衍生证券交易。如新加坡商品交易所,既可以从事日经225种期货合约的交易,也有部分马来西亚的衍生证券交易;美国期货交易所的交易对象,包括了布雷迪债券、巴西雷亚尔、墨西哥比索、南非兰特、俄罗斯卢布、马来西亚林吉特、泰国铢、印尼盾等多种货币计值的证券和衍生品。

(2) 市场参与者的国际化。金融全球化还表现为市场参与者的国际化。传统的以大银行和主权国政府为代表的国际金融活动主体正为越来越多样化的国际参与者所代替。大企业、投资银行、保险公司、投资基金甚至私人投资者也纷纷步入国际金融市场,建立国际投资组合,以分散投资风险、获取高收益。在这个过程中,银行和各种非银行金融机构纷纷向全球各金融中心扩散,代理本国或国外的资金供求者的投资与筹资活动,或直接在金融市场上参与以营利为目的的交易活动。特别值得一提的是,近几十年来各国金融机构之间并购重组浪潮风起云涌,各种各样的投资基金在全球金融市场上取得的空前大发展,大大地促进了金融市场交易国际化。

1.6.3 金融服务智能化

金融服务是金融行业提供的经济服务,具体来讲是指金融机构通过开展业务活动为客户提供的包括融资投资、储蓄、信贷、结算、证券买卖、商业保险和金融信息咨询等多方面的服务。

与其他服务一样,其服务的质量也受到人员、设施、材料(信息)、方法、环境这五大因素的影响,因此,服务质量的提升,需要从这些影响因素的改善方面下功夫。

近年来,随着信息通信技术的快速发展,人类掌握、处理、运用数据的能力快速提升;随着人工智能的快速发展,人工服务的一些局限性得以克服。这些方面的变化,带来了金融领域的深刻变革。

而带来这一领域变革的根本原因在于近年来金融科技在全球的迅猛发展。根据金融稳定理事会(Financial Stability Board, FSB)的定义,金融科技(Fintech)主要是指由大数据、区块链、云计算、人工智能等新兴前沿技术带动,对金融市场以及金融服务业务供给产生重大影响的新兴业务模式、新技术应用、新产品服务等。

Fintech这一名词最早于1980年出现在美国华尔街,2003年在全世界范围内受到普遍关注。当今金融科技在全球进入快速成长期,金融科技中心不断涌现、规模日益扩大,金融科技使用比率也日益增长。

到目前为止,在金融活动的各个领域,包括支付清算、借贷融资、财富管理、零售银行、保险、交易结算等方面金融科技都有具体的运用。具体来讲包括以下一些细分领域:网络支付、互联网银行、互联网保险、互联网证券、互联网消费金融、互联网众筹、互联网征信、智能投顾、互联网金融点对点借贷平台(Peer-to-Peer, P2P)等。其创新商业模式不仅包括传统金融业务的互联网化,还包括虚拟货币创造及由此带来的一系列不同于传统金融的理念与服务方式的革命性变化。

金融科技应用较好地克服了人工服务的许多缺陷。不仅使得金融服务的范围得到延伸、内容更为细致,智能化的金融服务也使得用户的体验更为丰富和舒适。这里介绍两个具体的应用。

(1) 智能投顾(Robo-Advisor),又称机器人理财,即机器人基于投资者的风险承受水平、收益目标以及风格偏好等要求,运用一系列智能算法及投资组合优化等理论模型,为用户提供最终的投资参考,并根据市场的动态对资产配置再平衡提供建议。

一方面,随着金融市场不断深入发展,金融产品层次与交易策略日趋复杂,普通投资者很难掌握这些复杂的技术方法,因此越来越需要借助于专业投资顾问的服务。另一方面,专业投资顾问的人手也是稀缺资源,因此投顾服务都设置了较高的资金门槛。其服务流程较为烦琐且费用高昂,使得传统投顾无法最大限度地满足普通投资者的投顾需求。正是在这一背景下产生了智能投顾这一新型服务。

投资顾问有两个核心工作,一头连接着投资者,一头连接着金融产品。为更好地服务于投资者,必须充分了解其风险承担能力和风险偏好,在此基础上做好连接金融产品的工作,即帮助客户配置金融产品,并且还要在此基础上进行择时分析。而智能投顾的优势就是首先借助大数据充分分析和了解客户的需求和风险承担水平,然后根据客户的风险水平结合算法模型进行资产配置,并在此基础上充分运用互联网对客户个性化的资产配置方案进行实时跟踪调整。正因为有了大数据和算法的支撑基础,智能投顾相比人工投顾具有了许多方面的优势,能更为精准、更大面积地服务于投资者。

(2) 移动支付,也称为手机支付(Mobile Payment),是指用户使用其移动终端,直接或间接向银行等金融机构发送支付指令产生货币支付与资金转移行为,从而实现的支付。移动支付所使用的移动终端可以是手机、掌上计算机(Personal Digital Assistant,PDA)、移动个人计算机(Personal Computer,PC)等,它有效地将终端设备、互联网、应用提供商以及金融机构相融合,为用户提供货币支付、缴费等金融业务。

移动支付分为近场支付和远程支付两种。近场支付,就是用手机刷卡的方式进行支付,如乘车、购物等。远程支付是指通过发送支付指令或借助支付工具进行的支付方式,目前运用较多的如网银、电话银行、手机支付等。据国家互联网信息办公室发布的《数字中国建设发展报告(2017年)》,中国移动支付交易规模超过200万亿元,居全球第一。

区块链(扫码学习)

专栏 1-7

比 特 币

比特币（Bit Coin）是由一个名为中本聪（Satoshi Nakamoto）的人于2009年提出并成功在网络上产生和交易的货币。它的产生是计算机用户运用统一提供的软件，将自己的计算机与其他计算机连接，求解出一组方程的特解而获得的奖励。用来奖励的比特币数量一定，犹如埋藏的宝藏，因此用计算机求解方程解的过程被形象地称为"挖矿"。其设计的独特性表现在以下几个方面。

（1）货币"发行"去中心化。虽然比特币的数量是一定的（总共2 100万个），但其"发行"方式极为独特。与一般货币由固定机构（如中央银行）发行不同，比特币没有发行机构，其产生的速度、谁能得到货币都由网络上的全体用户决定，因此比特币被认为是最为安全与自由的货币。

（2）在全世界范围内产生和流通。任何人，不管身处何处，均可以在任意一台接入互联网的计算机上挖掘、购买、出售或收取比特币。

（3）创造了一种新的网络连接需求和支付体系。在挖掘比特币时，用户不仅充分利用自己计算机的运算能力，并且还可以在众多平台上发掘不同硬件的计算能力。在进行交易时，用户需用只有自己知道的私钥，比特币的交易数据被打包到一个"数据块"或"区块"（Block）中后，就可以完成初步确认，当区块链接到前一个区块之后，交易会得到进一步确认，在连续得到6个区块确认之后，交易最终（不可逆转地）得以确认。比特币将所有的交易历史都储存在"区块链"（Block Chain）中。因此，这是一种极为安全的支付体系并且其直接交易费也非常低。

（4）无国界自由结算。跨国汇款需要经过层层外汇管制机构审批，而且交易记录会被多方记录。使用比特币交易，不经过任何管控机构，也不会留下任何跨境交易记录，更不存在烦琐的额度与手续限制，只要知道对方比特币地址就可以进行支付。

目前，比特币已经不仅仅是网络上的虚拟货币，它已经被许多人和有些国家（如德国）认可为一种货币，网上交易平台相继出现，并且一些实体商店也开始接受比特币（用其直接购买商品和服务），比特币在许多地方都可以换成多国的货币。

综上可以发现，比特币之所以能为许多人所接受，是因为其克服了当前支付体系中所存在的主要问题，适应了互联网时代经济活动的新要求。由此也可以看到，比特币给当前的支付系统提出了挑战，也为未来更好的支付系统提供了发展思路。

同时，更为值得关注的是，比特币只是区块链技术的一个应用。区块链技术的集中分布式账户具有交易记录的唯一性、记录连续不间断性、记录格式标准统一性和交易记录的加密不可篡改性，使得该技术在互联网时代有着非常广泛的应用前景。

1.6.4 互联网推动金融市场的深刻变革

1. 互联网时代金融的创新传播与监管

历史上曾有许多例子说明,在经济、金融运行的体系中,加入一些新做法或者对即成做法做些许改动,都可能带来大的革命性的影响和变化。如1811年纽约通过的《证券法》破除了股东对企业经营失败承担无限责任的规定,使得公司的投资者在公司出现亏损时,不再需要承担连带责任,不再冒可能损失自己的房产、积蓄这样的风险。正是这一改变,使得企业家的创业激情得以最大程度地调动,经济得到了空前的发展。在互联网上的金融活动,其最大的特点就是传播速度快,并且不受地域影响,因此,任何一种金融创新方式都能很快被复制和模仿,从而能在很短的时间之内形成一个巨大的金融冲击,导致经济领域各种关系的重大改变。

同时,互联网上的金融活动参与者广泛,因此,它是最能发挥大众融资功能的媒介。全球各地成千上万的人们参与这样的金融活动,同时还对各种金融活动进行评论,从而为市场提供各种信息,因此,能提示人们进行最为合适的投资选择,调动资源在全球范围内更合理地配置。

然而,任何一种创新都伴随着风险,特别是金融领域的创新,应该特别关注其风险的防控,否则,稍有不慎,都可能酿成巨大的风险。当前我国的互联网金融发展迅速,不论是P2P网络借贷平台还是股权众筹平台,实际上都在一定程度上改变着金融的理念和格局,但其风险也随之暴露。在此情况下,中国银行业监督管理委员会于2016年10月13日下发了《P2P网络借贷风险专项整治工作实施方案》(银监发〔2016〕11号),以规范网络借贷服务。2018年11月13日,中华人民共和国中央人民政府网发布《中国银行保险监督管理委员会职能配置、内设机构和人员编制规定》,第一次对P2P机构指定了监管主体,形成了银保监会、地方金融办、行业协会三位一体的监管格局,结束了其监管缺失的局面,将有利于该业务健康发展。

任何金融创新都是对传统的一种超越,是在监管的空隙中产生,往往也是对垄断的挑战。面对新的金融现象,特别考验监管者的战略眼光,需要其明辨是非方向,从而采取合理的措施加以对待。

2. 金融中介和金融市场的互动发展

金融市场与金融中介都是实现金融功能的载体,二者在金融功能发挥上既存在差异性和互补性,也存在一定的竞争性。但是人们越是细致地观察金融市场的作用就越能够发现,金融市场越复杂就越需要中介的发展与之相配合,金融市场的发展内生出了对金融中介的需要;同时金融中介本身依赖于金融市场的运行平台,金融中介业务的发展、机构组织形式的创新均离不开金融市场创造出的各类市场机会,金融中介机构的规模扩展、公司治理机制的优化以及本身信息传递局限性的克服也都需要借助于金融市场的发展来实现。金融市场与金融中介在金融产品创新、风险分担、融资机制等方面在竞争中相互配合、相互补充,共同促进了金融功能的深化。

金融中介与金融市场在彼此不断的竞争中互动发展,金融中介本身的发展越来越借助于市场方式,出现了"非中介化"现象;而金融市场发展越复杂,交易过程就越需要借助于中介机构完成,由此出现"中介化"趋势。在互联网高速发展和应用领域高度渗透的今天,许多借助机构完成的金融工作现在通过网络就能很快实现。如成立于2007年的美国Lending Club公司,已经为超过250万客户提供了服务,金额达到380亿美元,并且该公司已于2014年在纽交所成功上市。P2P的运作模式成功地解决了个人贷款的信息与渠道问题,因此其客户群体与贷款规模在短时间内得以快速扩大。又如,另一家成立于2010年、作为众筹代表的美国企业AngelList,通过在网络上为初创公司筹集天使资金,成功地解决了初创企业融资难的问题。无论是P2P模式还是众筹模式,都是互联网快速发展时代金融服务模式的变化向传统金融中介运作模式提出的挑战。面对这一挑战给金融中介所带来的"脱媒"风险,各种中介都在寻求重生的出路,一方面借助网络平台发展自身业务;另一方面加强与互联网公司包括电商的合作,利用这些公司在获取客户信息及征信方面的优势,全面开展金融服务的开发与合作。

正是金融市场与金融中介的这种互动发展,使得金融服务一方面更为完善,银行、证券、保险、信托、基金、征信等多种金融业务在自身得到更快发展的同时,其相互之间的联结配合也日益成为一种发展趋势;另一方面是更为细致专业,在市场竞争规律的作用下,服务的差异化是机构寻求壮大的最有利途径,因此,机构总是有动机或开拓新的市场或开拓新的产品,同时,也可能出现新的机构在新市场和新产品方面不断探索。这些创新活动一旦获得成功,机构还可能通过兼并收购的方式来消除竞争对手以壮大自己的产品链,与此同时,又激发了下一轮新市场和新产品开拓的热潮,如此周而复始,使得金融服务不断深化,服务质量不断提升。

小　　结

1. 金融资产指一切代表未来收益或资产合法索取权的凭证,能够在市场交易中为其持有者提供即期或远期的货币收入流量。它通常以凭证、合同或其他法律文件表示,比较熟悉的例子有股票、债券、保险和银行存款等。

2. 金融资产会给其所有者带来未来收益,是一种价值(购买力)的储存手段;金融资产不会被折旧;金融资产是可替代的。

3. 金融资产中那些由金融机构设计与开发的是金融产品;金融产品中那些可交易的是金融工具。

4. 金融市场是指以金融资产为交易对象而形成的供求关系及其机制的总和。它包括如下三层含义:其一,它是金融资产进行交易的一个有形和无形的场所;其二,它反映了金融资产的供应者与需求者之间所形成的供求关系;其三,它包含了金融资产交易过程中所产生的运行机制,其中最主要的是价格(包括利率、汇率及各种证券的价格)机制。

5. 金融市场依据期限划分有货币市场和资本市场。按交易的性质与层次划分有发行市场和流通市场。依据交易的组织方式划分有直接搜寻市场、经纪人市场、交易商市场和拍卖市场。按交易对象划分有资金市场、外汇市场、衍生市场、保险市场和黄金市场。按地域划分有国内金融市场和国际金融市场。

6. 金融市场的功能有借贷功能、价格决定功能、信息聚集功能、风险分担功能、流动性功能、效率市场功能。

关 键 词

金融资产	金融市场	价格机制	货币市场
资本市场	衍生市场	金融工具	金融产品
发行市场	流通市场	金融功能	金融全球化
金融科技	金融创新		

习 题

1. 简述金融资产的定义与特点,举出现实经济当中的例子并说明哪些资产属于金融资产。
2. 金融资产与实物资产有什么区别和联系?
3. 金融资产可以分为哪些类型?
4. 什么是金融市场?其主要特点是什么?
5. 金融市场可以分为哪些类型?
6. 资本市场与货币市场有什么联系?又有何区别?
7. 金融市场在现代经济中的功能有哪些?
8. 试阐述金融市场与经济体系的关系。
9. 金融中介和金融市场如何相互影响?
10. 人民币纳入特别提款权篮子货币有何深远意义?
11. 金融全球化主要表现在哪些方面?请结合现实举例说明。
12. 互联网金融的发展现状和趋势如何?
13. 什么是普惠金融?它在经济社会发展中的作用如何?
14. 金融创新的趋势如何?
15. 中国金融市场服务于实体经济发展的状况如何?应如何改进?

第1章即测即评

请扫描二维码进行即测即评。

参考文献及进一步阅读建议

1. 滋维·博迪,亚历克斯·凯恩,艾伦·J.马库斯.投资学.10版.汪昌云,等,译.北京:机械工业出版社,2017.
2. 张亦春,郑振龙.金融市场学.5版.北京:高等教育出版社,2017.
3. 黄达.金融学.5版.北京:中国人民大学出版社,2020.

4. 中国证券业协会. 证券市场基础知识. 北京:中国财政经济出版社,2013.

5. 弗雷德里克. 米什金. 货币金融学. 11 版. 郑艳文,译. 北京:中国人民大学出版社,2016.

6. 弗雷德里克·S. 米什金,斯坦利·G. 埃金斯. 金融市场与金融机构. 8 版. 杜惠芬,译. 北京:中国人民大学出版社,2017.

7. 戈登. 伟大的博弈. 祁斌,译. 北京:中信出版社,2005.

8. 任淮秀. 证券投资学. 3 版. 北京:高等教育出版社,2016.

9. 席勒. 金融新秩序. 郭艳,等,译. 北京:中国人民大学出版社,2004.

10. Hernando De Soto. The Mystery of Capital:Why Capitalism Triumphs in the West and Fails Everywhere Else. New York:Basic Books,2000.

第 2 章
金融机构

本章学习目的

- 掌握金融机构的概念与功能
- 正确认识存款性金融机构和非存款性金融机构,掌握其定义
- 了解存款性金融机构和非存款性金融机构在经济体系中所起的作用
- 掌握存款性金融机构和非存款性金融机构的分类
- 掌握不同类别存款性金融机构和非存款性金融机构的业务特点

本章重点介绍各类不同的经营性金融机构,包括储蓄贷款协会、储蓄银行、信用合作社、商业银行、保险公司、投资基金等,通过分析这些机构的业务和职能,使读者了解各类金融机构的主要运营机理及与金融体系的关系,从而加深对金融市场微观运作的理解。

2.1 金融机构的界定

2.1.1 金融机构的定义

金融机构(Financial Institutions)是指专门从事货币、信用活动的中介组织,是将储蓄转化为投资的传导者,在金融市场上同时扮演资金供给者和需求者的角色。它们既发行创造金融工具,也买卖金融工具。在金融市场上,它主要提供以下一种或几种服务。

(1) 转换各种从市场获得的金融资产,并将其变成一种更受欢迎的不同资产类型,它构成金融机构的负债。

(2) 代理客户进行金融资产买卖。

(3) 进行金融资产自营交易。

(4) 协助客户开发金融资产,并将其销售给金融市场中的其他参与者。

(5) 为其他市场参与者提供投资建议。

（6）为其他市场参与者进行资产组合管理。

2.1.2 金融机构分类

按不同的标准,金融机构可以划分为不同的类型。在第 1 章 1.4.4 部分我们按照金融机构在金融市场中扮演中介的角色进行了分类;在这里,我们按其是否吸收存款来划分,可以分成存款性金融机构和非存款性金融机构。

1. 存款性金融机构(Depository Financial Institution)

存款性金融机构指那些主要以存款的方式筹集资金的金融中介机构,主要包括商业银行、储蓄机构、信用合作社等。

2. 非存款性金融机构(Non-depository Financial Institution)

非存款性金融机构指以吸收存款之外的方式筹措资金的金融机构。又可细分为两种形式:一种是契约型金融机构,主要包括保险公司(人寿保险、财产和灾害保险)、养老基金;另一种是投资机构,主要包括投资银行(证券公司)、互助基金和金融公司。

2.1.3 金融机构的作用

金融机构在金融体系中扮演很重要的角色,在各细分市场上服务于不同的客户群体,提供广泛的金融服务。尽管各不同机构所提供服务的内容各异,但总体来讲,其在市场中所起的作用可以概括为以下四个方面。

1. 提供期限中介

提供期限中介(Maturity Intermediation)指金融机构通过发行金融工具,为投资者提供不同期限的投资选择,同时也供借款人灵活地选择负债期限。金融市场上的资金供需双方让渡和使用资金的期限往往是不一致的,如一方可能为长期需求,而另一方可能为短期供给,如果没有金融机构所提供的期限中介服务,双方会因期限不匹配而无法达成交易。金融机构的期限中介服务使得双方可以按各自的要求选择其资金出让或使用的时间期限,从而满足双方的需求。

2. 分散和减少风险

管理风险、控制风险是金融机构的主要职能。金融活动中主要存在市场风险以及市场参与者的信用风险,金融机构通过开发系列方法识别、计量风险,在此基础上通过开发金融工具或采用其他手段分散、转移风险,以达到对风险的管理和控制。

3. 降低签约合同和信息处理的成本

金融交易的达成需要快速地寻找到交易对手,其中涉及大量的信息处理工作,包括信息的收集、识别、分析等工作,完成这些工作并选择合意的交易对手的过程不仅花费资金成本,更主要的是花费时间成本。而金融机构凭借其在金融资产处理上的信息优势、规模经济优势和专家分析优势能有效地降低这些成本。

4. 提供支付机制

支付机制是为金融交易提供资金价值转移结算的活动,包括使得这一活动能够得到顺利进行的机构、工具、市场参与者、规则、过程、标准、技术等。金融机构制定规则标准、创造工具、选择技术,采用物理或电子的方式完成这一工作。

2.1.4 金融机构的资产和负债

1. 金融机构的资产

一方面,金融机构的资产反映了金融机构的资金使用去向。金融机构的资产选择应该充分体现服务于实体经济的目标,同时也应该服务于国家发展战略的实施。除此之外,管理者在选择资产组合时还应该结合金融机构的风险态度、资金来源特点来加以综合考虑。如商业银行的许多负债为中短期,因此其资产配置中的相当部分就应当考虑流动性较高的产品。

另一方面,并非所有金融机构都可以选择任意资产,监管层往往会制定一些限制性措施以控制金融机构的经营风险,如对某些股权投资的限制、对债券投资中信用等级的要求、对非标准化理财产品的投资限制以及对特定投资产品资金来源的监管等。

2. 金融机构的负债

金融机构的负债指金融机构按合同要求必须履行支付义务的现金数额和时间。按支付数量和时间是否确定划分,主要有以下四类。

(1)负债现金支付的数量和时间都是已知的,如银行存款。

(2)现金支出数量已知,但支出的时间未定,如人寿保单。

(3)现金支出时间已知,但数量未定,如银行发生的可变利率存单。

(4)现金支出时间与数量都未定,如家庭财产险。

2.2 存款性金融机构

存款性金融机构是指主要以吸收存款为资金来源并将之贷给需要资金的各经济主体及投资于证券等以获取收益的金融机构。存款性金融机构是金融市场的重要中介。典型的存款性金融机构是商业银行。除了商业银行,其他的存款性金融机构还有储蓄贷款协会、储蓄银行、信用合作社等。

2.2.1 储蓄贷款协会

储蓄贷款协会(Savings and Loan Associations)是专注于吸收储蓄存款,发放房屋贷款和其他贷款的金融机构。其组织形式可以是互助性质,也可以是公司制。最早的储蓄贷款协会多为互助、社区式,其特点是吸收当地居民家庭的存款,然后为其提供房屋抵押贷款。这种互助性的金融机构意味着存款人和贷款人都是机构里有投票权利的会员,他们有能力调整和引导整个机构的财务和管理目标。

储蓄贷款协会也叫作Thrift,有其相同性能的金融机构在英国、爱尔兰和其他一些英联邦国家叫作Building Society,在新西兰叫作Cooperative Banks。不论它们叫什么名字,但都具有下列几个基本特点。

(1)其所有者通常是当地民众,虽然在美国也有个别储蓄贷款协会挂牌上市,但大多数是私人公司,所从事的业务是为居民家庭提供金融服务。

(2)接收个人存款并且将这些存款运用于为购房者提供长期贷款。

(3) 贷款的用途不仅包括购买房屋,也包括房屋建造、房屋维修或房屋的再融资。

(4) 这类机构必须获得中央政府或地方政府的特许经营权。

与其他储蓄类的金融机构着重于短期贷款不同,储蓄贷款协会着重于向个人和家庭发放长期贷款。一般而言,储蓄贷款协会投资的资产仅有抵押贷款、抵押支持证券和政府债券。抵押贷款包括固定利率抵押贷款、可变利率抵押贷款和其他类型的抵押贷款。由于大多数抵押贷款是为了购买住房,因此储蓄贷款协会实际上是发放建设性贷款。

直接的住房按揭贷款(主要是购买新住房的贷款)是储蓄贷款协会经营的主要资产之一。近年来,其他与住房相关的投资增长迅速,例如按揭担保证券、流动性住房贷款和物业抵押贷款。1982年美国的格恩·圣杰曼法案扩展了储蓄贷款协会可以投资的资产类型。现在允许的投资类型包括消费贷款(房屋修缮贷款、汽车贷款、活动房屋贷款和信用卡贷款)、非消费贷款(商业、公司、商务或农业贷款)和市政债券。

储蓄贷款协会的资金来源主要有三个:储蓄、借入资金和资本金。储蓄贷款协会的第一个资金来源是储蓄,这是其最大的资金来源,包括储蓄账户、零售大额可转让定期存单(Large-Denomination Negotiable Certificates of Time Deposit, CDs)和货币市场储蓄账户(Money Market Deposit Accounts, MMDAs)。1978年以前,储蓄账户是其储蓄资金的唯一来源,明确规定不能超越其支付的利率上限。1978年放宽为零售CDs,1981年放宽至可转让支付命令活期存款(NOW Accounts),1982年再放宽至货币市场储蓄账户。随着存款结构的变化,传统的低息存款账户比例越来越小,各种高回报、高灵活性的存款账户不断出现,也使得其吸储成本不断攀升,从而对资产收益也提出了更高的要求。储蓄贷款协会的第二个资金来源是借入资金。当储蓄贷款协会储蓄资金短缺时,可以从三个渠道借入短期资金:① 在联邦资金市场向其他储蓄机构借入;② 通过联储的贴现窗口借入;③ 通过回购市场借入。储蓄贷款协会的第三个资金来源是资本金。主要由留存收益和发行股票获得的资金构成。当协会运作良好时,可能产生大量留存收益,其资本充足情况良好;相反资本金减少,风险增加。

在20世纪很长的一段时间内,储蓄贷款协会是美国非常重要的金融机构,但随着几次与房地产高度相关的金融危机的爆发,该协会的规模迅速下降,对其监管的部门几经改变,其资产负债模式也发生了较大变化,其中一个显著的变化是其贷款由专注于住房按揭贷款,逐步改变到允许一定数额比例的商业贷款,目的在于减少和控制由单一住房按揭贷款业务所带来的风险。

美国的储蓄信贷协会危机(扫码学习)

2.2.2 储蓄银行

储蓄银行(Saving Banks)是吸收住户储蓄存款并向其支付利息的金融机构。储蓄银行最早出现在18世纪的欧洲,目的是为社会各阶层提供储蓄服务。早期,储蓄银行更多的是为实现其社会目标,鼓励低收入人群储蓄,并帮助其能够进入银行服务体系。它们通常由政府或社会组织发起成立,但其组织结构形式和管理制度随着时间的变化而在各个不同国家呈现不同形式。储蓄银行归其存款人所有,所获得的全部收益除留存部分资金以提供充足的准备金以外必须作为所有者的红利支付给存款人。

储蓄银行主要的资金来源是存款,大约占其可利用资金总额的90%。储蓄存款没有具体的期限,存款客户随时可以提款但利率最低。定期存款有固定的期限,储蓄银行对这些存款账户支付较高的利率。由于储蓄银行较好地适应了储户各个不同阶段对于金融服务的需求变化,因此其存款增长迅速。较大的储蓄银行还突破了单一机构束缚,建立了广泛的分支机构体系。其中最为显著的变化是从常规的存折储蓄账户向固定的定期存款和货币市场账户转变,这一变化的结果是推动了利息成本上升,对储蓄银行的盈利增加了不少压力,增加了资金流量的波动性。

储蓄银行主要投资于抵押担保的证券,如政府国民抵押协会(Ginnie Mae)、联邦国民抵押贷款协会(Fannie Mae)、联邦住宅抵押贷款公司(Freddie Mac)的证券和类似一揽子抵押贷款担保的与抵押有关的证券。此外,储蓄银行还对非抵押贷款(主要是消费者分期贷款)或公司债券、公司股票与政府债券进行投资。同时,储蓄银行也发放贷款以支持教育,为购买住房改善融资条件或弥补居民的支出。

在欧洲,储蓄银行基本上仍保留其特色:一是集中于零售业务,包括支付、储蓄产品,为个人或中小企业提供信用和保险服务;二是仍然集中于当地和区域业务,以区别于商业银行广泛布局的特征。

2.2.3 信用合作社

信用合作社(Credit Union),是由具有某些共同利益的人员(或组织)组织起来的、由会员所有、为会员服务的互助性金融机构。其经营目的是为其会员提供存款、低息贷款和其他金融服务。

与商业银行不同的是,在信用合作社开设账户者都是其会员和所有者,只有会员才能在信用社存款和贷款,其所追求的目标是为其会员提供优质服务,并帮助其改善财务状况。在普惠金融框架下,信用社所追求的是为会员提供以比大的金融机构更为广泛的存贷款服务并且成本更低。会员是协会的所有者,享受获得红利权利的同时必须分担可能出现的各种损失。该组织由会员民主管理,采用一人一票制而不考虑其投入资金的数量。有人对商业银行和信用合作社的服务进行过问卷调查,结果显示人们对信用合作社的服务质量给出了更高的评价。

信用合作社所提供的金融服务有许多是与商业银行相同的,但所采用的名称有所不同。信用合作社和商业银行常见的相同业务包括:存款账户(Share Accounts/Savings Accounts)、支票账户(Share Draft Accounts/Checking Accounts)、存款凭证(Share Term Certificates/Certificates of Deposit)、信用卡(Credit Cards)、网上银行服务(Online Banking)等。

许多信用合作社提供的服务旨在推进社区发展并促进当地的国际化交流。由于金融竞争的加剧以及金融创新的发展,信用合作社的业务有不断拓宽的趋势。其资金来源及运用由原来的以会员为主逐渐转向客户群体的多元化,因而其在金融市场上的作用也越来越大。

在信用合作社的管理构架上,可以区分成两个层级:一个层级是自然人信用合作社(也叫零售信用合作社或消费者信用合作社),另一层级是信用合作联社(Corporate Credit Union)或叫中心信用社(Central Credit Union),也叫作信用社的信用社(the Credit Union's Credit Union)。这是由各信用社联盟成立的机构,它为加盟社所有,并且为其提供服务,如支付结算服务,也提供短期(联邦基金)与长期(联邦许可)金融工具。通常每一个州都有自己的中心信用社,但由于20世纪80年代金融风险加剧,有些信用社出现倒闭现象,因此,出现了中心信用社的兼并整合,同时能力较强的一些中心信用社开始跨州经营。早期,中心信用社除了向信用社提供服务外,也向一些个人提供金融服务,现在基本上都不再做这方面的业务。

国际上建立了信用合作社行业牵头机构——世界信用合作社理事会(World Council of Credit Unions,WOCCU),该机构致力于全球合作金融的发展,特别是信用合作社的发展,与各国政府合作,力图通过立法和制度,建立一国的普惠金融体系。同时,向各国会员机构提供技术支持以帮助信用合作社增强运营能力和业务发展能力。从1948年始,每年10月的第三个星期四为全世界信用合作社日。

专栏 2-1

信用合作社的起源与发展

现代信用社起源于1852年,由德国政治家、经济学家弗兰兹·赫尔曼·舒尔茨-代利奇(Franz Hermann Schulze-Delitzsch,1808—1883)创始成立。在此基础上,他成功发展了城市信用合作体系。1864年,德国的另一位合作金融先驱夫里德里克·威廉·赖夫艾森(Friedrich Wilhelm Raiffeisen,1818—1888)在德国创建了世界上第一个农村信用合作社,因此他也被公认为农村信用合作组织的创始人。

根据世界信用合作社理事会的统计,截至2014年年末,全球有105个国家有信用合作社,一共有57 480家信用社,2.174亿会员,1.79万亿美元资产。上述统计中,不包括合作银行的数据,没有加入一些被看作信用合作组织鼻祖的国家,如德国、法国、挪威、意大利等国家的合作金融数据。据欧盟对合作银行的统计数据,截至2010年年末,合作银行会员数目达到3 800万。

信用合作社会员数占其经济活动人口总数比例最大的一些国家包括:巴巴多斯(82%)、爱尔兰(75%)、格林纳达(72%)、特立尼达和多巴哥(68%)、伯利兹和圣卢西亚(67%)、牙买加(53%)、安提瓜和巴布达(49%)、美国(48%)、厄瓜多尔(47%)、加拿大(43%)。澳大利亚、韩国以及一些非洲与拉美国家信用社会员比例也很高,报告中所提及国家的平均比例为8.2%。在波兰,1992年开办信用合作社,到2012年信用合作社分支机构达到2 000家,会员达220万。

中国在中华人民共和国成立前就引进了信用社这一概念,在苏区、解放区建立了信用社。1950年后全国各地相继开始建立农村信用合作社(简称"农信社")。到1953年年底,全国各地的合作金融组织达到20 067个。1958年开始到1978年中共十一届三中全会前,是农村信用合作社经历波折的时期。从十一届三中全会到1984年,是农村信用合作社恢复和发展的时期。国家决定把农信社交给农业银行管理,从此农信社得到重新恢复和发展,但离合作金融组织的特性越来越远。

1996年8月,国务院颁发《关于农村金融体制改革的决定》,明确农村信用社与中国农业银行脱离行政隶属关系,对其业务管理和金融监管分别由县联社和中国人民银行来承担,然后按合作制原则加以规范。经国务院批准,2000年7月开始,中国人民银行和江苏省人民政府组织开展的江苏省农村信用社改革试点,在以县(市)为单位统一法人、试办农村商业银行以及省级联社等方面进行了有益探索。2003年6月,国务院下发《国务院关于印发深化农村信用社改革试点方案的通知》,全国各地相继开始成立省联社,代表省政府管理全省农信社、农合银行、农商银行。到2007年海南省联社正式挂牌成立,农村信用社新的管理体制框架初步建立,产权组织形式呈现多元化发展态势。

农信社的构架仍处于变革中,目前有两种较为典型的改革模式:一种是部分有能力的省联社直接变成省级农商行,比如北京、重庆等。另一种是省联社逐步淡化甚至退出管理,变成全省农信系统的服务中心,各个县级联社独立法人自负盈亏。

资料来源:维基百科、中国人民银行网站、《银行家》。

2.2.4 商业银行

商业银行(Commercial Bank)是接收存款、发放贷款、提供其他基本投资产品的金融机构,是最常见、最主要同时也是最重要的金融机构,货币市场上最重要的主体。商业银行在经济活动中有着重要的作用,总的来说,可以归结为以下几点。

(1) 信用中介。商业银行通过负债业务,把社会上的各种闲散资金集中到银行,通过资产业务,把它投向需要资金的各部门,充当资金盈余者和资金短缺者的桥梁,实现资金的融通。

(2) 支付中介。商业银行利用活期存款账户,为客户办理各种货币结算、货币收付、货币兑换和转移存款等业务活动。支付中介是商业银行的传统功能,借助这一功能,商业银行成为工商企业、政府、家庭和个人的货币保管者、出纳和支付代理人,这使商业银行成为社会经济活动的出纳中心和支付中心,并成为整个社会信用链的枢纽。

(3) 政策中介。中央银行通过制定货币政策来影响整个金融市场,从而达到影响金融活动的目的。中央银行的货币政策需要相应的货币政策工具来实行,而三大货币政策工具几乎都直接与商业银行有关。

(4) 参与主体功能。商业银行除了充当各种中介之外,也是金融市场的主体之一,因此它也具有主体的各种功能。作为金融市场的主体,它既可以是资金的提供者,也可以是资金的需求者。

1. 商业银行的起源

银行的起源现在已经很难考察,现在人们一般从"银行"这一个词的起源中来探寻。比较公认的说法是银行(Bank)一词起源于意大利语Banc或者Banco,是指文艺复兴时期在意大利佛罗伦萨办理货币兑换、商借等业务所使用的长凳或桌子。

现代商业银行主要是通过下列两条途径发展起来的：一是旧的高利贷性质的银行逐渐适应新的条件，转变为资本主义性质的商业银行。如17世纪中叶以前的银行，主要贷款对象是政府，以解决政府财政支出的需要，同时也贷款给个人，满足个人消费需要，但是利率很高。它们在漫长的经济发展过程中，逐渐适应新的生产方式，演变为资本主义性质的商业银行。二是按照资本主义生产方式要求的股份制形式组建的银行。最早的商业银行是1694年在英国伦敦创办的英格兰银行。英格兰银行的成立，标志着现代商业银行制度的建立。中国的商业银行出现较晚，直到1845年才出现第一家由英国人开设的现代商业银行，即丽如银行(Oriental Bank)，又叫东方银行。中国自行开办的最早的现代商业银行是1897年在上海设立的中国通商银行。中国现在的五大银行中，开办最早的是交通银行(1908年)，其次是中国银行(1912年)，成立最晚的是中国工商银行(1984年)。

2. 商业银行的发展

由于各国商业银行产生的条件和社会生产发展的环境不同，因而商业银行的发展模式也不尽相同。从商业银行发展的历史来看，主要有两种模式：职能分工型模式和全能型模式。

(1) 职能分工型模式，又称英国模式，也叫传统模式的商业银行，以英国、美国、日本为代表。这种体制下的商业银行主要融通短期商业资金，其理论依据是传统的商业放款论，也叫实质票据论。根据这种理论，资金融通具有明显的商业性质，商业银行的业务应当集中于自偿性贷款。所谓自偿性贷款，就是银行通过贴现票据发放短期、周期性贷款，一旦票据到期和承销完成，贷款就可以自动收回。自偿性贷款同商业行为、企业的产销活动结合紧密，其期限短，流通性强，银行资金的安全性能得到充分保证。此外，自偿性贷款是依据商品生产和流通的需要发放的，不会造成货币和信用量的膨胀。因而，在英国和受英美传统影响的一些国家，商业银行基本上是遵循这种模式建立和经营的。

但是，这种类型和模式对商业银行的发展也有较大的局限性。首先，商业银行集中于短期自偿性贷款，难以促进一国经济高速持续增长。其次，自偿性贷款的安全性只是相对的，因为商业银行资金的安全性并不完全取决于贷款期限的长短，而在于资金能否按时收回。最后，不利于中央银行对经济活动的调节。

(2) 全能型模式，又称德国模式，也叫综合式的商业银行，以德国、奥地利、瑞士为代表。这种体制下的商业银行可以经营一切银行业务，包括各种期限和种类的存款与贷款以及全面的证券业务等。这种模式促进了德国工业化的进程，使德国在短短数十年间便超过英国。在20世纪30年代的经济危机中，德国的商业银行通过将企业无法偿还的长期贷款直接转化为对企业投资的方式，挽救了许多濒于破产的企业。在第二次世界大战后，德国商业银行还以大量长期贷款和直接投资的方式，帮助工商企业恢复生机，创造出了战后德国经济迅速恢复发展的奇迹。

这种类型和模式的弊端主要在于：银行业务范围过于广泛，在经营管理和资金流动性方面易出现问题，从而增加银行的经营风险。同时，商业银行对企业直接投资，也会导致银行势力过度膨胀。

随着世界经济的发展，金融业的竞争也日趋激烈，商业银行的上述两种模式已被突破，两者间的差别在逐渐消失。经过数百年的发展和演变，商业银行已成为业务品种齐全、技术手段先进、服务质量不断提高并在国民经济中发挥举足轻重作用的关键性行业。特别是20世纪90年代以来,商业银行的国际化、金融创新的多样化、国际融资的证券化、银行业务的电子化,给商业银行的业务与管理带来了巨大影响,使商业银行的发展进入了一个新的历史时期。

2.3 非存款性金融机构

非存款性金融机构,是指不以吸收存款为资金来源,不直接参与存款货币创造的金融机构的统称,是金融体系的重要组成部分。

在西方国家,非存款性金融机构主要指契约型储蓄机构和投资性金融中介机构,其中契约型储蓄机构包括保险公司(人寿保险、财产和灾害保险)和养老基金;投资性金融中介机构包括证券公司、互助基金和金融公司。

在中国,依据机构所从事的主要业务活动和所发挥的作用,一般可以划分为投资类、保障类及其他非存款性金融机构三大类别。其中,投资类金融机构是指为企业和个人在证券市场上提供融资服务的金融机构,主要包括证券公司(投资银行)和基金管理公司等;保障类金融机构是指运用专业化风险管理技术为投保人或投保人指定的受益人提供某类风险保障的金融机构,主要包括各类保险公司和社会保障基金等;其他非存款性金融机构是指除上述两类以外的其他的非存款性金融机构,包括诸如信托投资公司、金融公司、财务公司等业务差异大、种类繁多的金融机构。

专栏 2-2

中国非存款性金融机构的发展现状

到2016年为止,经中国人民银行批准,中国已设立证券公司126家,保险公司163家,基金管理公司108家,信托公司68家,金融租赁公司52家,汽车金融公司25家,消费金融公司15家,资产管理公司4家。随着非存款性金融机构的设立和发展,非存款性金融业迅速发展,并取得了辉煌的业绩。截至2016年年底,126家证券公司总资产为5.79万亿元,净资产为1.64万亿元,净资本为1.47万亿元,客户交易结算资金余额(含信用交易资金)1.44万亿元,托管证券市值33.77万亿元,资产管理业务受托资金总额17.82万亿元;163家保险公司,资产总额15.11万亿元,原保险保费收入3.09万亿元;基金行业已开展业务的108家基金管理公司管理公募基金资产规模合计9.16万亿元。基金管理公司及其子公司专户业务规模17.39万亿元;私募基金管理机构资产管理规模7.89万亿元。信托行业已开展业务的68家信托公司管理的信托资产规模为20.2万亿元,实现的利润总额为771.82亿元。截至2016年三季度末,全国共开设52家金融租赁公司(未包含3家专业子公司),行业资产总额1.94万亿元,负债总额1.71万亿元,行业实收资本1 545.97亿元,实现净利润182.25亿元。

数据来源:中国人民银行网站、中国银行业保险业监督管理委员会网站、中国保险业协会网站、中国证券业协会网站、中国证券业基金协会网站。

2.3.1 投资类金融机构

1. 投资银行

从广义上来看,投资银行(Investment Bank)是资本市场上从事证券发行买卖及相关业务的金融机构,但是人们习惯上把从事证券投资为主要业务的机构称为投资银行,以此区别于以存贷款业务为主的商业银行。作为金融市场中最具策略和创新的行业,投资银行被誉为金融体系的轻骑兵、市场经济中的金融工程师。它以灵活多变的形式参与资本市场的资源配置,成为资金提供者和资金需求者之间重要的联系纽带。

在中国,投资银行大多为证券公司。证券公司是指依照《中华人民共和国公司法》和《中华人民共和国证券法》的规定设立的并经中国证监会审查批准而成立的专门经营证券业务,具有独立法人地位的有限责任公司或者股份有限公司。中国的证券公司又可分为经纪类证券公司和综合类证券公司。经纪类证券公司是指只能从事单一的经纪业务的证券公司,是中国依据分类管理的原则划分的证券公司的一种形式。而综合类证券公司是指除了可以从事经纪业务还可以从事证券自营、证券承销等其他业务的证券公司。从行业总体来看,中国的证券公司从事的业务类型包括投资银行业务、证券经纪业务、证券自营业务和证券资产管理业务四个方面。

(1) 投资银行业务。目前国内证券公司从事的投资银行业务主要是证券承销业务、财务顾问业务和代理兑付业务。证券承销业务也称证券代理发行业务,是指证券公司接受发行人的委托,根据与发行人确定的发售方式,在规定的发行有效期限内代理发行人发行证券的活动。财务顾问是指证券公司作为公司经营管理顾问,向公司提供咨询服务的业务。代理兑付证券业务是证券公司利用其营业网点,接受客户委托对其发行的证券到期进行兑付的业务。随着证券市场的开放以及竞争的加剧,证券市场的创新尤其是投资银行业务的创新层出不穷,收购兼并业务、项目融资、创业资本融资以及其他创新业务得到不断发展。

(2) 证券经纪业务,又称代理买卖证券业务,是指证券公司接受投资者(客户)的委托代投资者(客户)买卖有价证券的最基本业务。证券公司在证券交易所申请获得会员资格,从而取得直接进入场内交易的特权。其他投资者必须委托证券公司作为中介才能进行交易。为了拓展和稳定客户,券商在执行证券经纪业务的同时,通常还会为客户提供投资分析、投资咨询、信息分享等增值服务。

(3) 证券自营业务,是指证券公司以自己的名义和合法资金进行证券买卖以获得利润的业务。买卖的证券产品包括在证券交易所挂牌交易的A股、基金、认股权证、国债、企业债券等。

(4) 证券资产管理业务即资产委托管理业务,指证券公司作为受托投资管理人(受托人),依据有关法律、法规和投资委托人(委托人)的投资意愿与委托人签订资产管理合同,把委托人委托的资产在证券市场上从事股票、债券等金融工具的组合投资,以实现委托资产收益最优化的业务。资产管理业务是证券经营机构在传统业务基础上发展的新型业务。在较为成熟的证券市场中,投资者通常都委托专业人士管理自己的财产以期获取稳定收益。投资者将自己的资金交给专业人员进行管理,避免了因专业知识和投资经验不足而可能引起的风险,对整个证券市场发展起到了稳定作用。

2. 基金管理公司

基金管理公司是指依据有关法律法规设立的,对基金的募集、基金份额的申购和赎回、基金财产的投资、收益分配等基金运作活动进行管理的公司。作为一种投资工具,投资基金就是"大家凑钱投资",即把众多投资者的资金汇集起来,由基金托管人保管,由专业的基金管理公司管理和运用,通过投资于股票和债券实现收益。

随着社会生产力的发展和人类物质财富的积累,人们在当前消费得到满足的同时,开始有能力考虑将来消费的问题。为了保证未来的消费能力能够抵御通货膨胀等因素的影响,实现资产的保值增值,中小投资者也想获得与大投资者一样的投资收益,而个人进行分散投资决策的方式是无法达到这一要求的,于是投资基金这种专家代理投资人进行集中投资管理的社会化投资管理方式便应运而生,为的是实现降低交易成本,提高规模经济的目的。

中国《证券投资基金管理暂行办法》规定,基金管理公司的职责主要有:按照基金契约的规定运用基金资产投资并管理基金资产;及时、足额向基金持有人支付基金收益;保存基金的会计账册,记录15年以上;编制基金财务报告,及时公告,并向中国证监会报告;计算并公告基金资产净值及每一基金单位资产净值;基金契约规定的其他职责。此外开放式基金的管理公司还应当按照国家有关规定和基金契约的规定,及时、准确地办理基金的申购与赎回。

按照组织形式,投资基金可分为公司型基金和契约型基金两类,目前中国的基金类别均为契约型;按照投资对象划分,投资基金可分为股票型基金、债券型基金、混合基金、货币市场基金等;按照投资运作的目标划分,投资基金可分为成长型基金、收入型基金、平衡型基金等;按照基金规模是否固定,投资基金可分为封闭式基金和开放式基金。

中国成立时间最早的五家基金管理公司(扫码学习)

2.3.2 保障类金融机构

1. 保险公司

保险公司包括人寿保险公司及财产和意外灾害保险公司。人寿保险公司是为人们因意外事故或死亡而造成的经济损失提供保险的金融机构。财产和意外灾害保险公司是为企业及居民提供财产意外损失保险的金融机构。

人寿保险公司的主要收入来源是出售保单赚得的保险费收入。一般来说,人寿保险具有保险金支付的可预测性,并且只有当契约规定的事件发生时或到约定的期限时才对投保人进行支付。因此,其现金流入与流出具有高度的可预测性。基于资金来源方的这一特点,其资金运用方面可以追求高收益目标,主要投资于高收益、高风险的证券等金融工具,也有一部分用作贷款。这样,人寿保险公司就成为金融市场上主要的资金供应者之一。在一些西方国家,人寿保险公司是金融市场上最大、最活跃的机构投资者。人寿保险公司的主要业务有以下几种。

（1）普通人寿保险,包括定期人寿保险、终身人寿保险、变额人寿保险和万能人寿保险。对于定期人寿保险,在保单的有效期内,当投保人去世时,可以要求保险公司对此进行赔偿。终身人寿保险不仅能够提供定期内的保险而且能够向个人提供终身保险。变额人寿保险通常将固定的保险费用于股票、债券和货币市场共同基金的投资,保单的价值会随着保费所投资的共同基金资产收益的变化而变化。万能人寿保险结合了定期人寿保险和终身人寿保险的特点,它由两个部分组成,一部分是定期人寿保险,另一部分则是储蓄。

（2）团体人寿保险,通常面向企业,保费的形式既可以采用共同分担的形式（此时雇主替雇员支付部分保险费）,也可以由雇员单独承担（此时雇主不承担保险费,保险费完全由雇员支付）。与普通人寿保单相比,团体人寿保单的主要优势在于可以降低成本。因为在这种保险计划下可以对保险计划进行集中管理;在对个人进行体检和其他方面的评估时,涉及的费用更低;保单的销售费用和佣金会下降。

（3）其他人寿保险,包括年金保险、私人养老基金及意外事故和健康保险。年金保险是指投保人或被保险人一次或按期交纳保险费,保险人以被保险人生存为条件,按年、半年、季或月给付保险金,直至被保险人死亡或保险合同期满的保险合约。年金保险合约既可以出售给个人,也可以出售给团体;既可以采用固定保额的方式,也可以采用可变保额的方式。收益的偿付可以在投保之后立即进行,也可以被推迟。收益可以在被保险人死亡后停止支付,也可以在这之后的几年内仍然继续支付给受益人。而且年金保险的利息收益可以推迟纳税。私人养老基金是保险公司向私人企业主提供的养老金计划。一些具有创新的养老金计划以担保投资合约为基础,利用这种养老金计划,保险公司不仅可以确保一定期限内保险计划的利率,而且可以确保受益人合约中所规定的年金收益。从投资策略上看,这些计划比传统的人寿保险计划更为积极,它们可以将保险费投资于一些特殊用途的股票共同基金。意外事故和健康保险既可以防止死亡,又可以防止疾病所带来的风险。因为医疗费用的上涨,逐渐有人把意外事故和健康保险作为首选,希望将医疗费用控制在合理限度内。表 2.1 为 2016 年中国市场份额排名前十的人寿保险公司。

表 2.1　中国市场份额排名前十的人寿保险公司（2016）

排名	公司名称	保费收入（亿元）	市场份额（%）
1	中国人寿保险股份有限公司	4 306.06	19.85
2	中国平安人寿保险股份有限公司	2 751.81	12.69
3	中国太平洋人寿保险股份有限公司	1 373.62	6.33

续表

排名	公司名称	保费收入（亿元）	市场份额（%）
4	安邦人寿保险股份有限公司	1 141.97	5.26
5	新华人寿保险股份有限公司	1 125.59	5.19
6	和谐健康保险有限公司	1 070.31	4.93
7	中国人民人寿保险股份有限公司	1 050.53	4.84
8	富德生命人寿保险股份有限公司	1 021.77	4.71
9	太平人寿保险有限公司	943.64	4.35
10	泰康人寿保险股份有限公司	898.40	4.14

资料来源：中国保险监督管理委员会网站。

财产和意外灾害保险公司所提供的承保范围十分广泛，所以，财产和意外灾害保险公司也被称作保险超市。除了传统汽车保险、火灾保险、水灾保险、个人责任保险以及财产保险以外，许多财产和意外灾害保险公司已经将服务、经营领域扩展到健康保险、医疗保险等人寿保险公司提供服务的领域，形成相互竞争的态势。

财产和意外灾害事故的发生具有偶然性与不确定性，因此，财产和意外灾害保险公司注重资金的流动性，以投向货币市场上的金融工具为主，并将一部分资金投资于安全性较高的政府债券、高级别的企业债券等。表2.2 为2016 年中国市场份额排名前十的财产保险公司。

表 2.2 中国市场份额排名前十的财险公司（2016）

排名	公司名称	保费收入（亿元）	市场份额（%）
1	中国人民财产保险股份有限公司	3 104.54	33.50
2	中国平安财产保险股份有限公司	1 779.07	19.20
3	中国太平洋财产保险股份有限公司	960.71	10.37
4	中国人寿财产保险股份有限公司	597.34	6.45
5	中华联合财产保险股份有限公司	385.87	4.16
6	大地财产保险股份有限公司	319.57	3.45
7	阳光财产保险股份有限公司	283.92	3.06
8	太平保险股份有限公司	181.80	1.96
9	出口信用保险股份有限公司	173.07	1.87
10	天安保险股份有限公司	138.74	1.50

资料来源：中国保险监督管理委员会网站。

2. 社会保障基金

社会保障基金（Social Security Trust Fund）是根据国家有关法律、法规和政策的规定，为实施社会保障制度而建立起来、专款专用的资金。社会保障基金一般按不同的项目分别建立，如社会保险基金、社会救济基金、社会福利基金等。其中，社会保险基金是社会保障基金中最重要的组成部分。

社会保险基金由缴费单位和缴费个人分别按缴费基数的一定比例缴纳,或通过其他合法方式筹集,用于支付劳动者因暂时或永久丧失劳动能力或劳动机会时所享受的保险金和津贴。社会保险基金按照保险类型确定资金来源,逐步实行社会统筹。用人单位和劳动者必须依法参加社会保险,缴纳社会保险费。

全国社会保障基金于2000年8月设立,基金来源可以大致分为四个方面:一是由参保人按其工资收入(无法确定工资收入的按职工平均工资)的一定百分比缴纳的保险费;二是由参保人所在单位按本单位职工工资总额的一定百分比缴纳的保险费;三是政府对社会保险基金的财政补贴;四是社会保险基金的银行利息或投资回报及社会捐赠等。

目前全国社会保险基金按险种分别编制,包括基本养老保险基金、基本医疗保险基金、失业保险基金、工伤保险基金、生育保险基金等。其中养老保险基金是最主要的社保基金。养老保险基金是一种类似于人寿保险公司的专门组织,其资金来源是公众为退休后生活所准备的储蓄金,通常由资方和劳方共同缴纳,也有由资方单独缴纳的。养老金的缴纳一般由政府政策强行规定,从而保障了其资金来源。与人寿保险一样,养老基金也能较精确地估计未来若干年应支付的养老金数额,因此其资金可以投资于长期金融工具,如公司债券、蓝筹股、长期贷款。养老基金是金融市场上的主要资金供应者之一。

2.3.3 其他类非存款性金融机构

其他非存款性金融机构的种类较为繁杂,主要包括信托投资公司、金融公司、财务公司、担保公司等。

信托投资公司是一种经营信托业务、以受托人的身份代人理财的金融机构。信托业务是一种以信用为基础的法律行为,一般涉及三方面当事人,即委托人(投入信用)、受托人(受信于人)以及受益人(受益于人)。信托与银行、保险、证券一起构成了现代金融体系。信托业务形成委托—代理关系。这里的委托是指财产的所有者为自己或其指定人的利益,将其财产委托给他人,要求其按照一定的目的代为管理和经营;而信托公司作为代理方,接受客户的委托管理其资产,在赚取收益的同时管理好风险。信托投资公司作为非银行金融机构,除办理一般信托业务外,其突出的特点在于经营投资业务。除一些专营信托公司外,美国、英国等国家相当部分的信托业务由各商业银行的信托部门来处理。信托投资业务不同于一般的委托、代理和借贷业务,它具有收益高、风险大、程序烦琐、管理复杂等特点。因此,一般重点经营投资业务的信托投资公司在机构设置、经营管理水平、人员素质、信息来源和信息处理能力等方面都面临很高的要求。

中国最早的信托公司是1921年在上海成立的上海通商信托公司。在此之前,信托业务由银行设立的信托部门办且主要集中在上海。中华人民共和国成立后至1979年间,中国基本上没有正式独立的信托机构。1979年以后,中国开始恢复信托业务:1979年中国银行率先成立信托咨询部;同年,中国国际信托投资公司成立;1980年中国人民银行系统试办信托业务,同时各地政府也纷纷成立了信托公司或信托投资公司。至2017年,中国共有71家信托投资公司。

专栏 2-3

中国信托业的五次整顿

1. 1982年4月10日国务院发出《关于整顿国内信托投资业务和加强更新改造资金管理的通知》决定对中国信托业进行清理。

2. 1985年国务院针对1984年全国信贷失控、货币发行量过多的情况,要求停止办理信托贷款和信托投资业务,已办理业务要清理收缩。

3. 1988年10月中国人民银行根据国务院关于清理整顿公司的8号文件精神,将审批各类金融机构的权力收回,开始对信托投资公司进行第三次整顿。经过此次整顿,信托投资公司从1988年的745家(最高峰达到1 000多家)减少为1990年的339家。

4. 1995年5月25日国务院批准《中国人民银行关于中国工商银行等四家银行与所属信托投资公司脱钩的意见》,进行第四次整顿。经过此次整顿,信托投资公司的数量从1995年的392家下降到1996年的244家。

5. 1999年4月27日财政部发布《关于信托投资公司清产核资资产评估和损失冲销的规定》,开始对信托业展开力度最大的第五次整顿。按照"信托为本,分业管理,规模经营,严格监督"的原则,重新规范信托投资业务范围,只保留少量规模较大、管理严格、真正从事受托理财业务的信托投资公司,其余的改组撤并。到2017年为止,信托投资公司仅保留68家。

金融公司主要是向个人和企业提供贷款的公司。金融公司提供的服务包括消费贷款、商业贷款和抵押融资。金融公司的部分贷款(比如商业贷款和汽车贷款)与商业银行类似,但其他一些贷款则是比较专业化的,比如,向小企业和消费者提供的高风险(低信用)贷款。与银行不同,金融公司并不吸收存款;相反,它们的资金来源于长短期债务。金融公司一般通过出售商业票据、发行股票或债券,以及向商业银行借款等方式来筹集资金。金融公司提供三种基本的贷款:不动产贷款、消费贷款和商业贷款。商业贷款和消费贷款(又叫应收账款)是金融公司持有的主要资产。因此,与存款机构相比金融公司持有的消费和商业贷款期限更短。

财务公司是为企业技术改造、新产品开发及产品销售提供金融服务,以中长期金融业务为主的非银行金融机构。财务公司在各国有不同的名称,业务内容也有差异,多数是商业银行的附属机构。但中国的财务公司基本上都是由企业集团内部集资组建,依据《中华人民共和国公司法》和《企业集团财务公司管理办法》设立。经营宗旨是为企业技术改造、新产品开发及产品销售提供金融服务,同时也提供中长期金融业务如不动产抵押,也可以提供财务及投资咨询服务等。国际上,财务公司的业务经营范围几乎与投资银行没有差别,大的财务公司还兼营外汇、联合贷款、包销证券、不动产抵押、财务及投资咨询服务等。

担保公司是担负个人或中小企业信用担保职能的专业机构。担保公司通过有偿出借自身信用资源、防控信用风险来获取经济与社会效益。在借贷、买卖、货物运输、加工承揽等经济活动中,可能存在债务人不能履行债务的风险,因此债权人可能要求其出具第三方担保,由担保公司和债权人签订担保合约,约定当债务人不能履行债务时,由担保公司履行债务或者承担责任。担保公司收取相应的服务费用并承担风险。中国的信用担保业起步较晚,2003年《中华人民共和国中小企业促进法》正式实施以来,中国中小企业信用担保体系进入快速发展阶段。中国担保行业规模经历了2010—2011年的快速增长后,近年来处于规范发展期。

2.4 存款性金融机构与非存款性金融机构的异同

存款性金融机构与非存款性金融机构共同构成了经营性金融机构体系。它们有许多相似之处,如均以信用方式聚集资金,形成金融资产,以获取赢利。但它们也有不同的内涵,存在明显的区别。

(1) 是否具有债权人和债务人双重身份。根据西方权威经济理论,非银行金融机构在本质上是金融中介。金融中介是指将从资金盈余单位吸收来的资金提供给资金赤字单位的媒介。根据米什金的划分,金融中介由存款类中介、契约类中介和投资类中介三部分构成。存款类中介以负债的形式从资金的盈余单位取得资金,然后以资产的形式提供给资金的需求单位,从而完成储蓄向投资的转化。在这一过程中,中介机构具有债权人和债务人双重身份。而契约类中介、投资类中介是金融市场中的主要机构投资者,作为市场交易的中介人提供专门的金融服务,既不是债务人也不是债权人。

(2) 是否具有信用创造功能。非存款性金融机构和存款性金融机构虽然都能创造出金融债权,但他们创造金融资产的性质不同。存款性金融机构通过吸收存款、发放贷款来实现其信用创造的功能。其特殊性在于其货币创造,即存款性金融机构仅仅依靠增加其负债就能达到创造多倍存款货币的目的。从这一点上讲,存款性金融机构不仅仅是资金从储蓄者向使用者转移的中介,而且是"货币的生产者",是高杠杆性的融资机构。而非存款性金融机构仅仅在货币存量既定的条件下转移资金,不增加货币供应总量。它改变的是存量结构,影响的是货币周转率,对货币的供给和需求没有直接的影响,本质上不具有信用创造功能。

(3) 受政府管制程度的大小。存款性金融机构的经营活动对金融和经济形势的波动影响较大,因而受到政府的管制较严,是中央银行执行货币政策时的主要调节对象。相比之下,非存款性金融机构的活动由于与货币供给的增减没有直接的联系,受到政府的管制相对要少。

中国的金融体系简略图(扫码学习)

小　　结

1. 存款性金融机构是不以吸收存款为主要资金来源,不直接参与存款货币创造的金融机构的统称。

2. 非存款性金融机构分为 3 类:投资类金融机构、保障类金融机构以及其他类金融机构。

3. 投资类金融机构可分为证券经营机构、证券投资咨询机构、证券交易组织机构、证券结算登记机构、证券金融公司、投资基金以及与证券业务相关的各类事务所等。

4. 保障类金融机构是指运用专业化风险管理技术为投保人或投保人指定的受益人提供某类风险保障的金融机构。

5. 其他类非存款性金融机构的种类较为繁杂,主要是指除了投资类金融机构和保障类金融机构以外的非存款性金融机构,包括信托投资公司、金融租赁公司、金融公司、财务公司、担保公司等。

关　键　词

存款性金融机构	储蓄贷款协会	储蓄银行	信用合作社
商业银行	非存款性金融机构	投资类金融机构	投资银行
投资基金	保障类金融机构	保险公司	社会保障基金
信托投资公司	租赁公司	金融公司	财务公司
担保公司			

习　　题

1. 存款性金融机构的定义是什么？种类有哪些？
2. 非存款性金融机构的定义是什么？种类有哪些？
3. 简述非存款性金融机构与存款性金融机构的异同。
4. 论述金融机构与金融体系之间的关系。
5. 论述投资银行的概念及发展趋势。
6. 简述投资基金的主要特点。
7. 简述人寿保险公司的主要资金来源及资金使用情况。
8. 论述商业银行的作用。

第 2 章即测即评

请扫描二维码进行即测即评。

参考文献及进一步阅读建议

1. 滋维·博迪,亚历克斯·凯恩,艾伦·J. 马库斯. 投资学. 10版. 汪昌云,等,译. 北京:机械工业出版社,2017.
2. 斯坦利伊肯恩. 金融学. 2版. 曹廷贵,译. 成都:西南财经大学出版社,2005.
3. 弗雷德里克·S. 米什金,斯坦利·G. 埃金斯. 金融市场与金融机构. 8版. 杜惠芬,译. 北京:中国人民大学出版社,2017.
4. 弗兰克·J. 法博齐,弗兰科·莫迪利亚尼,弗兰克·J. 琼斯. 金融市场与金融机构基础. 4版. 孔爱国,等,译. 北京:机械工业出版社,2010.
5. 张亦春,郑振龙. 金融市场学. 5版. 北京:高等教育出版社,2017.
6. 弗雷德里克·S. 米什金. 货币金融学. 11版. 北京:中国人民大学出版社,2016.
7. 李健. 金融学. 3版. 北京:高等教育出版社,2018.
8. 陈善昂. 金融市场学. 4版. 大连:东北财经大学出版社,2019.
9. 胡新明. 非银行金融机构的内涵界定. 理论探索,2007(10上).
10. 欧阳卫民. 论非银行金融机构的发展与管理. 财贸经济,1996(1).

第 3 章
中央银行与金融监管

本章学习目的

- 理解中央银行的概念
- 熟悉中央银行的类型
- 理解中央银行与金融市场的关系
- 理解金融监管的概念
- 熟悉金融监管机构的类型
- 熟悉金融监管的最新发展

中央银行是一个国家最高的金融管理机构,是发行的银行、银行的银行和政府的银行。金融业的稳健运行需要中央银行及其他金融监管主体的有效监管。本章主要介绍了中央银行的概念、中央银行与金融市场的关系、金融监管的必要性和目标以及金融监管体系的构成。通过本章的学习,有助于加深我们对中央银行职能的理解以及对实施金融监管重要意义的认识。

3.1 中央银行概述

3.1.1 中央银行的概念

中央银行是商品经济、货币信用制度以及银行体系发展到一定阶段的产物,是为了满足统一银行券发行、票据清算、稳定信用体系、金融监管以及政府融资等方面的客观需求而建立的。从中央银行业务活动的特点和发挥的作用看,中央银行既是为商业银行等普通金融机构和政府提供金融服务的特殊金融机构,又是制定和实施货币政策、监督管理金融业、规范与维护金融秩序、调控金融和经济运行的宏观管理部门。因此,中央银行可以表述为国家赋予其制定和执行货币政策,对国民经济进行宏观调控和管理监督的特殊金融机构。

中央银行作为一个国家最高的金融管理机构,负责制定和实施货币政策,对金融业实施监督管理,是一国金融体系的核心和最为重要的宏观调控机构之一。它是发行的银行,垄断货币的发行权,这是中央银行最基本、最重要的标志;是政府的银行,一般由政府出资或受政府控制,同时为政府提供金融服务;是银行的银行,其主要业务对象是商业银行等存款类金融机构,主持清算,为商业银行保管准备金,充当银行业的最后贷款人。此外,它还是管理金融的银行,依法对金融业实施监督和管理。

中央银行的起源(扫码学习)

3.1.2 中央银行的类型

1. 单一式中央银行制度

单一式中央银行制度是指国家单独建立中央银行机构,使之全面、纯粹行使中央银行的制度。单一式中央银行制度中又有如下两种具体情形。

(1)一元式中央银行制度。这种体制是在一个国家内只建立一家统一的中央银行,机构设置一般采取总分行制。这种组织形式下的中央银行特点是权力集中统一、职能完善、有较多的分支机构。机构设置一般采取总分行制,逐级垂直隶属,其机构自身上下是统一的。目前世界上绝大部分国家的中央银行都实行这种体制,中国也是如此。

(2)二元式中央银行制度。这种体制是在一国内建立中央和地方两级中央银行机构,中央级机构是最高权力或管理机构,地方级机构也有一定独立的权力。根据规定,中央和地方两级中央银行分别行使职权。这种制度一般与联邦制的国家体制相适应,如美国是实行这一中央银行制度的典型。

专栏 3-1

美国联邦储备体系

美国没有单一的中央银行,而是主要由设在首都华盛顿的联邦储备委员会和设在各地区的分别按公司形式组织起来的 12 家联邦储备银行构成的二元中央银行体系。美国联邦储备体系(简称美联储)成立于 1913 年,由联邦储备委员会(理事会)、联邦公开市场委员会、联邦咨询委员会、12 家地区联邦储备银行和约 3 000 家会员银行组成。

美国联邦储备体系的正式结构体现了联邦储备法设计者们的意图,即在地区之间、政府部门和私人部门之间以及银行家、工商业者和公众之间实行分权。其中联邦储备委员会是联邦储备体系的核心机构。由 7 名理事组成,经国会参议院同意,由总统任命。理事任期14年,不得连任,每隔两年更换一名理事。总统提名经参议院同意后选出理事会主席和副主席,任期4年。联邦公开市场委员会(FOMC)由12名成员组成,包括7名理事会成员、纽约联储银行行长或第一副行长以及其他各联储银行推举的4名行长代表。主席由理事会主席担任,副主席由纽约联储银行行长担任。联邦公开市场委员会的主要职能是制定联储体系的货币政策和在公开市场上的交易决策。同时,公开市场委员会也负责指导外汇市场上美元兑外国货币的操作。美国的二级中央银行是各家联邦储备银行,美联储的各项具体业务都是由各联邦储备银行负责开展的。美国根据各地区的经济和金融情况,将全国划分为12个联邦储备区,在每区内设立一家联邦储备银行,全国共设有12家联邦储备银行,分别位于波士顿、纽约、费城、克利夫兰、里士满、亚特兰大、芝加哥、圣路易斯、明尼阿波利斯、堪萨斯、达拉斯和旧金山。12家联邦储备银行的资本由该地区参加联邦储备体系的会员商业银行认购,会员银行为各联邦储备银行的股东,因此从出资人的角度看其性质是私有的。各联邦储备银行的最高权力机构为理事会。理事会可以根据本地区的情况决定再贴现率,但这一决定须经联邦储备委员会的批准。其中纽约联邦储备银行是联邦公开市场委员会进行证券买卖的场所,拥有联邦储备体系30%以上的资产,是所有联邦储备银行里最为重要的一家。

美联储的主要职责有:(1) 制定与实施货币政策;(2) 促进金融系统的稳定;(3) 增强支付结算系统的安全与效率;(4) 对金融机构实施监管与规制;(5) 促进消费者保护和社区发展。

作为美国的中央银行,美联储对美国经济乃至世界经济都有举足轻重的影响。到目前为止,美联储共经历了16任主席,现任主席鲍威尔于2018年2月6日接替珍妮特·耶伦正式执掌美联储。

资料来源:美联储官网。

2. 复合式中央银行制度

复合式中央银行制度是指国家不单独设立专司中央银行职能的机构,而是由一家集中中央银行与商业银行职能于一身的国家大银行兼行中央银行职能的中央银行制度。这种中央银行制度往往与中央银行初级发展阶段和国家实行计划经济体制相对应,苏联和1990年前的多数东欧国家即实行这种制度。中国在1983年前也实行这种制度。

3. 准中央银行制度

准中央银行制度是指国家不设通常完整意义上的中央银行,而设立类似中央银行的金融管理机构执行部分中央银行的职能,并授权若干商业银行也执行部分中央银行职能的中央银行制度。在这类中央银行制度下,国家设立的专门金融管理机构,其名称和职责在各国也有所不同,如新加坡设立隶属财政部的金融管理局,而将货币发行权授予大商业银行,并由国家货币委员会负责管理,金融管理局全面行使中央银行除此之外的其他各项职能,包括制定和实施货币政策、监督管理金融业、为金融机构和政府提供各项金融服务等。

4. 跨国中央银行制度

跨国中央银行制度是指由若干国家联合组建一家中央银行,由这家中央银行在其成员国范围内行使全部或部分中央银行职能的中央银行制度。这种中央银行制度一般与区域性多国经济的相对一致性和货币联盟体制相对应。跨国中央银行在联盟内发行共同的货币,执行统一的货币金融政策,并对各国金融制度和金融市场实行监管。1998年7月欧盟成员国设立欧洲中央银行,是典型的跨国中央银行制度。

3.2 中央银行与金融市场

3.2.1 中央银行与金融市场的关系

中央银行在金融市场中处于一种特殊的地位,它既是金融市场的行为主体,又是金融市场上的监管者。中央银行是一个政府机构,这个机构在监控金融体系运行和控制本国货币增长方面有重要的公共政策功能。

1. 中央银行是金融市场的调节者

中央银行作为发行的银行、银行的银行和政府的银行,处于整个社会资金运动的中心环节,是国民经济运行的枢纽,是货币供给的提供者和信用活动的调节者。中央银行可以根据一国经济发展的客观需要和货币政策的要求,通过对其资产负债的调整,向市场提供相应的货币供给,以满足经济发展对货币的需要。当一国出现货币供给过多或货币供给不足时,中央银行可以运用自己掌握的货币政策工具,对货币供给量进行调节和控制。如中央银行可以运用提高或降低法定存款准备金率、提高或降低再贴现率、在公开市场上卖出或买进有价证券等手段来减少或增加货币供给量,实现宏观调控的目的。中央银行对货币、信用的调控对金融市场和宏观经济运行具有直接的重要影响。

中央银行还在金融市场上发挥着最后贷款人的作用。当金融机构发生资金困难而无法从其他银行或金融市场筹措资金时,中央银行为其提供资金支持,从而承担起最终贷款人的角色,避免发生金融恐慌。

2. 中央银行是金融市场的管理者

中央银行是一国最高的货币金融管理机构,在各国金融体系中居于核心和主导地位。中央银行通过国家授权,颁布各种规章制度对普通金融机构和金融市场的经营活动进行监管和规范,以贯彻国家的政策意图。国家通常授权中央银行,或与其他金融管理机构一道,对金融机构的经营管理、业务活动和金融市场活动进行监督管理。为此,需要制定一系列金融管理相关的制度,以使金融机构和金融市场的运行有章可循、有法可依。同时,中央银行以及其他金融监管部门,通过对金融机构和金融市场的活动进行定期或不定期的监督检查,以维护正常的国家金融秩序。

专栏 3-2

中国人民银行的职能

2003年9月,中央机构编制委员会批准中国人民银行的"三定"调整意见,12月27日,第十届全国人民代表大会常务委员会第六次会议审议通过《中华人民共和国中国人民银行法(修正案)》,对中国人民银行的职能进行调整。中国人民银行新的职能正式表述为"制定和执行货币政策、维护金融稳定、提供金融服务"。同时,明确界定:"中国人民银行为国务院组成部门,是中华人民共和国的中央银行,是在国务院领导下制定和执行货币政策、维护金融稳定、提供金融服务的宏观调控部门。"2018年3月,第十三届全国人民代表大会第一次会议批准了国务院机构改革方案,将拟订银行业、保险业重要法律法规草案和审慎监管制度的职责划入中国人民银行,进一步增强央行的宏观审慎管理职能。

目前中国人民银行的主要职责为:

(1) 拟订金融业改革和发展战略规划,承担综合研究并协调解决金融运行中的重大问题、促进金融业协调健康发展的责任,参与评估重大金融并购活动对国家金融安全的影响并提出政策建议,促进金融业有序开放。

(2) 起草有关法律和行政法规草案,完善有关金融机构运行规则,发布与履行职责有关的命令和规章。

(3) 依法制定和执行货币政策;制定和实施宏观信贷指导政策。

(4) 完善金融宏观调控体系,负责防范、化解系统性金融风险,维护国家金融稳定与安全。

(5) 负责制定和实施人民币汇率政策,不断完善汇率形成机制,维护国际收支平衡;实施外汇管理,负责对国际金融市场的跟踪监测和风险预警,监测和管理跨境资本流动,持有、管理和经营国家外汇储备和黄金储备。

(6) 监督管理银行间同业拆借市场、银行间债券市场、银行间票据市场、银行间外汇市场和黄金市场及上述市场的有关衍生产品交易。

(7) 负责会同金融监管部门制定金融控股公司的监管规则和交叉性金融业务的标准、规范,负责金融控股公司和交叉性金融工具的监测。

(8) 承担最后贷款人的责任,负责对因化解金融风险而使用中央银行资金机构的行为进行检查监督。

(9) 制定和组织实施金融业综合统计制度,负责数据汇总和宏观经济分析与预测,统一编制全国金融统计数据、报表,并按国家有关规定予以公布。

(10) 组织制定金融业信息化发展规划,负责金融标准化的组织管理协调工作,指导金融业信息安全工作。

(11) 发行人民币,管理人民币流通。

(12) 制定全国支付体系发展规划,统筹协调全国支付体系建设,会同有关部门制定支付结算规则,负责全国支付、清算系统的正常运行。

(13) 经理国库。

(14) 承担全国反洗钱工作的组织协调和监督管理的责任,负责涉嫌洗钱及恐怖活动的资金监测。

(15) 管理征信业,推动建立社会信用体系。

(16) 从事与中国人民银行业务有关的国际金融活动。

(17) 按照有关规定从事金融业务活动。

(18) 承办国务院交办的其他事项。

资料来源:中国人民银行网站。

3.2.2 中央银行与金融市场监管

中央银行对金融市场的监管是指中央银行或金融管理当局对金融市场机构及其交易活动的监督与管理。在不同的金融监管体制下,各国对上述几类金融市场的监管往往由不同的金融管理部门实施。各国货币市场和外汇市场一般由中央银行直接监管,但证券市场往往由专门机构进行监管。尽管如此,对金融市场实施监管并保证其稳健、高效运行仍然是各国中央银行的重要职能。

中央银行对货币市场的监管主要包括:对票据市场的监管、对同业拆借市场的监管、对国库券市场的监管、对大额可转让存单市场的监管和有价证券回购等的市场监管。

中央银行及其他监管机构对资本市场的监管包括上市公司、证券交易所、证券公司的信息披露情况;投资者的投资行为是否合乎法规;市场准入条件;证券发行、交易和结算过程;证交所和证券业协会的业务情况和自律管理情况;上市公司对股东及债券投资者的回报情况;对证券商的经营范围进行严格界定等。

中央银行对外汇市场的监管活动主要包括:通过在外汇场上买卖外汇,调控基础货币规模,促进国际收支平衡;监管资本输入和输出情况;监管汇率和汇率调整情况;监管外汇风险等。

> **专栏 3-3**
>
> **2008 年国际金融危机后中央银行监管职能的增强**
>
> 从中央银行与金融监管的关系来看,出现了监管职能从中央银行分离到近年来中央银行的监管职能得到增强的新的趋势。国际金融危机表明,分离中央银行的金融监管职能,不利于其及时、准确、全面获取金融业信息,也不利于其前瞻性地化解风险并进行有序的风险处置。危机后,金融监管改革重新强调了货币政策、金融稳定和金融监管之间的协调统一,突出了央行在防范和化解系统性风险中的职能和作用。美国将金融稳定监督委员会(FSOC)指定的非银行金融机构纳入美联储的监管范围。英国撤销金融服务局,由英格兰银行统一负责微观审慎监管和宏观审慎管理。欧盟建立银行业单一监管机制,由欧洲央行对欧元区大型银行进行直接监管,其他银行由各国监管

当局监管。2014年11月,欧元区银行业单一监管机制正式启动。欧洲央行将全面承担起欧元区银行业的监管职能,直接监管欧元区约130家大银行,并对全体6 400多家银行承担最终责任。俄罗斯撤销金融市场局,组建隶属于中央银行的金融监管委员会,统一监管整个金融体系。韩国修订《韩国银行法》,大幅强化中央银行的金融稳定职能。

3.3 金融监管概述

3.3.1 金融监管的含义

金融监管是金融监督和金融管理的总称。金融监管有狭义和广义之分。狭义的金融监管是指金融监管当局依据国家法律法规的授权对金融机构、金融市场、金融业务等进行监督、约束和管制,使之依法稳健运行的监督管理行为的总称。金融监管作为政府对金融业的一种管理与约束行为,其性质是一种与市场自发运动相对应的政府行为。也就是说,金融监管是政府的"看得见的手"对市场的"看不见的手"的规范和管理。广义的金融监管除政府监管当局的监管外,还包括同业组织的自律性监管、社会中介组织和舆论的社会性监管、金融机构的内部控制等。其中政府监管当局的监管是金融监管最核心的内容。当前世界各国的金融监管体系通常是在广义的范畴下架构的。

3.3.2 金融监管的必要性

1. 金融体系的高风险与强负外部性

金融业是一个特殊的高风险行业,具有极强的负外部性,容易发生支付危机的连锁效应。金融体系的风险,直接影响宏观经济的稳定。高负债经营的金融业具有先天的脆弱性与内在的不稳定性,局部金融风险容易转化为系统性金融风险甚至全面的金融危机,产生多米诺骨牌效应,进而可能导致经济衰退或经济危机。在开放经济条件下,一国的金融、经济危机会超越国界,进而引发区域甚至全球性的金融与经济动荡。如1994年墨西哥金融危机、1997年亚洲金融危机以及2008年的国际金融危机等,给所在国家和地区甚至区域和全球经济造成巨大的经济损失。金融的负外部性,并不能通过市场机制的自由交换得以完全消除。为此,引入市场之外的政府力量来加以弥补成为世界各国的共同选择。

2. 金融市场的垄断与过度竞争

福利经济学定理揭示了竞争性均衡能够实现帕累托最优。但垄断和过度竞争的存在会破坏帕累托最优。金融领域的垄断会影响自由竞争,导致金融商品价格上涨、金融服务质量下降和金融资源配置扭曲。与垄断相对的是,金融领域也容易出现过度竞争甚至恶性竞争。垄断与过度竞争的存在,需要让代表公众利益的政府在一定程度上介入金融领域,通过监管来纠正或消除其不良影响。

3. 金融领域的信息不对称与消费者保护

信息经济学揭示了社会经济生活中存在广泛的、大量的信息不对称(或信息不完全)现象。信息不对称通常会导致这样的后果:拥有信息优势的一方可能利用这一优势来损害信息劣势一方的利益。在金融领域,金融机构往往比消费者拥有更多的信息,从而有更多的机会和动机将收益留给自己,而将风险或损失转嫁给消费者。为此,需要实施必要的市场监管,以规范与约束信息优势方(主要是金融机构),并保护储蓄者和投资者的利益。

3.3.3 金融监管的目标

金融监管目标是对金融业实施监管所要达到的目的,它是实现金融有效监管的前提和实施具体金融监管措施的依据。目前各国无论采用哪一种监管组织体制,监管的目标基本是一致的,通常包括以下三大目标。

1. 安全性目标

这是金融监管的首要目标。金融是现代经济的核心,金融体系的安全与稳定对一国经济的发展具有重要意义。同时,金融机构作为经营货币信用的特殊企业,具有很强的脆弱性。任何一家金融机构出现严重问题,都会引起连锁反应,引发经济、金融秩序出现严重混乱,甚至会导致金融危机或经济危机。因此,金融监管的目标应是把维护金融体系的安全和稳定作为首要任务,从而为社会经济的发展创造更好的金融环境。

2. 效率性目标

提高金融体系效率是金融机构和金融市场运作的基本要求,也是金融监管追求的目标。金融业集中垄断程度过高及金融机构间的恶性竞争,都不利于形成安全而富有效率的金融体系。金融监管一方面需要通过各种手段促进金融业形成合理有序的竞争,约束金融垄断和恶性竞争,来提高金融运行效率;另一方面也要求以最低的监管成本来实现金融监管目标。

3. 公平性目标

金融监管的公平性目标是出于保护金融业社会弱势群体的合法利益。存款人、投资者和保险单持有人作为金融业的参与者,在金融活动中在资金规模、经济地位、信息取得等方面处于弱势地位,利益容易受到侵害。因此,金融监管部门需要对这些社会弱势群体的利益提供特别的保护。

3.4 金融监管机构体系

3.4.1 金融监管机构的构成

从当今世界各国金融监管的实践来看,虽然政府是绝大多数金融监管活动的主体,但是部分监管活动却是由非政府机构、金融行业组织甚至是企业来完成的。例如,银行业协会对银行的自律监管、证券交易所对上市公司的监管、金融企业进行的内部自我控制管理等。

进一步概括来说,金融监管由两类主体完成。第一类主体是公共监管机构,又称金融监管当局,它们是金融监管主体的最主要部分。公共监管机构通过政府赋予的权力,负责制定金融监管方面的各种规章制度以及保障这些规章制度的实施,同时对违反这些规章制度的金融机构及个人,进行法律法规等方面的处罚。第二类主体是各类非官方监管主体,由金融业自律性组织、社会中介组织、社会舆论监督体系、金融机构内控系统等组成,它们也是金融监管主体的重要组成部分,是对政府金融监管的重要补充。这一类监管主体的权力不是从政府机构得来的,而是来自其成员对机构决策的普遍认可和遵从。这类监管主体对出现的违规情况不能采取法律手段,但一般可以采取机构纪律等方式进行处罚和规范。

下面就公共监管机构和非官方监管主体两类监管主体进行介绍。

3.4.2 公共监管机构

政府监管当局的职能划分及其履行职责的法律基础在不同的国家或地区存在差异性。各国公共监管机构的具体构成是历史和国情的产物,不存在统一的模式。此外,各国的公共监管机构的具体形式还会随着经济社会的发展而不断变化。早期各国金融监管的主体以中央银行作为主要形式,20世纪六七十年代开始,世界各国的公共监管机构出现了分散化、多元化的发展趋势,产生了对商业银行、证券业、保险业等进行分类监督管理的专业监管机构;20世纪末以来,英国、日本、德国等国的金融监管主体又开始趋向集中。

1. 中国的"一委一行两会"监管体制

中国现行金融业的公共监管机构主体主要包括国务院金融稳定发展委员会、中国人民银行、中国银保监会、中国证监会,简称"一委一行两会"。1984年,中国人民银行开始专司中央银行职能,同时充当统一的金融监管者角色。之后随着中国证监会、中国保监会、中国银监会先后组建,原属于中国人民银行行使的微观机构监督职能被剥离。形成了由中国人民银行、中国银监会、中国证监会、中国保监会组成的"一行三会"分业监管格局。2017年11月,经党中央、国务院批准国务院金融稳定发展委员会成立,统筹协调金融稳定和改革发展中的重大问题。2018年3月,第十三届全国人民代表大会第一次会议批准了国务院机构改革方案,将银监会和保监会的职责进行整合,组建为中国银行保险监督管理委员会。中国的金融监管体制进入"一委一行两会"的新阶段。

2. 世界主要金融监管体制的类型

(1) 统一监管模式。统一监管模式指由中央的一家监管机构集中行使金融监管权。代表性国家有德国、日本等。2002年前,德国在金融领域长期实行的是分业监管模式,主要的金融监管机构包括联邦银行业监管局、联邦证券监管局、联邦保险监管局与联邦银行。2002年5月,联邦银行业监管局、联邦证券监管局、联邦保险监管局合并,成立联邦金融监管局这一统一的金融监管机构,构建起统一监管模式。1998年日本对金融监管体制做出重大调整,将大藏省的金融检查部分离出来,组建金融监督厅。2000年7月,大藏省内的金融规划部门与金融监督厅合并,组建为金融厅(FSA),实现了金融监管权的高度集中。

(2)分业监管模式。

① 一元多头式金融监管体制。一元多头式金融监管体制是指全国的金融监管权集中于中央政府，地方没有独立的权力，在中央一级设立两家或两家以上监管机构，分别负责监管国内不同金融机构的一种监管体制。如当前中国的金融监管体制就是一元多头式金融监管体制的典型。

其中中国证券业的专门监管机构为中国证券监督管理委员会（简称中国证监会）。中国证监会成立于1992年10月，是国务院直属正部级事业单位，2006年被批准参照公务员法管理。中国证监会依照相关法律法规和国务院授权，统一监督管理全国证券期货市场，维护证券期货市场秩序，保障其合法运行。

中国证监会设在北京，内设20个职能部门、1个稽查总队、3个中心；根据《中华人民共和国证券法》第14条规定，中国证监会还设有股票发行审核委员会，委员由中国证监会专业人员和所聘请的会外有关专家担任。中国证监会在省、自治区、直辖市和计划单列市设立36个证券监管局，以及上海、深圳证券监管专员办事处。中国证监会机关、派出机构和系统单位共同构成了统一有序的全国证券期货监管体系。截至2018年年底，中国证监会有工作人员3 159人，其中机关745人，派出机构2 414人。

② 二元多头式金融监管体制。二元多头式金融监管体制是指中央和地方都对金融机构或金融业务拥有监管权，且不同的金融机构或金融业务由不同的监管机构实施监管。二元多头式金融监管体制以美国等联邦制国家为代表。美国的联邦政府和州政府都有权对金融机构发照注册。联邦政府一级包括联邦储备体系、货币监理署、联邦存款保险公司、证券交易委员会和商品期货交易委员会等多个监管机构。50个州政府各有金融法规，对本州注册的金融机构进行监管。每个州都有审批、许可、监管其辖区内金融机构的权力。

2008年的国际金融危机后，美国国会通过的《多德—弗兰克华尔街改革与消费者保护法案2010》引发美国金融体系的重大变革。美国金融监管领域出现多家新的金融监管机构，包括基于对系统性风险的重视，成立金融稳定监督委员会和金融研究办公室；为加强消费者保护，在美联储下设立但又独立于美联储的消费者金融保护局；在财政部内部新设全国性的保险监管机构——联邦保险办公室。同时撤销了储蓄监理署，将主要监管权力移交货币监理署。此外联邦储备委员会、证券交易委员会、联邦存款保险公司等监管机构的监管权力有了进一步增强。如在加强对衍生品和对冲基金的监管方面，法案推出的改革政策包括由证券交易委员会和商品期货交易委员会共同监管柜台衍生品市场，以防止吸纳更多的风险；衍生品交易需要在中央清算和票据交易中心交易；大型的对冲基金、私募股权基金以及其他投资顾问机构必须在证券交易委员会注册，并向其提交交易信息和资产组合信息等。

（3）跨国式监管模式。跨国式监管模式是指多国对经济合作区域内的金融机构实施统一监管的金融监管体制。跨国式金融监管体制的代表为欧盟。当前欧盟建立的银行业单一监管机制，由欧洲央行对欧元区大型银行进行直接监管，其他银行由各国监管当局监管。三大欧盟金融监管机构（欧盟银行业监管局、欧盟保险业和职业年金监管局、欧盟证券业监管局）负责在欧盟层面制定统一的监管规则。

3.4.3 非官方监管主体

1. 金融业自律性组织

金融业自律性组织一般由金融业同业自愿组成,其职能主要包括服务、协调、维权和自律职能等。金融业自律性组织颁布操作规则和行业准则,构成了对政府监管的有益补充;而自律性组织本身也受政府监管机构的监管。自律性监管组织处在市场的前沿,具有信息充分、业务熟练、人力资源丰富的独特优势,它不仅可以解决金融同业之间的约束和自律问题,而且有助于加强金融业的监管,改善金融机构的经营环境。充分发挥金融行业自律性组织在金融监管中的作用,是维护金融安全、防范和控制金融风险的重要手段。下面以中、美两国的证券业自律性组织为例进行介绍。

中国证券业协会成立于1991年8月28日,作为中国证券业自律性组织,属于非营利性社会团体法人,接受中国证监会和国家民政部的业务指导和监督管理。中国证券业协会执行"法制、监管、自律、规范"八字方针和《中国证券业协会章程》,履行自律、服务、传导三大职能,在推进行业自律管理、反映行业意见建议、改善行业发展环境等方面做了有益的工作,发挥了行业自律组织的应有作用。中国证券业协会的最高权力机构是由全体会员组成的会员大会,理事会为其执行机构。中国证券业协会实行会长负责制。截至2018年10月,协会共有会员440家,其中法定会员131家、普通会员230家、特别会员79家;共有观察员779家。协会的宗旨是:在国家对证券业实行集中统一监督管理的前提下,进行证券业自律管理;发挥政府与证券行业间的桥梁和纽带作用;为会员服务,维护会员的合法权益;维持证券业的正当竞争秩序,促进证券市场公开、公平、公正,推动证券市场健康稳定发展。

美国金融业监管局(The Financial Industry Regulatory Authority,FINRA)成立于2007年,是现今美国最大的独立非政府证券业自律监管机构,由美国证券交易商协会和纽约证券交易所中有关会员监管、执行和仲裁的部门合并发起成立。FINRA自律监管所有的经纪商和自营商,而美国证券交易委员会则总体监管这些自律组织。FINRA的监管对象主要包括4 000余家经纪公司和63.7万名注册证券代表,其主要工作包括:制定和实施监管规则;检查被监管对象遵守规则情况;增加市场透明度;教育投资者等。

2. 社会中介机构

社会中介机构如审计事务所、会计师事务所、律师事务所和外部评级机构等可以在金融监管中发挥特殊作用。金融监管当局可借助中介机构对金融机构的财务会计报表及相关数据进行审核,对金融机构实施现场检查,对金融机构进行外部评级,提高金融信息披露的客观性和权威性,强化市场约束。

3. 社会舆论监督体系

社会舆论监督体系在金融监管中发挥着重要作用。通过新闻媒体与社会舆论的评价监督,促使金融机构改善经营行为、提升服务质量与公众形象;通过建立举报制度和查处程序,对逃避监管、违法犯罪、损害金融消费者权益等行为形成强大的社会监督威慑力,督促各金融机构依法经营。在当今世界信息通信科技突飞猛进,传播技术日新月异,社会舆论监督更加积极主动、丰富多样的背景条件下,金融监管当局通过新闻媒介传递监管信息,实时关注和处理舆情,对于及时发现问题与提高监管效率,具有不可替代的积极作用。

4. 金融机构内控系统

金融机构的内部控制作为金融机构的一种自律行为,是金融机构为实现经营目标而制定和实施的涵盖各项业务活动,涉及内部各级机构、各职能部门及其工作人员的一系列具有控制职能的方法、措施和程序的总称。金融机构内控系统作为依据管理控制系统的工作原理和系统要素而构成的一种特殊管理系统,主要由内控机构、内控设施和内控制度构成。强化金融机构内部控制系统建设,是防范金融机构风险与危机的基础条件,是金融机构实现安全与效率目标的必要前提。在构建金融机构内部控制系统时,必须使这一系统能做到:保证国家有关法律法规及规章的贯彻执行;保证金融机构发展战略和经营目标的实现;保证金融机构风险管理的有效性;保证金融机构业务记录、会计信息、财务信息和其他管理信息的真实、准确、完整和及时。

小　　结

1. 中央银行作为一个国家最高的金融管理机构,是国家赋予其制定和执行货币政策,对国民经济进行宏观调控和管理监督的特殊金融机构。

2. 虽然目前世界各个国家和地区基本上都实行中央银行制度,但并不存在一个统一的模式。归纳起来,大致有单一式中央银行制度、复合式中央银行制度、准中央银行制度和跨国式中央银行制度四种类型。

3. 中央银行在金融市场中处于一种特殊的地位,它既是金融市场的调节者,又是金融市场的监管者。

4. 金融监管是金融监督和金融管理的总称。金融监管有狭义和广义之分。由于金融体系的高风险与强负外部性、金融市场的垄断与过度竞争、金融领域的信息不对称与消费者保护等方面的原因,金融监管十分必要。

5. 金融监管目标是对金融业实施监管所要达到的目的,通常包括三大目标:安全性目标、效率性目标和公平性目标。

6. 金融监管由两类主体完成。第一类主体是公共监管机构,它们是金融监管主体的最主要部分。第二类主体是各种非官方的民间机构或者私人机构,它们是金融监管主体的重要组成部分,是对政府金融监管的重要补充。

关　键　词

中央银行　　　　　单一式中央银行制度　　跨国式中央银行制度　　金融监管
公共监管机构　　　金融监管体制　　　　　金融业自律性组织

习　　题

1. 中央银行有哪些主要类型?
2. 简述中央银行与金融市场的关系。
3. 简述近年来中央银行在金融监管作用方面有哪些新的变化?

4. 简述金融监管的必要性。
5. 公共监管机构有哪些类型?

第 3 章即测即评

请扫描二维码进行即测即评。

参考文献及进一步阅读建议

1. 大卫·S. 基德韦尔,大卫·W. 布莱克威尔,大卫·A. 威德比,等. 货币、金融市场与金融机构. 10 版. 李建军,章爱民,译. 北京:机械工业出版社,2009.

2. 弗雷德里克·S. 米什金. 货币金融学. 11 版. 郑艳文,译. 北京:中国人民大学出版社,2016.

3. 曹凤岐,贾春新. 金融市场与金融机构. 2 版. 北京:北京大学出版社,2014.

4. 李成. 金融监管学. 3 版. 北京:高等教育出版社,2019.

5. 张强,乔海曙. 中央银行学. 2 版. 北京:首都经济贸易大学出版社,2014.

6. 李杨,胡滨. 金融危机背景下的全球金融监管改革. 北京:社会科学文献出版社,2010.

第 4 章
货币市场

本章学习目的

- 掌握货币市场的概念
- 理解货币市场的主要参与者
- 理解货币市场的功能
- 理解短期国债市场的定义和特征
- 掌握短期国债收益率的计算方法
- 理解同业拆借市场、回购市场、短期融资融券市场、银行承兑汇票市场和大额可转让定期存单市场的定义与功能

金融市场是一个巨大的信贷交易市场。在金融体系内借入资金的目的随不同的人、不同的交易有很大变化,从而产生了不同类型、不同期限、不同风险的金融工具。

货币市场(Money Markets)是金融市场的重要组成部分。其主要功能是将个人、企业和政府部门(资金供给者)的短期闲置资金转移给有需要的经济主体(资金使用者)。在货币市场上,需要短期资金的经济主体发行期限在一年或一年以内的短期债务工具,而拥有短期闲置资金的经济主体则会购买或者投资短期债务工具。少部分货币市场工具发行后还可在二级市场进行交易。本章首先介绍了货币市场的主要产品,然后根据当前中国货币市场发展情况,介绍了几种有代表性的货币市场工具——短期国债、同业拆借、回购市场、短期融资券、银行承兑汇票、大额可转让定期存单等。

4.1 货币市场概述

4.1.1 货币市场的定义

货币市场的概念是相对于资本市场而言的,它是指期限在一年或一年以内、以短期金融产品为媒介进行资金融通和借贷的市场,是一年期及一年期以内的短期金融产品交易所形成的供求关系及其运行机制的总和。

货币市场的存在,是因为个人、企业和政府的现金收入经常性地与其现金的需求不匹配,比如公司每天的销售收入不一定与其每天的支出(如工资、销售费用等)状况相一致。持有过多的现金余额将导致利息损失,产生机会成本,因此,现金持有者会将多余的现金以金融产品的形式投资在金融市场。如果出现现金短缺,交易者可以立刻从货币市场借入低成本资金,或者在几乎没有价值损失风险的情况下将持有的货币市场工具以相对低廉的成本迅速转变为现金。

需要指出的是,虽然所有金融市场的目的都是为金融产品和货币的交换提供一种渠道,但货币市场和其他金融市场不同之处在于,它强调的是短期和高流动性。

4.1.2 货币市场的参与主体

货币市场的参与主体主要有政府、中央银行、商业银行、大公司和其他金融机构等。政府可以通过发行国债来实现财政安排;中央银行能够在货币市场上通过货币政策工具实现政策目标;各大商业银行可以通过货币市场开展同业拆借、票据承兑、发行大额可转让存单等业务;大公司和其他金融机构亦可分别发行短期融资券与金融债券进行资金融通。各类参与主体活跃地参与货币市场,完成现金头寸余缺调剂。

大部分货币市场工具都有相当高的投资门槛,资金量小的个人或者家庭投资者往往无法直接参与货币市场交易,但可以通过购买货币市场基金等方式间接参与。

货币市场当中一般没有固定的资金借方或贷方,同一机构可同时操作于资金借贷的两头。比如,一家大的商业银行可作为资金借入者在货币市场上通过同业拆借、发行大额可转让定期存单等借入资金;同时它又可作为资金贷出者向工商企业发放短期流动性贷款。但政府通常是货币市场的资金借入者,比如美国政府就是世界货币市场的最大借款人。

4.1.3 货币市场的功能

简单来说,货币市场具有两方面的基本功能。

其一,货币市场能够为暂时性的资金盈余者和资金短缺者提供资金融通渠道。在社会再生产中,企业、银行、其他金融机构有时会产生暂时的多余短期闲置资金。对于机构和企业而言,大规模的闲置资金的机会成本是很可观的。比如,即便按照3%年利率计算,1亿元资金一周的利息成本也能达到大约57 534元。因此,大量的短期闲置资金自然要贷放出去增强持有收益,但是又必须保持足够的流动性和安全性。同时,社会再生产过程中又会有一些企业、银行、其他金融机构急需短期周转资金,这就构成了短期资金的供求。暂时性的货币供给和需求决定了货币市场的基本功能。

其二,货币市场能够为中央银行实施货币政策提供操作手段。货币市场的交易对象是短期金融工具,具体包括短期国债、同业拆借、商业票据、大额定期存单、银行承兑票据等,普遍具有较高的流动性。因此,央行可以在货币市场上进行公开市场操作、买卖短期金融工具或是调节再贴现率影响货币市场基准利率。发达的货币市场能够为央行的货币调控提供极大的便利。

总而言之,货币市场的广度与深度极强,它能够吸引大量的资金交易,参与者能够在很短的时间内很容易地卖出大部分货币市场工具。这是一个由大银行、保险公司、证券交易商与资金中介组成的巨大网络,它们彼此联系,影响着金融市场的每一个角落。

接下来我们将对短期国债、同业拆借、债券回购、短期融资券、银行承兑汇票、大额可转让定期存单这六类常见的货币市场交易工具进行介绍。我们会在第12章介绍货币市场基金。

4.2 短期国债市场

4.2.1 短期国债的定义及其发行目的

短期国债,又称为国库券,是政府部门以债务人身份承担到期还本付息的、期限在一年以内的债务凭证。政府通过向公众出售债券而筹集资金,投资者按低于面值的折价购买,债券到期时其持有人从政府获得等额于面值的支付。购买价值与面值之差就是投资者持有债券的收益。

政府发行国库券的目的一般有两点:一是满足政府部门短期资金周转的需求。政府收支有季节性的变动,即使每一年度的预算平衡,期间也有可能在一段时间内资金短缺,需要筹措短期资金,此时政府部门就可以发行国库券以保证临时性的资金需求。二是为中央银行的公开市场业务提供可操作的工具。国库券是中央银行进行公开市场操作的有力工具,起到了连接货币政策和财政政策的作用。

4.2.2 短期国债的特征

短期国债的投资特征主要表现在四个方面。

(1)违约风险小。由于国库券是国家信用担保的债务凭证,国家破产几乎是不可能的事情,因此被认为是没有违约风险的。

(2)流动性强。国库券以国家信用为担保基础,可接受程度极高,具有很强的变现能力。

(3)面额小。与其他多数货币市场的金融工具相比,国库券认购面额较小,远远低于其他货币市场票据面额。以美国货币市场为例,其他货币市场工具出售时面额大多为100 000美元,而国库券的最低认购面额仅为1 000美元。

(4)收入免税。比如,中国的国债利息收入免利息税;美国国库券的投资收益免联邦税。

4.2.3 短期国债的发行和交易

以美国联邦政府行为为例,美国联邦财政部的国库券发行分为定期发行和不定期发行两种。每周定期发行期限为4周、13周和26周三种类型的国库券,其中26周的品种是主力品种,发行占比最高;每月定期发行期限为52周的国库券。不定期发行顾名思义,视财政部现金支出特殊需要决定。美国国库券的发行由财政部主持,采取拍卖的方式由各类投资者竞价购买,这种发行方式可以最大程度地保证每次发行都是出清的,即发行量等于认购量。

美国国库券是货币市场工具中为数不多的常用于发达流通市场的品种。美国国库券的交易市场是一个交易商市场,由 24 家一级政府证券交易商通过联储电子系统组成交易网络,一级交易商的报价随利率波动而随行就市。

4.2.4 短期国债的收益率

货币市场工具都是短期或者超短期金融资产,真实收益是按日累计的。因此,货币市场工具的收益率计算涉及一套将年收益率转换为真实收益的规则,称为日算规则。

1. 日算规则

金融市场交易按照"一个月天数/一年天数"的格式来表示日算规则。常见的日算规则有三种:

(1) 实际天数/实际天数。一般用于中长期债券的收益率计算,使用的是日历上的实际天数。也就是说,两个日期之间的天数等于日历上的实际天数,一年的天数也按照日历上的实际天数计算。比如,2015 年有 365 天,而 2016 年有 366 天,2016 年 2 月 1 日至 3 月 1 日算 29 天(算头不算尾)。

(2) 实际天数/360 天。无论一年实际天数是多少,都按照 360 天计算一年天数;两个日期之间的天数按照日历的实际天数计算。比如,2016 年算 360 天,但是 2016 年 2 月 1 日至 3 月 1 日仍然算 29 天(算头不算尾)。"实际天数/360"规则的一个变形是"实际天数/365",即一年按 365 天算。

(3) 30/360。这种日算规则不管日历上的实际天数,一年算 360 天,一个月算 30 天。使用这种规则确定两个日期之间的天数时,涉及一些具体的月份天数的调整规则,本教材不做具体介绍。

2. 短期国债的报价和收益率

国库券的收益方式决定了国库券的报价方式,国库券的报价中又隐含了国库券的投资收益。

国库券是一种以贴现方式发行的贴现债券,即政府以低于面值的价格发行国库券,到期时支付面值,而非直接向购买者支付利息。购买价格和面值之间的差额称为贴息收益:

$$\text{贴息收益} = \text{面值} - \text{买入价格} \qquad (4.1)$$

《华尔街日报》这类金融媒体每天都会刊载主要的一级交易商对当前各种不同剩余期限的国库券的交易报价,其报价格式类似表 4.1。

表 4.1 美国国库券的报价格式

Maturity	Days to Maturity	Bid	Asked	Ask Yield
……	……	……	……	……
Apr 13, 2018	73	0.08	0.07	0.072
……	……	……	……	……

其中"Maturity"表示国库券的到期日;"Days to Maturity"表示国库券距到期的剩余天数;"Bid"和"Asked"分别表示报价的交易商"买入"和"卖出"这种国库券的银行贴现率,也称为贴息率;"Ask Yield"表示投资者按照当前报价买入国库券并且持有至到期能获得的真实的年化收益率,也称为债券等价收益率(Bond Equivalent Yield)。

在国库券的交易市场中,一级交易商称为报价方,报价方的交易对手称为询价方。报价方在报价时并不清楚询价方是来出售国库券还是来购买国库券,所以会一次报出上表所示的两个价格,称为双向报价。应特别注意,报价方报出的买入价是报价方买入、询价方卖出国库券的价格;报价方报出的卖出价是报价方卖出、询价方买入国库券的价格。在双向报价体系里,报价方买入证券的价格应当低于其出售证券的价格;等价地说,询价方买入证券的价格应当高于其向报价方出售证券的价格。买卖证券的差价收入形成报价方的价差收益。具体流程见图 4.1。

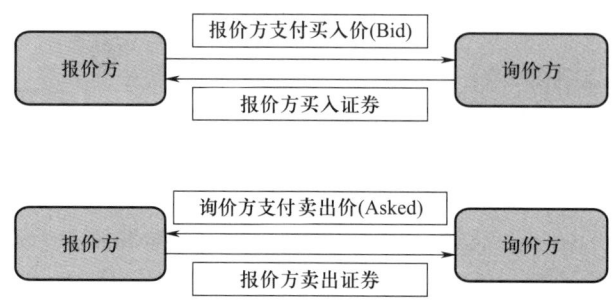

图 4.1 国库券报价方和询价方的交易流程

由于每次交易的面值规模是不确定的,报价方报出的是相对价格,也就是银行贴现率。银行贴现率表示国库券一年的贴现利息收益相对面值的比例。

比如表 4.1 中,"Bid 0.08"的含义是报价方买入国库券的银行贴现率是 8%,即报价方如果买入该品种的国库券,在一年的时间里,每 1 元面值要获得 0.08 元的贴息收益。美国市场国库券的银行贴现率换算采用"实际天数/360"的日算规则。在 73 天的剩余期限内,报价方买入 1 美元面值国库券实际获得的贴息收益为:

$$0.08 \times \frac{73}{360} \approx 0.016\ 222(美元)$$

询价方如果希望出售 100 美元面值国库券,报价方愿意出的价格为面值减去贴息收益后的差额,即 $100 \times (1 - 0.016\ 222) = 98.377\ 8$(美元);询价方如果希望出售 10 000 美元面值的国库券,报价方愿意出的价格则为 9 837.78 美元,以此类推。

同理,"Asked 0.07"是询价方从报价方买入国库券的银行贴现率,表示询价方如果买入 100 美元面值的国库券,报价方愿意向询价方每年支付 7 美元的贴现利息收益,那么 73 天剩余期限内报价方实际支付的贴息收益为:

$$100 \times 0.07 \times \frac{73}{360} \approx 1.419\ 4(美元)$$

因此,询价方买入 100 美元面值这个品种的国库券需要支付的价格为 98.580 6

美元。

我们可以看到,报价方报出的买入银行贴现率高于卖出银行贴现率,保证了报价方买入国库券的价格始终低于其卖出国库券的价格。

如果用 F 表示国库券面值,r_D 表示银行贴现率,n 表示剩余的实际天数,P_0 表示国库券的实际价格,则:

$$P_0 = F - F \times r_D \times \frac{n}{360}$$

表 4.1 最后一栏的"Ask Yield"表示询价方按照报价方的卖出价买入国库券并且持有至到期能获得的真实年化收益率。根据前例,询价方买入 100 美元面值国库券需要支付的价格为 98.580 6 美元,持有 73 天能够获得的贴息收益为 1.419 4 美元,因此持有期间内获得的真实收益率为:

$$\frac{1.419\ 4}{98.580\ 6} \times 100\% \approx 1.439\ 8\%$$

将国库券持有期间的收益率折算为年化收益率采用的日算规则是"实际天数/365",因此真实的年化收益率为:

$$1.439\ 8\% \times \frac{365}{73} \approx 7.2\%$$

如果用 r_B 表示购买国库券的真实年化收益率,则:

$$r_B = \frac{F - P_0}{P_0} \times \frac{365}{n} \times 100\%$$

4.3 同业拆借市场

4.3.1 同业拆借的定义、功能及中国同业拆借市场概况

同业拆借市场是金融机构之间进行短期资金头寸信用拆借的市场。信用拆借是指无抵押担保仅凭机构信用的拆借。同业拆借的资金主要用于弥补短期资金的不足、票据清算的差额以及解决临时性的资金短缺需求。在中央银行制度下,银行间的同业拆借实质上是银行买卖它们在中央银行存款的余额或其他超额准备。同业拆借市场产生于存款准备金政策的实施,并随着中央银行业务和商业银行业务的发展而发展。

中国人民币的同业拆借市场起步于 1984 年。1996 年 1 月 3 日,全国统一拆借市场建立并开始运行。1998 年年底建立全国统一市场,同业拆借市场进入了初级发展阶段。在经历了亚洲金融危机之后,从 2000 年开始,中国银行同业拆借市场开始步入稳定发展阶段。2007 年 Shibor 作为基础利率体系被正式推出,银行间同业拆借市场在国内货币市场中的地位发生了根本性改善。当年的成交金额即发生规模跳跃,达到 10 万亿元以上的水平,此后一直保持了较快的发展速度。2014 年,银行同业拆借市场全年成交规模超过 37 万亿元。中国 2013 年 3 月—2018 年 7 月同业拆借月度交易总额如图 4.2 所示。

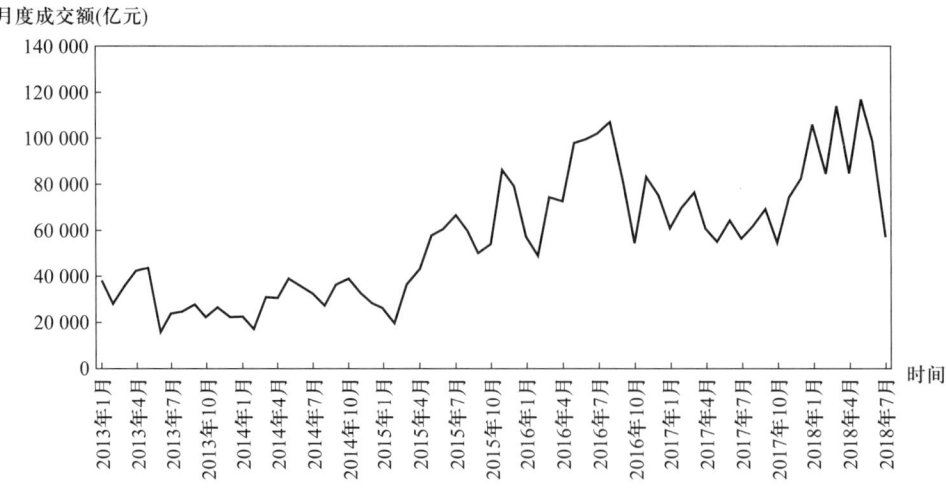

图 4.2 中国 2013 年 3 月至 2018 年 7 月同业拆借月度交易总额

资料来源:同花顺金融数据终端。

4.3.2 同业拆借的期限

同业拆借交易的期限一般以 1~2 天最为常见,最短期的为隔夜拆借。这些时间很短的拆借因为其拆借资金主要用于弥补借入者头寸资金的不足,也被称为头寸拆借。其他还有拆借时间较长的,如 7 天、1 个月、3 个月、6 个月等。在中国,每笔拆借交易的最低拆借金额为人民币 10 万元,最小拆借金额变动量为人民币 1 万元,日算规则为"实际天数/360"。图 4.3 是 2017 年全年各期限的人民币同业拆借成交额的对比。可以看到,人民币同业拆借业务从最短的隔夜拆借到 1 月以上的拆借都有,其中主力期限品种为隔夜拆借和 7 天拆借,体现了同业拆借市场短期流动性高的特点。

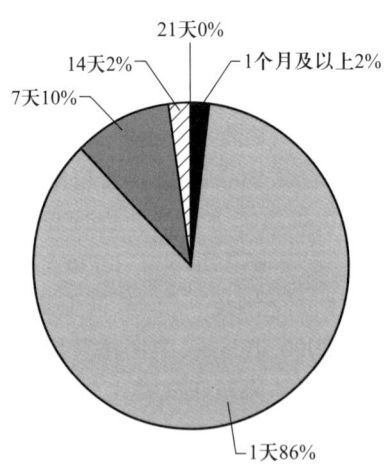

图 4.3 2017 年人民币各期限同业拆借成交额对比(亿元)

资料来源:同花顺金融数据终端。

4.3.3 同业拆借市场的参与主体

2007年7月,中国人民银行颁布了《同业拆借管理办法》,总体上降低了市场准入门槛,对具有同业拆借主体资格的金融机构进行了具体规定,主要包括政策性银行、中资商业银行、外商独资银行、中外合资银行、城市信用合作社、农村信用合作社县级联合社、信托公司、金融资产管理公司、金融租赁公司、证券公司、保险公司、外国银行分行等18类,涵盖了所有的银行类金融机构和部分非银行金融机构。其中,商业银行是同业拆借市场的首要参与者。近年来,随着新类型金融机构相继进入市场,市场主体日渐多元化。2018年同业拆借市场主体构成如图4.4所示。可以看到同业拆借市场的参与主力是各类商业银行和财务公司,信托公司和保险公司也是重要的参与方。

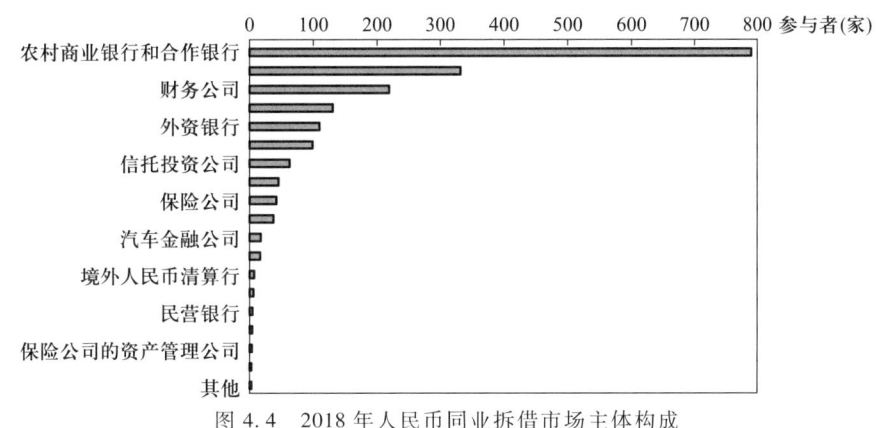

图 4.4 2018年人民币同业拆借市场主体构成

资料来源:同花顺金融数据终端。

4.3.4 同业拆借市场运行

大部分国家或地区的同业拆借市场都有一个固定的交易中心,交易中心为参与交易的各方提供了一个有规则和有次序的交易场所和结算机制,便利了会员之间的交易,促进了市场的稳定与发展。在中国,位于上海外滩外汇交易中心的全国银行间同业拆借中心是人民币同业拆借的固定交易场所。

同业拆借必须在全国统一的同业拆借网络中进行。全国统一的同业拆借网络包括全国银行间同业拆借中心的电子交易系统、中国人民银行分支机构的拆借备案系统、中国人民银行认可的其他交易系统。其交易方式可分为网上交易和网下交易。其中网上交易由银行间同业拆借中心提供计算机交易服务平台并负责市场运行;网下交易则是非拆借中心成员之间,以手工合同的方式进行交易,交易须报当地中国人民银行备案。

同业拆借交易以询价方式进行,自主谈判、逐笔成交。

图4.5是中国同业拆借市场的组织与运行情况。

4.3.5 同业拆借市场的利率

我们通常说的同业拆借利率是同业拆借市场的资金银行每日报出的资金借贷利率

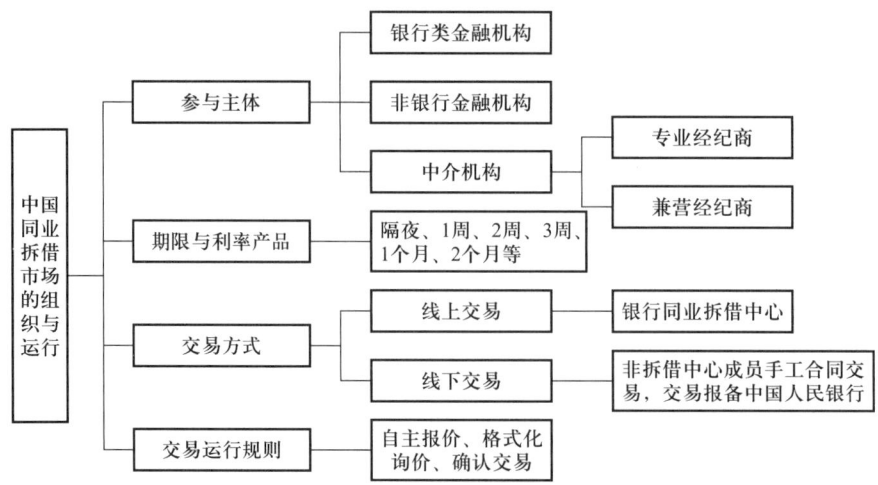

图 4.5 中国同业拆借市场的组织与运行

的平均值。资金银行相当于同业拆借市场的做市商,真实的成交利率由资金供求双方议定,根据当日资金供求状况随行就市。

在国际货币市场上,有代表性的同业拆借利率有三种:伦敦银行同业拆借利率(London Inter-bank Offered Rate,LIBOR)、新加坡银行同业拆借利率(Singapore Inter-bank Offered Rate,SIBOR)和香港银行同业拆借利率(Hongkong Inter-bank Offered Rate,HIBOR)。

中国的人民币同业拆借利率称为 SHIBOR,以位于上海的全国银行间同业拆借中心为技术平台计算、发布并命名,是由信用等级较高的银行组成报价团自主报出的人民币同业拆出利率计算确定的算术平均利率,是单利、无担保、批发性利率。全国银行间同业拆借中心授权 SHIBOR 的报价计算和信息发布。每个交易日,全国银行间同业拆借中心根据各报价行的报价,剔除最高、最低各 2 家报价,对其余报价进行算术平均计算后,得出每一期限品种的 SHIBOR,并于当日上午 9:30 对外发布。

图 4.6 是 2017 年各期限 SHIBOR 的加权平均利率的对比。

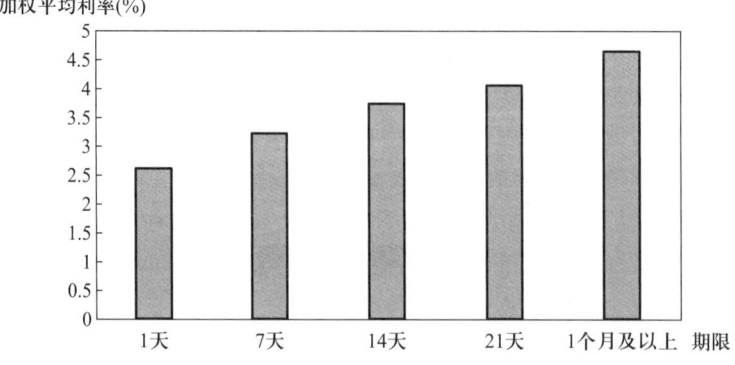

图 4.6 2017 年各期限人民币 SHIBOR

资料来源:同花顺金融数据终端。

> **专栏 4-1**
>
> ### 上海同业拆借利率
>
> 2010年9月,统一的银行间贷款转让市场正式启动。银行间贷款转让市场的建成,标志着金融机构信贷资产转让交易机制规范化运行。全国银行间市场贷款转让交易的正式启动,促进了金融机构优化资源配置、加强流动性和资本集约管理,增强了上海金融市场服务经济结构调整和发展方式转变的能力。不言而喻,未来银行间贷款市场的发达程度直接依赖于商业银行的参与力度。商业银行需要在信贷专业领域建立自己的竞争优势,推动信贷转让市场进一步发展。
>
> 中国货币市场的 SHIBOR 处于市场最基准的地位,是发展金融市场的重要基础,直接关系到利率市场化,关系到中国金融市场发展的深度。国际上有影响力的金融市场都有自己的货币市场基准利率(如英国 LIBOR、欧元区 EURIBOR、中国香港地区 HIBOR、新加坡 SIBOR、东京 TIBOR 等),SHIBOR 基准利率的形成是金融市场走向成熟的标志。
>
> SHIBOR 应成为一个公认、权威的利率基准,在利率市场化改革过程中,它将替代央行设定的存贷款利率。简单来讲,利率定价实际上是一种压力的释放,客户抱怨利率高时,商业银行就可依赖央行,因为利率下限是央行规定的。未来 SHIBOR 成熟后,金融机构将从依赖央行调控存贷款利率转变为依照 SHIBOR 做出选择。这一转变的背后蕴含着深刻的合法性、权威性和共识性。

4.4 债券回购市场

4.4.1 回购协议的定义

回购指的是交易的一方在出售证券的同时,和证券的购买方签订协议,承诺在一定期限后按原定价格或约定价格购回所卖证券,从而获取即时可用资金的一种交易行为。

回购协议中借入资金的一方称为融资方或者正回购方,贷出资金的一方称为融券方或者逆回购方。由融资方发起的回购交易称为正回购交易,由融券方发起的回购交易称为逆回购交易。

图 4.7 是回购交易流程图。

从图 4.7 可以看到,回购协议实质上就是融资方为质押从融券方取得暂时资金融通的一种货币资金交易。

上一节介绍的同业拆借业务依赖银行提供的无担保信用额度,因此资金的贷方对借方的信用等级要求极高,交易对象有限,制约了货币市场融资规模的增长,也不利于货币市场效率的提高。回购交易为金融机构和企业不借助银行无担保信用额度,而是通过债券进行短期担保融资提供了一个最有效的机制。同时,高流动性的回购市场盘活了债券

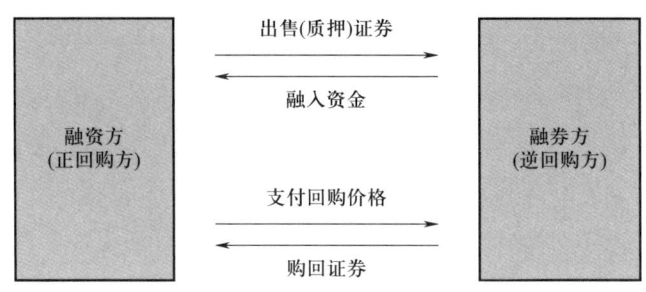

图 4.7　回购交易的流程图

的流动性,也是形成高流动性的债券市场的关键因素。

4.4.2　回购协议的功能

回购市场是全球货币市场中最大的组成部分之一,具有如下交易功能。

(1) 回购协议将资金的收益性与流动性结合了起来。投资者完全可以根据自己的资金安排,与借款者签订"隔日"或者"连续合同"的回购协议,在保证资金可以随时收回的情况下还能够获取收益。

(2) 回购协议使得长期债券的变现能力增强,避免了证券持有者出售长期资产变现而可能带来的损失。

(3) 回购协议具有较强的安全性。回购协议的期限较短,并且又有100%的债券作质押,所以投资者可以根据资金市场的变化,及时抽回资金,避免了长期投资的风险。

(4) 回购协议可以用来套利。对于相对较长期的回购协议来说,可以用来套利,比如银行以较低利率用回购协议的方式取得资金,再以较高利率贷出以获取利差。

(5) 回购市场为中央银行的公开市场操作提供了有效的渠道和工具。如果央行作为融资方在回购市场连续发起正回购交易,其效果是回笼短期资金,减少货币市场短期资金供应,抬高短期资金利率;反之,如果央行作为融券方在回购市场连续发起逆回购交易,则是在向货币市场注入短期资金,降低短期资金利率。

4.4.3　回购协议的分类

由于债券价格一般较稳定,因此绝大多数的回购交易使用债券作为质押物;而在债券回购中,由于国债的证券质地最好,因此国债回购是回购市场的主力品种。

根据质押权不同,回购协议可以分为买断式回购和质押式回购(也叫封闭式回购),其中质押式国债回购占主体地位。质押式回购和买断式回购的主要区别在于:买断式回购的融券方在回购协议期限内拥有对证券的完整所有权和处置权,可以在二级市场上转让交易融资方的证券,只要在协议到期时能够以约定价格将约定数量的同种证券反售给融资方即可。而质押式回购的融券方则没有证券的处置权。

从图4.8可以看到,从2017年7月至2018年8月,银行间市场质押式回购成交总量约为678万亿元,买断式回购成交总量约为26万亿元。因此银行间市场的回购主力品种是安全性更高的质押式回购。

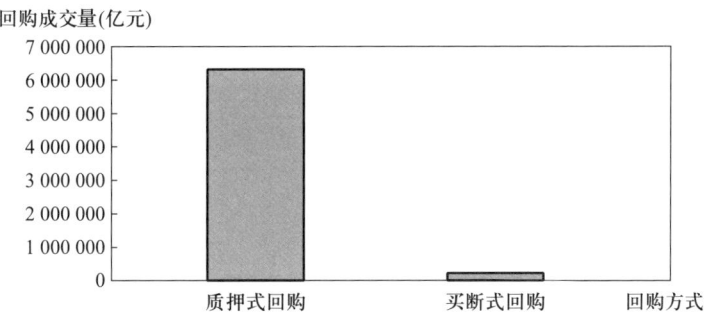

图 4.8 2017 年 7 月至 2018 年 7 月中国银行间市场回购成交量

资料来源:同花顺金融数据终端。

根据交易场所不同,中国的国债回购分为:① 上海证券交易所和深圳证券交易所所组成的交易所市场;② 银行间债券回购市场。其中银行间债券回购市场主导了中国的国债回购交易。比如,2017 年,银行间市场的回购累计成交额约为 703.57 万亿元,交易所市场的回购累计成交量为 255.15 万亿元。[①]

根据期限不同,债券的回购协议有最短期限的隔夜回购,到最长 1 年的回购协议。其中银行间市场质押式回购有 13 个期限品种,买断式回购有 9 个期限品种。

表 4.2 是银行间市场 2017 年不同期限的回购品种成交量占比:

表 4.2　不同期限的银行间市场回购品种成交量占比

期限	1D	7D	21D	1M	2M	3M	4M	6M	9M	12M
银行间市场回购品种成交量占比(%)	78.57	14.14	0.76	1.08	0.32	0.46	0.06	0.07	0.01	0.01

可以看到,和同业拆借市场类似,国债回购在期限品种上也是以隔夜和 7 天品种为主,因此国债回购市场也是一个期限短、流动性高的货币市场。

4.4.4　债券回购市场的利率决定

由于回购协议一般以国债作为质押物,而国债是一种信用风险较低的投资,因此其利率也相对较低。但回购市场上的利率并不统一,受以下因素的影响:① 用于回购的证券质地。证券信用度越高,流动性越强,回购利率越低。② 期限长短。一般而言,期限越长,所面临的不确定性因素越多,利率也就越高。③ 交割条件。若实物交割,回购利率较低,其他方式则利率相对高些。④ 货币市场其他子市场的利率水平,尤其是同业拆借市场利率。表 4.3 与表 4.4 分别为 2016 年 4 月 6 日质押式回购与买断式回

---

① 数据来源:同花顺金融数据终端。

购行情。可以看到,回购利率整体上和期限长短正相关,买断式回购利率整体高于质押式回购利率。

表 4.3　2016 年 4 月 6 日质押式回购行情　　　　　　单位:%

品种	前期平均利率	本期平均利率	涨跌
R01D	2.611	—	—
R07D	4.107	2.446	40.443
R14D	5.456	2.670	51.058
R21D	5.494	3.360	42.993
R01M	4.698	3.605	23.276
R02M	4.415	4.040	8.493
R03M	4.500	4.300	4.444

表 4.4　2016 年 4 月 6 日买断式回购行情　　　　　　单位:%

品种	前期平均利率	本期平均利率	涨跌
R01D	2.718	—	—
R07D	4.42	2.471	44.095
R14D	4.962	—	—
R21D	—	4.649	—
R01M	5.499	—	—

专栏 4-2

银行间回购市场与交易所回购市场利差原因分析

目前,中国的场内外国债回购交易市场的风险大致相同,但两个市场的走势却迥然不同,两个市场间存在一定的利差。银行间市场国债回购利率波动较为平稳,交易所国债回购利率由于受新股发行、资金市场供求关系等因素影响,呈现不规则的大幅波动。从两个市场的参与主体来看,银行间回购市场的主体是商业银行,其交易需求主要是弥补金融机构头寸不足,而且商业银行不允许进入交易所回购市场;交易所国债回购市场的主体是非银行金融机构和企业,其交易需求部分是弥补短期资金不足,更主要的方面是获取新股申购资金。1999 年允许部分证券公司和基金管理公司进入银行间市场后,场内外市场分割的局面虽有所改善,却并未彻底打破,这是导致两个市场利差形成的重要原因。

4.5 短期融资券市场

4.5.1 短期融资券的定义

短期融资券是指具有法人资格、信用评级较高的非金融企业,依照《银行间债券市场非金融企业债务融资工具管理办法》的条件和程序,在银行间债券市场发行和交易并约定在一定期限内还本付息的有价证券,是非金融企业筹措短期资金的直接融资方式。中国短期融资券的发行期限有3个月、6个月、9个月和12个月等。其中,期限在9个月(270天)以内的短期融资券称为超短期融资券。

4.5.2 短期融资券的发行、评级和交易

根据《银行间债券市场非金融企业债务融资工具管理办法》的规定,短期融资券可以通过在中国人民银行备案的金融机构间接发行。

从2015年7月至2018年7月,中国短期融资券市场的累计发行金额为9.03万亿元,占此期间全部债券发行总金额的8.24%,是中国工商企业获得短期资金的重要渠道。

由于短期融资券属于企业无抵押、无担保的信用债,因此发行之前必须进行信用风险高低的评价,也就是信用评级。短期融资券信用评级主要评定发债主体按时还本付息的能力和意愿,并用简单的符号提示投资者风险的程度。根据评级对象不同,信用评级分为主体信用评级和债务信用评级两种。主体信用评级是以企业或经济主体为对象进行的信用评级。债务信用评级是以企业或经济主体发行的有价债券为对象进行的信用评级。

比如,以中国的大公国际资信评估有限公司的评级体系为例,它将短期融资券的债务信用等级分为四等六级,具体含义如表4.5所示。

表4.5 短期融资券的债务信用等级

等级符号	具体含义
A-1	为最高级短期债券,其还本付息能力最强,安全性最高。
A-2	还本付息能力较强,安全性较高。
A-3	还本付息能力一般,安全性易受不良环境变化的影响。
B	还本付息能力较低,有一定的违约风险。
C	还本付息能力很低,违约风险较高。
D	不能按期还本付息。

短期融资券发行后可以在银行间市场进行交易,二级市场的交易方式类似于债券的交易方式。

4.5.3 短期融资券收益率的影响因素

由于短期融资券的发行主体为非金融企业,因此收益率的影响因素比较复杂,具体

来说有以下五个方面的主要因素。

1. 信用风险因素

信用风险是指交易对手未能履行约定契约中的义务而造成的经济损失的风险。信用风险溢价即市场对于信用风险所要求的在收益率上的补偿。发行短期融资券企业信用风险越高,投资者对风险溢价的要求也越高。在其他条件相同的情况下,企业短期融资券收益率也越高。

2. 流动性因素

流动性溢价是市场对资产的非流动性所要求的补偿。非流动性指投资者对持有的资产难以及时变现或须为寻找交易对手而付出大量"寻找成本"。相同条件下,短期融资券流动性越强,所要求的流动性溢价越低,短期融资券收益率就比较低。

3. 发行主体股票上市情况

上市企业一般财务状况较好,且财务、经营等信息公开透明,具有更高的知名度,信息不对称的影响小,短期融资券的收益率比较低。

4. 发行主体涉及行业

短期融资券发行主体涉及的行业广泛,经济环境对于不同行业的影响不同,投资者对于不同行业的风险认识不同,都会导致短期融资券的风险及利差因行业而异。

5. 宏观系统因素

除了发行企业自身和行业等因素影响外,宏观经济环境对短期融资券收益率也有显著影响。宏观经济运行良好、通货膨胀明显等都会导致短期融资券收益率上升。

短期融资券收益计算方法和国库券收益计算方法是类似的。

例 4.1:某投资者以 985 000 元的价格购买了一份期限为 95 天、面值为 100 万元的短期融资券。

95 天的 100 万元面值的贴息收益为:

$$100 - 98.5 = 1.5(万元)$$

贴现收益率为:

$$r_D = \frac{1.5}{100} \times \frac{360}{95} \times 100\% \approx 5.68\%$$

真实收益率为:

$$r_B = \frac{1.5}{98.5} \times \frac{365}{95} \times 100\% \approx 5.85\%$$

专栏 4-3

中诚信对短期融资券信用评级主要考察的因素

中诚信国际信用评级有限公司成立于 1992 年,是国内第一家国际化、专业化的中外合资信用评级机构。经过数十年的信用评级实践,中诚信国际已经形成了具有自主知识产权的信用评级技术、方法和评级模型国内著名评级机构。中诚信短期融资券信用评级方法是以公司信用评级方法体系为基础,参照国际著名评级机构的评级方法,并结合中国现阶段市场的经济环境特点制定的具有中国特色的评级方法体系。其评价体系大体如下：

（一）基本信用评价

从宏观分析、行业与竞争、业务与管理、会计政策、资本结构、盈利能力、长期偿债能力几个方面衡量企业整体信用风险。

（二）短期流动性评价

从现金流、流动性、财务弹性几个方面衡量整体的财务风险。

（三）债项评价

从发行结构、资金运用、偿债保障几个方面衡量本次发行相关的财务和金融风险。

（四）外部支持评级

主要从股东支持和政府支持两个方面考察企业隐性的信用风险。

4.6 银行承兑汇票市场

4.6.1 银行承兑汇票的定义

银行承兑汇票是商业汇票的一种，指由在承兑银行开立存款账户的存款人签发，向开户银行申请并经银行审查同意承兑的，保证在指定日期无条件支付确定的金额给收款人或持票人的票据。对出票人签发的商业汇票进行承兑是银行基于对出票人资信的认可而给予的信用支持。购买承兑汇票的投资者可以在付款到期日收回贷款。如果借款人违约，投资者可以向做出第一承兑的银行行使追索权。

实质上银行承兑汇票的产生是为了便于商业贸易交易。使用银行承兑汇票为商业交易融资被称为承兑融资。产生承兑汇票的交易包括货物进出口，以及在本国的两个实体之间的货物存储和装运。

承兑汇票是可转让的，并可在二级市场上出售。银行承兑汇票与国库券和商业票据一样，都是以贴现方式出售的，贴现利息由提供信贷的银行的资金成本和业务费用共同决定。银行承兑汇票的主要投资者是货币市场共同基金和地方政府实体。

4.6.2 银行承兑汇票市场的组织与运行

1. 参与主体

（1）一级市场。中国银行承兑汇票一级市场的参与主体有四个，分别是中央银行、银保监会、商业银行和企业。其中商业银行和企业是一级市场的核心主体。中央银行是政策的制定者，引导票据市场的签发总量和签发行为，而银保监会是以监管者的角色参与到票据发行市场中的。国有商业银行、股份制商业银行、地方性商业银行及农村信用社等机构通过承兑银行承兑汇票而参与到一级市场中。

（2）二级市场。票据二级市场又可细分为票据直贴市场和转贴市场，二者参与主体有所不同。

① 票据直贴市场。票据直贴市场参与主体主要有五个：中央银行、银保监会、企业、商业银行和经纪人。其中中央银行是票据贴现市场的政策制定者，它通过制定相关法规或调整再贴现率来引导票据市场的贴现额和贴现利率；银保监会是以监管者的角色参与到票据贴现市场中的。企业是票据的卖方。从贴现额来看，大型企业是票据直贴市场的主力军；同时直接贴现市场也是中小企业快速融资的主要渠道。商业银行是票据的买方。从直贴额来看，股份制商业银行、地方性商业银行和农村信用社等中小银行已成为直贴市场的主力军，其中地方性商业银行和农村信用社更是成为跨地区上门贴现的主力军。经纪人是直贴市场的重要参与主体，是企业和直贴银行的撮合人。经纪人主要服务于跨地区上门服务的中小银行和当地地方性商业银行，为其介绍企业票源。随着票据市场的发展，经纪人的出现成为一种必然，近年更是呈现爆发性增长。

② 转贴市场。票据转贴市场的参与主体有六个，分别是：中央银行、银保监会、商业银行、财务公司、信托公司和经纪人。中央银行和银保监会参与转贴的方式和直贴类似。大银行是票据转贴市场的最终买家，大中银行是票据转贴市场的中间买家，而中小银行是票据转贴市场的主要卖家。财务公司是直贴市场的零散买方，汇集一定金额后再将票据转贴给其他银行金融机构。信托公司与银行合作推出票据理财产品，它们采取银信集合资金信托合作方式，其中银行作为委托方和受益人，将已贴现的银行承兑汇票或保贴的商业汇票等票据资产所对应的权利，以约定的利率转让给特定的信托计划，信托公司作为受托人从事理财计划设计和管理。经纪人为票据转贴市场各交易方提供信息咨询、交易撮合和技术服务。

2. 市场结构

中国票据市场按交易层次主要集中在银行柜台交易市场和区域性票据市场。前者如各家商业银行开办的票据贴现窗口，后者包括津京地区、长三角地区和珠三角地区等区域性票据交换市场。2003年之后，中国外汇交易中心暨全国银行间同业拆借中心成立了中国票据网网站，为网站会员提供了在线交流和报价平台，在一定程度上起到了整合全国票据市场的作用。截至2017年3月31日，中国票据网累计机构会员2 876家。①

3. 银行承兑汇票的利率决定

中国银行承兑汇票利率体系主要由承兑费率、贴现利率、转贴现利率和再贴现利率构成，其中作为银行间市场业务的票据转贴现，其利率已实现市场化，具体又包括买断式转贴现和回购式转贴现两种。在监管部门加大力度规范会计科目核算、严查逃避信贷规模的票据业务后，买断式转贴现业务的信贷特性日趋明显，其利率更多受到信贷规模影响，与其他银行间货币市场利率产生了一定的背离；回购式转贴现业务则逐步脱离规模互转方式，近期呈现了较强的资金业务特性，利率水平逐步接轨其他银行间货币市场利率。

---

① 数据来源：上海票据交易所网站。

4.7 大额可转让定期存单市场

4.7.1 大额可转让定期存单的定义

大额可转让定期存单亦称大额可转让存款凭证,是银行印发的一种定期存款凭证,凭证上印有一定的票面金额、存入日期、到期日以及利率,到期后可按票面金额和规定利率提取全部本利。大额可转让定期存单可流通转让,自由买卖。简而言之,大额可转让定期存单是一种固定面额、固定期限、可转让的大额存款凭证。

表 4.6 列举了大额可转让定期存单和普通柜台存单的区别。可以看到,两者的主要区别是在面值和流动性上。大额可转让定期存单面值更大,但是可以流通转让,因此不记名也不能提前还本;普通柜台存单面值不确定,记名且不可转让,提前还本会有较高的利息损失。

表 4.6 大额可转让定期存单和柜台存单的区别

	流动性	面额	利率	提前支取
大额可转让定期存单	不记名、可流通转让	金额较大,面值 500 元到 50 万元之间	既有固定的,也有浮动的,且一般比同期限的定期存款利率高	不能,只能在二级市场转让
定期存款	记名、不可流通转让	不固定	固定	能,损失一部分利息

4.7.2 大额可转让定期存单的发行方式和期限

大额可转让定期存单的发行采用电子化的方式,可以在发行人的营业网点、电子银行以及第三方平台和经中国人民银行认可的其他渠道发行。在发行人营业网点、电子银行等银行自有渠道发行大额存单,与现有银行存款、理财产品的发售方式类似。此外,中国人民银行还授权全国银行间同业拆借中心为大额存单业务提供第三方发行、交易和信息披露平台,进一步丰富了大额存单发行交易渠道。通过第三方平台发行大额存单,更能体现大额存单电子化和标准化的特征,有利于存单的集中流通转让。发行人应该根据自身业务特点、经营管理要求并结合市场状况自主确定发行方式。

中国在 20 世纪八九十年代即引入了大额可转让定期存单,但是在 1997 年因为各种原因被叫停。2015 年 6 月 2 日,为了拓宽存款类金融机构负债产品市场化定价范围,有序推进利率市场化改革,央行发布《大额存单管理暂行办法》,正式推出大额存单。央行规定,个人投资人认购大额存单起点金额不低于 30 万元,机构投资人认购大额存单起点金额不低于 1 000 万元。大额存单期限包括 1 个月、3 个月、6 个月、9 个月、1 年、18 个月、2 年、3 年和 5 年共 9 个品种。并规定,大额存单发行利率以市场化方式确定。固定利率存单采用票面年化收益率的形式计息,浮动利率存单以上海银行间同业拆借利率为浮动利率基准计息。

小　　结

1. 金融市场按流通于其间的金融工具的期限、性质、特点及作用不同,可划分为货币市场和资本市场两大类。货币市场,是指一年期以内的短期金融工具交易所形成的供求关系和运行机制的总和。

2. 国库券是政府部门以债务人身份承担到期还本付息的期限在一年以内的债务凭证。政府通过向公众出售债券而筹集资金。国库券为满足政府部门短期资金周转的需求,并且是中央银行进行公开市场操作的有力工具。

3. 同业拆借市场是金融机构之间进行借贷转移短期资金的市场。同业拆借的资金主要用于弥补短期资金的不足、票据清算的差额以及解决临时性的资金短缺需求。在中央银行制度下,实质上是银行间买卖它们在中央银行存款的余额或其他超额准备。

4. 回购市场是指回购协议进行交易的场所。回购协议是指交易的一方在向对方出售证券时,承诺在将来某一时间按固定的价格将所出售证券购回的协议,其实质是一种以证券为抵押物的抵押贷款。与回购协议相对应的概念是逆回购协议。

5. 短期融资券是指具有法人资格、信用评级较高的非金融企业,依照相关规定,在银行间债券市场发行和交易并约定在一定期限内还本付息的有价证券,是非金融企业筹措短期资金的直接融资方式。发行短期融资券要进行主体信用评级以及债券评级。

6. 银行承兑汇票是获得某家银行付款承诺的远期汇票,其收款人是商品的销售方。银行承兑汇票由银行承诺承担最终付款责任,实际上是银行将其信用出借给企业。银行承兑汇票大多源于与国际贸易有关的信用证或远期汇票业务。

7. 大额可转让定期存单是银行发行的一种定期存单。它有固定的利率和固定的到期期限,而且可以在二级市场上转让出售。

关　键　词

货币市场	国库券	回购协议	逆回购协议
同业拆借市场	伦敦同业拆借市场利率		主体信用评级
债券信用评级	大额可转让定期存单		银行承兑汇票

习　　题

1. 什么是货币市场?货币市场在金融体系中的重要性体现在哪些方面?
2. 回购协议与逆回购协议之间有什么区别?
3. 同业拆借市场的主要参与者、交易对象及有代表性的同业拆借市场利率有哪些?
4. 什么是短期融资券?为什么要注重短期融资券的信用评级?
5. 中国货币市场发展状况如何?有哪些主要交易工具?

第4章即测即评

请扫描二维码进行即测即评。

参考文献及进一步阅读建议

1. 滋维·博迪,亚历克斯·凯恩,艾伦·J. 马库斯. 投资学. 10版. 汪昌云,等,译. 北京:机械工业出版社,2017.

2. 张亦春,郑振龙,林海. 金融市场学. 5版. 北京:高等教育出版社,2017.

3. 彭兴韵,陈昕. 金融市场学. 上海:格致出版社,上海三联书店,2018.

4. 弗雷德里克·S. 米什金,斯坦利·G. 埃金斯. 金融市场与金融机构. 8版. 杜惠芬,译. 北京:中国人民大学出版社,2017.

5. 中国货币市场. 中国外汇交易中心暨全国银行间同业拆借中心. 月刊.

第 5 章
利率理论

本章学习目的

- 了解各种利率的概念及其相互影响
- 掌握单利与复利、即期利率与远期利率的计算和相互关系
- 了解利率决定相关理论
- 理解利率的风险结构
- 掌握利率的期限结构理论及运用各种利率期限结构理论分析问题
- 运用各种利率公式进行运算

利率具有二重性,即作为货币资金价格和货币政策工具的两种属性。作为货币资金价格,利率通过资金市场的供求状况,分辨各种金融资产质量,并做出不同的资产定价,因此,利率是金融市场资金供需变化的晴雨表。作为货币政策工具,利率的变化可调节微观经济主体的利益,改变资金需求量和需求结构,从而重新分配资金的存量,最后达到调节资源配置的目的。本章讨论利率的相关理论,重点介绍利率的基本概念、利率的计算、利率的决定、利率的风险结构和利率的期限结构。

5.1 有关利率的基本概念

5.1.1 利率的定义

利率(Interest Rate),又叫利息率,是借款人为其所借金钱支付的代价,也是放款人延迟其消费,让渡资金使用权所获得的回报。利率通常以一年期利息与本金的百分比表示,但通常也根据计量的期限标准不同而有不同的表示方法,如年利率、月利率、日利率等。

5.1.2 利率体系

利率体系是指在经济运行体中,因各类利率内部以及各类利率之间所存在的相互联系和相互制约而构成的有机整体。利率体系主要包括利率结构、各种利率间的传导机制和利率监管体系。

利率结构比较复杂,既可以从金融投资者的角度,对其所持金融资产的风险结构(如固定利率与浮动利率)、期限结构(长期利率与短期利率)进行研究;又可以从决定利率主体的角度,对各种利率的形成机制(如官方利率与市场利率)及相互关系进行探讨。

利率传导机制是指央行通过调整以国债为核心的基准利率,进而通过银行间同业拆借等利率作用于资本市场与货币市场中的供求关系从而最终实现货币政策目标的机制。图 5.1 是中国金融市场利率传导机制。利率传导的形式可分为如下两种。

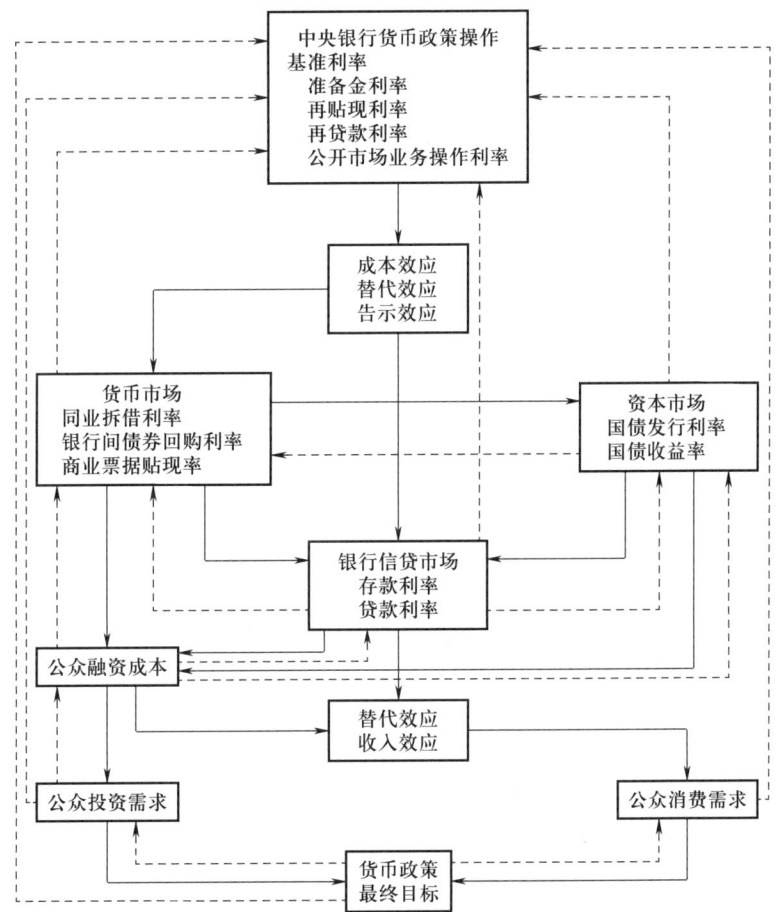

图 5.1 中国金融市场利率传导机制

资料来源:曾宪久. 货币政策传导机制论. 北京:中国金融出版社,2004.

(1) 金融业内传导,是指利率的变化在金融主体和变量之间相互作用、相互影响。例如,短期利率变化会引起长期利率随之波动,债券市场的价格变动可能导致股票市场资产价格变化等。

（2）跨业传导,是指利率的变动在引起金融业内各变量和主体相互作用和影响,在金融业内传导并形成一定力量之后,会通过价格机制影响其他行业、产业和地区。

利率监管体系是指国家对利率进行监管的一种组织制度。它是一个国家或地区金融管理当局利率管理的权限、范围、程度、措施的总称,也是一个国家或地区经济管理体制的重要组成部分,随着其经济体制和经济管理水平的发展而改变。

在利率体系中,存在一些基准利率或中心利率,即这种利率的变动,必然会相应引起利率体系中其他利率的变动。了解这种基准利率的变化趋势,就可大致了解整个利率体系的变化方向和幅度。例如,伦敦银行间同业拆借利率(LIBOR)是国际金融市场中的主要基准利率。

5.1.3 利率的种类

按照不同的划分标准,利率可以被划分为许多不同的类型。

1. 名义利率与实际利率

按是否包括通货膨胀因素来划分,利率可分为名义利率与实际利率。所谓名义利率,是央行或其他提供资金借贷的机构所公布的未调整通货膨胀因素的利率,即利息(报酬)的货币额与本金的货币额的比率。如中国2017年7月一年期整存整取利率为1.50%,这就是名义利率。

实际利率,就是名义利率排除掉通货膨胀因素影响以后的真实利率,用公式表示为：

$$i = \frac{1+r}{1+p} - 1 \tag{5.1}$$

式中：i 为实际利率；

r 为名义利率；

p 为通货膨胀率。

当通货膨胀率较低时,可以简化为：

$$i = r - p \tag{5.2}$$

判断利率水平是高是低,不能只看名义利率,而必须以实际利率为依据。因为名义利率并不是投资者能够获得的真实收益。在通货膨胀环境下,投资者的货币购买力会贬值,其所获得的真实收益会下降。例如：2017年1月,一年期整存整取利率为1.75%,储户在年初存入100元,年终本息共101.75元;预计2017年通货膨胀率为3.3%左右,年终所得本息的真实购买力低于年初投入本金100元的购买力,此时,其真实收益为负。

2. 固定利率与浮动利率

按照货币资金借贷关系持续期间内利率水平是否变动来划分,利率可分为固定利率与浮动利率。固定利率是指在整个资金借贷关系持续期限内,利率不随物价或其他因素的变化而调整的利率。固定利率具有简单易行、易于计算借款成本的优点,适用于短期借款。当借款期限较长或市场利率变化莫测时,借贷双方都面临着利率变动的风险。

浮动利率是指在资金借贷关系持续期限内,随物价或其他因素变化相应调整的利率。它适用于借贷期限较长、市场利率多变的借贷关系。借贷双方可以在签订借款协议时就规定利率可以随物价或其他市场利率等因素进行调整。浮动利率可避免固定利率的某些弊端,但计算依据多样,手续繁杂。实际中浮动利率常常采用基准利率加点计算,如在 LIBOR 的基础上加 0.5%,因 LIBOR 是随市场浮动变化的,因此实际结算利率也随市场变化;也可能采用市场上信誉最好企业的借款利率或商业票据利率作为基本利率,并在此基础上加一定的百分点作为浮动利率,到期按面值还本,平时按规定的付息期采用浮动利率付息。

3. 市场利率、官定利率与公定利率

按形成机制划分,利率可分为市场利率、官定利率与公定利率。市场利率,是指在货币或者资本市场上由供求关系直接决定的利率。供大于求时,市场利率下跌;反之,则上升。因此,市场利率是市场供求状况变化的指示器。

官定利率,是一国政府金融管理部门或者中央银行确定的利率。它是政府根据制定和执行货币政策的需要和市场利率的变动趋势加以确定的,代表了政府调节经济的意向,是国家为了实现宏观调控目标的一种政策手段。如中央银行的再贴现利率或者再贷款利率就是典型的官定利率。

公定利率,是指由非政府民间金融组织所确定的利率,如银行公会所确定的利率是行业公定利率,它对会员银行具有约束作用。中国于 2000 年 9 月 21 日开始实行商业银行的外币小额存款利率由银行同业公会来确定,这是一种公定利率。

利率的种类还有很多其他界定标准,如按计算方法可分为单利和复利;按地位可分为基准利率与一般利率;按信用期限长短可分为长期利率与短期利率;按借贷主体可分为中央银行利率、商业银行利率、非银行利率;按计息对象可分为存款利率、贷款利率、再贷款利率、贴现率、再贴现率、准备金利率等。

专栏 5-1

利率自由化

2013 年 11 月 15 日,党的十八届三中全会通过了《中共中央关于全面深化改革若干重大问题的决定》。该决定指出,"发展并规范债券市场,提高直接融资比重""加快推进利率市场化,健全反映市场供求关系的国债收益率曲线""建立存款保险制度,完善金融机构市场化退出机制"。这些表述明确了中国利率市场化的顶层设计框架以及全面推进的进程表。

自 20 世纪 60 年代起,建立有效金融市场成为世界多数国家金融改革的基本目标,而利率市场化是有效金融市场建立的关键。目前美国、德国、日本、中国台湾等发达国家或地区以及阿根廷、智利、印度等发展中国家都实行了利率市场化政策。利率市场化是一国逐步放松直至解除对利率水平及其变动的管制,金融交易主体具有利率决定权,进而形成以中央银行基准利率为基础、以货币市场利率为中介的有引导的分层次的传导有效的利率体系。在此条件下,金融资源可以通过金融市场而非政府得到有效的配置。1993 年中国提出利率自由化的构想,提出"中央银行按照资金供求状况及时调整基准利率,并允许商业银行存贷款利率在规定幅度内自由浮动"。1996 年中国放开银行间同业拆借利率,以使其利率水平基本反映中国金融市场上资金的供求状况。1998年贷款利率的浮动幅度进一步扩大,金融机构获得了更多的贷款自主定价权。2001年加入世贸组织后,中国提出要"稳步推进利率市场化改革",利率市场化改革进一步加快。2006年建立上海同业拆借市场,上海同业拆借利率(SHIBOR)已经发展成为中国货币市场的基准利率。2012年6月,中国进一步扩大利率浮动区间:存款利率浮动区间的上限调整为基准利率的1.1倍;贷款利率浮动区间的下限调整为基准利率的0.8倍。2013年进一步明确要"稳步推进利率市化",按照"先外币、后本币,先贷款、后存款,先大额长期、后小额短期"的基本步骤,逐步实现利率市场化的目标。同年7月20日金融机构贷款利率管制全面放开。之后,存款利率也逐年放开:2014年11月22日将上限调整为基准的1.2倍;2015年3月1日调整为基准的1.3倍;2015年5月10日进一步调整为基准的1.5倍;从2015年10月24日起,下调金融机构人民币贷款存款基准利率和存款准备金率,另对商业银行和农村合作金融机构等不再设置存款利率浮动上限。至此,中国利率市场化"最后一公里"改革完成。

5.2 利率的计算

5.2.1 单利和复利

为了便于比较而方便投资者进行选择,一般金融合约当中载明的利率是一种账户名义利率,用APR(Annual Percentage Rate)表示,APR是名义的年利率。

金融合约的收益以APR为基础,分为单利和复利两种计算利息的方式。所谓单利(Simple Interest)是指按照固定的本金计算的利息,是计算利息的一种方法,即没有把投资收益进行再投资所获得的收益计算在内的利率。而复利(Compound Interest)是指在每经过一个计息期后,都要将所剩利息加入本金,以计算下期的利息,也就是俗称的"利滚利"。

按照单利计算法,如果投资的本金为A_0,账户利率为APR,投资期为T年,则有:
投资期内的累计利息为:

$$A_0 \times APR \times T \tag{5.3}$$

投资期末的本利和A_T为:

$$A_T = A_0 + A_0 \times APR \times T = A_0(1 + APR \times T) \tag{5.4}$$

例5.1:某投资账户APR为4.5%,投资者投资本金为10 000元,按单利计息,两年后的利息收益是多少?本利和是多少?

两年后的累计利息为:

$$A_0 \times APR \times T = 10\ 000 \times 4.5\% \times 2 = 900(元)$$

两年后的本利和为:

$$A_T = A_0 + A_0 \times APR \times T = 10\ 000 + 900 = 10\ 900(元)$$

或

$$A_T = A_0(1+APR\times T) = 10\,000(1+4.5\%\times 2) = 10\,900(元)$$

如果已知投资者的期末本利和,则我们也可以计算出其名义年利率:

$$APR = \left(\frac{A_T}{A_0}-1\right)/T \tag{5.5}$$

例 5.2:假设 100 元的投资在 5 年后变成 130 元,则我们可以计算出两种时间上的单利:一种是 5 年期的单利,方法是 5 年所获得的利息除以本金,即:

$$\frac{130-100}{100}\times 100\% = 30\%$$

另一种是计算出 5 年投资期间所获得的年利率,将 5 年所获得的利率 30% 除以 5,得年利率 6%,即每年获得的利息是 6 元。

例 5.2 中,第一种时间上的单利虽然能表示出投资的收益率,但它的一个显著缺陷在于其数值大小容易受所考察的期限长短变化的影响,即在其他条件不变的情况下,不同的期限会导致不同的利率。因此,为比较不同期限投资的获利能力,使计算利率的时间长度保持一致是非常重要的。金融投资中最常用的是年利率。

下面我们考虑按复利计算的情形。如果一种投资的年利率为 6%,则 100 元的本金在投资一年后其本利和为 $V_1 = 100(1+6\%)$。如果投资者可以按同样的利率进行再投资,则两年后的本利和为 $V_2 = V_1(1+6\%) = 100(1+6\%)^2$,如此下去,100 元投资 5 年后的价值就是 $V_5 = 100(1+6\%)^5 = 133.82(元)$。

由上例可以看到,同样是 100 元的投资,如果按年单利 6% 计算,5 年后的本息和为 130 元;若按复利计算,5 年后的本息和为 133.82 元。可见,相同本金和相同期限的投资,复利投资的收入高于单利投资,两者之间的差额就是利息再投资的收入。

例 5.2 中,如果每半年付息一次,则 5 年后的本利和为:

$$100\left(1+\frac{6\%}{2}\right)^{10} = 134.39(元)$$

可见,复利按半年计息时,最终本息又略有增加,为 134.39 元,因为半年复利将再投资期限缩短了。

如果计算利率的时间无限缩短,将投资期限内再投资的期间进行无限分割以后所获得的投资利率称为连续复利(Continuous Compounded Rate)。仍以上述的 100 元投资为例,如果按连续复率计算,5 年后的本利和就是 $\lim_{n\to\infty}100\left(1+\frac{0.06}{n}\right)^{5n} = 100\,e^{0.06\times 5} = 134.99(元)$。

这里我们应用了如下的极限运算式:

$$\lim_{n\to\infty}\left(1+\frac{APR}{n}\right)^{nT} = e^{APR\cdot T}$$

其中 $APR = 0.06, T = 5$

讨论一般情形,如果某投资品的名义年利率为 APR,投资期限为 T 年,每年计算次数为 m,按复利计算,则期末本利和为:

$$A_T = A_0\left(1+\frac{APR}{m}\right)^{mT} \tag{5.6}$$

如果计连续复利,则期末投资价值为:

$$A_T = A_0 \, e^{APR * T} \tag{5.7}$$

专栏 5-2

复利计算的"七十二法则"

虽然复利公式并不难懂,但若是期数很多,算起来还是相当麻烦,有一个简单的"七十二法则"可以取巧。所谓的"七十二法则"就是:"以1%的复利来计算,经过72年后,你的本金就会变成原来的两倍。"这个公式好用的地方在于它能以一推十。例如,利用12%年报酬率的投资工具,需要6年左右(72÷12),就能让1元钱变成2元钱。因此,今天如果你手中有100万元,运用了报酬率15%的投资工具,你便可以很快知道,经过约4.8年,你的100万元就会变成200万元。同样的道理,若是你希望在10年内将50万元变成100万元,就应该找到至少报酬率7.2%以上的投资工具来帮助你达成目的;想要在7年后本金翻倍,投资报酬率就至少为10.3%才行。虽然利用"七十二法则"不像查表计算那么准确,但也已经十分接近了,因此当你手中少了一份复利表时,记住简单的"七十二法则",或许能够帮你不少忙。

复利的威力(扫码学习)

由于在复利的情况下,投资者所获得的有效利率不仅与所标明的名义利率有关,而且与计息次数有关,因此,有时候监管者会要求金融合约载明等效年收益率(Effective Annual Rate of Return,EAR),即将合约的收益计算方式统一折算为一年计一次复利时的年利率,使得投资者可以进一步比较不同计息频率合约的收益大小。

例 5.3:假定账户的 APR 为 6%,按季度计复利,某投资者的投资期限为三年,试计算其等效年收益率。

假定本金为1元,按季度计复利,则期末本息和为:

$$A_T = \left(1 + \frac{APR}{m}\right)^{mT} = \left(1 + \frac{0.06}{4}\right)^{4 \times 3} \approx 1.1956(元)$$

本例中,如果按 EAR 这一利率一年计一次复利,则一元的本金在三年后可以获得1.195 6元的本息和,即:

$$(1+EAR)^3 = 1.1956$$

因此,$EAR = 1.1956^{\frac{1}{3}} - 1 \approx 6.14\%$

如果本金为 A_0,账户利率为 APR,计算频率为 m,投资期限为 T 和等效年收益率为 EAR,它们之间应当满足:

$$A_T = A_0 \left(1 + \frac{APR}{m}\right)^{mT} = A_0(1+EAR)^T \tag{5.8}$$

即, $EAR = \left(1 + \frac{APR}{m}\right)^m - 1$, 如果连续复利计息, 即 $m \to \infty$, 那么, $EAR = e^{APR} - 1$。或者, $EAR = \left(\frac{A_T}{A_0}\right)^{\frac{1}{T}} - 1$。

例 5.4: 假设投资者按照 97 万元的价格买入了某债券, 持有 31 天后以 97.3 万元的价格出售, 持有期无其他收益。若以持有期为计息周期, 投资的等效年收益率是多少?

根据给出条件, 已知: $A_0 = 97$ 万元, $A_T = 97.3$ 万元, $T = \frac{31}{365}$ 年, 则

$$EAR = \left(\frac{A_T}{A_0}\right)^{\frac{1}{T}} - 1 = \left(\frac{97.3}{97}\right)^{\frac{365}{31}} - 1 = 3.7\%$$

5.2.2 远期利率和即期利率

即期利率(Spot Rate)是指在现在时点上确定的利率, 它表示从现在开始到将来某一时点的利率。设现在时点为 0, 某债券的期限为 2, 从现在时点 0 到时点 1, 即第一个时间段内的利率用 $r_{0,1}$ 表示, $r_{0,1}$ 就是在第一个时间区段上的即期利率。同样道理, $r_{0,2}$ 是从现在起到时点 2 的即期利率。如此可以扩展到多个期间。

如果有一种贴现债券从现在起至到期为止的期限是 5 年, 到期按面值 1 000 元偿还, 债券现在的交易价格为 747.5 元, 那么, 该债券的即期利率 $r_{0,5}$ 可以根据下式求出:

$$747.3 = \frac{1\,000}{(1+r_{0,5})^5}$$

根据该式, 求解的结果为 $r_{0,5}$ 约为 0.06, 即 5 年期的即期利率为 6%。

在上述即期利率中, 实际暗含着另一种利率, 即从将来的某一时点到将来另一更远的时点间的利率, 我们称这种利率为远期利率(Forward Rate)。以包含 2 个期间的情形为例, 即从现在到第一期期末的即期利率为 $r_{0,1}$, 到第二期期末的即期利率为 $r_{0,2}$。而 $r_{0,2}$ 中包含了上述第一个时期的即期利率 $r_{0,1}$ 与从第一期期末到第二期期末的利率 $f_{1,2}$, $f_{1,2}$ 就是远期利率。它们三者之间的关系可用式 5.8 表示:

$$(1+r_{0,2})^2 = (1+r_{0,1})(1+f_{1,2}) \tag{5.9}$$

我们之所以说远期利率 $f_{1,2}$ 是包括在即期利率中的利率, 是因为我们在现在时点所估计的一系列即期利率 $r_{0,1}, r_{0,2}, \cdots$ 中, 包含着对将来市场利率的预期。

在计算上, 可以根据所观测到的即期利率推出远期利率。具体计算参见本章附录。如根据式 5.8, 可以求出远期利率 $f_{1,2}$ 为:

$$f_{1,2}=\frac{(1+r_{0,2})^2}{1+r_{0,1}}-1 \approx 2r_{0,2}-r_{0,1} \qquad (5.10)$$

5.3 利率的决定因素

5.3.1 利率决定理论

1. 古典利率理论

19世纪末到20世纪30年代的古典利率理论认为,利率是由经济中的实际因素——储蓄和投资决定的,也称之为储蓄投资理论。理论的代表人物主要有奥地利经济学家欧根·冯·庞巴维克(Euger Bohm-Bawerk,1851—1914)、瑞典经济学家克努特·维克塞尔(Knut Wicksell,1851—1926)、美国经济学家欧文·费雪(Irving Fisher,1867—1947)和英国经济学家阿尔弗雷德·马歇尔(Alfred Marshall,1842—1924)等。

庞巴维克提出时差论与迂回生产理论,认为利息的产生和利率水平的高低,都取决于人们对于等量的同一商品在现在和将来的两个不同时间内主观评价的差异,而现在的资产相较未来同类同量的资产具有较高的主观价值,这才是产生利息的根源。

维克塞尔首次将利率分为自然利率和货币利率。他认为利息是指储存的劳动和土地的边际生产力与现行的劳动和土地的边际生产力之间的差额,所以利息是资本生产力的边际增量,于是利率即为资本的边际生产率。他把这种利率称之为"自然利率"。

费雪在庞巴维克的基础上,进一步从供求方面分析了利息的形成过程。其利息理论是建立在当前资本价值和预期未来收入价值的联结关系上的。他指出:所谓"资本产生收入"只有在实物意义上才是正确的,在价值意义上则是不正确的。相反的则是收入之价值产生资本之价值,因此当前资本之价值依存于预期的未来收入之价值,在此依存关系上暗含着利率。

马歇尔则运用供求均衡原理来解释利率的决定,认为利息是资本需求与资本供给达到均衡时的价格。资本的需求决定于资本的边际生产力,资本的供给则取决于抑制现在的消费而对未来消费的"等待",利率就由资本的供求双方共同决定。

2. 凯恩斯利率理论

英国经济学家约翰·梅纳德·凯恩斯(John Maynard Keynes,1883—1946)用流动性偏好理论解释利率决定的机制。他从货币因素出发研究利率决定,认为利率是由人们的"流动性偏好"即货币需求和货币供给共同决定的,而不单单取决于储蓄与投资的相互作用。货币需求的流动性偏好,主要起因于三种动机:交易动机、预防动机和投机动机。其中,交易动机和预防动机的货币需求与收入呈正向变化,与利率没有直接关系;投机动机的货币需求是利率的减函数。所以,货币总需求是关于收入和利率的函数。我们以 L_1 表示由交易动机和预防动机引起的货币需求,L_2 表示由投机动机引起的货币需求,因此货币总需求为:

$$M_d = L_1(Y) + L_2(r) \qquad (5.11)$$

式中:Y 表示收入;

r 表示利率。

假设 M_s 表示货币供给,如果 $\overline{M}$ 表示由某一货币当局决定的常数,那么就有 $M_s=\overline{M}$,当 $M_s=M_d$ 时,得到的 r_0 的值,即为货币供给和货币需求共同决定均衡利率值。

上述理论可以由图 5.2 表示。图 5.2 中,货币需求曲线 M_d 向右下方倾斜,表示流动性偏好随利率降低而增大,当利率降至 r_0 时,需求曲线变成一条与横轴相平行的直线,利率不会再下降,人们对货币流动性的需求变得无限大,形成"流动性陷阱"。

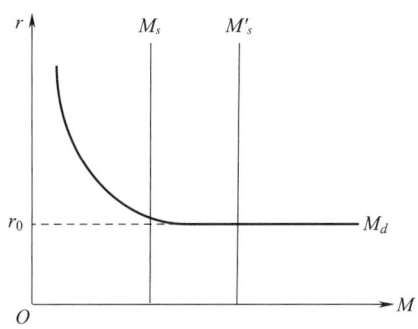

图 5.2　流动性偏好利率决定机制

3. 可贷资金利率理论

可贷资金利率理论产生于 20 世纪 30 年代后期,试图将实际因素和货币因素对利率的影响综合起来,完善了古典利率理论和凯恩斯利率理论。

根据罗伯逊等人的论述,若 F_s 为可贷资金的总供给;S 为实物市场上当前储蓄与过去储蓄转化的总和;B_s 为实际资本的流入,即国外购买本国的债券或提供的贷款;ΔM_s 为货币市场上新增的货币量。则有:

$$F_s=S+B_s+\Delta M_s \tag{5.12}$$

由于可贷资金的供给一部分来自当前储蓄和过去储蓄,另一部分来自银行信贷收支净差额和个人贮藏的变化,所以较高的利率会吸引更多的可贷资金供给,较低的利率则会减少可贷资金的供给。因此,可贷资金总供给曲线 F_s 与利率呈同向变动关系。

若 F_d 为可贷资金的总需求;I 为当前投资和对过去投资补充的总和;B_d 为政府财政赤字;ΔM_d 为贮藏现金的增量。则可贷资金的需求为:

$$F_d=I+B_d+\Delta M_d \tag{5.13}$$

其中,投资需求取决于居民、企业和政府的投资冲动,其强弱程度与利率高低呈反向变化;贮藏需求取决于贮藏成本的大小,贮藏成本是指人们因贮藏现金而丧失的利息收入,利率越高,贮藏成本越高,贮藏需求也就越小。因此,可贷资金总需求曲线 F_d 与利率呈反方向变动。

如图 5.3 所示,利率由可贷资金的总供给曲线 F_s 和总需求曲线 F_d 的均衡点决定。由于 F_s 和 F_d 的均衡取决于商品市场和货币市场的均衡,而商品市场的均衡取决于 I 和 S,货币市场的均衡取决于 ΔM_s 和 ΔM_d,因此两个市场常常无法同时均衡。也就是 I 和 S、ΔM_s 和 ΔM_d 的交点往往不在一条水平线上,二者之间经常存在着差额。在这个差额中间确定一个均分点,若这个点是使F_s和F_d相等的可贷资金供求均衡的点E,则由这一点决定的利率是可贷资金供求均衡状态下的市场利率。这个市场利率点仅表示可贷资金的供求平衡,而不一定表示$I=S$或$\Delta M_s=\Delta M_d$。而且,市场利率与$I=S$决定的自然利率经常是不一致的,但通过对商品市场和货币市场的调节作用,能使自然利率接近或等于市场利率。

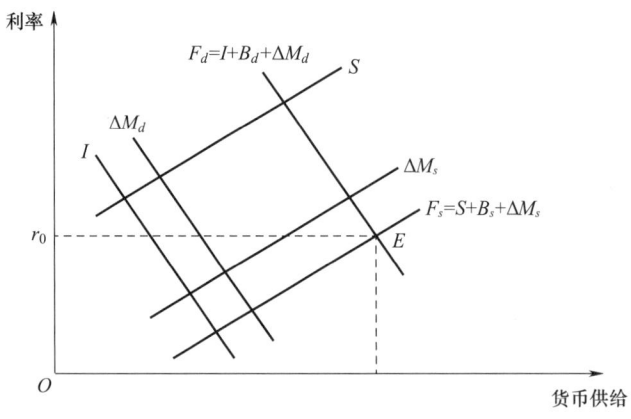

图 5.3 可贷资金利率决定机制

4. 一般均衡利率理论

英国经济学家约翰·希克斯(John R. Hicks,1904—1989)提出了一般均衡理论,并且构造了产品市场均衡情形下利率与收入相互影响的 IS 曲线。

由于产品市场的均衡条件为:

$$Y = S + C = I + C \tag{5.14}$$

式中:Y 表示收入;

S 表示储蓄;

I 表示投资;

C 表示消费。

所以产品市场的均衡条件可以表示为:

$$S = I \tag{5.15}$$

另外,储蓄 S 是收入 Y 的递增函数,投资 I 是利率 r 的递减函数,因此有:

$$S(Y) = I(r) \tag{5.16}$$

由此可以推导出 IS 曲线在收入为横轴、利率为纵轴的平面坐标上,是一条向右下方倾斜的曲线。一般来说,在产品市场上,位于 IS 曲线右方的收入和利率的组合,都是投资小于储蓄的非均衡组合,此时 $i<s$,即现行的利率水平过高,从而导致投资规模小于储蓄规模。位于 IS 曲线左方的收入和利率的组合,都是投资大于储蓄的非均衡组合,此时 $i>s$,即现行的利率水平过低,从而导致投资规模大于储蓄规模。只有位于 IS 曲线上的收入和利率的组合,才是投资等于储蓄的均衡组合。当边际储蓄倾向增大时,IS 曲线向左下方移动;当投资的边际收益增大时,IS 曲线向右上方移动。在 IS 曲线上的任一点,储蓄与投资都相等,此时 $i=s$。

LM 曲线则表示在货币市场均衡时,利率与收入的对应关系。按照凯恩斯的流动性

偏好理论,有:
$$L(Y,r) = L_1(Y) + L_2(r) \tag{5.17}$$
式中:L 为货币需求函数;
L_1 为交易动机和预防动机的货币需求;
L_2 为投机动机的货币需求。
当货币供给与货币需求相等时,有:
$$M = L_1(Y) + L_2(r) \tag{5.18}$$
式中:M 为货币供给。

在同样的收入—利率平面坐标上,可以推导出 LM 曲线,它是一条向右上方倾斜的曲线。在 LM 曲线的任意点上,货币供给量都等于货币需求量。

由此,IS 和 LM 相交点 E,就是产品市场和货币市场同时达到均衡时,决定的均衡利率和均衡收入(见图 5.4)。

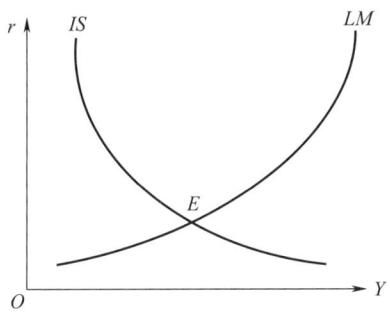

图 5.4 IS-LM 分析模型

5.3.2 利率的决定因素分析

1. 经济因素

经济因素主要包括平均利润率、借贷风险、通货膨胀、经济周期以及国际经济环境的变化。

(1) 平均利润率。一般而言,利息是利润的一部分,利率应该介于零与平均利润率之间。因此,平均利润率是决定利率水平的基本因素,并且是利率的最高限,零则为利率的最低限。需要注意的是,平均利润率是一个纯理论概念,在现实生活中,人们面对的是市场利率而不是平均利润率。市场利率的变化决定于资本借贷的供求对比变化。至于总利润在贷款人与借款人之间分配的比例,也可能出现不同情况。如果总利润在贷款人与借款人之间的分割比例是固定的,则利率随着利润率的提高而提高,随着利润率的下降而下降。既然利率是平均利润率的一部分,利润率本身就成为利率的最高界限,因此,利率总在平均利润率与零之间上下摆动,并且,利率主要是由平均利润率来调节的。

(2) 借贷风险。资金从投放到收回总是需要一定的时间。借贷资金运动过程中,由于存在各种不确定因素,可能导致各种风险。这里,包括资金不能按期完全收回的违约风险,因物价上涨而使资金贬值的购买力风险,或更有利的投资机会出现后,已贷放出去的资金收不回来时,贷款人可能错失有利的投资机会的风险。一般而言,风险越大,则利率要求越高,因此,名义利率中其实包含着借贷资金的风险溢价。

(3) 通货膨胀。当名义利率低于同期通货膨胀率时,实际利率为负,而负的实际利率不能为资金供给方所接受。因此,在市场利率条件下,利率水平要受物价上涨率影响,若通货膨胀有所减轻,则名义利率趋低;若通货膨胀较为严重,则名义利率趋高。

(4) 经济周期。经济周期是影响利率的重要因素。马克思指出:"在物质资本的供给和货币资本的供给之间,有一种看不见的联系;同样毫无疑问,产业资本家对货币资本家的需求,是由实际生产情况决定的。"[①]在危机阶段,商品滞销、物价暴跌、生产下降等现象出现,支付手段极端缺乏,对借贷资本需求减少,导致利率下降到最低程度;在复苏阶段,借贷资本的供给仍然大于需求,所以不会导致利率上升;在繁荣阶段,利率开始上升。

(5) 国际经济环境。国际经济环境,包含国际利率和汇率对本国利率的双重影响,主要体现在国际利率和汇率会影响资金的流出与流入,从而引起国内利率的变化。国内利率总是有朝着国际利率靠拢的趋势,若国际金融市场利率水平较高,则资金流出,国内资金需求大于资金供给,从而引起本国市场利率水平上升;反之同理,若国际金融市场利率水平较低,则会引起本国市场利率水平趋低。从汇率的角度来看,汇率的变动也会影响本国利率的变化。当外汇汇率上升、本币贬值时,国内居民对外币的需求就会下降,从而使本币相对充裕,国内利率便趋于稳定,并在稳定中下降;反之,当外汇汇率下跌、本币升值时,国内居民对外币的需求就会增加,本币供应处于紧张状态,从而迫使本国利率上升。

2. 政策因素

政策因素主要包括货币政策、财政政策、汇率政策等经济政策的变化对利率的影响。

中央银行利用手中所掌握的货币政策工具,通过变动再贴现率调节信用规模和货币供给,或直接干预各种存贷利率,都会对利率水平产生影响。若中央银行实行扩张性货币政策,则利率趋低;若中央银行实行紧缩性货币政策,则利率趋高。由于利率变动对经济会产生很大的影响,各国都通过法律、法规、政策的形式,对利率实施不同程度的管理,国家往往根据其经济政策来干预利率水平,同时又通过调节利率来影响经济。总之,决定利率及影响利率变动的因素很多也很复杂,其中,最终起决定作用的是一国经济活动的状况。因此,要分析一国利率现状及变动,必须结合该国国情,充分考虑该国的具体情况,区分不同的特点予以对待。

3. 制度因素

制度因素主要是指利率管制下的利率状况。在一国经济处于非常时期或在经济不发达的国家,利率管制是直接影响利率水平的重要因素。利率管制的基本特征是由政府有关部门直接制定利率或利率变动的界限。由于利率管制具有高度行政干预和法律约束力量,排斥了各类经济因素对利率的直接影响,因此,尽管许多发达的市场经济国家实行利率管制,但范围有限,且一国非常时期结束时管制也就解除。相比之下,发展中国家由于经济贫困、资金严重不足,多实行利率管制以促进经济发展,防止过高利率对经济带来不良影响。同时,在一定时期内实行利率管制,也有利于抑制较严重的通货膨胀,配合全面的经济控制。

---

① 马克思,恩格斯. 马克思恩格斯全集:第 25 卷. 上卷. 人民出版社,1973:473.

5.4 利率的风险结构

5.4.1 收益率与收益率曲线

如前所述,利率是衡量利息高低的指标,因此在这个定义上,通常用一定时期内利息额和本金的比率来表示。但是在经济分析中,通常用各种金融工具的到期收益率来衡量。所谓到期收益率,是指来自某种金融工具的现金流的现值总和与其今天的价值相等时的利率水平,它可以由式 5.19 求出:

$$P_0 = \frac{CF_1}{1+y} + \frac{CF_2}{(1+y)^2} + \frac{CF_3}{(1+y)^3} + \cdots + \frac{CF_n}{(1+y)^n} = \sum_{t=1}^{n} \frac{CF_t}{(1+y)^t} \quad (5.19)$$

式中:P_0 表示金融工具的当前市价;

CF_t 表示在 t 期的现金流;

n 表示时期数;

y 表示到期收益率。

如果 P_0、CF_t 和 n 的值已知,就可以求出 y。

由于到期收益率的概念中隐含着严格的经济含义,因此经济学家往往把到期收益率看成衡量利率水平的最精确的指标。

将不同时间上不同品种债券的收益率绘制成图,就形成了收益率曲线。图 5.5 显示了 1978—2018 年美国两种不同类别的长期债券的到期收益率。该图直观地向我们展示了债券利率的两个特点:第一,在任何一年内,不同种类债券的利率各不相同;第二,利率之间的差别会随着时间的推移而变动。是什么原因导致了上述现象呢?利率的风险结构理论与利率的期限结构理论分别从两个不同的角度来解答这一问题。

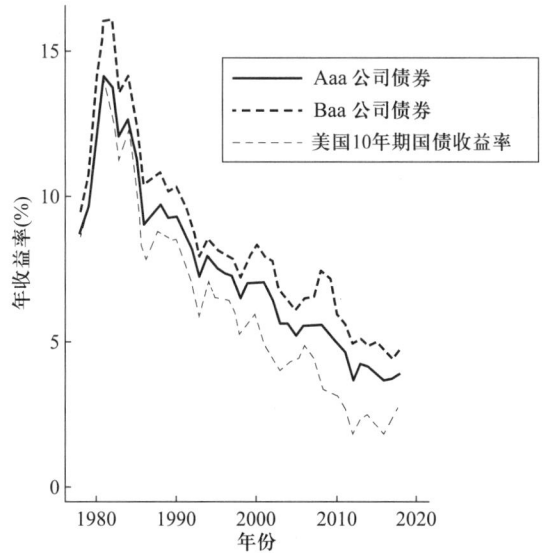

图 5.5　1978—2018 年美国国债和公司债券收益率曲线

资料来源:Stock-ai 网站、英为财情。

5.4.2 利率风险结构的定义及影响因素

1. 利率风险结构的定义

利率风险结构(Risk-Structure of Interest Rate),指具有相同的到期期限但是具有不同风险的债券收益率之间的相互关系。

2. 利率风险结构的影响因素

利率风险结构的影响因素主要有违约风险、流动性风险以及税收待遇等因素。

(1)违约风险。违约风险(Default Risk)是影响债券利率的一个主要因素。当债券发行人不能或不愿按照约定承诺支付利息或在债券到期时偿付票面金额时,就出现了违约风险。

考虑两种风险完全不一样的债券:一种是美国联邦政府财政部发行的债券,另一种则是存在破产可能性公司发行的债券(如垃圾债券)。作为理性投资者,若要选择风险较高的公司债券,必然相对应地要求较高的风险回报,即要求的收益率较高,其选择的结果是风险较高的债券价格较低。具有违约风险的债券与无违约风险债券之间的利差被称为风险溢价(Risk Premium),它解释了人们持有高风险债券所必须获得的额外利息补偿。

接下来我们将探究违约风险对利率的影响。首先观察如图 5.6 所示的公司债券违约风险增长的反应,图中显示了公司债券风险变化所引起的无违约风险的美国国债与公司债券的市场供求变化、价格变化和利率变化关系。注意:P 与 i 朝相反的方向运动,P 向上移动表示增加,i 向下移动表示增加。

假设两种债券具有相同的期限,并且假设公司债券最初也无违约可能,期初的均衡价格与利率也相等,即 $P_1^C = P_1^T$、$i_1^C = i_1^T$,因此期初公司债券风险溢价为零,即 $i_1^T - i_1^C = 0$。

公司债券违约风险增加将使其需求曲线由 D_1^C 向下移动至 D_2^C,同时,美国国债的需求曲线将由 D_1^T 向上移动至 D_2^T。这时,公司债券的均衡价格(左轴)从 P_1^C 下降到 P_2^C,而其均衡利率(右轴)从 i_1^C 上升到 i_2^C。国债市场中,均衡债券价格从 P_1^T 上升至 P_2^T,而均衡利率则由 i_1^T 下降至 i_2^T。括号表示 i_1^C 与 i_2^C 之间的差额,即公司债券的风险溢价。

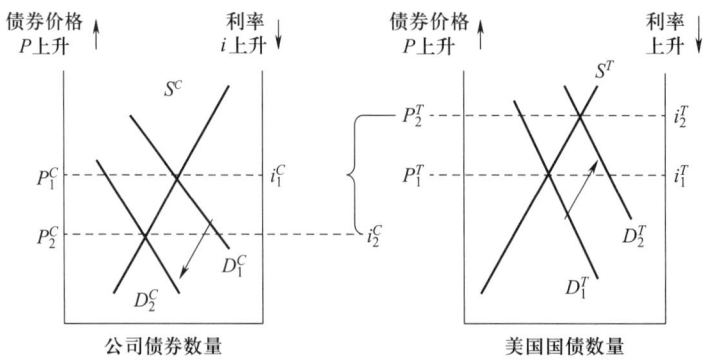

图 5.6 公司债券违约风险增长的反应

(2)流动性风险。流动性是指在必要时,债券可以迅速转换为现金而不使其持有人遭受损失的能力。在其他条件相同的情况下,流动性越强则资产越受欢迎。一般而言,在所有长期债券中,政府债券的流动性最强,因为其发行量大、交易量大、变现能力强而且交易费用较低。相对地,公司债券交易量较小、交易成本高、变现能力较差。流动性强的债券,流动风险较小,债券价格较高,因而利率较低;流动性弱的债券,流动风险较大,债券价格较低,因而利率较高。

(3)税收待遇。不同的债券发行者、不同层级的政府为不同目的而发行的各种债券通常享有不同的税收政策。税收待遇的差异将会导致债券持有人获得的最终利益不同。为了吸引投资者,保证其实际收益率,通常情况下,税率越高的债券,其税前利率也应当越高。假定投资者在公司债券与政府债券中做投资选择,投资者在乎的为最终获得的税后收益,因此我们必须将债券的收益转换为税后利益后再进行比较。转换方法如下:

$$R_M = R_C(1-T) \tag{5.20}$$

式中:R_M 表示公司债券的税后收益率;

R_C 表示公司债券的税前收益率;

T 表示投资者的边际税率。

R_M 和同期限国债收益率之间的差距称为公司债的信用利差,这个利差一般是正的,体现公司债和国债之间违约风险和流动性风险的差别。

另一种方法是将免税的债券工具的收益率调整为应税收益,所得结果称为应税等价收益率(Equivalent Taxable Yield),然后再与应税的其他债券工具进行比较。用公式表示如下:

$$R_e = \frac{R_T}{1-T} \tag{5.21}$$

例 5.5:公司债税后收益率的计算

假设某投资者可以在如下两种投资中做出选择:购买某公司利率为 12% 的公司债券,或者是购买国债。我们在这里先假设两者的债券期限、信用风险和流动性风险都完全一致。这样,如果对两者的选择无差异,则必须具有同水平的税后收益。假设公司债券利息收入税率为 25%,我们可以对两者收益做如下比较:

$$R_M = 12\%(1-25\%) = 9\%$$

即 12% 的某公司债券的税后收益与 9% 的无税国债收益对于该投资者来说是等值的。

如果同期限国债的收益率为 6% 而不是 9%,那么二者之差可以看成信用差,即该公司和同期限国债的信用点差为 300 点(1 点 = 0.01%)。

5.4.3 违约风险和信用评级

由前文的分析可知,违约风险对于风险溢价的规模具有重要的影响,因此,债券购买者需要了解发行人发行的债券是否可能违约。对于投资者来说,重要的是如何正确地测度债券违约风险的大小并在此基础上对债券做出评价,从而在合理的价格上买卖债券。

违约风险的度量主要有两种常用的途径:第一种为根据发行证券的金融财务特征以及发行人的信誉状况进行判断;第二种则是运用信用评级制度。采用第一种方法,投资者从大量的财务报表信息以及公司经营报告中挖掘数据,进而计算反映企业债务状况、盈利能力、营业效率以及现金流量等一系列指标,最后作出判断。但是,这种方法对于投资者的专业知识要求很高,同时财务信息反映的信息可靠性以及全面性也存在一定的局限性。因此,综合考虑成本效益下,大部分投资者运用信用评级来估计违约风险。

信用评级信息是由信用评级机构(Credit-Rating Agency)提供,这种机构是依据自身的专业优势以及资源对证券的质量进行评估的投资公司。目前,国际上最大的三家评级机构为穆迪投资服务公司(Moody)、标准普尔评级服务公司(Standard & Poor's Ratings Services)以及惠誉国际信用评级有限公司(Fitch Ratings)。表5.1提供了穆迪投资服务公司与标准普尔评级服务公司做出的评级等级以及详细描述。具有相对较低违约风险的债券称为投资级债券,其级别为Baa(或者BBB)及以上。级别在Baa(或者BBB)以下的债券具有较大的违约风险,因此也称为垃圾债券(Junk Bonds)。

表5.1 穆迪投资服务公司与标准普尔评级服务公司的债券信用等级

信用评级		描述	案例
穆迪	标准普尔		
Aaa	AAA	最高质量(违约风险最小)	Virginia Hsg Dev Auth
Aa	AA	高质量	General Electric Capital Corp
A	A	中上等级	Industrial and Commercial Bank of China Ltd
Baa	BBB	中级	China Construction Bank Corp
Ba	BB	中下等级	Telefonica Europe B. V.
B	B	投资级别	PTS Buyer Inc
Caa,Ca	CCC,CC,C	质量较差(高度违约风险)	Anglo American Capital PLC
C	D	最低等级	Citation

资料来源:标准普尔评级服务公司。

因为Baa等级的公司债券的违约风险比Aaa等级债券要大,其风险溢价也比较大,因此Baa等级的公司债券的利率水平总是比Aaa等级债券要高。

20世纪70年代以前,在"声誉资本"的约束下,信用评级的独立性、公正性和可靠性还是得到市场认可的,因此也奠定了利用信用评级结果作为监管目标的良好基础。但在1997年东南亚金融危机和2001年安然事件中,信用评级机构的表现受到了广泛的批评。在2008年金融危机中,与前几次一样的是三大评级公司首先没有及时揭示风险,甚至误导投资者,事后又加剧投资者恐慌,其在金融危机前的"引起"和"误导"作用,在危机发展中的"滞后"和"加剧"作用,引起舆论的严重不满甚至不信任。鉴于此次危机的范围和深度远远超过东南亚金融危机和安然事件,有可能对由少数评级机构垄断国际评级市场的国际金融服务体系造成较大影响,甚至可能引起国际评级行业重建。

专栏5-3

美国次贷危机之前衍生产品的评级及其影响

投资者对结构化的金融衍生产品,在风险判断上对评级机构的依赖很大。担保债务凭证(Collateralized Debt Obligation,CDO)等结构性融资产品的构建本身就是以评级结果为导向的,评级机构不但为结构性金融产品评级,而且直接参与产品的构建,并在评级过程中大量获利,具有给予基于次贷的金融产品高评级的动力。标准普尔评级服务公司发布的研究报告显示:2005 年至 2007 年间创立的 CDO 类别中,有 85%被评为 AAA 级。惠誉国际信用评级有限公司在 2007 年 7 月的报告中显示,基于中等等级的 CDO 产品,其 AAA 级的评级结果比例仍然占到 73.7%。事实上,中等等级的 CDO 本身就是剔除了信誉较好的抵押资产后进行再加工的衍生产品,而 AAA 级债券的风险在理论上几乎没有违约的可能,等同于美国国债,这种中等等级的 CDO 产品被评为 AAA 级别的可能性是十分少见的。而次贷危机爆发之前所出现的上述 AAA 级别泛滥的结果,由此可见对次贷金融产品评级的虚高达到了何等严重的程度。

根据监管要求,许多投资管理和风险管理程序要求其投资的金融产品达到主要评级机构的一定评级水平,由此而形成的市场对评级机构的信任一定程度上弱化了市场自身对风险的判断。对居民住房抵押贷款支持证券(Residential Mortgage-Backed Security,RMBS)、CDO 以及 CDO 衍生品的高评级结果使得投资者被表面的收益和安全性所吸引,忽略了隐藏在基础资产中的风险。在流动性过剩、监管宽松的大环境下,对利益的追逐使虚高评级的 CDO 等结构性金融产品市场的规模迅速扩张。同时,给予高风险产品的高评级使金融市场杠杆率不断提高,杠杆率的提高又吸引更多的高风险产品出现。普遍认为,评级结果表现出的顺周期效应在危机爆发前助长市场投机,助推了 2008 年美国次贷金融危机的形成。

5.5 利率的期限结构

5.5.1 利率期限结构和收益率曲线

利率期限结构(Term-Structure of Interest Rate),是指具有相同违约风险、流动性和税收待遇的情况下,债券的收益率与到期的期限长度之间的关系。利率与期限所决定的点的连线称为收益曲线。由各种不同期限证券的收益率所构成的曲线为到期收益率曲线。

利率的期限结构用于解释证券其他所有特征(如违约风险及流动性风险等)相同时仅仅由于期限上的差别所导致的利率不同,而这种由于证券期限变化所导致的应得利率方面的差异叫作期限溢价(Term Premium)。被人们报道和分析最多的是美国国债的利率或到期收益曲线。多年以来,美国国债的收益曲线呈现出多种形态,而图 5.7 所给出的是三种最常见的国债收益曲线形态。在图 5.7(a)中收益曲线斜率为正,收益随着期限的增加而稳步增加,这是一种最常见的收益曲线。因此,从总体上讲,期限溢价都是正的。图 5.7(b)是一条正好相反的或斜率为负的收益曲线,它表明收益随着期限的增加而下降。负收益曲线不会持续太长的时间。最后,图 5.7(c)所展示的是一条水平的收益曲线,它表明期限对到期收益率没有任何影响。

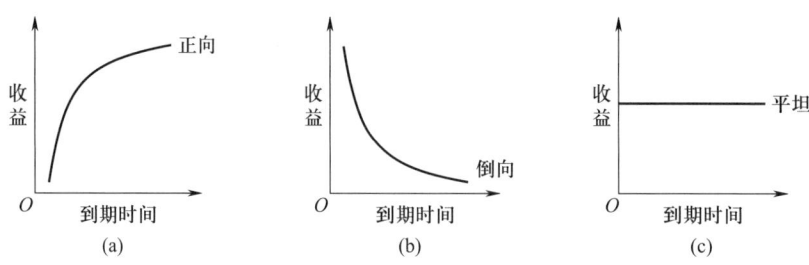

图 5.7　三种常见的国债收益曲线

值得注意的是,在现实生活中,由于收益曲线上不同点的流动性偏好有可能不同,因此,这些收益曲线除了反映投资者对某种证券期限的偏好外,还包括了其他因素的影响。比如,当投资者偏爱新发行的证券而不愿持有已发行的证券时,新发行的30年期国债的收益率会低于已经发行的20年期国债的收益率。具体而言,由于长久以来美国财政部只发行10年期和30年期两种期限差别较大的新国债,现行20年期的国债一定是在10年以前发行的(即10年以前发行的一种期限为30年的国债)。人们对新发行的"具有了较强流动性"的30年期国债需求的增加足以使得30年期国债的均衡利率低于20年期甚至短期国债的利率。下面我们要对学者常用来解释利率期限结构的三种主要理论进行介绍。

5.5.2　纯预期假说

纯预期假说(Pure Expectation Hypothesis)最先是由欧文·费雪于1896年提出的。该假说认为,长期利率是由将来可能实现的利率预期值决定的,即长期利率可以完全用现在及将来的短期利率来解释。换句话说,长期利率等于短期利率的平均数。

例如,人们预期在未来5年中短期利率平均水平为6%,那么,5年期债券的利率也将是6%;如果预期5年以后至未来15年短期利率会升高至平均为10%的水平,那么15年期债券的利率大致也是10%。

预期假说中隐含着如下前提假定。

(1)投资者对债券的期限没有偏好,其行为取决于预期收益的变动。如果一种债券的预期收益低于另一种债券,那么,投资者将会选择购买后者。

(2)所有市场参与者都有相同的预期。

(3)在投资人的资产组合中,期限不同的债券是完全替代的。

(4)金融市场是完全竞争的。

(5)完全替代的债券具有相等的预期收益率。

在纯假说理论下,一次性长期投资的收益与多次短期滚动的投资收益是没有区别的。例如,假定某投资人的投资期限为2期,投资的资金为1个单位。这时他有如下两个不同的投资方法:第一种方法为买入期限为2期的债券,获得的利率为$r_{2,0}$。第二种方法是买入期限为1期的债券,到期后再买入从第一期到第二期的债券。若纯预期假说成立,则这两种投资方法所获得的收益率是相同的。

下面我们用符号来描述上述情形:记时点 0 到时点 1 的即期利率为 $r_{0,1}$,时点 0 到时点 2 的即期利率为 $r_{0,2}$。由于时点 1 上的即期利率现在还不确定,只能取其预期值 $E(r)$,用 $E(r_{1,2})$ 表示时点 0 上预计时点 1 到时点 2 的即期利率的预期值,这时,第一种投资方法的收益为:

$$(1+r_{0,2})^2$$

第二种投资方法的收益为:

$$(1+r_{0,1})[1+E(r_{1,2})]$$

在纯预期假说下,这两种方法的投资收益是相等的,即下式成立:

$$(1+r_{0,2})^2 = (1+r_{0,1})[1+E(r_{1,2})]$$

等式左边用远期利率替换,得:

$$(1+r_{0,1})(1+f_{1,2}) = (1+r_{0,1})[1+E(r_{1,2})]$$

由此可以导出:

$$f_{1,2} = E(r_{1,2})$$

该式表示当纯预期假说成立时,远期利率与即期利率的预期值相等。一般地,考虑投资期限为 t 期的情形,纯预期假说可以用下式表示:

$$f_{1,2} = E(r_{1,2})$$
$$\cdots\cdots$$
$$f_{t-1,t} = E(r_{t-1,t})$$

长期利率 $r_{0,t}$ 与短期利率 $r_{0,1}, E(r_{1,2}), \cdots, E(r_{t-1,t})$ 之间也存在以下关系:

$$(1+r_{0,t})^t = (1+r_{0,1})[1+E(r_{1,2})]\cdots[1+E(r_{t-1,t})]$$

由上式,我们可以得出长期利率的近似表达式如式 5.22 所示。

$$r_{0,t} = \frac{r_{0,1}+E(r_{1,2})+E(r_{2,3})+\cdots+E(r_{t-1,t})}{t} \tag{5.22}$$

从式 5.22 中可以看出,n 期债券的利率等于在 n 期债券的期限内出现的所有短期(期限为一期)债券利率的平均数。

预期假说解释了利率期限结构随着时间不同而变化的原因。

(1) 收益率曲线向上倾斜时,短期利率预期在未来呈上升趋势。由于长期利率水平在短期利率之上,未来短期利率的平均数预计会高于现行短期利率,这种情况只有在短期利率预计上升时才会发生。很明显,在式 5.22 中,由于 $r_{0,1}<E(r_{1,2})<E(r_{2,3})<\cdots<E(r_{t-1,t})$,所以必定有 $r_{0,1}<r_{0,t}$。例如,如果两年期债券的利率为 10%,而一年期债券的现行利率为 9%,那么,一年期债券的利率预期明年会上升到 11%。

(2) 收益率曲线向下倾斜时,短期利率预期在未来呈下降趋势。由于长期利率水平在短期利率之下,未来短期利率的平均数预计会低于现行短期利率,这种情形只有在短期利率预计下降时才会发生。明显地,在式 5.22 中,由于 $r_{0,1}>E(r_{1,2})>E(r_{2,3})>\cdots>E(r_{t-1,t})$,所以必定有 $r_{0,1}>r_{0,t}$。例如,如果两年期债券的利率为 10%,而一年期债券的利率为 11%,那么,一年期债券的利率预期明年会下降到 9%。

(3) 当收益率曲线呈水平状态时,短期利率预期在未来保持不变。在式 5.22 中,由于 $r_{0,1} = E(r_{1,2}) = E(r_{2,3}) = \cdots = E(r_{t-1,t})$,必然有结果 $r_{0,1} = r_{0,t}$,即未来短期利率的平均数

等于现行短期利率,长期利率水平与短期利率水平相等。

此外,预期假说也解释了长期利率与短期利率一起变动的原因。一般而言,短期利率有这样一个特征,即短期利率水平如果今天上升,那么往往在未来会更高。因此,短期利率水平的提高会提高人们对未来短期利率的预期。由于长期利率相当于预期的短期利率的平均数,因此短期利率水平的上升也会使长期利率上升,从而导致短期利率与长期利率同方向变动。

按照预期假说的解释,在金融市场上,有固定利息收入的参与者是理性的投资人,其投资组合的内容会随着他们对市场利率变动的预测进行调整。如果预期利率水平上升,由于长期债券的价格比短期债券的价格对利率更加敏感,下降幅度更大,所以投资人会在其投资组合中,减少长期债券数量,增加短期债券的持有量,从而导致短期债券价格上升,长期债券价格下跌。反之,如果预期利率下降,投资人会在其投资组合中,增加长期债券数量,减少短期债券的持有量,从而导致短期债券价格下降,长期债券价格上升。

5.5.3 市场分割假说

市场分割假说(Segmented Markets Hypothesis)是由莫迪利亚尼(F. Modigliani)与萨基(R. Sutch)创立的。市场分割假说的基本命题是:期限不同的债券市场是完全分离的或独立的,每一种债券的利率水平在各自的市场上,由对该债券的供给和需求所决定,不受其他不同期限债券预期收益变动的影响。根据这个观点,利率的期限结构是由不同期限市场的均衡利率决定的,各种期限债券的利率由该债券的供给决定,而不受其他期限债券预期回报率的影响。

该假说中隐含着如下前提假设。

(1)投资者对不同期限的债券有不同的偏好,因此只关心他所偏好的那种期限的债券的预期收益水平。

(2)在期限相同的债券之间,投资者将根据预期收益水平的高低决定取舍,即投资者是理性的。

(3)理性的投资者对其投资组合的调整有一定的局限性,许多客观因素使这种调整滞后于预期收益水平的变动。

(4)期限不同的债券不是完全替代的。这些假定和预期假说的假定正好截然相反。

由于投资人对特定持有期的债券具有特殊的偏好,因而可以把债券的不同期限搭配起来,使它等于期望的持有期,从而可以获得确定的无风险收益。举例来说,收入水平较低的投资人可能偏好持有短期债券,而收入水平较高或相对富裕的投资人选择的平均期限可能会长一些。如果投资者的投资行为是为了提高近期消费水平,他可能选择持有短期债券;如果其投资有长远打算,那么,他可能希望持有期限稍长的债券。

按照市场分离假说的解释,收益率曲线形式之所以不同,是由于对不同期限债券的供给和需求不同。收益率曲线向上倾斜表明,对短期债券的需求相对高于对长期债券的需求,结果是短期债券具有较高的价格和较低的利率水平,长期利率高于短期利率。收益曲线向下倾斜表明,对于长期债券的需求相对高于对短期债券的需求,结果是长期债券有较高的价格和较低的利率水平,短期利率高于长期利率。平均看来,大多数人通常宁愿持有短期债券而非长期债券,因而收益率曲线通常向上倾斜。

5.5.4 流动性偏好假说

为了将风险因素包括在利率的期限结构模型中,希克斯与卡尔伯森（J. M. Culbertson）对纯预期假说进行了修正,提出了流动性偏好假说（Liquidity Preferred Hypothesis）。流动性是对纯预期假说和市场分割假说的进一步发展。按照纯预期假说的解释,收益率曲线通常向上倾斜意味着短期利率在未来预计会上升,而实际上短期利率既有可能上升也有可能下降。这样短期利率变动的市场预期就与其实际变动不一致。因此,纯预期假说不能很好地解释收益率曲线通常向下倾斜的事实。而市场分割假说由于把不同期限债券的市场看成完全独立的,一种期限债券利率的变动并不影响另一种期限债券的利率。因此,该假说也不能解释不同期限债券的利率往往是共同变动的这一经验事实。流动性偏好假说是对纯预期假说和市场分割假说的进一步完善。流动性偏好假说的基本命题是:长期债券的利率水平等于在整个期限内预计出现的所有短期利率的平均数,再加上由债券供给与需求决定的期限溢价。

该假说中隐含着如下前提假设。

（1）期限不同的债券之间是互相替代的,一种债券的预期收益率确实会影响其他不同期限债券的利率水平。

（2）投资者对不同期限的债券具有不同的偏好。如果某个投资者对某种期限的债券具有特殊偏好,那么,该投资者可能更愿意停留在该债券的市场上,表明他对这种债券具有偏好停留（Preferred Habitat）。

（3）投资者的决策依据是债券的预期收益率,而不是他偏好的某种债券的期限。

（4）不同期限债券的预期收益率不会相差太多。因此在大多数情况下,投资人存在喜短厌长的倾向。

（5）投资人只有能获得一个正的时间溢价,才愿意转而持有长期债券。

用公式来表示流动性溢价理论有：

$$r_{0,t} = \frac{r_{0,1} + E(r_{1,2}) + E(r_{2,3}) + \cdots + E(r_{t-1,t})}{t} + l_{0,t} \tag{5.23}$$

式中:$l_{0,t}$为债券在第 t 期时的流动性升水。

根据流动性偏好假说,可以得出下列四点结论。

（1）由于投资者对持有短期债券存在较强偏好,只有加上一个正的时间溢价作为补偿时,投资人才会愿意持有长期债券。因此,时间溢价大于零。即使短期利率在未来的平均水平保持不变,长期利率仍然会高于短期利率。这就是收益率曲线通常向上倾斜的原因。

（2）在时间溢价水平一定的前提下,短期利率的上升意味着平均看来短期利率水平将来会更高,从而长期利率水平也会随之上升,这解释了不同期限债券利率总是共同变动的原因。

（3）时间溢价水平大于零与收益率曲线有时向下倾斜的事实并不矛盾。因为在短期利率预期未来会大幅度下降的情况下,预期的短期利率的平均数即使再加上一个正的时间溢价,长期利率仍然低于现行的短期利率水平。

(4)当短期利率水平较低时,投资者总是预期利率水平将来会上升到某个正常水平,未来预期短期利率的平均数会相对高于现行的短期利率水平,再加上一个正的时间溢价,使长期利率大大高于现行短期利率,收益率曲线往往比较陡峭地向上倾斜。相反,当短期利率水平较高时,投资者总是预期利率将来会回落到某个正常水平,未来预期短期利率的平均数会相对低于现行的短期利率水平。在这种情况下,尽管时间溢价是正的,长期利率也有可能降到短期水平以下,从而使收益率曲线向下倾斜。

此外,按照流动性偏好假说的解释,根据实际收益率曲线的斜率,可以判断出未来短期利率的市场预期。一般而言,陡峭上升的收益率曲线表明短期利率预期将来会上升;平缓上升的收益率曲线表明短期利率预期将来不会变动很多;平直的收益率曲线表明短期利率预期将来会平缓下降;向下倾斜的收益率曲线表明短期利率预期将来会急剧下降。

5.6 国债收益率曲线的解读与运用

国债在所有债券品种中是交易量最大、流动性最好的产品,因此国债收益率曲线自身的变化能够反映市场对宏观经济走势的预期。

国债收益率曲线的左侧称为短端,反映当前的短期国债收益率;右侧称为长端,反映当前长期国债收益率。根据国债收益率曲线短端和长端的区分及其所反映的具体内容,可以发现国债收益率曲线的短端变化和长端变化有关联,但又不是完全一致的。具体来讲,有下述三方面的特点。

(1)收益率曲线大多情况下是正斜率且上凸的,短端和长端经常同方向变化。

(2)短端的变化幅度往往大于长端。

(3)整体利率水平较高的时候,短端和长端利差收窄,收益率曲线会变得平坦甚至变为负斜率(反转)。

根据收益率曲线变化的这些特点,我们一方面可以根据对经济运行不同阶段市场参与主体的行为来预测收益率曲线形状;另一方面,可以根据观测到的收益率曲线变化来预测经济运行状况的变化和行业变化。

首先,我们来看如何根据对经济运行不同阶段市场参与主体的行为来预测收益率曲线形状。经济学家常用流动性偏好理论来解读收益率曲线。通常,国债收益率曲线的短端主要受央行货币政策影响,而国债收益率曲线的长端主要受投资者通货膨胀预期和投资者流动性偏好的影响。这样,长期利率就是短期利率、通货膨胀预期以及投资者流动性偏好的复合收益,如式 5.24 所示。

$$(1+r_{0,t})^t = (1+r_{0,1})[1+E(r_{1,2})]\cdots[1+E(r_{t-1,t})]+l_{0,t} \qquad (5.24)$$

在经济平稳期,一方面,通胀是温和的,预期通胀率为正,投资者要求长期利率高于短期利率以抵补可预期的通胀损失。另一方面,即便通胀预期为零,因为投资者具有流动性偏好的原因,他们也更倾向于持有短期国债。因此,国债短端资金供应一般比长端更充沛。若要吸引投资者持有长期产品,此时必须有一个利差补偿,因此,$l_{0,t}$ 应该总是为正,从而使得长短期利差为正。同时,通胀预期和流动性偏好随期限增加而增加的幅度会越来越小,所以收益率曲线会出现上凸的形态。

在经济过热期,投资需求旺盛,通胀率突破央行的目标通道上限,央行会通过抬高短期利率来抑制投资需求。一方面,投资者通过央行的操作可以预期到未来经济产出会走低,因此调低通胀预期(甚至为负);另一方面,短期利率走高恶化企业和金融市场的短期流动性,此时"聪明的资金"会流向长期国债避险。因此,尽管流动性偏好的存在使得短端和长端在央行收缩货币供应时都会走高,但是通胀预期反向变化和资金流动最终使得长端上升幅度较小,收益率曲线斜率变小,甚至为负。

当经济衰退时,央行会通过压低短期利率来刺激投资需求,长端和短端利率都会下降。但是,在此时,投资者一方面会调高对未来的通胀预期,另一方面也更倾向于维持流动性,而不是进行中长期投资。因此,流动性偏好和通胀预期使得此时长端利率下降幅度较小,收益率曲线斜率变得非常大。

其次,我们来看,如何根据观测到的收益率曲线变化来预测经济运行状况的变化和行业变化。当长短期利率利差缩小,甚至收益率曲线反转时(斜率为负),金融市场预期未来经济将陷入困境,此时投资者应当将资产配置到和经济周期关联不大的行业上(比如日用消费品行业等)。如果经济企稳,收益率曲线预示了未来通胀率的回升,那么应该将股票资产配置到周期型行业。如果投资者想以房地产业为投资对象,那么一条平坦甚至斜率反转的收益率曲线说明目前不是入市的良好时机;而异常陡峭的收益率曲线则告诉我们,房地产将是未来对抗通货膨胀的良好资产。

美债收益率曲线倒挂与经济衰退(扫码学习)

小 结

1. 利率是指借贷期内利息额和本金的比率,它反映利率水平的高低。

2. 利率体系是指在一个经济运行体中的各类利率之间以及各类利率内部由于存在着一定的联系并相互制约,进而构成的有机整体。

3. 名义利率是央行或其他提供资金借贷的机构所公布的未调整通货膨胀因素的利率,即利息(报酬)的货币额与本金的货币额的比率。

4. 实际利率是名义利率排除掉通货膨胀因素影响以后的真实利率。

5. 固定利率是指在整个资金借贷关系持续期限内,利率不随物价或其他因素变化而调整的利率。

6. 浮动利率是指在资金借贷关系持续期限内利率随物价或其他因素变化相应调整的利率。

7. 市场利率是指在货币或者资本市场上由供求关系直接决定的利率。

8. 官定利率是指一国政府金融管理部门或者中央银行确定的利率。

9. 公定利率是指由非政府的民间金融组织所确定的利率。

10. 单利是指按照固定的本金计算的利率,即没有把投资收益进行再投资而获得的收益计算在内的利率。

11. 复利是指在每经过一个计息期后,都要将所剩利息加入本金,连续地进行再投资时的利率。

12. 即期利率是指在现在时点上确定的利率,它表示从现在开始到将来某一时期止的利率。

13. 远期利率是指从将来的某一时点到将来的另一更远时间点的利率。

14. 到期收益率是指来自某种金融工具的现金流的现值总和与其今天的价值相等时的利率水平。

15. 应税等价收益率将免税的债券工具按边际税率调整计算为假设应税时的收益率,以方便投资者考虑税收因素对投资选择的影响。

16. 利率的风险结构是指相同的各种债券利率之间因为风险差异而产生的不同利率。

17. 纯预期假说认为现在的市场利率是由将来可能实现的利率的预期值决定的。

18. 市场分割理论认为在贷款或融资活动进行时,贷款者和借款者并不能自由地在利率预期的基础上将证券从一个偿还期替换成另一个偿还期。也就是说,市场是低效率的,在市场上存在着分割的情况。

19. 流动性偏好假说认为期限结构反映了未来利率走势与风险补偿。

20. 经济平稳期通胀预期和流动性偏好随期限增加而增加的幅度会越来越小,收益率曲线会出现上凸的形态。

21. 经济过热时尽管流动性偏好的存在使得短端和长端在央行收缩货币供应时都会走高,但是通胀预期反向变化和资金流动最终使得长端上升幅度较小,收益率曲线斜率变小,甚至为负。

22. 经济衰退时流动性偏好和通胀预期使得此时长端利率下降幅度较小,收益率曲线斜率变得非常大。

关 键 词

利率	利率体系	名义利率	实际利率
固定利率	浮动利率	市场利率	官定利率
公定利率	单利	复利	即期利率
远期利率	利率风险结构	违约风险	流动性
税收待遇	利率期限结构	纯预期假说	市场分割假说
流动性偏好假说	可贷资金利率理论	古典利率理论	一般均衡利率理论
收益率曲线	长短期利差	收益率曲线斜率	

习 题

1. 什么是利率和利率体系?
2. 利率的决定因素有哪些?
3. 什么是收益率曲线?收益率曲线有哪些形状?这些形状是如何形成的?
4. 简述利率的风险结构。
5. 什么是利率的期限结构理论?如何解释利率的期限结构?
6. 银行向企业发放一笔贷款,贷款额为 300 万元,期限为 5 年,年利率为 8%,试用单利和复利两种方式计算银行应得的本利和。
7. 已知投资 1 000 元在两年后的利息是 210 元,试计算以相同的复利利率投资,期初的 1 000 元在 5 年后的利息是多少。
8. 如果现在投资 300 元,第一年年末投资 200 元,第二年年末投资 100 元,到第 3 年年末时总共得到 800 元。试计算年复利利率是多少?
9. 6 个月国库券的即期利率为 4.5%,1 年期国库券即期利率为 6%,则从 6 个月到 1 年的远期利率为多少?
10. 如果在指定的期限内要偿还下列贷款(如下表 5.2),每年年末需要支付相等的金额是多少?

表 5.2 贷 款 信 息

贷款	本金(元)	利率(%)	贷款期限(年)
A	15 000	8	6
B	3 000	6	3

11. 1 年期利率是 6%,预期 1 年后的 1 年期利率是 8%,预期 2 年后的 1 年期利率是 10%,根据纯预期假说,2 年期利率和 3 年期利率是多少?
12. 假设未来 5 年的 1 年期债券利率分别为 5%、6%、7%、8%、9%。投资者偏好持有短期债券,1~5 年期债券的流动性升水分别为 0%、0.3%、0.6%、0.9%、1.2%。那么,2 年期债券和 5 年期债券的利率分别为多少?

第 5 章即测即评

请扫描二维码进行即测即评。

参考文献及进一步阅读建议

1. 滋维·博迪,亚历克斯·凯恩,艾伦·J. 马库斯. 投资学. 10 版. 汪昌云,等,译.

北京:机械工业出版社,2017.

2. 斯坦利·G. 伊肯思. 金融学. 2 版. 曹廷贵,译. 成都:西南财经大学出版社,2005.

3. 埃德温·J. 埃尔顿,马丁·J. 格鲁伯,斯蒂芬·J. 布朗,等. 现代投资组合理论和投资分析. 9 版. 王勇,隋鹏达,译. 北京:机械工业出版社,2017.

4. 弗雷德里克·S. 米什金,斯坦利·G. 埃金斯. 金融市场与金融机构. 8 版. 杜惠芬,译. 北京:中国人民大学出版社,2017.

5. 彼得·S. 罗斯,米尔顿·H. 马奎斯. 金融市场学. 10 版. 陆军,等,译. 北京:机械工业出版社,2009.

6. 弗兰克·J. 法博齐,弗兰科·莫迪利亚尼,弗兰克·J. 琼斯. 金融市场与金融机构基础. 4 版. 孔爱国,等,译. 北京:机械工业出版社,2010.

7. 孟生旺. 利息理论及其应用. 3 版. 北京:中国金融出版社,2017.

8. 张亦春,郑振龙,林海. 金融市场学. 5 版. 北京:高等教育出版社,2017.

附 录

假设有面值均为 100 元,到期日分别为 1 年与 2 年的两种贴现债券,其中 2 年期的贴现债券当前的交易价格为 87.34 元,1 年期的贴现债券当前的交易价格是 94.34 元。据此我们可以分别根据下面的式子求出 1 年期的即期利率和 2 年期的即期利率。

$$94.34 = \frac{100}{1+r_{0,1}}$$

得到

$$r_{0,1} \approx 0.06$$

即年利率约为 6%。

又因为:

$$87.34 = \frac{100}{(1+r_{0,2})^2}$$

得到

$$r_{0,2} \approx 0.07$$

即年利率约为 7%。于是根据式 5.22,有:

$$(1+0.07)^2 = (1+0.06)(1+f_{1,2})$$

$$f_{1,2} \approx 0.08$$

由此得出远期利率约为 8%。

一般地,在包含时期数为 t 的投资期限内,即期利率与远期利率之间存在着下列关系:

$$(1+r_{0,2})^2 = (1+r_{0,1})(1+f_{1,2})$$

……

$$(1+r_{0,t})^t = (1+r_{0,1})(1+f_{1,2})\cdots(1+f_{t-1,t})$$

将不同时期的现金流进行贴现时,采用上述各式中左边的倒数作为贴现系数,用 d_t 表示($t=1,2,\cdots$)。于是我们有:

$$d_t = \frac{1}{(1+r_{0,t})^t} = \frac{1}{(1+r_{0,1})(1+f_{1,2})\cdots(1+f_{t-1,t})}, t=1,2,\cdots$$

剩余期限为 n 的附息债券的价格可以表示为:

$$P_0 = \sum_{t=1}^{n} C \cdot d_t + F \cdot d_n$$

其中,C 为息票收益,F 为面值收益。

而面值为 F,剩余期限为 n 的贴现债券的市场价格为:

$$P_0 = F \cdot d_n$$

例如,某付息债券息票率为 7%,第 1 期的即期利率为 6%,第 2 期的远期利率为 6.5%。则根据 $P_0 = \sum_{t=1}^{n} C \cdot d_t + F \cdot d_n$,我们可以求出该债券的价格为:

$$P_0 = 7d_1 + (100+7)d_2$$

其中

$$d_1 = \frac{1}{1.06} \approx 0.943$$

$$d_2 = \frac{1}{(1+0.06)(1+0.065)} \approx 0.886$$

因此

$$P_0 = 7(0.943) + 107(0.886) \approx 101.40(元)$$

所以,该债券的市场价格为 101.40 元。

第 6 章
债券市场

本章学习目的

- 了解债券的定义、特征,以及债券分类
- 了解债券发行与流通的相关知识
- 了解政府债券及其发行方式和交易方式
- 了解政府机构债券及其发行方式和交易方式
- 了解企业债券及其发行方式和交易方式

债券是一种重要的固定收益证券。和股票相比,债券具有相对较小的风险和较高的安全性,是机构投资者重要的投资组合管理对象。在中国证券市场,政府债券、政府机构债券、企业债券的发行和交易已经构成了重要的债券市场,这一市场的融资功能逐渐受到政府及各类企业越来越多的重视,各类投资主体也逐渐被这一市场的投资价值所吸引。

本章重点介绍各种债券的品种结构、投资特点及债券市场的发展现状。

6.1 债券概述

6.1.1 债券的定义

债券(Bond)是一种有价证券,是社会各类经济主体为筹集资金而向债券投资者发行的、承诺按一定利率定期支付利息并到期偿还本金的债权债务凭证。债券所规定的资金借贷双方的权责关系主要包括:① 所借贷货币资金的数额;② 借贷的时间;③ 在借贷时间内的资金成本或应有的补偿(即利息)。

债券具有如下基本性质。

(1) 债券属于有价证券。所谓有价证券,是指标有票面金额,证明持有人有权按期取得一定收入并可自由转让和买卖的所有权或债权凭证。债券不但反映和代表一定的价值,其承诺利息也是债券投资者收益的价值表现。同时,债券与其代表的权利联系在一起,拥有债券就拥有债券所代表的权利,转让债券也就转让了其所代表的权利。

(2) 债券是一种虚拟资本。虚拟资本是独立于现实的资本运动之外、以有价证券的形式存在、能给持有者按期带来一定收入的资本。债券的本质是债权债务关系的证书,在债权债务关系建立时所投入的资金已被债务人占用。债券的流动并不意味着它所代表的实际资本也同样流动,债券独立于实际资本之外。

(3) 债券是债权的表现。债权不是直接支配财产权,也不以资产所有权表现,持有债券的人即债权人只能主张按约向债务人收取利息和本金的权利,以及追究债务人的违约责任,不能主张与债权债务关系无关的权利。

6.1.2 债券的要素

债券的要素是指债券作为债权债务关系的凭证,所应当具有的票面基本要素和其他要素。票面基本要素包括债券的票面价值、到期期限、票面利率、发行者名称和其他要素等。

1. 债券的票面价值

债券的票面价值是债券票面标明的货币价值,是债券发行人承诺在债券到期日偿还给债权人的金额。发行人在确定债券的票面价值时,主要考虑两个方面:一个方面是确定计值货币的币种。币种的确定需要从债权人和债务人双方权衡考虑。从债权人的角度来看,在本国发行的债券通常以本国货币为计值币种,在国际金融市场发行债券则通常以发行所在国货币或国际通用货币为计值币种。从债务人的角度来看,币种的确定还需要考虑债务人(发行人)自身对币种的需要。另一方面,发行人在确定债券的票面价值时还需要规定债券的票面金额。票面金额大小不同,可以适应不同投资者的需求,同时也会产生不同的发行成本。票面金额较小,有利于中小投资者购买,故而流动性较强,但是债券的印刷、运输等发行成本较高;票面金额较大,有利于大额投资者购买,发行成本也较小,但是因为票面金额较大不利于中小投资者购买,因此流动性略差。

2. 到期期限

债券的到期期限是指债券从发行之日起至偿清本息之日止的时间。发行人在确定债券的到期期限时,需要考虑多种因素的影响,如资金使用方向、市场利率波动、债券的变现能力等。一般来说,如果是为了弥补临时性的资金短缺,则发行短期债券;反之则发行长期债券。预期未来市场利率趋于下降时,应发行期限较短的债券,以避免市场利率下降后仍须支付较高利息;预期未来市场利率趋于上升时,应发行期限较长的债券,以保持相对较低的利息支付。如果流通市场发达,债券容易变现,长期债券较能被投资者接受;反之,则发行短期债券较为有利。

3. 票面利率

票面利率是债券年利息与债券面值的比率,通常年利率用百分数表示。票面利率的高低受市场利率水平、债券发行人的资信状况和债券到期期限长短等多种因素影响。首先,债券的票面利率应根据市场利率水平确定,市场利率较高则债券票面利率也较高,反之则较低。这是因为市场利率较高时,其他投资品种的利率也会较高,如果债券票面利率偏低,将不利于债券的发行;而市场利率较低时,其他投资品种的利率也会较低,如果债券利率偏高,会增加筹资人的筹资成本。其次,筹资者的资信状况也影响票面利率的制定。如果筹资人的资信状况良好,所发行的债券信用等级高,投资者的风险小,债券的票面利率可以定得低一些;反之,则需要定得高一些,高利率是对高风险的补偿。最后,债券到期期限越长,其流动性越差,风险相对较大,票面利率应该定得高一些,而到期期限较短的债券,由于流动性较强,风险相对较小,票面利率就可以定得低一些。当然,债券票面利率与到期期限的关系较为复杂,上述分析只适宜于一般情况,特殊情况下也会出现短期债券票面利率高于长期债券票面利率的现象。

4. 发行者名称

债券票面标注发行人的名称,就声明了该债券的债务主体,既明确了债券发行人应履行对债权人偿还本息的义务,也为债权人到期追索本金和利息提供了依据。

5. 其他要素

所谓其他要素,是指除了上述四个基本要素之外,依据债券发行条件需要向债权人说明的其他要素。如有的债券采取分期偿还的方式,会在债券票面上附有分期偿还时间表。有的债券附有某种选择权,也需要在票面上注明选择权条款。债券上附有的选择权通常包括赎回选择权、出售选择权、可转换选择权、交换选择权、新股认购选择权等。附有赎回选择权条款的债券说明发行人具有在到期日之前买回全部或部分债券的选择权;附有出售选择权条款的债券说明持有人具有在指定日期内以票面价值将债券卖回给发行人的选择权;附有可转换条款的债券说明持有人具有按约定条件将债券转换成发行公司普通股票的选择权;附有交换条款的债券说明持有人具有按约定条件将债券与债券发行公司以外的其他公司的普通股票交换的选择权;附有新股认购权条款的债券说明持有人具有按约定条件购买债券发行公司新发行的普通股票的选择权。

6.1.3 债券的投资特征

债券具有四个特征:偿还性、流动性、安全性、收益性。

偿还性是指债券通常规定有偿还期限,借方不能无限期占用贷方的资金。一般地,偿还期限在1年以内的,称为短期债券;偿还期限在1年至10年的,称为中期债券;偿还期限在10年以上的,称为长期债券。有的长期债券到期时间很长,如耶鲁大学于1996年发行的"跨世纪债券",100年到期。历史上曾有过永久债券的发行案例,政府为了满足战争的需要,发行永久公债,这种公债券永不偿还,但是按期付息。

流动性是指债券持有人能在市场灵活转让债券,以提前收回本金和实现投资收益。债券流动性的强弱既取决于市场的发达程度,也取决于债券本身的资信状况。

安全性是指债券提供的收益相对固定,不随发行者经营收益的变化而变化,且本金亦可按期收回。安全性高的债券流动性也会强一些,可以迅速变现。导致债券安全性变差的原因主要有二:一是债务人出现财务风险或信用风险,不履行债务,即不能充分和按时履行约定的利息支付和本金偿还;二是出现流通市场风险,债券在市场上转让时因价格下跌而遭受损失,如市场利率的波动常常使得债券在转让时价格出现不确定性。

收益性是指债券能为持有人提供一定的报酬。此报酬包括利息收入、资本损益和再投资收益三部分。利息是债权人在持有债券期间按约定条件分期、分次取得的利息或者到期一次性取得的利息收入。资本损益即投资方到期收回的本金与买入债券的差价收入或中途转让债券与买入债券的价差收入。债券的市场价格不仅与发行人的资信变化状况有关,也和市场利率的变化有密切关系,所以,资本损益是不确定的。再投资收益指投资债券所获得现金流量再投资的利息收入。再投资收益主要受市场利率变化的影响。

6.2 债券的品种

债券是发展历史比股票更长的有价证券。据认为,世界最早的债券发行于 12 世纪的威尼斯共和国。现今世界各国发行的债券品种琳琅满目,数不胜数。各种债券共同构成了一个完整的债券体系。依据不同的标准,债券可以有多种分类方法。

6.2.1 按照发行主体分类

按照发行主体分类,债券分为政府债券(Government Bond)、政府机构债券(Government Agency Bond)和企业债券(Corporate Bond)。

1. 政府债券

政府债券是指政府财政部门或其他代理机构为筹集资金,以政府名义发行的、承诺在一定时期支付利息和到期偿还本金的债务凭证。

政府债券体现的是政府信用,由于政府信用通常被认为是等级最高的,所以政府债券常被称为"金边债券",资信评级机构对政府债券常免于评级。政府债券享有免税待遇。《中华人民共和国个人所得税法》规定,个人的利息、股息、红利所得,应缴纳个人所得税,但是国债和国家发行的金融债券利息可免缴个人所得税。可见,考虑税收因素,在名义收益率相同的情况下,政府债券将给持有人带来更多的实际收益。

中国的国债发行史(扫码学习)

根据发行主体不同,政府债券分为中央政府债券(Central Government Bond)和地方政府债券(Local Government Bond),其中中央政府发行的债券又叫国债。

国债发行量大、品种多,是政府债券市场最主要的投融资工具。期限在 1 年或 1 年以内的短期国债流动性最强,在货币市场占有重要地位;期限在 1 年以上、10 年以下的中期国债流动性次之;期限在 10 年或 10 年以上的长期国债流动性最弱,但是收益最高,在资本市场占有重要地位。

发行国债的目的主要有四个。一是为了弥补政府预算赤字。弥补预算赤字的手段包括发行国债、增加税收、向中央银行借款、动用历年结余等。但是增加税收会加重社会负担;向央行借款可能增加货币供给,引起通货膨胀;动用历年结余取决于历年收支情况。发行国债是弥补预算赤字最常用的手段。二是用于建设项目。发行国债为建设项目筹资是政府履行经济管理职能的需要。有不少投资额大但是直接经济效益低微的基础性项目和公共设施需要政府承建。目前,在此类项目的开发和建设中引入民间资本已引起广泛关注,民间资本在一定程度上也确实已经参与到基础性项目和公共设施建设中,但是一些投资额过于巨大、资金回收期过长的项目仍然需要政府投资。三是为了实施某种特殊政策。政府有时为了实现某些特殊的社会目的需要大量资金,也可能举借国债。例如,中国财政部于1998年8月向当时的四大国有独资商业银行发行了2 700亿元长期特别国债,所筹集的资金全部用于补充国有独资商业银行资本金;2007年发行了15 500亿元特别国债,用于购买约2 000亿美元外汇,作为国家外汇投资公司的资本金。四是弥补战争费用。战时军费支出庞大,在国库不足以支付的情况下,政府有可能以发行国债来弥补。

依据发行本位分类,国债可以分为实物国债和货币国债。实物国债是指以某种商品实物为本位的国债。这种国债通常只有两种情况下才会发行:一是货币经济不发达,实物交易占主导地位时;二是货币经济发达,但是经济波动大,币值不稳定时。货币国债是指以货币为本位的国债。这种国债还可以分为本币国债和外币国债。本币国债以本国货币为本位,外币国债以外国货币为本位。依据国债发行时采用的外币币种与发行所在国币种是否一致来划分,外币国债还可以分为外国债券和欧洲债券。其中外国债券是指一国借款人在境外发行的以发行所在国货币计值的债券;欧洲债券是指一国借款人在境外发行的、不以发行所在国货币计值的债券。

地方政府债券简称地方债券,也称为地方公债或市政债券,是地方政府筹措财政收入的一种形式,发债收入列入地方政府预算。根据资金用途和偿还资金来源分类,地方政府债券分为一般责任债券(普通债券)和专项债券(收入债券)。地方政府发行一般责任债券是为了缓解资金紧张或解决临时性的经费不足,其还本付息得到地方政府信誉和税收的支持。发行专项债券是为了筹集资金完成某项具体工程,其还本付息来自项目的收益、收费及地方政府特定的税收或补贴。

中国的地方政府债券发行史(扫码学习)

2. 政府机构债券

政府机构债券是指由政府所属机构、公共团体或与政府有直接关系的企业发行的债券。这些发债主体具有某些社会功能,其所筹集资金的用途与履行这些社会功能有关。政府机构债券不属于政府债务,其利息支付和本金偿还由发行机构承担,但是由于政府机构债的融资用于满足某些社会功能,在一定程度上起到了弥补财政资金不足的作用,政府会提供直接担保或隐形担保,因此其风险和收益水平介于政府债券和公司(企业)债券之间。

中国的政府机构债券包括三种债券。

第一种是中央汇金投资有限责任公司(简称汇金公司)2010年在全国银行间债券市场发行的汇金债券,发行两期共1 090亿元。汇金公司是国家对重点金融机构进行股权投资的金融控股机构,它履行国有金融资产出资人的职责,本身并不从事商业活动。它发行债券是为了解决在股权投资过程中所需的资金来源,国家对其发行的债券提供某种方式的信用担保。汇金公司没有金融业务牌照,不属于金融机构,在中国按照发行主体性质确定债券名称的现行制度下,将汇金债券定为政府支持机构债券。

第二种是中国铁路总公司新发行和继承原以铁道部名义发行的各类债券,也由中央国债登记结算公司将其统一归入政府支持机构债券,并于2013年7月为中国人民银行正式发文认可。

第三种是城投债。城投债又称准市政债,是地方投融资平台作为发行主体,公开发行的债务融资工具。其所筹资金主要用于地方基础设施建设或公益性项目,为减缓地方政府在发展经济过程中的财政压力发挥了重要作用。

城投债的发行主要以第三方担保、资产抵押、偿债基金计划等方式进行信用增级,因而违约风险低,颇受银行、券商等机构投资者青睐。

中国的城投债发行史(扫码学习)

3. 金融债券

金融债券(Financial Bond)指银行与非银行金融机构依照法定程序发行并约定在一定期限内还本付息的有价证券。

20世纪60年代以前,只有投资银行、投资公司等才发行金融债券,因为这些机构通常不能吸收存款,或者仅能吸收少量的长期存款,所以发行金融债券是其筹措资金的重要手段。20世纪60年代后,商业银行等金融机构为了改变资产负债结构或筹措资金用于特定用途,也加入了发行金融债券的行列。不过,在西方市场上,金融债券的发行和一般公司债券的发行没有区别,它们受相同的法规管理。典型的金融债券诞生于日本,是在日本特定的金融体制下产生的债券品种。中国的金融债券发行始于1985年,由中国人民银行负责管理和审批。金融债券在全国银行间债券市场发行和流通。2007年6月,中国人民银行、国家发展和改革委员会发布了《境内金融机构赴香港特别行政区发行人民币债券管理暂行办法》,境内政策性银行和商业银行经批准可在香港发行人民币债券。

我国的金融债券包括如下品种：

(1) 政策性金融债券，即政策性银行发行的金融债券。中国国家开发银行、中国进出口银行和中国农业发展银行作为发行主体，天然具备发行金融债券的条件，只要按年向中国人民银行报送金融债券发行申请，并经中国人民银行核准后便可发行。

(2) 商业银行债券，即符合中国人民银行规定条件的商业银行发行的金融债券。商业银行债券包括普通债券、次级债券、混合资本债券和小微企业专项金融债券等。商业银行发行的普通债券指商业银行发行的信用债券，用于解决商业银行的资金来源不足和期限不匹配的矛盾。次级债券是指由商业银行发行的，固定期限不低于5年（含5年），不用于弥补银行日常经营损失（除非商业银行倒闭或清算），且索偿权排在存款和其他负债之后、普通股及优先股之前的债券。混合资本债券是指商业银行为弥补附属资本不足发行的，清偿顺序位于股权资本之前，但是列在一般债务和次级债务之后，期限在15年以上且发行之日起10年内不可赎回的债券。小微企业专项金融债券是指商业银行专项用于小型微型企业贷款的金融债券。中国银保监会对商业银行申请发行小微企业专项金融债券进行审批，并规定此种金融债券所对应的单户500万元（含）以下的小微企业贷款不纳入存贷比考核范围。小微企业专项金融债券是为了以信贷手段支持小微企业发展的一种创新，首单小微企业专项金融债券于2011年11月由民生银行获准发行，发行额度500亿元人民币。

(3) 证券公司债券和债务，是指证券公司根据中国证监会、中国人民银行等监管机构颁布的相关管理条例发行的金融债券和债务，包括证券公司普通债券、短期融资债券和次级债务。证券公司普通债券是指证券公司依照中国证监会《证券公司债券管理暂行办法》发行的、约定在一定期限内还本付息的有价证券，不包括证券公司发行的可转换债券和次级债券。短期融资债券是证券公司依照中国人民银行《证券公司短期融资券管理办法》的规定，以短期融资为目的，在银行间债券市场发行的约定在一定期限内还本付息的金融债券。证券公司次级债务是指证券公司按照中国证监会《证券公司借入次级债务规定》，经批准向股东或其他符合条件的机构投资者定向借入的清偿顺序在普通债务之后，先于证券公司股权资本的债务。

(4) 保险公司次级债务，是指保险公司依照原中国保监会《保险公司次级定期债务管理办法》规定，为了弥补临时性或者阶段性资本不足，经批准募集、期限在五年以上（含五年），且本金和利息的清偿顺序列于保单责任和其他负债之后、先于保险公司股权资本的保险公司债务。

(5) 财务公司债券，是指财务公司按照中国银保监会《企业集团财务公司发行金融债券有关问题的通知》规定，在银行间债券市场公开发行或定向发行的金融债券。

(6) 金融租赁公司和汽车金融公司的金融债券，是指由金融租赁公司和汽车金融公司在银行间债券市场发行的金融债券，由中国银保监会负责管理和审批。

(7) 中央银行票据，简称央票，是中国人民银行为调节基础货币而直接面向公开市场业务一级交易商发行的短期债券，是一种重要的货币政策日常操作工具。央票是一种重要的特殊金融债券，它的发行不受《全国银行间债券市场金融债券发行管理办法》的制约，且发行目的是为了调节基础货币，不是为了弥补资金不足。

中国的金融债券发行史(扫码学习)

4. 企业债券

中国证券市场同时存在企业债券和公司债券,它们在本质上是同一类债券,从概念的内涵来说,公司债券属于企业债券,但是在实际操作中,二者在发行主体、监管机构以及规范的法规方面存在区别。

中国的企业债券和公司债券发行史(扫码学习)

企业债券是指在中国境内具有法人资格的企业依照法定程序发行、约定在一定期限内还本付息的有价证券。目前发行企业主要为中央政府部门所属机构、国有独资企业或者国有控股企业。

公司债券是指公司依照法定程序发行、约定在一定期限(1年以上)还本付息的有价证券。发行公司债券应当符合《中华人民共和国证券法》《中华人民共和国公司法》和《公司债券发行试点办法》规定的条件,并经中国证监会核准。目前,发行公司范围仅限于沪、深证券交易所上市的公司及发行境外上市外资股的境内股份有限公司。

企业债券和公司债券存在如下区别。

第一,规范的法规不同。企业债券由国务院发布并修订的《企业债券管理条例》规范;公司债券由《中华人民共和国证券法》《中华人民共和国公司法》和中国证监会发布的《公司债券发行与交易管理办法》规范。

第二,发行主体的范围不同。企业债券发行主体限于中央政府部门所属机构、国有独资企业或者国有控股企业,以大型企业为主;公司债券发行主体目前限于上市的股份有限公司,今后一些中小规模公司只要符合一定法规标准,也有发行机会。

第三,监管机构不同。企业债券发行由省级发改委预审商报,由国家发改委掌握最终审核权;公司债券发行由中国证监会核准。

第四,发行的审核方式不同。企业债券的发行采取审批制或注册制;公司债券的发行采取核准制,引进发审委制度和保荐制度。

第五,担保要求不同。企业债券较多地采取了担保的方式,同时又以一定的项目(政府批准)为主;公司债券募集资金的使用不强制与项目挂钩,可以用于偿还银行贷款、改善财务结构等股东大会核准的用途,不强制担保,而是引入信用评级方式。

第六,发行定价方式不同。《企业债券管理条例》规定,企业债券的利率不得高于银行同期居民储蓄存款利率的40%;公司债券的利率或价格由发行人通过市场询价确定。

6.2.2 按其他方式分类

1. 按付息方式分类

按照付息方式分类,债券分为零息债券(Flat Bond)和附息债券(Coupon Bond)。

零息债券是指以贴现方式发行,不附息票,到期时按面值一次性支付本利的债券。到期期限在1年以下的零息债券也称为贴现债券或贴水债券(Discount Bond),它与常见的零息债券的区别在于:贴现债券属短期债券,其发行价格是债券面值扣减贴息后的差额;常见的零息债券属中长期债券,发行价格是债券面值按票面利率折现后的现值。零息债券于20世纪80年代初在美国债券市场首次出现。

附息债券是指按照债券票面载明的利率及支付方式定期支付利息的债券。常见的附息债券通常每半年或一年支付一次利息。根据计息方式不同,常见的附息债券还可以分为固定利率债券、浮动利率债券、累进利率债券和指数债券等。固定利率债券的票面利率保持不变,浮动利率债券的利率在票面利率基础上参照某一基准利率定期调整。累进利率债券是指以利率逐年累进方法计息的债券,其目的在于吸引投资人长期持有该债券。这种债券的期限通常是浮动的,但有最短持有期和最长持有期的规定。指数债券是通过将利率与通货膨胀率挂钩来保证债权人不至于因物价上涨而遭受损失的债券。挂钩办法通常为:债券利率=固定利率+通胀率+固定利率×通胀率。有时,用来计算利息的指数并不与通胀率相联系,而与某一特定的商品价格挂钩,这种债券又称为商品相关债券。

还有一种附息债券,虽然具有票面利率,但是利息必须在债券到期时一次性支付,在债券存续期间不支付利息。这种附息债券称为息票累积债券(Accumulated Coupon Bond)。

2. 按担保性质分类

按担保性质分类,债券分为有担保债券(Covered Bond)和信用债券(Credit Bond)。

有担保债券是指以某种抵押物为担保或由第三人担保利息或全部本息而发行的债券。根据担保方式不同,有担保债券可以分为抵押债券、质押债券和保证债券。抵押债券是指以土地、房屋等不动产作抵押品发行的债券。若债券到期不能偿还,债权人可依法处理抵押品受偿。质押债券是指以动产或权利作担保发行的债券。质押品通常是发行人自身的股票、债券或其他证券,或其持有的子公司或其他公司的股票、债券和其他证券。质押品一般信托给独立的中介机构,由中介机构代替全体债权人行使对质押品的处置权。保证债券是以第三人担保利息或全部本息发行的债券。

信用债券是仅凭发行人的信用发行的债券。发行信用债券必须具有较好的声誉,遵守一系列的规定和限制。国债、信用良好的公司(包括金融类公司)发行的债券,多为信用债券。

3. 按债券形态分类

按照债券形态分类,债券分为实物债券(Physical Bond)、凭证式债券(Token Bond)、记账式债券(Book-Entry Bond)。

实物债券是具有标准格式实物券面的债券,一般印有债券面额、利率、期限、发行人全称、还本付息方式等各种票面要素。实物债券是一般意义上的债券,很多国家通过法律法规对该种债券的格式予以明确规定。

凭证式债券是债权人认购债券的一种收款凭证,而非标准格式的债券。

记账式债券是没有实物形态的债券,只在计算机账户中做记录。在证券交易所公开发行与交易的债券就是记账式债券。

6.3 债券发行市场

6.3.1 债券发行市场的概念与作用

1. 债券发行市场的概念

债券发行市场,又称债券一级市场,是债券发行人向债券投资人发售债券的市场。债券一级市场的活动除了发行债券以外,还包括发行人支付利息、偿还本金以及赎回和回售债券等。

债券发行市场的参与者包括债券发行人、债券投资人、市场监管机构和中介服务机构。在中国,债券发行人包括政府、政府机构和各类符合债券发行条件的企业。投资人包括政府机构、金融机构、企业和事业法人、各类基金等机构投资者和个人投资者。市场监管机构包括财政部、国家发展和改革委员会、中国人民银行、中国银保监会、中国证监会、中国国债协会和中国银行间市场交易商协会等。中介服务机构包括债券承销商、评级机构、会计师事务所、律师事务所等。这些机构主要负责为债券发行提供一些必要的中介服务,减少债券投资人和债券发行人之间的信息不对称,为债券的发行定价和债券投资价值判断提供支持。

2. 债券发行市场的作用

债券发行市场是债券市场的重要组成部分,其作用主要体现在三个方面。

第一,债券发行市场为资金需求者提供筹措债务资金的渠道。筹措债务资金能给资金需求者带来至少四个方面的好处。首先,筹措债务资金的成本较低。发行债券需要发行方提供抵押、质押、第三方担保或自己的信用保证,且必须承诺到期偿还,其风险较低,因而可以以较低的利率开展融资。而股权融资完成后,发行方要为股权无限期支付红利。其次,债务的利息是在所得税前支付,有抵税的好处。债务融资的税后成本低于股权融资的税后成本。再次,债务融资不会稀释公司的每股收益和股东对公司的控制。最后,债务融资具有杠杆作用。不论发行方盈利多少,债权人只收回有限的固定收入,而更多的收益则可用于股利分配和留存发行方以扩大投资。

第二,与其他证券发行市场一起形成资金流动的收益和风险导向机制,促进资源配置不断优化。证券发行构成了储蓄向投资转化的渠道,可以把众多的社会闲散资金集聚起来转变成资本。投资者权衡各类证券的预期收益水平和风险水平,依据自身的风险承受能力和对目标收益的确定情况,选择参与证券发行市场投资活动的方式和规模。这种以收益和风险为导向的引导机制,有利于社会资金合理流动,促进资源配置优化。近年来,随着债券市场的不断发展,债务融资工具对金融市场有效配置资源的贡献越来越大,债券发行市场的利率、规模、品种等信息对于金融市场来说是非常重要的信息,这些信息的披露和有效利用可以很好地引导资金有效流动。

第三,为资金供应者提供债权投资的机会,优化投资组合管理。相对于股权投资而言,债权投资收益稳定且具有较低风险和较高流动性的特征不但可以吸引风险承受能力较低的个人投资者,而且使得债券成为基金公司开展组合投资时必不可少的投资品种。将债券加入投资组合,对于降低组合风险、稳定组合收益具有重要的作用。

6.3.2 债券的信用评级

企业(公司)债券具有违约风险。特别地,一旦企业(公司)破产,债券持有人就可能承受不可挽回的损失,所以他们都很关心发行人财务状况的好坏,以及债券本身的信用风险状态。而发行人也需要客观了解自身的信用风险水平,以确定合理的发行价格,以免加大不必要的利息成本,并能够使债券被投资者所接受,顺利完成融资。

信用评级是由权威的、具有债券信用评级资质的信用评级机构进行的。由于债券的信用风险既决定于发行人的信用状况,也与其所采取的抵押、担保等方式有关,所以发行人的信用和所发行的债券的信用有可能并不一致。债券的信用评级包括对债券发行人本身的信用评级和对其所发行的债券的信用评级。前者称为主体评级,后者称为债项评级。债项评级是在主体评级的基础上,考虑债券发行时附加的各种条款,如抵押、质押品的价值变化、处置方式等,对主体信用评级进行调整后的结果。所以要做债项评级,先要做主体评级,发行主体的信用状况决定于主体的财务风险和经营风险,因此评估主体的信用风险,就要考察主体的财务质量、管理质量、所在行业的风险、主体在行业中的相对地位,甚至对于从事外贸业务的主体,还需要考虑国别风险(不同外汇收入的汇率风险)。财务质量考察包括对偿债能力、营运能力、盈利能力和成长能力的评价,各有多项指标可查。管理质量考察包括对管理团队的管理水平、公司(企业)各种制度的完善程度、发展规划的完整程度等多方面的综合评价。

债券的信用评级大致分为两个阶段。第一个阶段属于发行评级,即信用评级机构在债券发行时对发行人及其所发行的债券进行的主体评级和债项评级;第二个阶段属于跟踪评级,即信用评级机构在发行人自身或相关抵押、质押物和担保方出现影响评级的事件时,对债券发行人及其所发行的债券进行的评级更新。信用评级更新能够起到很好的警示作用。

值得注意的是,目前中国政府债券和政策性银行发行的金融债券都是用政府信用做担保,一般认为它们具有最高级的信用水平,所以不需要经过评级即可以发行和流通,但是其他主体发行的各类债券都必须经过信用评级才能发行和流通。

目前国内的各种信用评级机构有上百家,但是只有大公国际、联合信用、中诚信、上海新世纪、鹏元资信、东方金诚等几家评级机构具有资本市场的评级资质,其他评级机构不具备资本市场的评级资质,它们要么做信贷市场的评级(贷前贷后的审查性质的评级和小额贷款机构及担保机构评级),要么做征信评级(投标类评级)。在几家具有资本市场评级资质的机构中,大公国际、联合信用和中诚信三家机构共占有资本市场信用评级95%以上的份额,其余机构的份额很小。

国际上最具权威性的专业信用评级机构主要有标准普尔评级服务公司、穆迪投资服务公司和惠誉国际信用评级有限公司。其中标准普尔公司2019年1月起获得中国人民银行批准,正式进入中国开展评级业务。

专栏6-1

国际上主要的专业信用评级机构

标准普尔评级服务公司于1860年创立于美国,目前总部设在美国,是目前国际上公认的最具权威性的信用评级机构之一。该公司侧重于企业评级,主要为投资者提供信用评级、独立分析研究、投资咨询等服务。目前,标准普尔评级服务公司员工总数超过5 000人,分布在19个国家。1975年美国证券交易委员会认可标准普尔评级服务公司为"全国认定的评级组织"。

穆迪投资服务公司于1909年创立于美国,目前总部设在英国伦敦,是世界著名的跨国管理及技术服务机构之一。其业务侧重于机构融资方面。该公司首创对铁路债券进行信用评级。1913年,穆迪投资服务公司开始对公用事业和工业债券进行信用评级。目前,穆迪投资服务公司在全球有800名分析专家、1 700多名助理分析员,在17个国家设有机构,股票在纽约证券交易所上市交易。

惠誉国际信用评级有限公司于1913年创立于美国,但是1997年后成为法国上市公司FI-MALAC的子公司,目前是唯一的欧资国际评级机构。惠誉国际信用评级有限公司侧重于金融机构的评级。惠誉国际信用评级有限公司在全球设有40多个分支机构,拥有1 000多名分析师。其业务范围包括金融机构、企业、国家、地方政府和结构融资评级。迄今惠誉国际信用评级有限公司已完成1 600多家银行及其他金融机构评级、1 000多家企业评级、1 400个地方政府评级,以及全球78%的结构融资和70个国家的主权评级。惠誉国际信用评级有限公司在美国市场上的规模要比其他两家评级公司小,但在全球市场上,尤其在对新兴市场上惠誉国际信用评级有限公司的敏感度较高。

这里以标准普尔评级服务公司的债券信用评级为例,说明债券信用评级的划分(见表6.1)。

表6.1 评级等级与要求

评级等级	评级要求
AAA	偿还债务能力极强,为标准普尔公司授予的最高评级级别
AA	偿还债务能力很强
A	偿还债务能力强,但略微易受外在环境及经济状况变动的不利因素影响
BBB	具有适当的偿债能力,但还债能力较可能因不利经济状况而减弱

续表

评级等级	评级要求
BB	相对于其他投机级级别评级,违约的风险更低。但持续存在的重大不稳定因素,或不利的商业、金融、经济状况,可能导致发债人没有足够能力偿还债务
B	违约可能性较 BB 级高,发债人目前仍有能力偿还债务,但不利的商业、金融、经济条件可能削弱发债人偿还债务的能力和意愿
CCC	目前有可能违约,发债人能否履行财务承诺将取决于商业、金融、经济条件是否有利。当遭遇不利的商业、金融或经济环境时,发债人可能违约
CC	违约的可能性高。违约尚未发生,但预计会实际发生
C	目前违约的可能性高,且最终违约追偿比率预计会低于其他更高评级的债券
D	发债人未能按期偿还债务,或违反推定承诺;也可在破产申请已被提交或采取类似行动时使用

表 6.1 中的前四个级别债券信誉高,履约风险小,称为投资级债券,第五级开始的债券信誉低,称为投机级债券。此外,从 AA 级至 CCC 级的每一级可加上加号和减号,表示评级在各主要评级分类中的相对强度。

6.3.3 债券发行价格的确定方式

债券发行价格的确定方式主要有招标式、簿记建档式和定价式三种。

1. 招标式

招标式是指通过投标人的直接竞价来确定债券的发行价格(或利率)水平。发行人将投标人的标价自高价向低价排列,或自低利率排到高利率,发行人从高价(或低利率)选起,直到达到需要发行的数额为止。因此,所确定的价格恰好是供求决定的市场价格。中国的债券发行招标规则借鉴了国际资本市场的荷兰式、美国式,并发展出混合招标方式。

荷兰式招标,是以募集完发行额为止的所有投标者报出的最低中标价格(或最高中标利率)作为债券最终的发行价格(或票面利率)的招标方式,也称为单一价格招标。以中国国债的发行为例,根据财政部财库〔2009〕12 号文件《财政部关于印发 2009 年记账式国债招投标规则的通知》,标的为利率或利差时,全场最高中标利率或利差为当期国债票面利率或基本利差,各中标机构均按面值承销;标的为价格时,全场最低中标价格为当期国债发行价格,各中标机构均按发行价格承销。

美国式招标,是以募集完发行额为止的所有中标者各自报出的中标价格(或中标利率)作为各个中标者认购债券的价格(或利率)的招标方式,也称为多种价格招标。在这种规则下,所有中标者认购债券的价格(或利率)是不同的。以中国国债的发行为例,根据上述文件,标的为利率时,全场加权平均中标利率为当期国债票面利率,中标机构按各自中标标位利率与票面利率折算的价格承销;标的为价格时,全场加权平均中标价格为当期国债发行价格,中标机构按各自中标标位的价格承销。背离全场加权平均投标利率或价格一定数量的标位视为无效投标,全部落标,不参与全场加权平均中标利率或价格的计算。

混合式招标,具有荷兰式招标和美国式招标的双重特征的招标方式。按照这种招标规则,全场加权平均中标价格(或中标利率)即为债券的发行价格(或票面利率)。对于那些中标价格高于或等于发行价格(或中标利率低于或等于票面利率)的投标者来说,其认购价格即为发行价格;对于那些中标价格低于发行价格(或中标利率高于票面利率)的投标者来说,其认购价格是低于该发行价格一定限度以内的各自的中标价格。低于发行价格(或中标利率高于票面利率)一定限度以上的标位,全部落标。背离全场加权平均投标利率或价格一定数量的标位视为无效投标,全部落标,不参与全场加权平均中标利率或价格的计算。

2. 簿记建档式

簿记建档是一种系统化、市场化的发行定价方式,包括前期的预路演、路演等推介活动和后期的簿记定价、配售等环节。簿记建档人一般是指管理新发行出售证券的主承销商。其具体流程为,首先进行预路演,根据反馈信息并参照市场状况,簿记建档人和发行人共同确定申购价格区间;然后进行路演,与投资人进行一对一的沟通;最后开始簿记建档工作,由权威的公证机关全程监督。簿记建档人一旦接受申购订单,公证机构即刻核验原始凭证,并统一编号,确保订单的有效性和完整性。簿记建档人将每一个价位上的累计申购金额录入电子系统,形成价格需求曲线,并与发行人最终确定发行价格。

3. 定价式

定价式是一种非市场化的发行价格确定方式。在这种方式下,债券的发行价格(或票面利率)由债券发行人、承销商和投资者共同协商确定。

6.3.4 债券的发行方式

1. 按照债券发行对象确定与否分类

根据发行对象是否确定,债券发行方式分为私募发行和公募发行。

私募发行是指债券只面向特定投资者发行的发行方式。通常,私募发行的对象主要是一些特定的机构投资者,如银行、信托公司、投资基金、养老基金、资产管理公司等。由于发行对象仅限于一部分投资者,不涉及社会公众,因此所面临的限制相对较小,发行人支付的发行成本也相对较低。私募发行的债券中,中小企业私募债是一种值得关注的为了有效解决中小企业融资难问题而创设的新品种。该种债券于2012年6月开始发行,发行主体是符合《关于印发中小企业划型标准规定的通知》(工信部联企业〔2011〕300号)规定的,但未在上交所和深交所上市的中小微型企业,暂不包括房地产企业和金融企业。该债券允许上市交易。

公募发行是指债券面向非特定的投资者公开发行的发行方式。公募发行的发行规模相对较大,由于需要经过严格的审批程序才能公募发行,因此这种发行方式更有利于提高债券发行人的声誉,而且公募发行的债券可以上市流通,所以也具有更好的流动性。

2. 按照承销机构对债券发行所承担的责任分类

根据承销机构在债券发行中所承担的责任,债券发行可以分为代理发行和招标发行。

代理发行是指由债券承销机构按照债券募集说明书的发行条款,代为发行人发行债券。根据承销机构在发行中所承担的责任,代理发行又可分为代销、余额包销和全额包销。

代销,是指债券承销机构按照债券募集说明书的发行条款,代为债券发行人推销债券,发行结束后,未销售完的债券返还给发行人。代销对于承销机构来说,风险较小,因而佣金相对较少。而对于发行人来说,代销方式难以保证顺利完成最初制定的债务融资计划。

余额包销,是指债券承销机构按照债券募集说明书的发行条款,向投资者销售债券,发行结束后,由债券承销机构认购未销售完的债券余额。此种方式对于承销机构来说风险较大,佣金也相对较多。

全额包销,是指债券承销机构先购买发行人的全部债券,之后再向投资者发售。对于这种方式来说,承销机构承担了全部的承销风险。

招标发行,是指债券发行人直接向大宗机构投资者招标,由中标人直接认购债券的发行方式。机构投资者中标认购后,没有再向社会销售的义务,因而中标者即为国债认购者。当然中标者也可以按一定价格向社会再行出售。招标发行方式分为荷兰式招标、美国式招标和混合式招标。

6.4 债券流通市场

6.4.1 债券流通市场的概念与作用

1. 债券流通市场的概念

债券流通市场又称为债券二级市场,是债券投资人进行债券交易的市场。债券一经发行,即确立了一定的债权债务关系,但是通过债券流通市场,投资者可以把债权转让或把债券变现,实现债权债务关系的转移。债券流通市场和发行市场相辅相成,是互相依存的整体。发行市场是整个债券市场的源头,是债券流通市场的前提和基础。发达的流通市场是发行市场的重要支撑,流通市场的发达是发行市场扩大的必要条件。

债券流通市场的参与者包括债券投资者、债券交易的组织者和市场监管者。在中国,债券投资者包括个人投资者和各类机构投资者;债券交易的组织者包括全国银行间同业拆借中心、中央国债登记结算公司、证券交易所、中国证券登记结算公司以及商业银行;债券市场监管者包括中国人民银行和中国证监会。

2. 债券流通市场的作用

债券流通市场的作用主要表现在以下几个方面:

第一,债券流通市场在一定程度上决定了债券的流动性。债券发行市场的投资人因为某些特殊的原因,可能需要中途变现债券以获取现金,而其他债券投资人因为错过发行市场认购的机会,或者不具有在发行市场认购债券的资格,但是又想参与债券投资,这就需要通过债券流通市场满足双方的需求。特别地,长期债券的投资人之间更需要通过流通市场实现债权债务关系的转移和风险的转移。在其他条件不变的情况下,流通市场越发达,债券的流动性就越强。

第二,债券流通市场影响后续债券的发行价格(或票面利率)。债券在流通市场的交易价格是市场价格,形式上是买卖双方竞价的结果,实质上反映了债券市场的供求关系。新债券的发行必须参照流通市场上同类债券市场价格(或到期收益率)来确定合理的发行价格(或票面利率),因为如果发行价格(或票面利率)不能满足债券市场的供求关系,将可能影响债券的顺利发行或者提高发行人的利息成本。

第三,债券流通市场为投资者提供实现资本增值和投资组合多元化的渠道。流通市场有多种债券同时交易,这为投资者提供了调整所持金融资产结构、分散投资风险的可能,也为债券的投机提供了机会。特别地,债券和股票相比具有更低的风险,这对于投资者稳定投资组合的收益、实现投资组合多元化具有重要的意义。

6.4.2 债券流通市场的类型

债券流通市场分为场内交易市场和场外交易市场。

债券场内交易市场是证券场内交易市场的组成部分。证券场内交易市场又称交易所市场或集中交易市场,是指由证券交易所组织的集中交易市场,有固定的交易场所和交易活动时间,在多数国家它还是全国唯一的证券交易场所,因此是全国最重要、最集中的证券交易市场。投资者如果要在场内市场进行交易,一般需要委托具备交易所会员资格的证券经营机构进行交易。在场内市场,债券的交易是通过公开竞价方式进行的。

债券场外交易市场是指在证券交易所之外进行债券买卖的市场。在国外,大部分的债券交易都是在场外交易市场完成的。场外交易市场的主体是柜台市场。许多证券经营机构都设有专门的证券柜台,通过柜台进行债券买卖。此外,场外交易市场还包括银行间交易市场,以及一些机构投资者通过电话、计算机等通信手段形成的市场等。

在中国,债券流通市场除了交易所市场之外,还有银行间债券市场和商业银行柜台市场等两个场外交易市场。以下按照这几个市场的重要性依次分别介绍。

1. 银行间债券市场

银行间债券市场是机构投资者以询价和双边报价方式进行大宗批发交易的场外市场。全国银行间同业拆借中心为债券交易提供报价服务,中央结算公司办理债券的登记、托管和结算。银行间债券市场目前是中国债券交易的主要市场。至2018年12月末,银行间债券市场托管余额为75.7万亿元,占总体债券存量的87.6%。

银行间债券市场的交易品种非常丰富,包括国债、地方政府债、央行票据、金融债、短期融资券、中期票据、企业债、私募中票等多个债券品种。该市场的交易均为大宗批发交易,大多以1 000万元作为基本交易单位。因此其参与者都是机构投资者,交易成员主要包括银行类金融机构和保险、基金、券商、信托、财务公司等非银行类金融机构。机构成员实施市场准入制,并需要具备一定的交易结算条件才能入市交易。

银行间债券市场由中国人民银行负责监管。

2. 交易所市场

交易所市场是各类投资者(包括机构和个人)通过交易所撮合成交系统进行零散债

券集中交易的场内市场。中国证券登记结算公司上海分公司、深圳分公司分别负责上交所和深交所的债券托管和结算。

交易所市场的债券品种主要包括国债、地方政府债、金融债、企业债券、公司债券、国际机构债、资产支持证券、可转债等多个品种。单笔交易以手(1 000元面额)为单位,交易额为1手的整数倍。

交易所债券市场由中国证监会负责监管。

3. 商业银行柜台市场

商业银行柜台市场是个人和中小企、事业单位按照商业银行柜台挂出的债券买入价和卖出价进行债券买卖的债券场外零售市场。商业银行总行为投资者办理债券的登记、托管和结算。

与银行间债券市场不同的是,商业银行柜台市场的参与者以个人投资者为主,机构投资者较少。其交易机制采用双边报价机制,即商业银行通过其营业网点,按照其挂出的债券买入价和卖出价,与投资者进行债券交易。商业银行交易人员在制定柜台债券交易的买卖价格时主要考虑三个因素:一是柜台市场投资者的买卖数量,投资者净买入则价格上升,投资者净卖出则价格下降;二是相关市场的债券价格,银行间市场和交易所市场债券价格上升会引起柜台市场债券价格上升,特别是对于能跨市场流通的券种影响较大;三是对未来利率走势的预期,如预期未来利率会下跌,则柜台市场债券价格会上升,预期未来利率会上升,则柜台市场债券价格会下跌。

柜台市场交易品种为储蓄国债和记账式国债。

商业银行柜台市场由中国人民银行负责监管。

6.4.3 债券的交易方式

债券在流通市场有多种交易方式,这些交易方式互为补充,大大提高了债券的流动性。这里根据债券的交易性质和报价方式两个标准分别介绍债券的交易方式。

1. 按照债券交易性质分类

按照债券交易性质不同,债券的交易方式分为现券交易、远期交易、期货交易、期权交易和回购交易。

债券的现券交易,是指交易双方以约定的价格在当日或次日转让债券所有权的交易行为。现券交易是债券交易中最普遍的交易方式。

债券的远期交易,是指交易双方约定在未来某一日期以约定价格和数量转让标的债券的交易行为。

债券的期货交易,是指交易双方依据协议规定的价格和数量,在未来的某一日期交割清算标的债券的交易行为。

债券的远期交易和期货交易在形式上都表现为在未来某一日期以约定的价格和数量转让标的债券,但是二者实际上存在很大区别。首先,债券的远期交易合约不是标准化合约,交易双方必须自行协商所有的交易条件,如债券的交易品种、规模、成交价格和交割时间等,而债券的期货交易合约是标准化合约,交易双方只需对期货合约本身进行交易,不必协商繁杂的交易条件。其次,在债券远期交易中,交易双方一般都要进行实物交割,而在债券期货交易中,大多数情况下交易双方并不进行实物交割,而是通过做出与前一交易方向相反且数量相等的交易进行对冲,从而只进行资金交割。最后,债券的远期交易一般都在场外进行,其二级市场不很活跃,而债券的期货交易则在交易所进行,由于期货合约可以在交易所进行上市交易,因此其二级市场较为活跃。

债券的期权交易,是指投资者在付出一定的费用(期权费)后,取得一种可按约定价格在规定期限内买进或卖出一定数量的某种债券的权利,并买卖这一权利的交易。

债券的回购交易,是指交易双方在进行债券交易的同时,约定在未来某一日期以约定的价格进行反向交易。

中国的回购交易又可分为质押式回购和买断式回购。质押式回购是交易双方以债券为权利质押所进行的短期资金融通业务。在质押式回购交易中,资金融入方(正回购方)在将债券出质给资金融出方(逆回购方)融入资金的同时,双方约定在将来某一日期由正回购方向逆回购方返还本金和按约定回购利率计算的利息,逆回购方向正回购方返还原出质债券。质押式回购在交易过程中所有权不发生转移,该券一般由第三方托管机构进行冻结托管,并在到期时予以解冻。

买断式回购是资金融入方(正回购方)以向资金融出方(逆回购方)出售债券现券的方式所进行的短期资金融通业务。在这种交易方式中,正回购方先将债券出售给逆回购方,并约定在将来某一日期向逆回购方返还本金和按约定回购利率计算的利息,以购回之前出售的债券。但是,在回购期内,标的债券的所有权属于逆回购方,逆回购方对标的债券进行处置,只不过回购到期时必须将这种权利交还给正回购方并相应收回融出的资金。

2. 按照债券报价方式分类

按照债券报价方式不同,债券的交易方式分为全价交易和净价交易。

全价交易是指债券价格中把应计利息包含在债券报价中的债券交易。对于附息债券,应计利息指本付息起息日至交割日所含利息金额;对于零息债券,应计利息是指发行起息日至交割日所含利息金额。

净价交易指在债券买卖时,以不含有自然增长应计利息的价格报价并成交的交易方式。净价交易将债券的报价与应计利息分解,价格只反映本金市值的变化,利息按票面利率以天计算,债券持有人享有持有期的利息收入。净价交易与全价交易的关系可以用一个等式来表示。

$$净价=全价-应计利息 \qquad (6.1)$$

目前,在国际债券市场上,净价交易已经得到广泛应用。中国自1981年恢复国债发行以来,最初债券交易基本都是采用全价交易,现在已全部改成净价交易。

与全价交易相比较,对国债实行净价交易至少有以下几个方面的好处。

第一,能清楚地勾画出国债交易中卖方的收益程度与买方的支付成本,使双方利益比较明确。

第二,便于准确体现国债的实际价格,使投资者能对市场价格做出及时和更直接的判断。

第三,可以更准确地体现国债作为利率产品的本质特征。

第四,有利于充分发挥国债作为其他投资工具基准的作用。

小　　结

1. 债券是一种有价证券,是社会各类经济主体为筹集资金而向债券投资者发行的、承诺按一定利率定期支付利息并到期偿还本金的债权债务凭证。

2. 债券属于有价证券,是一种虚拟资本,是债权的表现。

3. 债券票面基本要素包括债券的票面价值、到期期限、票面利率和发行者名称。

4. 债券具有四个特征:偿还性、流动性、安全性、收益性。

5. 政府债券是指政府财政部门或其他代理机构为筹集资金,以政府名义发行的、承诺在一定时期支付利息和到期偿还本金的债务凭证。

6. 政府机构债券是由政府所属机构或政府创办的经营机构发行的债券。

7. 金融债券指银行与非银行金融机构依照法定程序发行并约定在一定期限内还本付息的有价证券。

8. 企业债券是指在中国境内具有法人资格的企业依照法定程序发行、约定在一定期限内还本付息的有价证券。目前发行企业主要为中央政府部门所属机构、国有独资企业或者国有控股企业。

9. 公司债券是指公司依照法定程序发行、约定在一定期限(1年以上)还本付息的有价证券。目前,发行公司范围仅限于沪、深证券交易所上市的公司及发行境外上市外资股的境内股份有限公司。

10. 按照付息方式分类,债券分为零息债券、附息债券。

11. 按担保性质分类,债券分为有担保债券和信用债券。其中有担保债券可以分为抵押债券、质押债券和保证债券。

12. 按照债券形态分类,债券分为实物债券、凭证式债券、记账式债券。

13. 债券发行市场,又称债券一级市场,是债券发行人向债券投资人发售债券的市场。债券发行市场的参与者包括债券发行人、债券投资人、市场监管机构和中介服务机构。

14. 债券发行市场的作用主要体现在三个方面:债券发行市场为资金需求者提供筹措债务资金的渠道;与其他证券发行市场一起形成资金流动的收益和风险导向机制,促进资源配置不断优化;为资金供应者提供债权投资的机会,优化投资组合管理。

15. 债券发行价格的确定方式主要有招标式、簿记建档式和定价式三种。其中招标式又分为荷兰式、美国式、混合式。

16. 根据发行对象是否确定,债券发行分为私募发行和公募发行。根据承销机构在债券发行中所承担的责任,债券发行可以分为代理发行和招标发行,其中代理发行又可分为代销、余额包销和全额包销。

17. 债券流通市场又称为债券二级市场,是债券投资人进行债券交易的市场。债券流通市场的参与者包括债券投资者、债券交易的组织者和市场监管者。

18. 债券流通市场的作用主要表现在几个方面:债券流通市场在一定程度上决定了债券的流动性;债券流通市场影响后续债券的发行价格(或票面利率);债券流通市场为投资者提供实现资本增值和投资组合多元化的渠道。

19. 中国的债券流通市场包括银行间债券市场、交易所市场和商业银行柜台市场。

20. 按照债券交易性质不同,债券的交易方式分为现券交易、远期交易、期货交易、期权交易和回购交易。

21. 按照债券报价方式不同,债券的交易方式分为全价交易和净价交易。

关 键 词

债券	政府债券	政府机构债券	金融债券
企业债券	公司债券	贴现债券	零息债券
附息债券	息票累积债券	有担保债券	信用债券
抵押债券	质押债券	保证债券	实物债券
凭证式债券	记账式债券	发行市场	流通市场
荷兰式招标	美国式招标	混合式招标	债券现券交易
债券远期交易	债券期货交易	债券期权交易	债券回购交易

习 题

1. 如何理解债券的基本性质?
2. 债券有哪些特征?
3. 试比较政府债券和政府机构债券的区别。
4. 企业债券与公司债券相比有什么不同?
5. 按付息方式,债券可分为哪些品种? 按担保性质,债券可分为哪些品种? 按债券形态,债券可分为哪些品种?
6. 什么是债券发行市场? 发行市场有何作用?
7. 为什么公司(企业)债券需要进行信用评级?
8. 债券有哪些发行方式?
9. 什么是债券流通市场? 流通市场有何作用?
10. 试比较债券的远期交易方式和期货交易方式的异同。
11. 什么是全价交易和净价交易? 二者有何联系与区别?

第 6 章即测即评

请扫描二维码进行即测即评。

参考文献及进一步阅读建议

1. 滋维·博迪,亚历克斯·凯恩,艾伦·J. 马库斯. 投资学. 10 版. 汪昌云,等,译.

北京:机械工业出版社,2012.

2. 张亦春,郑振龙,林海. 金融市场学. 5版. 北京:高等教育出版社,2017.

3. 李翀. 金融市场学. 2版. 北京:北京师范大学出版社,2020.

4. 史建平. 金融市场学. 2版. 北京:清华大学出版社,2012.

5. 张亦春. 现代金融市场学. 3版. 北京:中国金融出版社,2013.

6. 李德峰. 金融市场学. 北京:中国财政经济出版社,2010.

7. 中国证券业协会. 证券市场基础知识. 北京:中国金融出版社,2012.

8. 中国证券业协会. 证券发行与承销. 北京:中国金融出版社,2012.

9. 韩国文. 金融市场,北京:机械工业出版社,2009.

10. 王重润. 金融市场学,北京:高等教育出版社,2014.

第 7 章
债券估值

本章学习目的

- 理解收入资本化法
- 掌握债券的估值方法
- 掌握债券收益率的概念和计算方法
- 理解久期和凸性的概念

我们在第 6 章学习了关于债券投资特征和债券市场运行特点的相关知识。本章的焦点是债券的价值分析问题。借助对债券价值分析问题的讨论,我们将引入金融学当中有关价值分析的一个基本思想——收入资本化法,即投资项目的当前价值取决于其未来预期收益的现值。这种思想除了应用于债券、股票这类基础金融资产的价值分析,还广泛应用于衍生合约或者房地产项目等具有未来现金流收益的实体资产的价值分析。在讨论完债券的价值之后,我们将在第二节讨论债券的收益率计算问题。债券的收益率除了可以反映不同债券的投资价值,也可以作为不同债券之间投资风险大小的一个重要度量指标。在本章最后一节,我们将利用有关债券价值和收益率的基本概念,介绍债券风险管理中的两个重要指标:久期和凸性。

7.1 收入资本化法和债券内在价值

7.1.1 什么是收入资本化法

收入资本化法(Income Capitalization),又称现金流贴现法(Discounted Cash Flow Method),是指任何资产的内在价值取决于持有资产可能带来的未来现金流收入的现值。对投资者而言,投资对象的未来现金收益决定了它的现在价值,或简称为现值(Present Value,PV)。投资者使用一个合适的贴现率将未来的现金流贴现到当前时刻得到其现值

(这个贴现的过程称为资本化)。使用合适贴现利率计算出的债券未来现金收益的现值称为债券的内在价值(Intrinsic Value)。

计算内在价值时使用的贴现率称为资本化率(Capitalization Rate),也叫作必要收益率(Required Rate of Return)。不同的投资者或投资机构在对债券价值进行分析中所选定的贴现率不一定相同,这也就是为什么对不同类型资产内在价值的评估可能不一致的原因。一般来说,选择贴现率,或者必要收益率要考虑两个因素:一是货币的时间价值;二是所评估的债券未来现金流风险的大小。前一个因素主要取决于未来利率的变动、通货膨胀情况、债券期限的长短等,后一个因素与所评估债券的信用级别、流动性、税收待遇以及特殊条款(如提前赎回条款、可转换条款等)紧密相关。通行的做法是,选择市场上存在的其他类似债券的收益率作为参考利率,考虑拟评估债券与参考债券的异同点进行相应的调整;或者以同期限的国债利率为基准,充分考虑所评估债券的信用级别、税收待遇、特殊条款等因素来确定。从必要收益率角度看内在价值,如果投资人在某个投资项目上的投资成本高于内在价值,那么其在这个项目上获得的收益率将小于必要收益率。

例 7.1:某银行发行的一年期 CD 合同利率为 5%,某张 CD 一年后到期,银行一共支付本息共 105 万元的现金收益。将 5% 作为 CD 投资的贴现率,那么这张 CD 的内在价值等于未来现金收益 105 万元按照 5% 贴现率计算的现值,即:

$$\frac{105}{1.05}=100(万元)$$

显然,如果投资人购买这张 CD 的价格高于内在价值 100 万元,按照一年后 105 万元的收益计算,其实际收益率将低于 CD 的利率。比如,如果 CD 的价格为 102 万元,投资一年的实际收益率为:

$$\left(\frac{105}{102}-1\right)\times100\%\approx2.94\%$$

7.1.2 债券的内在价值

普通债券按照未来现金收益特点,可以按照不同的票息支付方式分为三种类别:零息债券(Zero Bond)、附息债券(Coupon Bond)和永续债券(Perpetual Bond)。我们分别讨论它们的内在价值。

1. 零息债券

零息债券又称贴现债券,它在到期日之前不支付任何票息,只在到期日一次性支付面值。相对于同期限的附息债券,零息债券一般以远低于面值的价格发行(特别是对于长期零息债券而言),债券发行价格和面值的差额就是投资者的利息收入。美国财政部、地方政府和企业既发行一年以内的短期零息债券,也发行长达 10 年或者 15 年的长期零息债券。[①] 零息债券的未来现金收益仅为到期时的面值收益,是一种收益结构最简单的债券。零息债券内在价值的计算公式为:

---

① 详见美国证券交易委员会网站和美国证券业和金融市场协会网站。

$$V_0 = \frac{F}{(1+i)^T} \qquad (7.1)$$

式中:V_0 表示债券当前时刻的内在价值;

F 表示债券的面值;

i 表示债券的贴现率;

T 表示债券的投资年限。

例 7.2:某市场中交易一种零息债券,期限 10 年,该债券面值为 1 000 元,假定贴现率为 7%,那么它的内在价值为:

$$V_0 = \frac{1\,000}{1.07^{10}} \approx 508.35(元)$$

2. 附息债券

附息债券是指那些按照固定票息率定期支付票息,同时到期时支付面值的债券。定期支付的票息属于年金(Annuities)的一种。附息债券如果一年支付一次票息,其内在价值的计算方法是:

$$\begin{aligned}V_0 &= \sum_{t=1}^{T} \frac{F \cdot c}{(1+i)^t} + \frac{F}{(1+i)^T} \\ &= \frac{F \cdot c}{i}\left[1 - \frac{1}{(1+i)^T}\right] + \frac{F}{(1+i)^T}\end{aligned} \qquad (7.2)$$

式中:c 表示附息债券的票息率;

其他符号含义和式 7.1 中的符号含义相同。

$\frac{1}{i}\left[1 - \frac{1}{(1+i)^T}\right]$ 是年金系数。$\frac{F \cdot c}{i}\left[1 - \frac{1}{(1+i)^T}\right]$ 是各期票息收益的现值之和(也称为年金现值),$\frac{F}{(1+i)^T}$ 是面值的现值。

例 7.3:一种面值为 1 000 元的附息债券,票面利率 9%,每年付息一次,期限为 20 年。如果这种债券的贴现率为 8%,则该债券的内在价值为:

$$V_0 = \sum_{t=1}^{20} \frac{1\,000 \times 9\%}{(1+8\%)^t} + \frac{1\,000}{(1+8\%)^{20}} = \frac{90}{0.08}\left[1 - \frac{1}{1.08^{20}}\right] + \frac{1\,000}{1.08^{20}} \approx 1\,098.18(元)$$

金融市场的附息债券发行人多数是半年付息一次,也就是将一年的票息等分成两份,每半年支付一次。在这种情况下,附息债券的内在价值按照下式计算:

$$\begin{aligned}V_0 &= \sum_{t=1}^{2T} \frac{F \cdot \frac{c}{2}}{\left(1+\frac{i}{2}\right)^t} + \frac{F}{\left(1+\frac{i}{2}\right)^{2T}} \\ &= \frac{F \cdot c}{i}\left[1 - \frac{1}{\left(1+\frac{i}{2}\right)^{2T}}\right] + \frac{F}{\left(1+\frac{i}{2}\right)^{2T}}\end{aligned} \qquad (7.3)$$

例 7.4:如果例 7.3 的债券半年付息一次,那么其内在价值为:

$$V_0 = \sum_{t=1}^{40} \frac{1\,000 \times 4.5\%}{(1+4\%)^t} + \frac{1\,000}{(1+4\%)^{40}} \approx 1\,098.96(元)$$

一般地,如果某种附息债券每年的付息次数为 m 次,那么其内在价值为:

$$V_0 = \sum_{t=1}^{mT} \frac{F \cdot \frac{c}{m}}{\left(1+\frac{i}{m}\right)^t} + \frac{F}{\left(1+\frac{i}{m}\right)^{mT}}$$

$$= \frac{F \cdot c}{i}\left[1 - \frac{1}{\left(1+\frac{i}{m}\right)^{mT}}\right] + \frac{F}{\left(1+\frac{i}{m}\right)^{mT}} \tag{7.4}$$

3. 永续债券

永续债券是一种没有到期日的债券,债券发行人不需要偿付债券的面值,但是要永久地向债权持有人定期支付票息。显然只有信用良好的发行人才可能发行永续债券。永续债券支付的票息也称为永续年金(Perpetual Annuities)。在1694年英格兰银行成立之后,英国政府发行了各种不同类型的公债进行融资。每种类型的公债都有不同水平的票息率,给当时的财政管理带来很多麻烦。1751年英国国会将当时所有的政府公债统一为单一品种,按照每年3%的固定票息率发行,债券没有到期日,英国政府有赎回权,称为统一公债(Consolidated Annuities, Consols)①,这是最早由国家政府发行的永续债券。另一类发行永续债券的机构是银行,其发行目的是充实资本金以达到资本监管的要求。银行发行的这类债券之所以能够用于充实自身资本,是因为它们的求偿顺序是在所有其他债券之后(Deeply Subordinated),这使得永续债券非常类似于公司优先股(关于优先股的定义请参考本书第8章第8.1节相关内容)。

如果不考虑永续债券的赎回条款,我们通常认为其未来现金流发生在无穷期限内,因此内在价值为无穷期限内年金的现值:

$$V_0 = \frac{F \cdot c}{1+i} + \frac{F \cdot c}{(1+i)^2} + \cdots = \frac{F \cdot c}{i} \tag{7.5}$$

例7.5:投资人对票息率为2.25%的永续债券的贴现率为6.5%,面值为10 000元的这种永续债券的内在价值为:

$$V_0 = \frac{10\,000 \times 2.25\%}{6.5\%} \approx 3\,461.54(元)$$

4. 用内在价值判断债券的投资价值

如果投资人对债券的贴现率或者说必要收益率的判断是公允的,那么内在价值是一个判断债券是否具有投资价值的重要指标。我们把债券内在价值减去投资成本的差额称为净现值(Net Present Value, NPV),即:

$$NPV = V_0 - P_0 \tag{7.6}$$

---

① 当时政府发行的公债就称为年金。

式中：P_0 表示债券当前价格，也就是债券的投资成本；

V_0 是债券的内在价值。

当债券价格高于内在价值时，买入债券的净现值小于零，此时投资收益率将小于债券贴现率，也就是说投资收益率会小于必要收益率。显然，这样的债券对投资人而言没有投资价值。

如果投资人希望债券的投资收益率高于贴现率，那么他就应该寻找那些内在价值高于市场价格，或者说净现值大于零的债券。

例 7.6：某投资者持有一张面值 1 000 元的 3 年期债券，票息率为 7.5%，一年付息一次目前该债券市场价格 975.48 元，设债券贴现率为 10%，则其内在价值为：

$$V_0 = \frac{1\,000 \times 7.5\%}{10\%}\left[1 - \frac{1}{1.1^3}\right] + \frac{1\,000}{1.1^3} \approx 937.83(元)$$

其投资净现值为：

$$NPV = V_0 - P_0 = 937.83 - 975.48 = -37.65(元)$$

小于零的净现值说明这份债券的市场价格高于其内在价值，我们称其"被市场高估"。反之，如果净现值大于零，则称其"被市场低估"。投资者始终希望买入那些被市场低估的，或者说净现值大于零的投资品种；同时，投资者也倾向于减持那些被市场高估的，或者说净现值小于零的投资品种。

7.2 债券价值的影响因素

7.2.1 贴现率

债券价值分析中的一个重要关系就是债券价值和贴现率之间的负相关关系：贴现率的上升导致债券价值降低；反之亦然。当市场利率普遍升高的时候，投资者的各种替代投资项目的收益率都会升高，因此投资者要求的债券的贴现率也会跟着提高，从而导致当前债券估值水平下降，投资者对债券估值的整体变化必然会影响当前债券的市场价格。比如，计算一个剩余期限（T）刚好为 20 年，面值（F）为 1 000 元，票息率（c）为 8%（半年付息一次）的债券，当贴现率为 4%、6%、8%、10%、12%、14% 时对应的内在价值。计算结果见表 7.1。

表 7.1 债券在不同贴现率下对应的内在价值

贴现率	4%	6%	8%	10%	12%	14%
内在价值（元）	1 547.11	1 231.15	1 000.00	828.41	699.07	600.05

表 7.1 的计算结果显示，随着贴现率从 4% 增加至 14%，债券的内在价值从 1 547.11 元减少到 600.05 元。

同时，内在价值随贴现率的变化率不是一成不变的。比如，贴现率从 4% 变化至 6%，债券价值下跌了 315.96 元；而贴现率从 12% 到 14%，债券价值只下跌了 99.02 元。图

7.1 展示了这种非线性的递减关系。

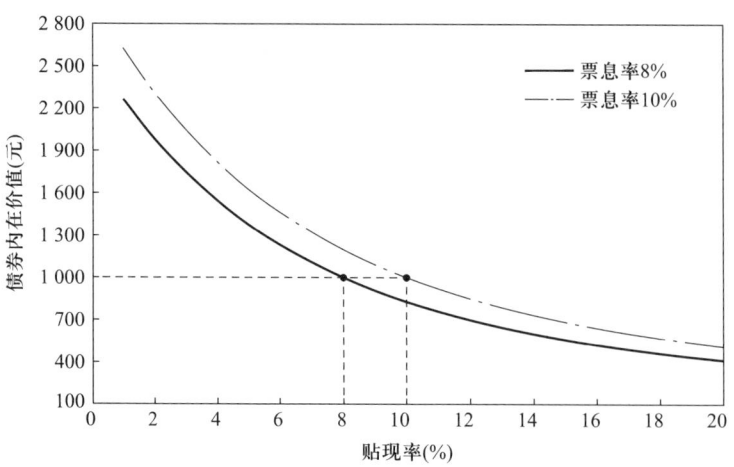

图 7.1 债券内在价值和贴现率的关系

图 7.1 绘制的是期限为 20 年,面值为 1 000 元,票息率为 8%以及票息率为 10%两种债券的内在价值和贴现率之间的递减关系。随着贴现率的增加,内在价值减少的幅度越来越小。

我们还可以注意到,在贴现率正好等于票息率时,两种债券的价值正好等于债券的面值。而在贴现率小于票息率时,债券价值大于面值;贴现率大于票息率时,债券价值小于面值。如果债券的价格等于债券面值,我们称之为平价债券(Par Bond);如果债券的价格小于债券面值,我们称之为折价债券(Discount Bond);如果债券价格大于面值,我们称之为溢价债券(Premium Bond)。根据内在价值、票息率、贴现率之间的相对关系,我们可以总结如下:

(1)如果票息率<贴现率,债券价值<面值。
(2)如果票息率>贴现率,债券价值>面值。
(3)如果票息率=贴现率,债券价值=面值。

因此,如果债券是平价发行的,意味着债券的票面利率正好等于债券的贴现率。如果债券平价发行之后,债券贴现率上升,将导致债券变为折价状态;反之,则变为溢价状态。

7.2.2 信用等级

那些不能按时发放利息和偿还本金的债券将会给投资者带来损失。这种由于债券发行人未能按时还本付息,令投资人遭受损失的风险称为信用风险或者违约风险。对于一般投资者来说,由于受到时间、知识和信息等方面的限制,很难对众多债券的信用风险进行准确的判断,这就需要专业机构对债券进行信用评级。

债券信用评级是由独立的私人机构对债券的信用风险进行的评级,这种评级仅仅是对各种债券当前的信用状况做出评价,向投资者提供债券发行人的一些信息,并不提供任何债券买卖信息。一般而言,信用评级机构采用的是一种评分系统,即根据很多指标来给相应的债券评分,用A、B、C、D来表示债券信用等级的高低。如美国的标准普尔评级服务公司和穆迪投资服务公司等债券等级分类。

一般来说,信用评级将债券划分为两大类别:一类信誉较高,违约风险较小,属于投资级债券;另一类信誉较低,属于投机级债券。

信用评级对债券价值的影响很大,信用级别较高的债券可以用自己的信誉降低债券的收益率水平,从而节约融资成本;而那些信用级别较低的债券由于风险较大,只能以较高的收益率水平发行债券。

7.2.3 票息率

债券的票息率与债券的到期时间是构成债券价值的极其重要的因素,在其他因素都不变的条件下,它们甚至是债券价值的决定因素。显而易见的是,如果其他条件不变,更高的票息率或者更长的期限对应更高的债券价值。但是,更有意义的问题是,如果市场利率发生变化从而导致债券贴现率变化的时候,债券价值的变化幅度或者说债券价格的波动是否受到票息率高低和剩余期限长短的影响呢?我们先来讨论票息率高低对债券价格波动的影响。

考虑零息、3%、8%、12%四种债券(半年付息),它们的剩余期限都是20年,面值都是1 000元。当贴现率从7%增加到10%时,这四种债券的价值波动是不一样的。具体见表7.2。

表7.2 不同票息率对债券价值的影响

	零息债券		票息率3%		票息率8%		票息率10%	
贴现率	7%	10%	7%	10%	7%	10%	7%	10%
票息的现值(元)	0	0	320.33	257.39	854.20	686.36	1 067.75	857.95
面值的现值(元)	252.57	142.05	252.57	142.05	252.57	142.05	252.57	142.05
内在价值(元)	252.57	142.05	572.90	399.43	1 106.78	828.41	1 320.33	1 000.00
内在价值变化(%)	−43.76		−30.28		−25.15		−24.26	

表7.2计算的债券内在价值等于票息现值与面值现值之和。当贴现率增加时,不同票息率的债券的价值变化幅度是不一致的。总体而言,票息率越低的债券,价值波动越大。比如,贴现率7%增加到10%,零息债券的价值变化幅度最大,价值减少了43.76%;而票息率为10%的债券价值减少幅度为24.26%。这个结果很好理解:债券的价值等于未来各期现金流现值之和,收益现值占内在价值的比重越高,对债券的价值影响越大。因此,低票息率债券的价值主要由面值决定,因为票面利息现值占内在价值比重小,而面

值的现值占内在价值的比重大。零息债券的内在价值则完全等于面值的现值。对于票息率为10%的债券而言,在贴现率为7%时,其面值现值占内在价值的比重则只有19%,此时票面利息对债券内在价值的影响就比较高了。

那么,为什么在利率发生变化时,票息率高的债券的内在价值变动较小?同时当贴现率变化时,票息收益受到的影响较小?比如,对于票息率为10%的债券,当贴现率上升时,面值现值减少了43.76%,而票息的现值只减少了19.65%。这是因为,其他条件一定时,票息率高的债券,其价值主要受到票息收益的影响,而票息收益的现值受贴现率的影响又较小,使得内在价值受到贴现率的影响越小;反之亦然。

7.2.4 剩余期限

当其他因素不变时,债券的剩余期限越长,债券价格波动受到贴现率的影响越大。比如,固定票息率为8%(半年付息一次),考虑剩余1年、10年、20年和30年的四种债券。当贴现率从7%增加到10%时,计算四种债券的价值变化情况,具体见表7.3。

表7.3 不同剩余期限对债券价值的影响

	剩余1年		剩余10年		剩余20年		剩余30年	
贴现率	7%	10%	7%	10%	7%	10%	7%	10%
票息现值(元)	75.99	74.38	568.50	498.49	854.20	686.36	997.79	757.17
面值现值(元)	933.51	907.03	502.57	376.89	252.57	142.05	126.93	53.54
内在价值(元)	1 009.50	981.41	1 071.06	875.38	1 106.78	828.41	1 124.72	810.71
内在价值变化(%)	−2.78		−18.27		−25.15		−27.92	

从表7.3中可以看出,随着剩余期限的增加,债券价值越来越容易受到贴现率变化的影响。贴现率从7%增加到10%,1年期债券的价值只下跌了2.78%,而30年期的债券价值下跌达到27.92%。其原因是,不管是票息收益的现值还是面值收益的现值,随着剩余期限的增加,贴现率对它们的影响都是递增的。比如表7.3中剩余1年期的债券票息现值和面值现值的变化率分别是−2.12%和−2.84%,而剩余30年期的债券这两个变化率则分别是−24.12%和−57.82%。

另外,我们还可以从表7.3中发现如下规律:不管债券是处于溢价状态还是折价状态,剩余期限越短,债券的价值会越接近面值。图7.2绘制了表7.3中两种贴现率下债券价值是如何随剩余期限变化的。

图7.2比较了剩余期限均为25年的两种债券的价值如何随到期收益率波动而波动。坐标系的横坐标表示债券的存续时间,越往右距离到期日的时间越少。左侧纵轴对应债券的价值;右侧纵轴对应债券到期收益率。

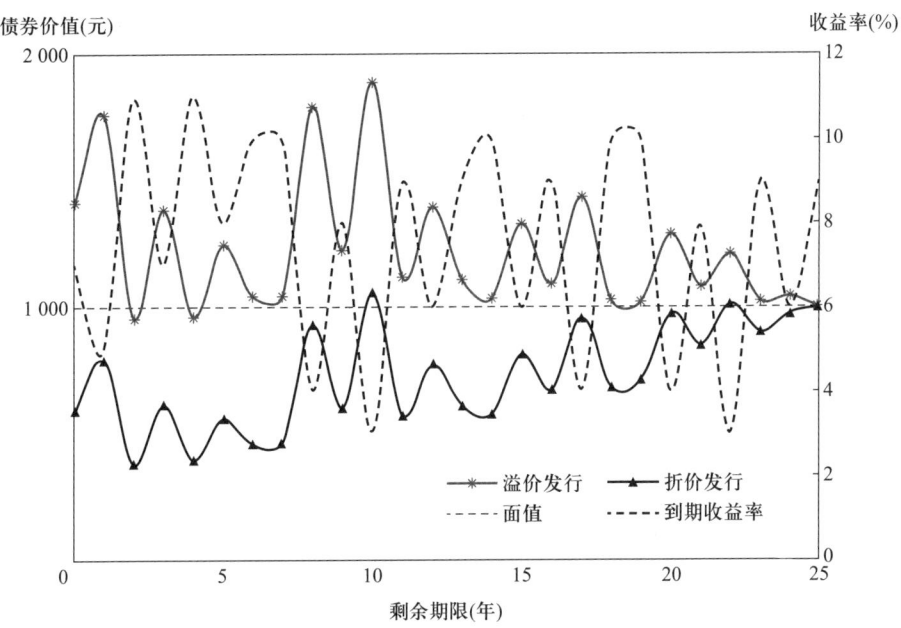

图 7.2 债券价值随剩余期限减少而向面值收敛

带星号标记的实线表示发行时溢价的债券的价值(发行价为 1 408 元),带三角标记的实线表示发行时是折价的债券的价值(发行价为 592 元)。虚线曲线表示到期收益率的波动。虚线水平线表示债券的面值(1 000 元)。

我们可以看到,两种债券的价值随到期收益率的波动而波动。当到期收益率很高时,溢价债券可能变为折价债券;当到期收益率很低时,折价债券可能变为溢价债券。但是,随着剩余期限减少,两种债券的价值波动幅度也在不断减小,同时两种债券的价值均会向面值收敛,这称为债券价值的收敛特性,即任何债券在临近到期日时,价值都会向其面值收敛。

债券价格收敛特性告诉我们关于债券价格随剩余期限变化而变化的两个特点:
(1)剩余期限越短,债券价格的波动性越弱。
(2)剩余期限越短,债券价格越接近债券的面值。

7.2.5 其他影响债券价值的因素

1. 含权条款

为了满足投资人和发行人的不同需求,公司企业在发行债券时会在普通债券条款之后附加一些特别权利。给债券附加权利的条款称为含权条款,有含权条款的债券称为含权债券或者复合债券(Hybrid Bond)。常见的附加权利根据持有者不同分为债券持有人权利和债券发行人权利,根据权利的内容不同包括可转换权、可交换权、可回售权、可赎回权等。可转换权、可交换权、可回售权属于债券持有人享有的权利,可赎回权是债券发行人享有的权利。一般而言,当持有人享有附加权利时,债券的发行价值较高,使得发行人的发行成本降低,但是在发行之后,发行人需要承担附加权利行权时产生的义务;当发行人享有附加权利时,债券的发行价值较低,发行人发行成本较高,但是能对发行人提供后续保护,如对冲债务存续期间的利率风险。

可转换权是指债券持有人享有在约定期间,以约定的转换价格将持有的债券转换成发行公司股份的权利。附加了可转换权的债券称为可转换债(Convertible Bond)。发行可转换债时,发行公司不需要提供本公司股份进行抵押;如果在约定期间投资人要求行权,发行公司可以通过增发股份的方式来保证行权义务。如果公司股价上升,使得转换后的股票市值超过债券市值,投资人会要求行权;否则,投资人继续持有可转债而不行权,此时可转债变为普通债券。普通债券的价值是可转债的"保底价值",投资人还有可能在公司股价上涨时获得更高的溢价收入。可转换债投资人相当于购买普通债券的同时购买了一个标的股票的看涨期权,因此可转债是一种对债券投资人而言更灵活的投资方式,同时可转债的价值比普通债券价值更高。可转债在发行时可以采用溢价发行的方式,也可以采用低票息率的发行方式。

可交换权也是一项由债券持有人享有的权利,属于可转换权的一种。与可转换权不同之处在于,债券持有人有权在约定期间将债券交换成其他上市公司的股份,而不是发行公司的股份。由于可交换权的标的股份不是发行人的股份,为了保证其行权义务,发行人在发行时需要将持有的其他上市公司股权抵押给承销机构。常见的发行可交换债券的情形是某个母公司在发债时,将持有的上市子公司股份抵押给承销机构,发行附可交换权的债券。

可回售权是指债券持有人在约定期间,可以选择按照事先约定的价格将债券卖回给发行人的权利。可回售权给债券持有人提供了一个最低出售价格保护,因此相当于附加了一个债券价格看跌期权。这个看跌期权的行权条件一般是市场利率大幅度上行或者债券发行人信用评级下调等因素导致的债券价格大幅度下跌。

可赎回权是一个有利于债券发行人的附加条款。当市场利率下降到大幅度低于债券的票息率时,债券发行人能够以更低的成本筹集到资金,此时发行人会行使可赎回权,以事先约定的赎回价格从投资者手中买回债券。赎回条款赋予了发行人对冲利率风险的权利,相当于发行人获得了一个利率看跌期权,因此降低了债券的内在价值。为弥补债券持有人承担的被赎回风险,可赎回债券一般折价发行或者高票息率发行。可赎回债券一般都规定了赎回保护期(如5年、10年),在赎回保护期内,发行人不得行使赎回条款。附加赎回条款的债券价值低于普通债券的价值,它的价值相当于普通债券价值减去一个利率看跌期权的价值。

2. 税收待遇

税收待遇也是影响债券价值的一个重要因素,因为债券的最终收益应该是税后收益。对于相同收益率的债券、免税或者付税较少的债券,实际的最终收益率要高于那些付税较多的债券。税后收益率可用下式计算:

$$Y_{AT} = Y_{BT}(1-T) \tag{7.7}$$

式中:Y_{AT}表示税后收益;

Y_{BT}表示税前收益;

T 表示税率。

例如,某债券税前收益率为 12%, 应纳税率为 15%, 则其税后收益率 Y_{AT} = 12%(1-15%) ≈ 10.2%。

因此,债券是否纳税以及纳税税率的高低直接影响债券的价值,投资者在判断债券的价值时,也必然会考虑税收因素。一般而言,应纳税率较高的债券投资者所要求的息票利率也较高,这样才能保证税后收益率能达到一个合适的水平。

需要纳税的债券一般是公司债券,国债通常都免税,因而国债的息票利率通常都低于公司债券。例如,在美国,免税的市政债券名义到期收益率比普通纳税债券低 20%~40%。

3. 债券的流动性

债券的流动性是指债券持有人在不遭受损失的情况下,将债券迅速变现的能力。债券的流动性好,债券变现能力强;反之,债券变现能力弱,甚至发生变现困难。通常用债券买卖差价大小来反映债券的流动性大小,买卖差价小说明债券流动性强,债券变现容易;买卖差价大说明债券流动性差,债券变现困难。流动性强的债券可以形成比较合理的市场价格,而流动性差的债券只能低于市场合理价格出售。债券的买卖差价也表明了投资者对债券价值的一种共识:流动性高的债券价值较高,流动性低的债券价值较低,债券的流动性与债券的内在价值呈正比关系。

4. 通货膨胀

通货膨胀能引起货币贬值,从而影响现金的实际购买力,以现金流表示的债券实际收益率随着通货膨胀的变化也将发生改变。例如,债券的年收益率为 10%,若当年通货膨胀率为 3%,则债券的实际年收益率只有 7%。通货膨胀的变动方向和变动幅度还直接影响市场利率的变动方向和变动幅度,对债券价值产生一定的影响。

7.3 债券的收益率

7.3.1 债券的当期收益率

当期收益率(Current Yield)是债券利息与当前债券市场价格的比值。

$$CY = \frac{C}{P} \tag{7.8}$$

式中:CY 表示当期收益率;

C 表示当期收到的票息;

P 表示债券的购买价格,也就是投资成本。

当期收益率反映的是债券当期收入占债券价格的百分比,它只考虑了票息所得。短期投资者通常以其和其他投资工具的报酬率(如银行定期存款利率、其他相类似债券的当前收益率)比较高低,作为投资参考。但它没有考虑债券可能的资本利得或资本损失(债券出售价格和购买价格之间的差额),这也将直接影响投资的最终实际收益。

7.3.2 债券的到期收益率

到期收益率(Yield to Maturity, YTM)指投资者购买债券后一直持有至到期日为止所获得的年收益率。到期收益率是债券收益率类别中应用最为广泛的指标,是使债券未来现金流的现值正好等于债券当前的市场价格的贴现率。到期收益率是按复利计算的收益率,既考虑了货币的时间价值,也考虑了债券的购买价格和债券到期价格之间的资本利得或资本损失。因此,到期收益率是一个比较好的衡量债券预期收益率的指标。如果债券一年付息一次,到期收益率的计算公式为:

$$P = \sum_{t=1}^{T} \frac{F \cdot c}{(1+y)^t} + \frac{F}{(1+y)^T} \tag{7.9}$$

式中:P 表示债券当前价格;

y 表示到期收益率。

其他符号含义和前文相同。

已知 P、T、F、c 则可以通过式 7.9 计算出到期收益率 y。

如果债券半年付息一次,到期收益率计算公式为:

$$P = \sum_{t=1}^{2T} \frac{F \cdot \frac{c}{2}}{\left(1+\frac{y}{2}\right)^t} + \frac{F}{\left(1+\frac{y}{2}\right)^{2T}} \tag{7.10}$$

例 7.7:某国债剩余期限 8 年,票息率 7%,每半年支付一次票息。该债券每 100 元面值的当前市场交易价格为 94.12 元。计算其到期收益率。

将各已知数据代入式 7.10:

$$94.12 = \sum_{t=1}^{16} \frac{3.5}{\left(1+\frac{y}{2}\right)^t} + \frac{100}{\left(1+\frac{y}{2}\right)^{16}}$$

手动求解上式非常困难,我们可以利用 Microsoft Excel 提供的 rate 函数来求解上式中的贴现率 $\frac{y}{2}$(即半年到期收益率)。在 Microsoft Excel 任意的空白单元格中输入" = rate(16,3.5, − 94.12,100)"并回车,可求解得到 $\frac{y}{2}=4\%$,因此该种国债的到期收益率等于 8%。

从到期收益率的计算公式来看,它是使债券的当前价格 P 与其到期时的所有现金流相等,类似于计算某一投资项目的内部收益率(Internal Rate of Return),因此,也有人称到期收益率为内部收益率。

但是,到期收益率实质上是一种承诺收益率(Promised Yield)或承诺到期收益率(Promised Yield to Maturity),因为投资者要实现到期收益率,需要满足下述三个条件。

(1)投资者持有债券直至到期日。
(2)投资者能按时收到未来所有的利息。

（3）投资者在收到每期利息后，要立即将利息以等于到期收益率的利率进行再投资。

假设投资者不能将所得利息立即再投资或者不能按承诺到期收益率相同的利率再投资，那么最终实现的收益率将不等于到期收益率。例如，若以低于到期收益率的利率再投资，则所实现的收益率将低于到期收益率；反之则会高于到期收益率。显然在实际中要完全满足上述三个假定条件的要求是很难的。例如，如果你买了到期收益率为10%的20年期债券，你只有在今后的20年中将所有的债券利息都以10%的利率再投资，才可能获得10%的承诺到期收益率。

7.3.3 债券的持有期收益率

到期收益率是假设再投资利率不变，买入债券并持有至到期能获得的一种年平均复利收益率。债券的持有期收益率一般是指买入债券后在未到期时就出售债券，整个投资期间的平均收益率，持有期收益率反映的是投资期间票息和资本利得收益与投资成本之间的相对关系。

如果债券的投资期限小于债券的一个付息间隔（比如小于一年或者半年），可以用简单收益率来计算持有期收益率：

$$HY = \frac{C+(P_1-P_0)}{P_0} \times \frac{DC}{n} \tag{7.11}$$

式中：HY 表示持有期收益率；

P_0 表示债券期初购买价格；

P_1 表示债券期末出售价格；

P_1-P_0 是持有期内的资本利得；

C 是持有期内的票息收益；

DC 是一年的天数，不同市场有不同的计算惯例，可以是360天、365天或者252天等计算惯例。

n 是持有期的天数。

例 7.8：银行A以平价购入一种剩余30年、票息率为8%、半年付息一次的债券。银行A持有半年后，以每1 000元面值溢价10元的价格将债券出售给银行B。

银行A平价买入债券，因此买入时的到期收益率等于票息率，即 $y_A = 8\%$。

银行A出售债券后的持有期收益率为 $\frac{40+1\,010-1\,000}{1\,000} \times 2 = 0.09$。可见，正的资本利得使得银行A的持有期收益率要高于买入债券时的到期收益率。

银行B以溢价买入债券时的到期收益率根据下式计算：

$$1\,010 = \sum_{t=1}^{59} \frac{40}{\left(1+\frac{y_B}{2}\right)^t} + \frac{1\,000}{\left(1+\frac{y_B}{2}\right)^{59}}$$

在 Microsoft Excel 任意的空白单元格中输入"=2*rate(59,40,-1 010,1 000)"并回车，可求解得到 $y_B \approx 7.91\%$。

如果持有期超过一个以上的付息间隔,应该用平均复利来计算持有期收益率,计算公式类似到期收益率的公式。如果每年付息一次:

$$P_0 = \sum_{t=1}^{T} \frac{F \cdot c}{(1+HY)^t} + \frac{P_1}{(1+HY)^T} \quad (7.12)$$

如果半年付息一次:

$$P_0 = \sum_{t=1}^{2T} \frac{F \cdot \frac{c}{2}}{\left(1+\frac{HY}{2}\right)^t} + \frac{P_1}{\left(1+\frac{HY}{2}\right)^{2T}} \quad (7.13)$$

等式中各符号含义和前文相同。

式 7.12、式 7.13 和式 7.9、式 7.10 之间的区别就在于折现公式中的终值不同。到期收益率以债券面值作为终值,而持有期收益率以期末出售价格作为终值。显然如果持有期等于剩余期限,根据债券价格的收敛特性可知,持有期的出售价格将等于债券面值,此时持有期收益率等于到期收益率。如果令 $t=1$,式 7.11 和式 7.12 计算结果相同($t=1$ 相当于 $n=DC$)。

例 7.9: 投资者以面值折扣 3% 的价格买入票息率 6%,半年付息一次的长期国债。由于市场长期利率持续走低,持有一年半后投资者以面值溢价 5% 的价格卖出该长期国债。计算投资者持有期收益率。

对于每 1 元面值的国债投资,持有期收益率可以根据下式计算:

$$0.97 = \sum_{t=1}^{3} \frac{0.03}{\left(1+\frac{HY}{2}\right)^t} + \frac{1.05}{\left(1+\frac{HY}{2}\right)^3}$$

在 Microsoft Excel 任意的空白单元格中输入"= 2 * rate(3,0.03,-0.97,1.05)"并回车,可求解得到 $HY \approx 11.38\%$。

7.4 债券的久期和凸性

前面我们已经分析了债券价值的影响因素,我们已经看到债券价格与收益率之间存在反向关系,而且还知道债券价格受收益率变化的波动幅度与债券的票息利率和到期时间紧密相关,我们称这种债券价格随市场利率变化的波动性为债券价格对市场利率的敏感性。虽然马凯尔的债券定价原理揭示了债券价格波动与利率变化的关系,而且也确定了决定利率风险的主要因素是债券期限的长度,但是这些关系不足以测度利率的敏感性。例如,票息率都为 10% 的两种 10 年期限的债券,期限内会有多次利息支付,其中大多数是在到期日之前进行的,每次支付都可以认为有它自己的"到期日"。因此,债券久期(Duration)应是债券支付的所有现金流的到期时间的一个平均。

7.4.1 债券的久期

美国经济学家弗雷德里克·麦考利(Frederick Macaulay)最早提出了久期概念,他定

义债券的每次收益获得时间的加权平均期限为久期,权重是每次收益的现值占全部现值总和(即债券的价格)的比重。用公式表示为:

$$D = \sum_{t=1}^{T} \frac{tC_t}{(1+y)^t} \bigg/ \sum_{t=1}^{T} \frac{C_t}{(1+y)^t} \qquad (7.14)$$

式中:y 表示债券的到期收益率;$C_t(t=1,2,\cdots,T)$ 表示债券在各期的现金收益。

通过观察式 7.14 可以发现,$\sum_{t=1}^{T} \frac{C_t}{(1+y)^t}$ 表示的就是债券的内在价值,因此记:

$$V_0 = \sum_{t=1}^{T} \frac{C_t}{(1+y)^t} \qquad (7.15)$$

式 7.14 可改写为:

$$D = \frac{\sum_{t=1}^{T} \frac{tC_t}{(1+y)^t}}{V_0} \qquad (7.16)$$

将 V_0 写入式 7.16 分子的求和算子中去,整理得到:

$$D = \sum_{t=1}^{T} \frac{\frac{C_t}{(1+y)^t}}{V_0} \cdot t \qquad (7.17)$$

容易验证,$t=1,2,\cdots,T$ 时,各时刻权重之和等于 1,即:

$$\sum_{t=1}^{T} \frac{\frac{C_t}{(1+y)^t}}{V_0} = \frac{\sum_{t=1}^{T} \frac{C_t}{(1+y)^t}}{V_0} = \frac{V_0}{V_0} = 1$$

因此式 7.17 表示对时间 $t(t=1,2,\cdots,T)$ 的加权平均,权重为 $\frac{\frac{C_t}{(1+y)^t}}{V_0}$。

记,

$$\frac{\frac{C_t}{(1+y)^t}}{V_0} = W_t \qquad (7.18)$$

结合式 7.14 至式 7.18,Macaulay 久期公式可以表达为:

$$D = \sum_{t=1}^{T} t \cdot W_t \qquad (7.19)$$

式 7.19 的含义是,Macaulay 久期是时间 $t(t=1,2,\cdots,T)$ 的加权平均,权重 W_t 是 t 时刻的收益 C_t 的现值相对债券价值 V_0 的比重,即 $W_t = \frac{C_t}{(1+y)^t} \bigg/ V_0$。

例 7.10:某种债券的剩余期限为 10 年,票息率为 4%,一年付息一次。如果这种债券的到期收益率为 8%,计算其 Macaulay 久期。

对于每 1 000 元面值的该债券,计算结果如表 7.4 所示。[①]

表 7.4　计算 Macaulay 久期

t	C_t（元）	$\dfrac{C_t}{(1+y)^t}$（元）	$V_0 = \sum_{t=1}^{T} \dfrac{C_t}{(1+y)^t}$（元）	$W_t = \dfrac{C_t}{(1+y)^t} \Big/ V_0$	Macaulay 久期（年）
1	40	37.04		0.050 6	
2	40	34.29		0.046 9	
3	40	31.75		0.043 4	
4	40	29.40		0.040 2	
5	40	27.22	731.60	0.037 2	8.118 4
6	40	25.21		0.034 5	
7	40	23.34		0.031 9	
8	40	21.61		0.029 5	
9	40	20.01		0.027 4	
10	1 040	481.72		0.658 5	

表 7.4 第三列是第二列的现值。债券价值 V_0 等于第三列的和。第三列各项分别除以债券价值 V_0 得到第五列的权重。用第五列权重对第一列求加权和得到 Macaulay 久期 8.118 4 年。

给久期添加单位"年"是因为最初它是用来表示债券的"平均还款期限"[②]。实际上,久期反映的是债券价格相对于贴现率的敏感性。下列近似计算式表示了这种敏感关系:

$$\frac{\Delta P}{P} \approx -D \cdot \frac{\Delta y}{1+y} \tag{7.20}$$

式中:D 表示 Macaulay 久期;

$\dfrac{\Delta P}{P}$ 表示债券价格的百分比变化;

$\dfrac{\Delta y}{1+y}$ 近似表示到期收益率的变化率。

式 7.20 成立的原因是 Macaulay 久期在实质上表示债券价值对利率的弹性,或者说:

$$D = -\frac{\partial V_0}{\partial y} \cdot \frac{1+y}{V_0} \tag{7.21}$$

为了验证式 7.21,考虑一个附息债券内在价值:

$$V_0 = \sum_{t=1}^{T} \frac{C_t}{(1+y)^t}$$

[①] 注意:面值大小不影响最终的久期大小。

[②] 久期是 $t=1,\cdots,T$ 的加权和,因此必然是介于 $[1,T]$ 之间的数。也就是说剩余期限为 10 年的债券的久期一定介于 $[1,10]$ 之间。因此,人们最初将久期解读为债券的平均还款期限。

对其求 y 的一阶偏导：

$$\frac{\partial V_0}{\partial y} = \sum_{t=1}^{T} \frac{-tC_t}{(1+y)^{t+1}} = \frac{-1}{1+y} \sum_{t=1}^{T} \left[\frac{C_t}{(1+y)^t} \cdot t \right]$$

于是：

$$-\frac{\partial V_0}{\partial y} \cdot \frac{1+y}{V_0} = \frac{1}{V_0} \cdot \sum_{t=1}^{T} \left[\frac{C_t}{(1+y)^t} \cdot t \right]$$

上式等式右侧就是 Macaulay 久期。

整理式 7.21 容易得到：

$$\frac{\partial V_0}{V_0} = -D \cdot \frac{\mathrm{d}y}{1+y} \tag{7.22}$$

假设债券都是按照收入资本化法定价的，那么式 7.21 的近似形式就是式 7.20，即：

$$\frac{\Delta P}{P} \approx -D \cdot \frac{\Delta y}{1+y}$$

式 7.20 可以用来估算当市场利率变化时，债券价格的百分比变化。

如果定义：

$$MD = \frac{D}{1+y} = \frac{1}{V_0} \cdot \frac{\partial V_0}{\partial y} \tag{7.23}$$

称式 7.23 为修正久期（Modified Duration）。则：

$$\frac{\Delta P}{P} \approx -MD \cdot \Delta y \tag{7.24}$$

从式 7.23 和式 7.24 可以看出，修正久期的计算和使用比 Macaulay 久期都要方便一些。债券价格变化的百分比等于修正久期与到期收益率的绝对变动值的乘积。由于债券价格变化的百分比同修正久期成正比，因此，修正久期可以用来测度债券在利率变动时的风险程度。当利率变动相同幅度时，修正久期越大，债券价格变化的百分比越大，或者说债券价格对利率变化越敏感。

例 7.11：根据表 7.4 的相关数据，债券的修正久期为：

$$MD = \frac{D}{1+y} = \frac{8.1184}{1.08} \approx 7.5170 \text{（年）}$$

如果到期收益率短期内增加 50 个基点，那么债券价格变化为：

$$\frac{\Delta P}{P} \approx -7.5170 \times 0.0050 \approx -0.0376$$

也就是说债券价格大约会在当前 731.60 元的价格上下跌 3.76% 至 704.09。

图 7.3 显示了不同的剩余期限、票息率、到期收益率对久期的影响。零息债券的久期等于其剩余期限，对应图 7.3 中的实线。图 7.3 虚线表示的是折价债券（票息率 = 3%，YTM = 15%）。折价债券的久期先随剩余期限增加而增加，到达最大值后随剩余期限增加而递减。当剩余期限很大时，折价债券的久期接近 7.67 年。图 7.3 中的点划线表示溢价债券（票息率 = 15%，YTM = 6%），它的久期随剩余期限增加而增加，但是增长速度在递减。最后，图 7.3 中三角标记的实线表示平价债券（票息率 = 15%，YTM = 15%），它的久

期随剩余期限增加而增加,但是会逐渐接近 7.67 年。

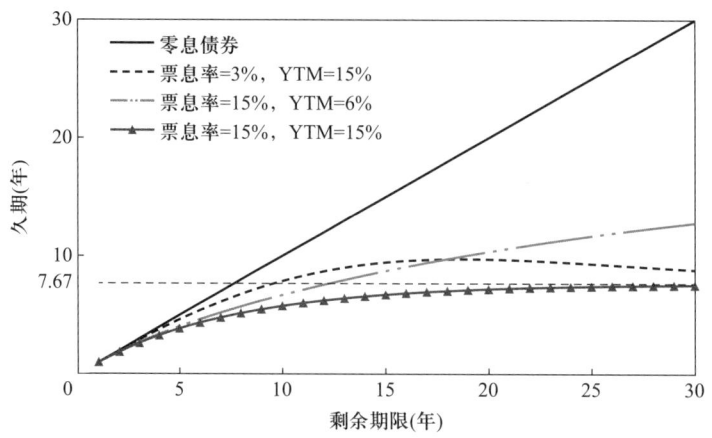

图 7.3 债券剩余期限、票息率、到期收益率对久期的影响

我们可以从图 7.3 中总结关于久期的规律:

(1) 零息债券的久期等于它的剩余期限。

(2) 附息债券的久期小于它的剩余期限。图 7.3 中的折价、溢价和平价债券的久期都小于剩余期限。

(3) 到期收益率一定时,票息率与久期负相关。图 7.3 中折价债券和平价债券的到期收益率都是 15%,折价债券的久期始终高于平价债券的久期。

(4) 除了折价债券,久期通常与剩余期限正相关。

(5) 票息率一定时,到期收益率与久期负相关。图 7.3 中溢价债券和平价债券的票息率都是 15%,溢价债券的到期收益率为 6%,低于平价债券 15% 的到期收益率,溢价债券的久期始终高于平价债券的久期。

(6) 附息债券的剩余期限越长就越接近永续债券。图 7.3 中剩余期限很长的折价债券和平价债券久期之所以都接近 7.67 年是因为它们的到期收益率都是 15%。而永续债券的久期无论其票息率为多少,久期都是 $\frac{1+y}{y}$。一个到期收益率为 15% 的永续债券,久期等于 $\frac{1+y}{y} = \frac{1.15}{0.15} \approx 7.67$。

专栏 7-1

特殊的久期计算公式

利用前面的久期的定义式,我们可以给出几个特殊的久期计算公式。

1. 永续债券的久期

永续债券的内在价值为:

$$V = \frac{C}{y}$$

因此其 Macaulay 久期为：

$$D = -\frac{\partial V_0}{\partial y} \cdot \frac{1+y}{V_0} = \frac{C}{y^2} \cdot \frac{y(1+y)}{C} = \frac{1+y}{y} \tag{7.25}$$

其修正久期为：

$$MD = \frac{D}{1+y} = \frac{1}{y} \tag{7.26}$$

2. 年金的久期

期限为 T 年的单位年金的内在价值为：

$$V = \sum_{t=1}^{T} \frac{1}{(1+y)^t} = \frac{1}{y}\left[1 - \frac{1}{(1+y)^T}\right]$$

其 Macaulay 久期为：

$$D = -\frac{\partial V_0}{\partial y} \cdot \frac{1+y}{V_0} = \frac{1+y}{y} - \frac{T}{(1+y)^T - 1} \tag{7.27}$$

3. 附息债券的久期

期限为 T 年的附息债券的内在价值为：

$$V = \sum_{t=1}^{T} \frac{F \cdot c}{(1+y)^t} = \frac{F \cdot c}{y}\left[1 - \frac{1}{(1+y)^T}\right] + \frac{F}{(1+y)^T}$$

Macaulay 久期为：

$$D = -\frac{\partial V_0}{\partial y} \cdot \frac{1+y}{V_0} = \frac{1+y}{y} - \frac{(1+y) + T(c-y)}{c[(1+y)^T - 1] + y} \tag{7.28}$$

对于平价债券而言，$c = y$，代入上式可以简化为：

$$D = \frac{1+y}{y} - \frac{1}{y(1+y)^{T-1}} \tag{7.29}$$

7.4.2 债券的凸性

修正久期使我们能在利率变化情况下估计债券价格的变化，根据 $\frac{\Delta P}{P} \approx -MD \cdot \Delta y$ 可知债券价格变化百分比是收益率变化的线性函数，它的斜率等于 $-MD$。这显然与实际并不符合，因为价格收益率的关系是一条曲线。见图 7.4。

从图 7.4 可以明显地看出，当到期收益率变化时，久期做出的价值变化估计是线性的，而债券实际的价值变化是一条凸向原点的曲线。因此，当收益率降低时，久期低估了债券价值的上升；当收益率上升时，久期高估了债券价值的下跌，误差等于曲线与直线之间的垂直距离。因此，只有在收益率变化不大的情况下利用久期估计债券价值的变化才比较准确。如果收益率变化较大，用久期估计债券价值的变化会产生较大的误差。

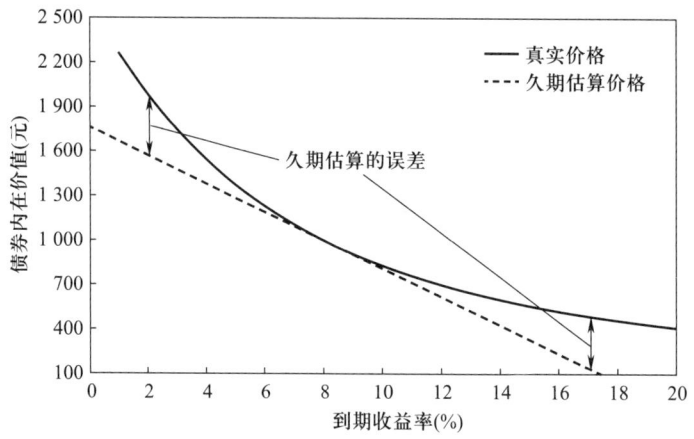

图 7.4 实际价格波动与久期价格波动

为了度量久期的估算误差,我们引入债券价值的"凸性"(Convexity)。凸性和债券"价值—收益率"曲线的曲率相关联。从数学上看,凸性与价值—收益函数的二阶导数相对应。

$$凸性 = \frac{1}{P} \cdot \frac{\partial^2 P}{\partial y^2} \tag{7.30}$$

凸性具有以下一些性质:
(1)票息率和凸性负相关。即票息率越低,凸性越大。
(2)剩余期限和凸性正相关。即剩余期限越长,凸性越大。
(3)到期收益率和凸性负相关。即低收益率类债券凸性大,高收益率类债券凸性小。

凸性可按下式计算:

$$\begin{aligned} \text{convexity} &= \frac{1}{(1+y)^2} \sum_{t=1}^{T} \left[\frac{C_t/(1+y)^t}{P}(t^2+t) \right] \\ &= \frac{1}{(1+y)^2} \sum_{t=1}^{T} \left[w_t \cdot (t^2+t) \right] \end{aligned} \tag{7.31}$$

式中各符号含义和前文相同。

例 7.12:有一种面值为 1 000 元、票息率为 8% 的 3 年期债券,一年付息一次。如果到期收益率为 10%,凸性的计算如表 7.5 所示。

表 7.5 债券凸性的计算

t	C_t (元)	$\dfrac{C_t}{(1+y)^t}$ (元)	$P = \sum_{t=1}^{T} \dfrac{C_t}{(1+y)^t}$ (元)	w_t	t^2+t	$\sum_{t=1}^{T} [w_t \cdot (t^2+t)]$
1	80	72.727 3		0.076 5	2	
2	80	66.115 7	950.263 0	0.069 6	6	10.817 4
3	1 080	811.42		0.853 9	12	

债券价格等于:

$$P = \frac{C}{y}\left[1-\frac{1}{(1+y)^T}\right]+\frac{F}{(1+y)^T} = \frac{80}{0.1}\left[1-\frac{1}{1.1^3}\right]+\frac{1\,000}{1.1^3} \approx 950.26(元)$$

根据式 7.30,凸性等于:

$$\frac{10.817\,4}{1.1^2} \approx 8.939\,9$$

凸性对久期误差的修正可以用下式表示:

$$\frac{\Delta P}{P} = -MD \cdot \Delta y + \frac{1}{2} \cdot convexity \cdot (\Delta y)^2 \qquad (7.32)$$

凸性意味着债券的价值—收益率曲线在更高收益率时会变得平缓。式 7.32 右边第一项是修正久期对债券价格的近似估计,第二项是引入凸性后对久期估计的价格做出的修正。当收益率变动较小时,$(\Delta y)^2$ 会很小,因此右边第二项可以忽略不计,但收益率变动较大时,凸性的修正会使计算出的价格波动值更加接近实际。

小 结

1. 金融资产的内在价值等于预期现金收益的贴现值,这种计算资产内在价值的方法称为收入的资本化法。

2. 债券的内在价值受到贴现率、发行人信用等级、票息率、剩余期限等因素的影响。

3. 债券的当期收益率等于当期票息收益和购买价格的比值,用来衡量票息收益的大小。

4. 使得债券未来收益的现值等于当前价格的贴现率称为债券的内部收益率。假设持有债券至到期得到的内部收益率称为到期收益率;如果不持有至到期则得到持有期收益率。

5. 久期是衡量债券利率风险的量化指标,其含义为债券价格对利率的弹性。Macaulay 久期可以表示为债券的加权平均期限。

6. 债券的凸性反映不同利率水平上债券的久期变化速率。普通债券的凸性都为正。凸性越大的债券,价值随利率下降以更快的速度上升,或者随利率上升以更慢的速度下降。

关 键 词

| 收入资本化法 | 内在价值 | 当期收益率 | 凸性 |
| 到期收益率 | 持有期收益率 | 久期 | |

习 题

1. 讨论各类债券收益率计算方法的具体含义和缺陷。
2. 久期的具体含义是什么?
3. 不同类型的债券的久期如何随剩余期限变化而变化?
4. 凸性在债券风险管理中的意义是什么?

第 7 章即测即评

请扫描二维码进行即测即评。

参考文献及进一步阅读建议

1. 滋维·博迪,亚历克斯·凯恩,艾伦·J. 马库斯. 投资学. 10 版. 汪昌云,等,译. 北京:机械工业出版社,2017.

2. 张亦春,郑振龙,林海. 金融市场学. 5 版. 北京:高等教育出版社,2017.

3. 彭兴韵. 金融市场学. 上海:格致出版社,上海三联书店,2018.

4. 弗雷德里克·S. 米什金,斯坦利·G. 埃金斯. 金融市场与金融机构. 8 版. 杜惠芬,译. 北京:中国人民大学出版社,2017.

5. 弗兰克·J. 法博齐. 固定收益证券分析. 2 版. 汤震宇,杨玲琪,译. 北京:机械工业出版社,2016.

第8章 权益市场

本章学习目的

- 掌握股权、股份、股票的概念、基本特征及分类
- 辨析股票发行市场、发行方式及发行种类
- 理解股票流通市场的定义及两个层次
- 了解场内市场的竞价制度和场外市场的做市商制度
- 了解中国证券市场的层次结构
- 了解股价指数的概念与主要的股价指数
- 了解私募股权与风险投资

权益市场是资本市场最为重要的组成部分,为企业运用权益进行融资和投资者通过权益投资来获取收益提供了一个良好的沟通场所。股票是权益市场的主要工具。权益市场不仅为企业提供了一个发行股票融得资金的场所,也为投资者提供了一个通过买卖股票进行投资活动的平台。因此权益市场有两个层次:一级市场和二级市场。本章重点介绍股票的基本含义、品种结构、权益市场的两个层次及股票市场的基本状况。

8.1 股票概述

8.1.1 股票的界定

股票是股份有限公司发行的、用以证明投资者的股东身份和权益,并据以获取股息和红利的凭证。它是一种有价证券,是股东持有公司股权的证书。股份是由股份有限公司的资本划分得来,每一股金额相等,所以股份是股份有限公司资本的表现形式。公司的股份采取股票的形式,同种类的每一股份具有同等权利。拥有股份有限公司一定数量的股份,即拥有一定比例的股权。股份有三层含义:第一,股份是股份有限公司资本的构成成分;第二,股份代表了股份有限公司股东的权利与义务;第三,股份可以通过股票价格的形式表现其价值。当一个自然人或法人向股份有限公司投资时,便可获得股票作为凭证,并以此来证明自己的股东身份,享受股东所具有的参与企业决策、分享企业利润等权利。股票的持有者就是股份公司的股东,股票详细阐述了公司与股东的约定关系,并阐明风险共担、收益共享和企业管理的责任与权利。

股权即股东的权利,是有限责任公司或者股份有限公司的股东对公司享有的财产及收益的权利。持有股权即公司股东,股东拥有从公司获得经济利益,参与公司经营管理的权利。股权有广义和狭义之分。广义的股权,泛指股东得以向公司主张的各种权利;狭义的股权则仅指股东基于股东资格而享有的、从公司获得经济利益并参与公司经营管理的权利。综合来讲,股权就是指投资人对股份有限公司投资而享有的权利。

公司是指依照公司法设立的有限责任公司和股份有限公司。公司是企业法人,有独立的法人财产,享有法人财产权。公司以其全部财产对公司的债务承担责任。公司以其全部法人财产,依法自主经营,自负盈亏。公司按照市场需求自主组织生产经营,以提高经济效益、劳动生产率和实现资产保值增值为目的。

所谓有限责任公司又称有限公司,是指根据法律规定的条件成立,由两个以上股东共同出资,并以其所缴出资额为限对公司的经营承担有限责任,公司以它的全部资产对其债务承担责任的企业法人。

股份有限公司又称股份公司,在英美称为公开公司或公众公司,是指注册资本由等额股份构成,股东通过发行股票筹集资本的公司。《中华人民共和国公司法》规定:"股份有限公司是指其全部资本分为等额股份,股东以其所持股份为限对公司承担责任,公司以其全部资产对公司的债务承担责任的企业法人。"

有限责任公司与股份有限公司的差异主要有:①股东的数量不同;②注册的资本不同;③公司组织机构的权限不同;④财务状况公开程度不同;⑤股权转让的条件限制不同;⑥股份增减要求不同。

股票样式一般有专门要求,如纸面形式或簿记形式,而且凡在证券交易所进行交易的股票必须是镁版印刷,以防伪造,扰乱社会经济秩序。股票的内容则往往由法律直接规定,而不能由公司董事会自行决定。中国股票的样式和内容,在《中华人民共和国公司法》中规定如下:股票采用纸面形式或者国务院证券管理部门规定的其他形式。股票应当载明下列主要事项:① 公司名称;② 公司登记成立的日期;③ 股票种类、票面金额及代表的股份数;④ 股票的编号。股票由董事长签名,公司盖章。发起人的股票,应当标明发起人股票字样。记名股票的背面,一般都印有一张表格,以供出让人和受让人双方签字。

在现代社会,随着电子计算技术与通信技术的发展,股票的形式也发生了重大变化,除了纸质之外更多采用无纸化(即用电子记录的方式来记载),但不管哪种形式,上述《公司法》中规定的内容仍然存在。

8.1.2 股票的基本特征

1. 盈利性

股票的盈利性特征一方面指股票持有者有权按公司章程从公司领取股息和分享公

司的经营红利;另一方面则是指在证券交易市场上进行交易有可能获取的差价利润。前者取决于股份公司的经营状况、盈利水平及分配方式,后者则取决于证券市场的价格波动与持有人的操作水平。

2. 风险性

股票的风险性特征是指股票的盈利具有不确定性,股票持有者从股票认购之日起就承担了这种风险。股票的风险性表现在两个方面:一方面是股份公司经营不善,股票持有者少得甚至得不到股息红利;另一方面是股票价格下跌的风险,即股票持有者由于股票贬值而蒙受损失。在极端情况下,若股份公司破产,股票持有者还有可能血本无归。

3. 流通性

股票是一种流动性很强的证券,股票持有者可以在证券市场上随时进行流通转让。股票没有期限,也不能退回发行公司,股票持有者要变现只能通过流通市场进行转让。股票的这一能在证券流通市场上转让变现的特征,使其流通性大大增强。

4. 价格波动性

和所有商品一样,股票这种特殊商品也有自己的价值和价格。股票价格的高低不仅与股份公司的经营状况和盈利水平紧密相关,而且还受到国际、国内政治、经济、社会等多种因素的影响。与其他商品不同,股票价格波动性较大。

5. 权益稳定性

股票所代表的是一种所有权,只要持有股票,其股东身份和权益就不会改变。这样,股份公司和股票持有人通过股票这一纽带被牢牢地拴在一起。虽然股票可以在市场上进行转让,但新的持有人仍将延续上述权益关系,从而保证了权益的稳定。

8.1.3 股票的种类

股票种类较多,按照不同的分类方法可以将股票划分为不同的种类。主要可以分为普通股与优先股。

1. 普通股

普通股是指在公司的经营管理、盈利及财产的拥有上享有平等权利的股份。股东能凭股份对有限公司利润取得相应股息。它构成公司资本的基础,是股份公司发行的最常见的标准股票,是股份公司资本结构中最重要、最基本的股份,亦是风险最大的一种股份。凭借普通股能获得的投资收益的一个主要部分就是分红,红利的多少不是在购买时约定,而是事后根据股票发行公司的经营业绩和在不同发展阶段的分配政策来确定。公司的经营业绩好,普通股的收益就高;反之,若经营业绩差,普通股的收益就低。

一般来说,普通股的特点由其剩余索取权和剩余控制权所决定,具体表现为以下四点。

(1) 持有普通股的股东有权获得股利,但必须是在公司支付了债息和优先股的股息之后才能分得。普通股的股利是不固定的,一般视公司净利润的多少而定。当公司经营有方,利润不断递增时普通股能够比优先股多分得股利;若公司经营不善,也可能连一分钱都得不到。

(2) 当公司因破产或停业而进行清算时,普通股股东有权分得公司剩余资产,但普通股股东必须在公司的债权人、优先股股东之后才能分得财产,财产多时多分,少时少分,没有则只能作罢。由此可见,普通股股东与公司的经营状况息息相关。当公司获得盈利时,普通股股东是主要的受益者;而当公司亏损时,他们又是主要的受损者。理所当然他们要参与公司重大问题的决策。

(3) 普通股股东一般都拥有发言权和表决权,即有权就公司重大问题进行发言和投票表决。普通股股东的投票权大小取决于其持股的多少,任何普通股股东都有资格参加公司的股东大会,也可以委托代理人来行使其投票权。

(4) 普通股股东一般具有优先认股权,即当公司增发新普通股时,现有股东有权优先(可能以低价)购买新发行的股票,以保持其对企业所有权的百分比不变,从而维持其在公司中的权益。例如:某公司原有 10 万股普通股,而你拥有 1 000 股,占 1%,现在公司决定增发 10%的普通股,即增发 10 000 股,那么你就有权以增发价格购买其中 1%即 100 股,以便保持你持有股票的比例不变。在发行新股票时,具有优先认股权的股东既可以行使其优先认股权,认购新增发的股票,也可以出售、转让其认股权。当然,在股东认为购买新股无利可图,而转让或出售认股权又比较困难或获利甚微时,也可以放弃优先认股权。此外,为了确保普通股股权的权益,有的公司还发认股权证——能够在一定时期(或永久)内以一定价格购买一定数目普通股股份的凭证。一般公司的认股权证是和股票、债券一起发行的,这样可以更多地吸引投资者。

同股不同权(扫码学习)

2. 优先股

优先股是指依照《中华人民共和国公司法》,在一般规定的普通种类股份之外,另行规定的其他种类股份,其股份持有人有优先于普通股股东分配公司利润或剩余财产的权利,但参与公司决策管理等权利受到限制。优先股是指在有关利益分配等财产权利上,如分配盈余、分配公司剩余财产等方面享有优先权的股份。其"优先"主要体现在:一是通常具有固定的股息(类似债券),并须在派发普通股股息之前派发;二是在破产清算时,优先股股东对公司剩余资产的权利先于普通股股东,但在债权人之后。优先股既像债券,又像股票,兼有股票和债券的一些特点。首先,公司会向优先股持有人承诺每年提供一个固定的收入作为回报,从这一点上看它具有债券的性质。然而优先股还是属于权益投资,公司向优先股的投资者支付的是股息。债权的利息则是以契约的方式规定了利息的支付,如果公司不能按规定支付利息,则很有可能遭到破产的命运。其次,在税收处理上优先股的股息是不可以在税前作为开支予以扣除的,只能用税后利润支付;债券利息则是在税前利润中予以扣除,计入财务费用。最后,投资者不仅可以通过货币资金入股的方式获得优先股,还可以以实物、土地使用权和其他无形财产权作为出资获得优先股,在资产负债表上,优先股反映为所有者权益;公司债的债权人则只能以货币出资,它反映为负债,是公司对外必须承担的经济责任。

相对普通股,优先股通常具有以下四个特征。

(1) 优先股收益相对固定。由于优先股股息率事先规定,所以优先股的股息一般不会根据公司经营情况而增减,而且一般也不再参与公司普通股的分红。当然,公司经营情况复杂多变,如果公司当年没有足够利润可以向优先股股东支付股息,优先股股东当年的固定收益也就落空了。

(2) 优先股可以先于普通股获得股息。也就是说,公司可分配的利润先分给优先股股东,剩余部分再分给普通股股东。

(3) 优先股的清偿顺序先于普通股,而次于债权人。也就是说,一旦公司破产清算,剩余财产先分给债权人,再分给优先股股东,最后分给普通股股东。但与公司债权人不同,优先股股东不可以要求无法支付股息的公司进入破产程序,不能向人民法院提出企业重整、和解或者破产清算申请。

(4) 优先股股东的权利范围小。优先股股东对公司日常经营管理的一般事项没有表决权,仅在股东大会表决与优先股股东自身利益直接相关的特定事项时,如修改公司章程中与优先股相关的条款,优先股股东才有投票权。同时,为了保护优先股股东利益,如果公司在约定的时间内未按规定支付股息,优先股股东按约定恢复表决权;如果公司支付了所欠股息,已恢复的优先股表决权终止。

优先股股东和普通股股东的区别如下。

(1) 普通股股东可以全面参与公司的经营管理,享有资产收益、参与重大决策和选择管理者等权利,而优先股股东一般不参与公司的日常经营管理,一般情况下不参与股东大会投票,但在某些特殊情况下,如公司决定发行新的优先股,优先股股东才有投票权。

(2) 相对于普通股股东,优先股股东在公司利润和剩余财产的分配上享有优先权。

(3) 普通股股东的股息收益并不固定,既取决于公司当年盈利状况,还要看当年具体的分配政策,很有可能虽然公司当年盈利但仍然决定当年不分配。而优先股的股息收益一般是固定的,尤其对于具有强制分红条款的优先股而言,只要公司有利润可以分配,就应当按照约定的数额向优先股股东支付。

(4) 普通股股东除了获取股息收益外,二级市场价格上涨带来的资本利得也是重要收益来源;而优先股的二级市场股价波动相对较小,依靠买卖价差获利的空间也较小。

(5) 普通股股东不能要求退股,只能在二级市场上变现退出;如有约定,优先股股东可依约将股票回售给公司。

按照优先股所享有的具体权利不同,优先股主要可分为:

(1) 累积优先股和非累积优先股。累积优先股是指公司当年的盈余达不到优先股应分的股息时,其不足部分在其后年度分配盈余时给予补足的股份;非累积优先股是指股息的分配只以当年的公司盈余为限,如未达到优先股应分的股息时,不足部分在其后年度不再补足的股份。

(2) 参加优先股和非参加优先股。参加优先股是指在按原定比例分配股息之后,如公司还有盈余,还可以同普通股一起参加剩余盈余分配的股份;非参加优先股是指股东只能按原定比例分配公司盈余,此后即使公司仍有充分盈余,也不能再参加分配的股份。一般来讲,参与优先股较非参与优先股对投资者更为有利。

除了普通股与优先股以外,股票还可以按照票面形式分为:

(1) 记名股票和无记名股票。记名股票是股票上记载股东姓名,并同时将股东姓名登记在股东名册上的股票。记名股票不得私自转让,必须通过公司过户。无记名股票是无须记载股东姓名的股票。此种股票仅凭股票所附息票领取股息,因此可以自由转让。

(2) 面额股票和无面额股票。面额股票是指股票票面上记载有每股金额的股票。股票面额为公司资本的基本单位,是股东的基础出资额。票面金额没有统一规定,例如,英、美等国的有关证券法规不规定股票票面的最低金额,由发行公司自行确定,而日本则规定有票面金额的股票每股金额不得低于 500 日元,中国每股股票的票面金额统一为 1 元。无面额股票就是在股票票面上不载明金额的股票。无面额股票一般在票面上要标明每股占公司资本总额的比例,其价值随公司财产的增减而增减。

值得注意的是,中国的股票还可以按计价货币和上市地来进行区分,可分为 A 股、B 股、H 股等。A 股是指在国内上市交易并仅限于中国大陆居民以人民币买卖的股票。B 股是指在国内上市交易并以人民币计价和标明面值,但以美元和港币认购和交易的股票,原来只限于港、澳、台和外国投资者买卖,2000 年后境内投资者也可以合法地买卖 B 股。H 股是我国内地公司经证监会批准在香港联合交易所挂牌上市交易的股票,其目的是进一步开拓国际市场,提高企业的知名度,发展中国的证券市场。

中国证券监督管理委员会《优先股试点管理办法》(扫码学习)

8.2 股票发行市场

8.2.1 股票发行市场的概念

股票市场是股票交易的场所,也是资金供求的中心。根据市场的功能划分,股票市场可分为股票发行市场和股票交易市场。股票的发行、交易活动必须遵守公开、公平、公正的原则,必须遵守法律、行政法规;禁止欺诈、内幕交易和操纵证券市场的行为。证券发行、交易活动的当事人具有平等的法律地位,应当遵守自愿、有偿、诚实信用原则。

股票发行市场又称一级市场或初级市场,是指股份公司通过出售新股向投资者筹集资本金的场所,包括股票从规划到销售的全过程。当公司发行了股票时,该公司即称为发行公司。新公司的成立、老公司的增资,都要通过发行市场,都要借助于发行、销售股票来筹集资金,使资金从供给者手中转入需求者手中,也就是把储蓄转化为投资,从而创造新的实际资产和金融资产。

在发行市场上可以有两种发行方式:公募发行和私募发行。公募发行是指股份有限公司为筹集资金通过中介机构向不特定的社会公众公开发行股份。公募发行的好处是,有利于股东队伍的扩大和产权的分散化,有利于克服垄断和提高股票的适销性。为了保障广大投资者的利益,各国对公募发行都有严格的要求,如发行人要有较高的信用,并符合证券主管部门规定的各项发行条件,经批准后方可发行。私募发行,是指面向少数特定的投资人发行证券的方式。私募发行的对象大致有两类:一类是特定个人投资者,如发行公司老股东、管理层、自己的员工;另一类是特定机构投资者,如大的金融机构、与发行人有密切往来关系的企业、战略投资者等。私募发行有确定的投资人,发行手续简单,可以节省发行时间和费用。私募发行的不足之处是投资者数量有限,流通性较差,而且也不利于提高发行人的社会信誉。公募发行和私募发行各有优劣。一般来说,公募发行是最基本、最常用的方式。然而在西方成熟的证券市场中,随着养老基金、共同基金和保险公司等机构投资者迅速增长,私募发行近年来呈现出逐渐增长的趋势。

股票发行市场的特点:① 无固定场所,可以在投资银行、信托投资公司和证券公司等处发行,也可以在市场上公开出售新股票;② 没有统一的发行时间,由股票发行者根据自己的需要和市场行情走向自行决定何时发行。

股票发行市场由三个主体因素相互连接而组成,这三者就是股票发行者、股票承销商和股票投资者。

8.2.2 首次公开发行

首次公开发行是指企业(公司)第一次将它的股份向社会公众出售的行为。通常,该公司的股份是根据向相应证券管理部门出具的招股说明书或登记声明中约定的条款通过经纪商或做市商进行销售。一般来说,首次公开发行完成后,这家公司就可以申请到证券交易所或报价系统挂牌交易,该公司就成为了上市公司。

中国的公司首次公开发行股份基本上遵循以下步骤。

1. 前期预备阶段

在这个阶段中主要是股份制公司的筹建工作。该公司要取得工商、行政主管的批文,拟定股份制改组的方案,确定企业发展规划和固定资产的投资项目。公司要取得公开发行股票资格还要求聘请相应的中介机构作为顾问机构,其中包括审计师、会计师、评估师、律师和证券商,他们共同协助完成指定公开发行全程方案。会计师协同评估师一起帮助公司取得资产管理机关资产评估报批文件,如果由律师来界定重要合同与产权,公司就应该向主管单位申请取得资产评估报批文件。当公司的发起人与顾问机构协作完成企业的改组方案后,公司就可以整理发起人的各种资料,拟定新公司的资本计划,编制招股说明书和股份募集方案以筹建股份制公司。

2. 上市准备阶段

在这一阶段,发行公司将委托证券登记公司签订上市交易股票监管协议,并与承销商签订股票的发行协议。向证监会取得批文和发行规模之后,发行公司将编制发行报告和股东名册,选举董事会,任命公司高级职员并与上市保荐人签订辅导协议。证监会将会在这一期间指定派出机构专项监督该股份制公司的运行,并由上市保荐人对公司进行上市辅导。发行公司必须按规定公布公司定期报告(主要有季度报告、中期报告和年度报告)和披露其他信息。

3. 上市发行阶段

发行公司在这一阶段已经进入了实质性的发行阶段。主承销商向证监会上报股票发行报批文件,证监会审核之后向发行公司颁发正式批文。之后发行公司将进行网上路演进行发行推销,其中包括确定发行时间和证券名称,在指定的报刊刊登指示性的公告和招股说明书,初步询价并在截止日公布逐步询价结果,然后在交易所发布中签率和举行摇号抽签仪式,公布中签配号并将股款划账。

具体的步骤如图 8.1 所示。

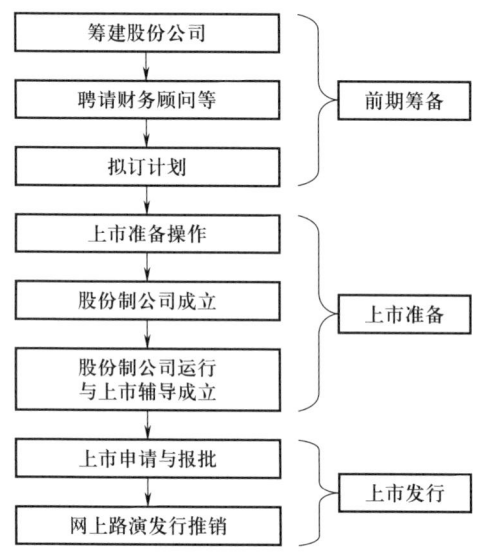

图 8.1　公司股票发行上市流程图

专栏 8-1

中国证监会公开 IPO 发审流程

中国证监会公开首次公开发行股票审核工作流程。依照流程,首次公开发行股票的审核工作流程分为受理、见面会、问核、反馈会、预先披露、初审会、发审会、封卷、会后事项、核准发行等主要环节,分别由不同处室负责,相互配合、相互制约。对每一家发行公司的审核决定均通过会议以集体讨论的方式得出,避免个人决断。如图 8.2 所示。

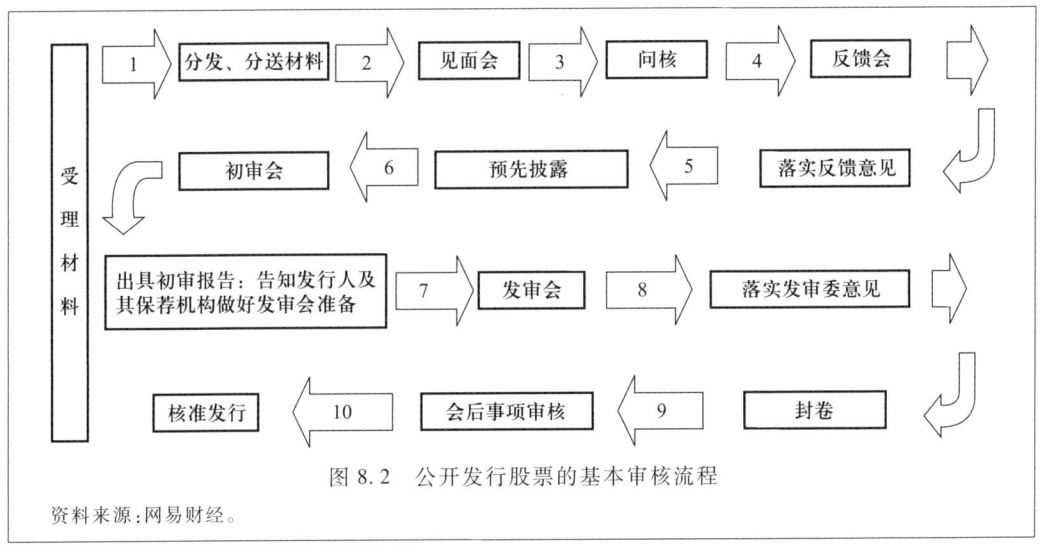

图 8.2 公开发行股票的基本审核流程

资料来源:网易财经。

8.2.3 增资发行

增资发行是指股份有限公司依照法定程序增加公司资本和股份总数的行为。股份公司上市后,在经过一定的时期后,为了扩充股本而发行新股票。中国《上市公司证券发行管理办法》规定,上市公司的增资发行方式有:① 向原股东配售股份(简称配股);② 向不特定对象公开募集股份(简称增发);③ 发行可转换公司债券;④ 非公开发行股票(简称定向增发)。

增资发行分有偿增资和无偿增资。

(1) 无偿增资就是所谓的送股。无偿增资可分为积累转增资和红利转增资。积累转增资是指将法定盈余公积金或资本公积金转为资本送股,按比例赠给老股东。红利转增资是公司将当年分派给股东的红利转为增资,采用新发行股票的方式代替准备派发的股息和红利送给股东,即送红股。

(2) 有偿增资可分为配股与按一定价格向社会增发新股票。配股又分为向股东配股和向第三者配股。向股东配股是指股份有限公司增发股票时对老股东按一定比例分配公司新股票的认购权,准许其按照一定的配股价格优先认购新股票。向第三者配股是指公司向股东以外的公司职工、公司往来客户、金融机构及有友好关系的特定人员发售新股票。由于发售新股票的价格低于老股票的市场价格,第三者往往可以获得较大的利益。按一定价格向社会增发新股票目的是增加公司的资本金,增发股票面向社会,无特定对象。增发股票的价格往往高于面值溢价发行。增发股票要维护老股东的权益,一般在溢价发行时要给老股东以优先认购权和价格优惠权。

公募增发和定向增发是增发的两种方式,其中定向增发是近年来在中国资本市场中广泛使用的再融资方式。定向增发是指上市公司采用非公开方式,向特定对象发行股票的行为,发行对象不超过 10 名。定向增发往往与发行公司特定的财务战略相联系,是重要的资本运作工具。具体而言,定向增发的目的主要有:① 引入战略投资者;② 为产业项目进行融资;③ 利用资产收购实现整体上市;④ 财务重组;⑤ 调整股东的持股比例;

⑥ 对管理层行使股权激励计划。

> **专栏 8-2**
>
> **海通证券利用定向增发实现借壳上市**
>
> 2006年10月下旬,海通证券(海通证券股份有限公司)最终选择了都市股份并采用上市公司资产剥离、新增股份换股合并、定向增发三步走的方案,借壳上市。
>
> 第一步:都市股份向光明食品集团转让全部资产及负债,转让价款参照净资产值确定为7.56亿元,都市股份现有全部业务及全部职工也将一并由光明集团承接。
>
> 第二步:都市股份以新增股份换股吸收合并海通证券,换股比例以双方市场化估值为基础,海通证券的换股价格为每股2.01元,都市股份换股价格以10月13日的收盘价为基准确定为每股5.8元,由此确定每1股海通证券股份换0.347股都市股份股权。海通证券在本次合并前的总股本约为87.34亿股,换为都市股份30.31亿股,合并完成后都市股份总股本将增加至约33.89亿股。合并生效后,都市股份将更名为"海通证券股份有限公司"。
>
> 第三步:都市股份吸收合并海通证券后,将向特定投资者非公开发行不超过10亿股的新股,发行价格不低于换股价每股5.8元。
>
> 2007年7月31日海通证券在上海证券交易所挂牌,成为中国第一家成功借壳上市的证券公司。
>
> 资料来源:朱茵. 海通证券今日正式现身A股,将定向增发10亿股. 中国证券报,2007-07-31.

8.3 股票流通市场

股票流通市场又称二级市场或次级市场,是为已经公开发行的股票提供流通转让机会的市场。证券交易市场通常分为证券交易所市场和场外交易市场。中国《中华人民共和国证券法》规定,依法公开发行的股票、公司债券及其他证券应当在依法设立的证券交易所上市交易或者在国务院批准的其他证券交易场所转让。证券交易当事人依法买卖的证券,必须是依法发行并交付的证券。依法发行的股票、公司债券及其他证券,法律对其转让期限有限制性规定的,在限定的期限内不得买卖。中国《证券法》还规定向不特定对象发行证券或向特定对象发行证券累计超过200人的,为公开发行,必须经国务院证券监督管理机构或者国务院授权的部门核准。据此,公开发行股票的股份公司为公众公司。其中,在证券交易所上市交易的股份公司被称为"上市公司";符合公开发行条件但未在证券交易所上市交易的股份公司被称为"非上市公众公司",非上市公众公司的股票将在柜台市场转手交易。这一市场创造了股票的流动性,即能够迅速脱手换取现值。在二级市场上,投资者可以通过持有证券获得本期收益,也可以通过转让实现资本利得回投资。在股票的流通过程中,投资者对信息的反应体现在他们的买卖行为当中,从而影响股票价格的变化。当公司经营状况好,能够给投资者很好的回报时,投资者往往会追捧公司的股票导致股价上升;当公司经营状况不好不能给投资者回报时,投资者往往通过出售股票放弃他们对公司的所有权。所以股票流通市场上的价格不仅仅是反映经济动向的晴雨表,也能灵敏地反映出资金供求状况、市场供求、行业前景和政治经济形势的变化,是进行经济预测和分析的重要指标。而且对于企业来说,股权的转移和股票价格的涨落是其经营状况的指示器,有助于企业做出正确的经营决策和改善经营管理。可见,股票流通市场有着举足轻重的作用。

8.3.1 证券交易所

证券交易所(Stock Exchange)是股票流通市场的最重要的组成部分,也是交易所会员、证券自营商或证券经纪人集中买卖上市股票的场所,是二级市场的主体。具体说,它由证券管理部门批准,为证券的集中交易提供的场所。它接受和办理符合有关法律规定的股票上市买卖,使原股票持有人和投资者有机会在市场上通过经纪人进行自由买卖、成交、结算和交割,而它本身并不参加买卖。

1. 交易所的组织形式

世界各国证券交易所的组织形式大致可分为两类:公司制和会员制。

公司制证券交易所是以股份有限公司形式成立的并以营利为目的的公司法人。一般是由银行、证券公司、投资信托机构及各类公有或民营公司等共同投资入股建立起来的公司法人。公司制证券交易所具有以下优点:① 交易所的经营者自身不直接参与证券的买卖,能够保证证券交易的公平和公正。② 当交易的一方违约而使另一方遭受损失时,交易所对损失方负有赔偿责任,因此容易获得公众的信任。③ 容易配合中央银行的宏观经济政策,在证券交易时交易所还必须向中央银行国库缴纳营业保证金。

公司制证券交易所的不足之处在于:它是以营利为目的的公司组织,为了使自己的利润最大化,交易所很有可能提高交易费用,加大证券交易的成本,从而降低了对公众投资者的吸引力。

会员制证券交易所是会员自愿组成的、不以营利为目的的社团法人。会员主要由证券商组成。只有会员及享有特许权的经纪人才有资格在交易大厅进行证券交易。其他人要买卖交易所上市的证券,必须通过会员进行。中国1997年发布的《证券交易所管理办法》规定:证券交易所是不以营利为目的,为证券的集中和有组织的交易提供场所、设施,并履行相关职责,实行自律性管理的会员制事业法人。会员制证券交易所因为不以营利为目的,所以交易费用较低,有利于交易的活跃。因为参与交易的都是会员,所以比较好管理。同时,买卖双方自行负责遭受的一切损失,会员对证券市场必须有高度的责任感,有很强的自律意识。也正因为此,会员制交易所中的投资者承受的风险也很大。在中国上海证券交易所和深圳证券交易所都是采取会员制。

上海证券交易所和深圳证券交易所简介(扫码学习)

2. 证券交易所的上市制度

证券上市制度是证券交易所和证券主管部门制定的有关证券上市的规则的总称。股票的上市(Listing)是指赋予某种股票在某个证交所进行交易的资格。对上市公司来说,上市可增加其股票的流动性并提高公司的声望和知名度。股票上市后,公司经营者的责任也加重了。股票发行后并不一定就能上市,而要满足条件和程序后方可上市。各国的法律(法规)虽然很少直接对股票的上市条件做出明确规定,但各证交所为了提高在本证交所交易股票的质量,都要求各种股票在证交所交易之前办理申请上市手续,经审查合格后,由股票的发行公司与交易所签订上市协议,缴纳上市费后才能在证交所交易。各证交所的上市标准大同小异,主要包括如下内容:① 要有足够的规模;② 要满足股票持有分布的要求,私募股票通常无法满足这个标准因而不能上市;③ 发行者的经营状况良好等。当上市公司不能满足交易所上市条件时,交易所可以根据有关的法律法规对该上市公司施行终止上市的决定(即退市)。

股票上市制度主要有注册制和核准制。注册制实质上是一种发行公司的财务公开制度,以美国联邦证券法为代表。它要求发行证券的公司提供关于证券发行本身以及同证券发行有关的一切信息,以招股说明书为核心。在注册制下,证券监管机构需要审查信息资料的全面性、真实性和准确性,管理者不对证券价值本身做出判断。核准制即所谓的实质管理原则,以欧洲各国的公司法为代表。依照证券发行核准制的要求,证券的发行不仅要以真实状况的充分公开为条件,而且必须符合证券管理机构制定的若干适于发行的实质条件。符合条件的发行公司,经证券管理机关批准后方可取得发行资格,在证券市场上发行证券。注册制适合于成熟的资本市场,核准制比较适合于发展中的市场。当前中国证券市场的主板、中小板和创业板上市制度实行的是核准制。而在科创板则已开始试行注册制。

3. 竞价交易制度

现代证券市场的交易机制,根据市场微观结构可分为两种基本类型:一种称为指令驱动制(Order-driven),又称集中竞价制,其特征是:开市价格由集合竞价形成,随后交易系统对不断进入的投资者的交易指令,按价格与时间优先原则排序,将买卖指令配对竞价成交;另一种称为报价驱动制(Quote-driven),又称做市商制,是以做市商为中心的市场交易方式与交易制度。做市商是通过提供买卖报价为金融产品制造市场的证券商。证券交易所是典型的拍卖市场,所以证券交易所的交易机制主要是竞价交易制度。在该制度下,买卖双方将委托通过经纪商送到交易中心,由交易中心进行撮合成交。根据交易是否连续可以分为集合竞价和连续竞价。表 8.1 为世界主要交易所的交易方式。

表 8.1 世界主要交易所的交易方式

交易方式	证券交易所所在地
指令驱动	亚洲各主板市场、意大利、巴黎、伊斯坦布尔、圣地亚哥、新西兰、温哥华、加拿大(CDNX)、中国香港(HKGEM)、伦敦国内板、日本(MOTHERS)、韩国(KOSDAQ)、瑞士、圣保罗、维也纳、布鲁塞尔、德黑兰、里约热内卢、巴塞罗那、法兰克福

续表

交易方式	证券交易所所在地
报价驱动	伦敦、美国(NASDAQ)、欧洲(EASDAQ)、日本(JASDAQ)、芝加哥、新加坡(SESDAQ)、马来西亚(MESDAQ)、欧洲新市场(EURO.NM)
混合机制	华沙、纽约、美国(AMEX)、蒙特利尔、多伦多、英国(AIM)、阿姆斯特丹、墨西哥、泰国(MAI)、卢森堡

资料来源:各交易所网页和综合科研网。

4. 证券交易委托的种类

证券交易委托是投资者通知经纪人进行证券买卖的指令,其主要种类有:

(1) 市价委托(Market Order)是指委托人自己不确定价格,而委托经纪人按市面上最有利的价格买卖证券。市价委托的优点是成交速度快,能快速实现投资者的买卖意图。缺点是当行情变化较快或市场深度不够时,执行价格可能跟发出委托时的市场价格相去甚远。

(2) 限价委托(Limit Order)是指投资者委托经纪人按他规定的价格,或比限定价格更有利的价格买卖证券。具体地说,对于限价买进委托,成交价只能低于或等于限定价格;对于限价卖出委托,成交价只能高于或等于限定价格。限价委托克服了市价委托的缺陷,为投资者提供了以较有利的价格买卖证券的机会。但限价委托常常因市场价格无法满足限定价格的要求而无法执行,使投资者错失良机。

(3) 停止损失委托(Stop Order)是一种限制性的市价委托,是指投资者委托经纪人在证券价格上升到或超过指定价格时按市价买进证券,或在证券价格下跌到或低于指定价格时按市价卖出证券。

(4) 停止损失限价委托(Stop Limit Order)是停止损失委托与限价委托的结合。当市价达到指定价格时,该委托就自动变成限价委托。

5. 信用交易

信用交易又称垫头交易、保证金交易或者融资融券交易,是指证券投资者通过交付一定数额的保证金,得到证券经纪人的信用进行证券买卖。信用交易分成融资买入和融券卖空两种交易方式。

(1) 融资买入(Buying on Margin)。

融资买入又称为保证金购买或者信用买入交易,是指对市场行情看涨的投资者交付一定比例的初始保证金(Initial Margin)后,由经纪人垫付其余价款并为他买进指定证券。实质上也就是投资者以证券作为质押担保,向经纪人借钱进行杠杆交易。

保证金交易对于经纪人来说风险是很小的,因为一旦行情发生不利变化,证券经纪人可以通过变卖投资者担保品来保证融资本息回收。

对于客户来说,融资买入可以减少自有资金不足的限制,当投资者对行情判断正确时,其盈利可大增;但如果投资者判断错误,其亏损也会相当严重。

A股市场的融资买入交易有如下基本概念:

初始保证金比例:客户信用账户上初始担保品价值对融资金额的比例。

$$\text{保证金初始比例} = \frac{\text{担保品价值}}{\text{融资额度}} \quad (8.1)$$

用现金做担保品的,现金价值等于担保品市值;用证券做担保品的,为控制流动性风险,担保品价值等于证券市值乘以折算比例,折算比例一般小于1。

$$\text{担保品价值} = \text{担保品市值} \times \text{担保品折算比例} \quad (8.2)$$

维持担保比例:在融资交易过程中,证券经纪人通过监控"维持担保比例"控制交易风险。

$$\text{维持担保比例} = \frac{\text{信用账户证券总市值}}{\text{融资额} + \text{累计的融资利息和费用}} \quad (8.3)$$

其中,"累计融资利息和费用"每日累计,不断增加。如果融资买入的证券价格不断上涨使得账户总市值上升,维持担保比例会相应上升,此时不担心交易风险;如果融资买入的证券价格不断下跌,维持担保比例会相应下跌,此时存在交易风险。

支付命令和强制平仓:证券经纪人为保障自己融资本息能够正常回收,会控制维持担保的最低比例。达到最低比例时,向客户发出支付命令,即要求客户向融资账户补充担保品。如果客户未能够补充担保品,证券经纪人将强行出售账户证券,同时回收融资本息,这被称为"强制平仓"。

例8.1:融资买入交易

股票Y现价为10元/股,客户甲当前持有股票Y100 000股。客户甲认为股票Y价格会上涨,以持有的股票Y为质押,向其证券经纪人申请融资买入股票Y。证券经纪人要求初始保证金比例不低于100%,股票Y作为担保品的折算比例为0.7,融资利率为9%,融资利息日算规则为"实际天数/360",单利计息,不计融资费用。客户甲按照最大融资额度买入股票Y。

客户甲的担保品价值为:

担保品市值×担保品折算比例 = 10元/股×100 000股×0.7 = 700 000元

因此最大融资额度为700 000元,可融资买入70 000股Y。

客户甲融资买入股票Y后,信用账户内总共持有市值为1 700 000元的股票Y。此时的维持担保比例为:

$$\frac{10\text{元/股} \times 170\,000\text{股}}{700\,000\text{元}} \times 100\% \approx 243.86\%$$

如果第二天股票价格下跌5%至9.5元,累计的融资利息和费用等于700 000元×9%× $\frac{1}{360}$ =175元,维持担保比例变为:

$$\frac{9.5\text{元/股} \times 170\,000\text{股}}{700\,000\text{元} + 175\text{元}} \times 100\% \approx 230.66\%$$

可见,当股票价格低于融资购买时的成本价格时,维持担保比例会随之下降。

如果第四天股票价格涨至11元,账户市值随之上升。同时累计的融资利息和费用为700 000元×9%× $\frac{3}{365}$ =175元×3=525元,维持担保比例变为:

$$\frac{11\text{元}/\text{股} \times 170\,000\text{股}}{700\,000\text{元} + 525\text{元}} \times 100\% \approx 266.94\%$$

可见,当股票价格高于融资购买时的成本,维持担保比例会随之上升。

那么,客户什么时候会收到支付命令呢?

理论上,只要维持担保比例大于100%,证券经纪人的本息回收就是有保障的,但是考虑到股票市场的流动性风险,证券经纪人会把最低维持担保比例设置得高于100%。股票市场风险变大的时候,证券经纪人亦有可能动态提高最低维持比例。

当信用账户达到最低维持担保比例时,客户将收到支付命令。

本例中,假设经纪人约定的最低维持担保比例是130%,如果不考虑融资的利息和费用,股票价格降至5.35元/股,账户股票市值降至910 000元时,账户维持担保比例达到130%。这意味着,股票价格相对融资买入成本下跌约46.5%时,客户将收到支付命令。

如果客户甲没有及时补充担保品,账户被证券经纪人全部强制平仓,证券经纪人收回700 000元的融资本金及对应的累计融资利息和费用后,客户回收的资金将不足210 000元。由于客户最初自有证券市值为1 000 000元,强制平仓后客户承担的交易亏损接近80%!

(2)融券卖空交易(Short Sales)。

融券卖空为客户提供了一种和融资买入获利方向完全相反的交易方式。"卖空"是指客户在未持券的情况下卖出证券;"融券"是指客户卖出的证券是从证券经纪人处借入的。

所以,融券卖空交易简称为卖空交易,是指对市场行情看跌的投资者本身没有证券,就向经纪人交纳一定比例的初始保证金(现金或证券)借入证券,在市场上卖出,并在未来买回该证券还给经纪人。

如果证券价格确实下跌,客户可以获得"高卖低买"的价差收益;反之,如果证券价格上升,客户在还券时必须以高价将借入的证券买入偿还,自己承担全部的价差亏损。

从交易心理上看,市场下跌往往容易造成交易者更大的心理预期偏差,使得市场更容易过度反应,陷入恐慌。为了防止过分投机,证券交易所通常规定只有在最新的股价出现上升时才能卖空。卖空的所得也必须全额存入卖空者在经纪人处开设的保证金账户,不能再用其作为新的融券担保。

融券卖空的维持担保比例计算方法和融资买入的有所不同:

$$\text{融券卖空维持担保比例} = \frac{\text{担保品市值}}{\text{融券卖空证券的市值} + \text{累计的融券卖空费用}} \quad (8.4)$$

其中

$$\text{融券卖空证券的市值} = \text{卖空证券的数量} \times \text{卖空证券当前价格} \quad (8.5)$$

$$\text{累计的融券卖空费用} = \text{卖空时的证券市值} \times \text{融券卖空费率} \times \frac{\text{融券卖空累计天数}}{360}$$

$$(8.6)$$

例8.2:融券卖空交易

股票X现价为20元/股。客户乙信用账户里有1 000 000元现金。客户乙现在看空股票X的未来价格,于是以账户里的现金作为担保,向其证券经纪人借入最大的股票X融券额度并且卖空。证券经纪人融券卖空交易的初始担保比例是100%,融券费率为12%,日算规则是"实际天数/360",最低维持担保比例为130%。

因为以现金担保,按照100%初始担保比例计算,客户乙最多可借入的股票X市值为10 000 000元。由于股票X现价为20元/股,因此最多可借入50 000股X。此时的维持担保比例为:

$$\frac{2\,000\,000\,元}{1\,000\,000\,元} \times 100\% = 200\%$$

如果7天后股票X价格下跌25%至15元/股,累计的融券费用为1 000 000元×12%×$\frac{7}{360}$≈2 333.33元,维持担保比例变为:

$$\frac{2\,000\,000\,元}{15\,元/股 \times 50\,000\,股 + 2\,333.33\,元} \times 100\% \approx 265.84\%$$

可见,当融券卖空的证券价格下跌时,客户乙信用账户的维持担保比例会随之上升。

如果7天后股票X价格上升25%至25元/股,累计融券费用仍然为2 333.33元,维持担保比例变为:

$$\frac{2\,000\,000\,元}{25\,元/股 \times 50\,000\,股 + 2\,333.33\,元} \times 100\% \approx 159.70\%$$

当融券卖空的证券价格上涨时,客户乙信用账户的维持担保比例会随之下降。当维持担保比例达到最低比例时,客户乙会收到证券经纪人发出的支付命令。

8.3.2 场外交易市场

1. 场外交易市场的定义

场外交易市场亦称柜台交易市场或店头交易市场,是证券市场的一种特殊形式,是指证券经纪人或证券商不通过证券交易所,将未上市的证券或已上市的证券直接同顾客进行买卖的市场。随着通信技术的发展,目前许多场外交易市场并不直接在证券公司柜台前进行,而是由客户与证券公司通过电话业务洽谈,故也被称为电话市场。

2. 场外交易市场的特征

(1) 分散性。场外交易是各证券商的店头交易,而证券商又分散于全国许多地区或一个城市的许多不同地域,且场外交易是在各证券商之间进行的,所以它具有分散性。场外交易市场没有像证券交易所那样设立集中的交易市场,但它实际上遍布于各地,通过电信、邮政系统等连接起来。

(2) 无形的交易市场。场外交易业务的大部分是通过证券商之间的电信联系进行的,通过营业厅的柜台直接与客户交易只是其一小部分。所以,在整个交易市场中,相对于证券交易所来说,场外交易是无形的。

(3) 买卖的证券。证券交易所交易的证券必须是经过批准登记的上市证券,交易所每年对这些证券进行评定,未批准上市的证券不得在证券交易所内交易。上市证券当其不满足交易所的上市条件时,交易所住往对其进行退市处理(摘牌),退市股票一般转入场外交易。柜台交易的证券大都是未在交易所登记上市的证券,少量上市的证券也可在柜台交易市场进行买卖。在场外交易市场上交易的证券大大多于在交易所交易的证券。

(4)场外交易风险大。尽管有些场外交易市场经营很好,红利丰厚,但尚未在交易所挂牌的股票很多是不被允许在交易所上市的质量较差的股票。这些股票的发行公司或太小,或经营不佳,或利润较薄,总之信誉不如挂牌股票的发行公司好,所以经营这种股票可能有较大的风险。

3. 做市商制度

与主板市场采用集中竞价方式相对应,大部分场外交易市场都采用了做市商制度。做市商制度是不同于竞价交易方式的一种证券交易制度,一般为柜台交易市场所采用。做市商制度是指证券交易的买卖价格均由券商(称为做市商)给出,投资者按照做市商报出的买卖价格和数量做出自己的买卖决定。值得注意的是,投资者在这里只是被动接受做市商报出的价格,而做市商报出的是双向价格,也就是对于同一个股票,做市商既报买入价,也报卖出价。所有投资者的交易对手都是做市商。做市商报出价格后,就有义务接受投资者按此价格提出的买卖要求。换言之,做市商必须有足够的证券和资金用来满足投资者买进或卖出证券的要求。

(1)做市商制度的分类。传统的做市商制度可分为垄断性做市商制度和竞争性做市商制度。所谓垄断性做市商制度,是指在交易所上市的每只股票只能有一位指定的做市商来负责做市,其代表即纽约证券交易所的专家制度。所谓竞争性做市商制度,是指在交易所上市的每只股票有多位做市商来负责做市,其代表即纳斯达克市场。它有超过500家做市商公司,每只股票至少有6~7位做市商做市交易(见表8.2)。

表8.2 传统做市商制度的分类

类型	垄断性做市商制度	竞争性做市商制度
特征	每一只股票由一家做市商负责做市	每只股票由两家以上做市商负责做市
典型市场	纽约证券交易所	1997年前的纳斯达克

(2)做市商的双向买卖价。做市商的报价都是基于对基础证券的价值估算、做市的成本(包括指令处理成本、存货取得的成本、资金的成本、信息的成本等)、市场的供求平衡状况综合得出的买卖价格。由于做市商需要承担调节买卖指令不均衡、随时保证提供买卖双向报价的做市责任,海外市场对做市商的资金、实力、价格分析、风险控制能力都有严格的审批制度。

(3)做市商制度的优点。第一,增强市场的流动性和活跃性。由于投资者的交易对象就是做市商,交易价格就是做市商报出的价格,投资者无须担心提交的委托找不到交易对手。正是通过做市商不断地进行双向报价并时刻准备接受交易,使得证券的流动性得以维持。

第二,抑制市场的过度投机性,促使价格理性回归。由于做市商的报价一般都在监管部门的规定范围内,每只股票一般都有若干家做市商,在报价上形成竞争,而做市商的报价一般都以价值估算为基础,倘若某股票出现了过分投机的现象,做市商还可以通过停止报价和交易的方式来抑制过分投机。

第三,提供新的交易机会。由于做市商有义务维持自己负责的个股的交易量,因此当某天该股票乏人问津时,交易商必然不断增加报价的吸引力,此时投资者介入可以获得短线的获利机会。

专栏 8-3

传统做市商制度与混合型做市商制度

传统做市商制度的缺点之一就是做市商利用自身做市的优势地位侵害其他投资者的权益。根据当时 NASDAQ 市场的规则,股价高于 10 美元的股票最小报价单位为 1/8 美元或者其奇数倍,如 1/8、3/8、5/8 等,股价低于 10 美元的股票最小报价单位为 1/16 美元或者更小。克里斯蒂(Christie)和舒尔茨(Schultz)于 1994 年发现,在选取的纳斯达克市场大盘股样本中,有将近一半的股票没有按照 1/8 的奇数倍报价。这引发了人们对做市商制度公平性的怀疑。1994 年秋美国证监会对纳斯达克市场做市商开展了正式调查。调查结果表明,做市商在最小报价单位限制、报价数量限制、信息交换、成交报告的及时上报等方面都出现了违规行为。

之后,美国证监会又对 1999 年至 2003 年纽约证券交易所的专家公司的交易行为进行了调查,发现专家公司存在以下三类违规行为:(1) 抢在客户指令前交易,即为了获得一个更好的价格,专家公司不顾客户已经提交的指令而抢在客户指令前为自己的账户进行交易;(2) 插队交易,或者称为抢得价差交易,即专家公司在两个交易单中间介入,抢先获得价差优势;(3) 冻结,即将其他的委托指令搁置起来让其不能成交,以便专家公司自己能够第一个进行交易。

由此看来,传统做市商制度有天然的缺陷,即利用自己信息不对称的有利地位来侵害其他投资者的利益。1996 年 8 月美国证监会提出两方面的改革,试图彻底改变纳斯达克市场的运行方式:(1) 限价委托显示规则,要求优于做市商报价的限价委托必须在其报价中显示,或传递给另一机构;(2) 新的报价规则强制条款,要求做市商不得在纳斯达克和 ECN(Electronic Communications Network)中显示不同的报价,除非 ECN 显示的最优价格能够为所有市场参与者观察到并可以与之交易。1997 年 1 月首批 50 家股票开始执行此规则,到 1997 年 10 月 13 日所有的股票适用该规则。新委托处理规则加速了竞价交易方式在纳斯达克市场的应用,使纳斯达克市场由传统的竞争性做市商制度演变成了做市商制度与竞价制度相结合的混合型做市商制度。

混合型做市商制度形成有两个途径:第一个途径是原来采用传统做市商制度的市场逐渐引入竞价交易制度,其代表就是 1997 年后的纳斯达克市场;第二个途径是原来采用竞价制度的市场引入竞争性做市商制度,做市商的双边报价与投资者的委托共同参与集中竞价,按照"价格优先、时间优先"的原则进行。

8.3.3 第三市场

第三市场是指在柜台市场上从事已在交易所挂牌上市的证券交易。这一部分交易原属于柜台市场范围,它与其他场外市场的主要区别在于第三市场的交易对象是在交易所上市的股票。近年来由于交易量增大,其地位日益提高,以至于许多人都认为它实际上已变成独立的市场。第三市场是20世纪60年代才开创的一种证券交易市场,是为了适应大额投资者的需要发展起来的。一方面,机构投资者买卖证券的数量往往以千万计,如果将这些证券的买卖由交易所的经纪人代理,这些机构投资者就必须按交易所的规定支付相当数量的标准佣金。机构投资者为了减低投资的费用,于是便把目光逐渐转向了交易所以外的柜台市场。另一方面,一些非交易所会员的证券商为了招揽业务,赚取较大利润,常以较低廉的费用吸引机构投资家,在柜台市场大量买卖交易所挂牌上市的证券。正是由于这两方面的因素相互作用,才使第三市场得到充分的发展。第三市场的交易价格,原则上是以交易所的收盘价为准。第三市场并无固定交易场所,场外交易商收取的佣金是通过磋商来确定的,因而使同样的股票在第三市场交易比在股票交易所交易的佣金要便宜很多,所以第三市场一度发展迅速。直到1975年美国证券交易管理委员会取消固定佣金比率,交易所会员自行决定佣金,投资者可选择佣金低的证券公司来进行股票交易,第三市场的发展才有所减缓。

8.3.4 第四市场

第四市场是投资者直接进行证券交易的市场。在这个市场上,证券交易由买卖双方直接协商办理,不用通过任何中介机构。同第三市场一样,第四市场也是适应机构投资者的需要而产生的。由于机构投资者进行的股票交易一般都是大数量的,为了保密,不致因大笔交易而影响价格,也为了节省支付给经纪人的手续费,一些大企业在进行大宗股票交易时,就通过电子计算机网络,直接进行交易。第四市场的交易程序是:用电子计算机将各大公司股票的买进或卖出价格输入储存系统,机构交易双方通过租赁的电话与机构网络的中央主机联系,当任何会员将拟买进或卖出的委托储存在计算机记录上以后,在委托有效期间,如有其他会员的卖出或买进的委托与之相匹配,交易即可成交,并由主机立即发出成交证实,在交易双方的终端上显示并打印出来。由于第四市场的保密性、节省性等优点,对第三市场及证券交易所来说,它是一个颇具竞争性的市场。

8.3.5 中国证券市场层次结构

党的十八届三中全会提出的健全多层次资本市场体系,是完善现代市场体系的重要内容,也是促进中国经济转型升级的一项战略任务。早在2003年,中央就提出建立多层次资本市场体系。当时主要是考虑中国股票市场只有面向大中型企业的主板市场,层次单一,难以满足大量中小型企业特别是创新型企业的融资需求。经过近30多年的发展,中国已经建立起了包括主板、中小板、创业板、科创板、中小企业股份转让系统(新三板)、各地区域股权转让市场和证券公司柜台市场等在内的多层次资本市场体系(见图8.3)。

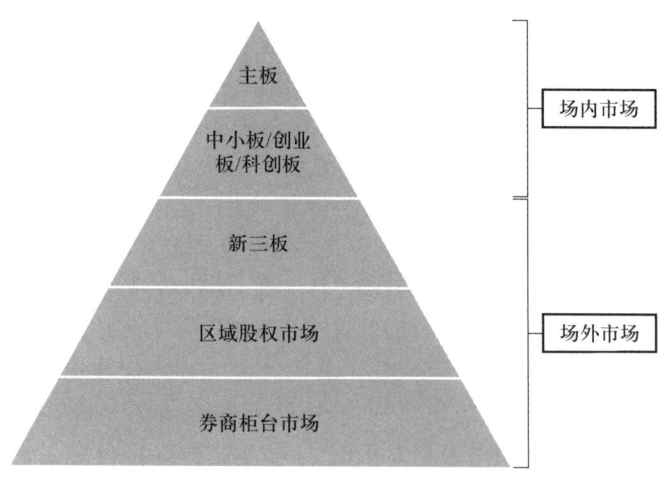

图 8.3 中国多层次资本市场结构

1. 主板市场

主板市场也称为一板市场,指传统意义上的证券市场(通常指股票市场),是一个国家或地区证券发行、上市及交易的主要场所。主板市场先于创业板市场产生,二者既相互区别又相互联系,是多层次资本市场的重要组成部分。相对其他市场而言,主板市场是资本市场中最重要的组成部分,很大程度上能够反映经济发展状况,有"国民经济晴雨表"之称。主板市场对发行人的营业期限、股本大小、盈利水平、最低市值等方面的要求标准较高,上市企业多为大型成熟企业,具有较大的资本规模以及稳定的盈利能力。中国的主板市场包括上交所和深交所两个市场。

2. 中小板市场

2004年5月,经国务院批准,中国证监会批复同意,深圳证券交易所为了鼓励自主创新,在主板市场内设立中小企业板块市场。设立中小企业板块的宗旨是为主业突出、具有成长性和科技含量的中小企业提供直接融资平台。板块内公司普遍具有收入增长快、盈利能力强、科技含量高的特点,而且股票流动性好,交易活跃。中小板就是相对于主板市场而言的,有些企业的条件达不到主板市场的要求,所以只能在中小板市场上市。

3. 创业板市场

创业板是地位次于主板市场的二板证券市场,以 NASDAQ 市场为代表,在中国特指深圳证券交易所的创业板。在上市门槛、监管制度、信息披露、交易者条件、投资风险等方面和主板市场有较大区别。其目的主要是扶持中小企业,尤其是高成长性企业,为风险投资和创投企业建立正常的退出机制,为自主创新国家战略提供融资平台。

经国务院同意,中国证监会批准,中国创业板市场于2009年10月23日在深圳证券交易所正式启动。中国创业板市场主要面向成长型创业企业,重点支持自主创新企业,支持市场前景好、带动能力强、就业机会多的成长型创业企业,特别是支持新能源、新材料、电子信息、生物医药、环保节能、现代服务等新兴产业的发展。创业板是专为暂时无法在主板上市的中小企业和新兴公司提供融资途径和成长空间的证券交易市场,是对主板市场的重要补充,在资本市场具有重要的位置。

4. 科创板市场

科创板由国家主席习近平于2018年11月5日在首届中国国际进口博览会开幕式上宣布设立,是独立于现有主板市场的新设板块,并在该板块内进行注册制试点。2019年1月23日,中央全面深化改革委员会第六次会议审议通过了《在上海证券交易所设立科创板并试点注册制总体实施方案》《关于在上海证券交易所设立科创板并试点注册制的实施意见》。文件提出在上海证券交易所设立科创板并试点注册制是实施创新驱动发展战略、深化资本市场改革的重要举措。要增强资本市场对科技创新企业的包容性,着力支持关键核心技术创新,提高服务实体经济能力。要稳步试点注册制,统筹推进发行、上市、信息披露、交易、退市等基础制度改革,建立健全以信息披露为中心的股票发行上市制度。

在上交所设立科创板是落实创新驱动和科技强国战略、推动高质量发展、支持上海国际金融中心和科技创新中心建设的重大改革举措,是完善资本市场基础制度、激发市场活力和保护投资者合法权益的重要安排。科创板旨在补齐资本市场服务科技创新的短板,是资本市场的增量改革,将在盈利状况、股权结构等方面做出更为妥善的差异化安排。

经国务院同意,中国证监会批准,2019年6月13日,科创板在上交所正式开板,科创板首批公司7月22日上市。

5. 中小企业股份转让系统(新三板)

全国中小企业股份转让系统,俗称"新三板",是主要为创新型、创业型、成长型中小微企业提供服务的一个场所,以弥补证券交易所的不足。2006年经国务院批准,由北京中关村科技园区的非上市股份公司进入证券公司代办股份转让系统进行股份转让试点演变而来。2012年8月3日,国务院批复同意设立全国股份转让系统,扩大新三板试点。按照总体规划分步推进、稳步推进的原则,首批扩大试点除中关村科技园区外,新增了上海张江高新产业开发区、湖北东湖新技术产业开发区和天津滨海高新区。2013年12月14日,国务院发布了《关于全国中小企业股份转让系统有关问题的决定》,明确了全国中小企业股份转让系统是经国务院批准,依据证券法设立的全国性的证券交易场所。境内符合条件的股份公司均可以在全国股份转让系统挂牌。建立这样一个平台,是国家为促进创新型、创业型、成长型中小微企业的发展,推动国家产业结构调整和经济发展方式的转变,激活民间投资,发挥市场在配置资源中的决定性作用的一个非常重要的战略举措。之后,中国证监会发布了修改后的《非上市公众监督管理办法》,制定了相关公司公开转让说明书、公开转让说明文件等七项配套规则。这标志着全国股份转让系统扩大至全国的工作全面启动。在中国多层次资本市场建设中,新三板市场建设才刚刚起步。与中国上千万家企业的直接融资需求相比,新三板市场具有广阔的发展空间。表8.3为中国资本市场挂牌条件对比。表8.4为中国资本市场交易制度对比。

表 8.3 中国资本市场挂牌条件对比

市场制度指标	主板 & 中小板	创业板	科创板	新三板
上市主体资格	股票公开发行	股票公开发行	符合中国证监会规定的发行条件	证监会核准的非上市公众公司
存续时间	存续期满三年	存续期满三年	无	存续期满两年
盈利指标要求	近三个会计年净利润为正,累计超3 000万元,净利润以扣除非经常性损失前后较低者为计算依据	近两年连续盈利,净利累计不少于3 000万元;或近一年净利不少于500万元,营收不少于5 000万元,近两年营收增长率不低于30%	符合下列标准中的一项: (1)预计市值不低于人民币10亿元。最近两年净利润均为正且累计净利润不低于人民币5 000万元。或者预计市值不低于人民币10亿元,最近一年净利润为正且营业收入不低于人民币1亿元; (2)预计市值不低于人民币15亿元。最近一年营业收入不低于人民币2亿元,且最近三年累计研发投入占最近三年累计营业收入的比例不低于15%; (3)预计市值不低于人民币20亿元。最近一年营业收入不低于人民币3亿元,且最近三年经营活动产生的现金流量净额累计不低于人民币1亿元; (4)预计市值不低于人民币30亿元。且最近一年营业收入不低于人民币3亿元; (5)预计市值不低于人民币40亿元。主要业务或产品需经国家有关部门批准。市场空间大,目前已取得阶段性成果	具有持续盈利能力
现金流要求	近三个会计年现金流累计超5 000万元;或近三个会计年营收超3亿元	无	无	无
净资产要求	最近一期末无形资产占净资产比例不高于20%	最近一期末净资产不少于2 000万元。且不存在未弥补亏损	无	无
股本总额	公司股本总额不少于5 000万元	公司股本总额不少于3 000万元	发行后股本总额不低于人民币3 000万元	无

表 8.4　中国资本市场交易制度对比

交易制度指标	全国（中小企业）股份转让系统	主板、中小板 & 创业板
大股东交易限制	在挂牌前持有的股票分三批解禁，每批解禁数量为其挂牌前所持股票的三分之一，解禁的时间分别为挂牌之日、挂牌期满一年和两年。主办券商为开展做市业务取得的做市初始库存股票除外	发行人公开发行股票前已发行的股份，自发行人股票上市之日起 1 年内不得转让。控股股东和实际控制人应当承诺自发行人股票上市之日起 36 个月内不转让
交易方式	可以采取协议方式、做市方式、竞价方式或其他中国证监会批准的转让方式	证券采用竞价交易方式，大宗交易采用协议大宗交易和盘后定价大宗交易方式
交易时间	每周一至周五上午 9:30 至 11:30，下午 13:00 至 15:00	每周一至周五上午 9:30 至 11:30，下午 13:00 至 15:00
涨跌幅限制	股票转让不设涨跌幅限制	涨跌幅限制比例为 10%，ST 和 *ST 等被实施特别处理的股票价格涨跌幅限制比例为 5%
数量限制	申报数量应当为 1 000 股或其整数倍	通过竞价交易买入股票的，申报数量应当为 100 股或其整数倍

6. 各地区域股权转让市场

区域性股权交易市场是为特定区域内的企业提供股权、债券的转让和融资服务的私募市场，是中国多层次资本市场的重要组成部分，亦是中国多层次资本市场建设中必不可少的部分。对于促进企业特别是中小微企业股权交易和融资，鼓励科技创新和激活民间资本，加强对实体经济薄弱环节的支持，具有积极作用。区域性股权交易市场是中国多层次资本市场体系的塔基，与全国股份转让系统共同构成中国场外交易市场基本格局，为中国区域经济发展不平衡性桎梏下的数量庞大、成长阶段各异和业态模式不同的中小微企业提供股权、债券转让和融资平台。

2008 年 9 月，天津股权交易所开始运营，成为首家正式运营的区域股权交易所，随后，重庆、上海、山东等多个区域市场投入运营。2014 年，区域股权交易市场又进一步提速，作为中国多层次资本市场的组成部分在服务中小企业方面发挥了很大作用。

8.3.6　股票市场指数

1. 股价指数概述

股价指数是反映股票价格综合变动趋势和程度的相对数，是将股票平均价格在两个不同时期的数值进行比较的结果。作为比较基础的分母称为基期水平，用来与基期比较的分子称为计算期水平。

股价指数具有代表性和敏感性两个基本特征。代表性是指列入指数计算的股票种类必须在该国国民经济各行业中具有代表意义。由于股票市场中股票种类繁多，因此很少有国家将所有股票都列入股价指数计算之内,大多数国家都是选择部分代表性较强的股票构成"成分股"指标来计算股价指数。敏感性是指股价指数的起伏变动能大致显现出证券市场价格水平的整体变化趋势以及国民经济的变动水平和变化趋势。因此,代表性和敏感性就成了衡量股价指数能否比较准确地反映一国证券市场价格变动的整体趋势和国民经济发展水平的标尺。

股价指数从19世纪末期开始编制至今已经历了100多年,从开始时的几十种股票的简单数术方法到如今的数千种股票的大型计算机的多种计算方法,股价指数已成为世界社会经济活动中一个无可替代的极其重要的经济指标。它不仅及时反映了世界各地的基本经济状况,为世界各地的投资及参与者高度关注,同时还是世界各地一些重要的金融衍生工具合约的标的。例如,标准普尔500指数就是世界上很多期货交易所股指期货合约的标的指数。股价指数的重要意义表现在以下四个方面。

(1) 股价指数反映了一定时点上市股票价格的相对水平,同时也反映了一定时期股票市场平均涨跌变化的情况和幅度。

(2) 股价指数的代表性和敏感性特征,使股价指数不仅反映了股票市场的发展变化趋势,而且大致反映了该国国民经济的基本情况和发展态势,是衡量一国政治经济的晴雨表或指示器。

(3) 股价指数为股票投资者提供了公开和合法的参考依据,投资者通过股价指数的起伏变动可以观察和分析股票市场的发展趋势,从而做出自行判断的投资选择。

(4) 股价指数能作为股价指数期货等金融衍生工具的标的,具有较好的稳定性和可比性特征。因此,股价指数实际上已成为一种相对独立的金融投资工具。

2. 境外国家主要的股价指数

(1) 道琼斯指数。该指数是目前世界上最古老的也是最具权威性的股票市场指数,它从1896年开始计算30种大型公司的蓝筹股(1928年以前为20种)的价格指数,即道琼斯工业平均指数。

最初的计算方法是将所有在指数内的股票价格简单平均。例如,将30种股票价格加总,然后除以30。这样,道琼斯指数发生变化,其实是30种股票价格平均值的变化。这种测度方法的优点是指数变化反映的是投资于30种股票的一种资产组合的回报。由于30种股票价格平均数百分率的变化与30种股票总价格的百分率变化相同,因而每天指数的变化就与资产组合的百分率变化相同。正由于道琼斯指数测度的是所持每种股票1股的资产组合的回报,所以它也被称为价格加权平均指数(Price-weighted Average Index)。投资于各公司的货币额在资产组合中代表着该公司股份价格的比例。显然,道琼斯指数给予较高价格的股份较高的权重,如果较高价格的公司具有充分的代表性,那么这种较高的权重所反映的指数价格变化也就反映了整体蓝筹公司的发展态势,从而反映出经济发展的基本趋势。这也是道琼斯指数经历100多年还在世界上具有较高权威性的原因之一。

道琼斯指数是一个指数系列,是指道琼斯工业平均(DJIA)指数、道琼斯运输平均(DJTA)指数和道琼斯公用事业平均(DJUA)指数。将这三类指数的65只成分股综合起来则形成道琼斯综合平均(DJCA)指数。

(2) 标准普尔500(S&P500)指数。该指数是由美国标准普尔公司于1923年开始编制的,最初样本股票为233种,到1957年扩大为500种,其中包括400种工商业股票、20种运输业股票、40种公用事业股票和40种金融业股票。

标准普尔500指数与道琼斯指数相比在下述两方面有所改进:第一,范围扩大到500家公司,因而样本范围更为广泛。第二,它是市值加权指数(Market-value-weighted Index)。在道琼斯指数中,指数的变化仅取决于价格因素,而且高价格股票具有成比例的较高权重;而标准普尔500指数的变化不仅取决于股票价格的变化,还取决于股票股本的大小,因为市值等于价格乘以股本。

(3) 伦敦金融时报指数(Financial Times Ordinary Shares Index)。该指数是反映英国股票市场价格变化趋势最重要的指数之一。它是一种市值加权指数,由金融时报编制和公布。该指数包括金融时报工业股票指数、100种股票交易指数和综合精算股票指数。

金融时报工业股票指数又称30种股票指数,它以1935年7月1日为基期,基期指数定为100。100种股票交易指数又称FT-100指数,它的基期指数定为1 000。综合精算股票指数从伦敦股市上精选700多只股票作为样本股票进行计算,基数为100。

(4) 日经股价平均数(Nikkei Stock Average)。该指数由日本经济新闻社编制,包括在东京证券交易所上市的具有代表性的225种股票的股价指数和500种股票的股价指数。日经225指数于1950年9月开始编制,以1950年计算出的平均股价176.21日元为基期,是一种价格加权指数。由于日经225指数编制时间较早,具有较好的可比性,能大致反映日本产业结构和市场情况的变化,因而是分析日本股票市场价格长期变动趋势的最重要的指标。日经500指数于1982年1月4日开始编制,样本股票扩大到500种,约占东京证券交易所总市值的50%,因而具有更广泛的代表性。

(5) MSCI(明晟)指数。MSCI英文全称为Morgan Stanley Capital International,是美国著名的指数编制公司摩根士丹利资本国际公司。MSCI是一家股权、固定资产、对冲基金、股票市场指数的供应商,其旗下编制了多种指数。它是一家专注于全球股票指数编制和相关投资分析的公司,于2007年11月在纽约证券交易所上市,总部位于纽约。其推出的MSCI指数系列被全球投资者广泛使用,现已成为衡量各国资本市场表现的重要参考基准。公开资料显示,MSCI是全球投资组合经理采用最多的基准指数,全球约10万亿美元的资产以MSCI指数为基准,全球前100个最大资产管理者中97个都是MSCI的客户,在北美及亚洲超过90%的资产机构以MSCI指数为标的。截至2015年年底,MSCI客户遍布86个国家,共6 400家。

MSCI拥有一整套辐射全球的指数产品。截至2017年年底,MSCI发达市场指数(MSCI World Index)、MSCI新兴市场指数(MSCI Emerging Markets Index)以及MSCI边境市场指数(MSCI Frontier Markets Index)覆盖全球88个国家(地区)。具体来看,包括以下六大产品序列:市场指数、风格指数、主题指数、地产指数、绿色指数、定制指数。为了让国际投资者能更好地应对"纳A"过程,2018年3月14日,MSCI新增12个中国指数。2018年6月21日,MSCI明晟指数公司宣布将中国A股纳入全球新兴市场指数体系,MSCI计划初始纳入222只大盘A股,基于5%的纳入因子,这些A股约占MSCI新兴市场指数0.73%的权重。中国证监会赞赏明晟指数将中国A股纳入MSCI新兴市场指数这一决定。A 股纳入 MSCI 指数,是顺应国际投资者需求的必然之举,体现了国际投资者对中国经济发展稳中向好的前景和金融市场稳健性的信心。

MSCI 指数的编制方法是采用"自由流通市值加权平均"法,并要求指数涵盖目标市场 85% 的自由流通市值。需要特别说明的是,MSCI 对自由流通比例的定义为:自由流通股份仅指国际投资者可在公开证券市场自由买卖的股份。交叉持股、战略持股、国有股、公司管理层长期持有的股份、受限的员工持股以及外资持股中不可自由流通的部分,均属于非自由流通股份。

3. 中国的主要的股价指数

上海和深圳于 20 世纪 80 年代中期开始发行股票,不久便在当地建立了柜台交易市场。1987 年,中国工商银行上海信托投资公司开始编制和发布股价指数,取名为上海静安指数。静安指数是中国最早的股票指数,它以 1987 年 11 月 2 日为基期,采用简单算术平均方法。由于当时股票种类很少,而且还是柜台交易,因此静安指数的影响力有限。20 世纪 90 年代初期,上海和深圳相继成立了证券交易所,并开始分别编制和发布上证综合指数和深证综合指数。随着中国经济的发展,上市股票不断增多,上海证券交易所和深圳证券交易所的规模也越来越大,逐渐形成了各自的指数系列。

(1)上交所的股票指数系列。上海证券交易所指数系列主要包括上证综合指数、上证 A 股指数、上证 B 股指数、上证 180 指数、上证 50 指数和相应分类指数等。上证指数系列由上海证券交易所编制和发布。

① 上证综合指数。简称上证指数,于 1991 年 7 月 15 日正式发布。该指数以 1990 年 12 月 19 日为基期(100 点),以所有上市股票(包括 A 股和 B 股)为样本,以股票发行量为权数,是一种全样本的市值权重指数。

上证综合指数是上海证券交易所中最重要的指数,也是反映中国证券市场发展变化的最主要的指数,在世界金融市场指数中占有极其重要的地位。

② 上证 180 指数。随着中国经济的发展,上海证券交易所上市公司不断增加,单纯上证指数已不能满足投资分析的客观需要。1996 年 6 月,上海证券交易所在所有上市 A 股中,选取最具代表性的 30 种样本股票,以 1996 年 1 月至 3 月的平均流通市值为基期(基期为 1 000 点)编制了上证 30 指数。2002 年 6 月,在上证 30 指数的基础上进行了调整和扩充,更名为上证成分指数,简称上证 180 指数。上证 180 指数是一种流通权重指数,即不是以发行量而是以可流通量为权数的权重指数。上证 180 指数以 2002 年 6 月 28 日上证 30 指数的收盘指数 3 299.05 点为基期(1 000 点)。编制上证 180 指数的目的在于通过科学、客观的方法挑选出最具代表性的样本股票,建立一个反映上海证券市场的概貌和运行状况,能够作为投资评判尺度和金融衍生产品基础的基准指数。

③ 上证 50 指数。该指数以 2003 年 12 月 31 日为基日,以该日所有样本股的调整市值为基期,基期指数为 1 000 点,自 2004 年 1 月 4 日起正式公布。上证 50 指数也是一种流通权重指数,其编制方法与上证 180 指数相同。编制上证 50 指数的目的是根据客观的方法挑选上海证券市场规模大、流动性好的最具代表性的 50 种股票组成样本股,以便综合反映上海市场中最具市场吸引力的一批龙头企业的整体状况。

④ 上证 A 股指数是由上海证券交易所编制的。该指数以 1990 年 12 月 19 日为基

日,以该日所有 A 股的市价总值为基期(基期指数为 100 点),自 1992 年 2 月 21 日起正式发布。上证 A 股指数定义的样本股是指在上海证券交易所的全部上市 A 股股票,反映了 A 股的股价整体变动状况。

(2) 深交所的股票指数系列。该指数系列包括深证综合指数、深证成分指数、深证 100 指数、深证 A 指数、深证 B 指数、深证中小板指数、创业板指数和相应的分类指数等。深证指数系列由深圳证券交易所编制和发布。它们从总体和各个不同的侧面反映了上海和深圳证券交易所上市证券品种价格的变动情况,也反映了不同行业的景气状况,为投资者提供了投资组合分析的参照系。

① 深证综合指数。该指数反映了在深圳证券交易所主板、中小板、创业板上市的全部股票的价格综合变动情况以及市场总体走势,为市场提供了全面而客观的业绩衡量基准和投资参考工具,是一种市值加权指数,以 1991 年 4 月 3 日为基日,基日指数定为 100。

② 深证成分指数。深圳证券市场的扩大和上市证券的不断增加使深证综合指数已不能满足市场的需要,为此,深圳证券交易所于 1995 年推出了深证成分指数。深证成分指数是以从上市公司中挑选出来的 40 家公司为编制对象的样本指数。它以 1994 年 7 月 20 日为基日,基日指数定为 1 000 点,1995 年 1 月 23 日正式发布。深证成分指数由于具有以流通市值为权数、新股上市不用调整、样本可更新替换等特点,逐渐取代了深证综合指数而成为深圳市场中最具影响力的指数。

③ 深证中小板指数。深圳市场与上海市场相比有一个明显的特征,就是中小型上市公司较多。为了反映这些中小板股票价格的总体走势,也为了提供可供交易的指数产品和金融衍生工具的标的物,深圳证券交易所参照深证系列指数的编制方法和国际惯例,编制了中小企业板指数。

深证中小板指数以 2005 年 6 月 7 日为基日,基日指数为 1 000 点,2005 年 12 月 1 日正式发布。深证中小板指数的样本包括所有在深圳证券交易所中小企业板上市的股票,是一种自由流通权重指数。所谓自由流通权重指数,是指以自由流通股本为权数计算的指数。

深证中小板指数是中国市场中第一个全流通板块指数。它一方面比较全面、客观地反映了全流通条件下中小企业板的总体走势,为投资者的投资操作提供更有价值的参考指标;另一方面可以提高市场的透明度和运行效率,形成全流通市场新的定价机制和新的中小企业价值中枢。

④ 创业板指数。为了更全面地反映创业板市场情况,向投资者提供更多的可交易的指数产品和金融衍生工具的标的物,推进指数基金产品以及丰富证券市场产品品种,深圳证券交易所于 2010 年 6 月 1 日起正式编制和发布创业板指数。创业板指数的推出,标志着创业板平稳启动后进入新的发展时期,标志着多层次资本市场指数体系得以建立。

创业板指数选样以样本股的流通市值市场占比和成交金额市场占比两个指标为主要依据,体现深市流通市值比例高、成交活跃等特点。指数计算以样本股的自由流通股本的精确值为权数,消除了因股份结构而产生的杠杆效应,使指数表现更灵敏、准确、真实。指数样本股调整每季度进行一次,以反映创业板市场快速成长的特点。

(3) 沪深300指数。上海证券交易所和深圳证券交易所的指数系列反映了各自市场证券的运行情况,为了综合反映两市场证券价格变动概貌,使之能成为投资业绩的评判标准,并为指数化投资及指数衍生产品创新提供基础条件,上海证券交易所和深圳证券交易所于2005年共同编制了沪深300指数。

沪深300指数是由上海和深圳证券市场中选取300只A股作为样本编制而成的成分股指数。沪深300指数以2004年12月31日为基日,基点为1 000点,2005年4月8日正式发布。沪深300指数在样本选取上剔除了ST股票、价格波动异常或有重大违规行为的公司股票,集中了一批质地较好的公司。这些公司的净利润总额占市场净利润总额的83.55%,平均市盈率和市净率水平低于市场整体水平,是市场中主流的投资目标,能反映沪深市场主流投资的动向。沪深300指数样本覆盖了沪深市场六成左右的市值,具有良好的市场代表性。沪深300指数以调整股本为权重,采用Pasche加权综合指数公式计算,是一种流通市值权重指数。

沪深300指数成分股原则上每半年调整一次,一般1月初和7月初实施调整。调整方案提前两周公布,每次调整比例不超过10%。样本调整设置缓冲区,排名在240名内的新样本优先进入,排名在360名之前的老样本优先保留。这样,既能保证沪深300指数能长期代表绩优公司股票价格的总体走势,又能避免样本的频繁调整所带来的价格波动。

目前,沪深300指数已经正式成为中国股票价格指数合约交易的标的指数,这也就意味着沪深300指数成为继上证指数和深证成分指数之后的又一个在世界资本市场中占有重要地位的中国市场指数。

(4) 香港恒生指数(Hang Seng Index)。该指数是一个指数系列,包括恒生指数、恒生50指数、恒生100指数、恒生中资企业指数、恒生中国企业指数、恒生伦敦参考指数、恒生亚洲指数等。该指数系列由恒生服务公司编制发布,其中最重要的指数是恒生指数。

恒生指数由工商业、金融、地产和公用事业四大类共33只具有代表性的股票组成,其市价总值占香港联交所总市值的70%左右。恒生指数于1969年11月24日开始编制,基期为1964年7月31日,基点为100。后来因为恒生指数按行业增设四个分类指数,将基期改为1984年1月13日,并将该日收市指数975.47定为新基期指数。

恒生指数是市值加权指数,为了保证成分股的代表性,恒生指数定期对成分股进行更新调整。以市价总值为准考察股票在市场上的重要程度,以总成交额为准考察股票成交额对投资者的影响,以总股本为准考察发行量能否满足旺市的需要,以香港为准考察公司的业务是否以香港本地为主。

8.4 股权投资

股权投资(Equity Investment),是指企业(或者个人)以货币资金购买的其他企业(未上市公司或初创公司)的股权,以取得被投资企业权益并以不同的形式参与公司的经营管理,并期望当公司成长壮大后,运用各种形式获得期望的收益。根据被投资企业所处不同的成长阶段,股权投资也有许多不同的划分,在这里我们介绍两种主要的形式:私募股权和风险投资。

8.4.1 私募股权

1. 私募股权的概念

私募股权(Private Equity,PE)又称为私募股权投资,是指通过私募形式对私有企业,即非上市企业进行的权益性投资,在交易实施过程中附带考虑了将来的退出机制,即通过上市、并购或管理层回购等方式,出售持股获利。广义的 PE 为涵盖企业首次公开发行前各阶段的权益投资,即对处于种子期、初创期、发展期、扩展期、成熟期和 Pre-IPO 各个时期企业所进行的投资。随着全球资本市场的迅猛发展,私募股权投资的影响日益扩大。私募股权投资对国民经济资本市场和被投资企业都有非常积极的影响,促进了资本市场的完善和国民经济发展,为企业融资提供了新的运作模式。

2. 私募股权投资的特点

(1) 在资金募集上,主要通过非公开方式面向少数机构投资者或个人募集,其销售和赎回都是基金管理人通过私下与投资者协商进行的。另外,在投资方式上也是以私募形式进行,绝少涉及公开市场操作,一般无须披露交易细节。

(2) 多采取权益型投资方式,绝少涉及债权投资。PE 投资机构也因此对被投资企业的决策管理享有一定的表决权。反映在投资工具上,多采用普通股或者可转让优先股,以及可转债的工具形式。

(3) 一般投资于私有公司即非上市企业,绝少投资已公开发行公司(偶尔会参与上市公司非公开发行),不会涉及要约收购义务。

(4) 比较偏向于已形成一定规模和产生稳定现金流的成形企业。

(5) 投资期限较长,一般可达 3 至 5 年或更长,属于中长期投资。

(6) 流动性差,没有现成的市场供非上市公司的股权出让方与购买方直接达成交易。

(7) 资金来源广泛,如富有的个人、风险基金、杠杆并购基金、战略投资者、养老基金、保险公司等。

(8) PE 投资机构多采取有限合伙制,这种企业组织形式有很好的投资管理效率,并避免了双重征税的弊端。

(9) 投资退出渠道多样化,有 IPO、售出、兼并收购、标的公司管理层回购等。

3. 私募股权的组织形式

(1) 公司制。是各投资人根据公司法的规定,共同出资入股成立公司,以公司形式设立的私募股权投资基金。投资人成为公司的股东,私募基金的重大事项和投资决策由股东会、董事会决定。投资人的知情权和参与权较大。

(2) 契约型。本质上是一种信托安排,又称信托型私募基金,一般有基金管理公司、基金托管机构和投资者(受益人)三方通过信托投资契约建立。投资者作为信托契约中规定的受益人,对基金运营及重要投资决策通常不具有发言权,投资者组成的是持有人大会而非股东大会,对投资决策没有太大的影响力。

(3) 有限合伙制。以特殊的规则促使投资者和基金管理者的价值取向实现统一,实现激励相容,从而在一定程度上规避了前两种类型基金存在的道德风险,并降低投资者在投资失败后需要承受的损失。在这种架构下,基金管理人有管理投资等各项决策权,同时也对其管理的基金进行一定比例的投资,通常占总认缴资本的1%~5%,一旦出现损失,这部分将首先被用来弥补损失缺口;其盈利来源主要是基金管理费和相应的分红,享受的平均收益率为20%以上;而基金投资者作为有限合伙人主要承担出资义务,不承担管理责任,只负以其出资额为限的有限责任。

(4) 混合型。由前三种形式中的一种或两种元素经过嫁接或者拼接而成。混合型没有在法律上的独立地位,而是以前三种组织形式的一种注册,但在协议或公司章程中包含了大量的创新元素,很有可能代表了未来发展方向。

8.4.2 风险投资

1. 风险投资的概念

风险投资(Venture Capital,VC),广义上泛指一切具有高风险、高潜在收益的投资;狭义上指以高新技术为基础,生产与经营技术密集型产品的投资。根据美国全美风险投资协会的定义,风险投资是由职业金融家投入新兴的、迅速发展的、具有巨大竞争潜力的企业中的一种权益资本,是具备资金实力的投资家对具有专门技术并具备良好市场发展前景,但缺乏启动资金的创业家进行资助,并承担创业阶段投资失败的风险投资。投资家投入的资金换得企业的部分股份,并以日后获得红利或出售该股权获取投资回报为目的。风险投资的特色在于甘冒高风险以追求最大的投资报酬,并将退出风险企业所回收的资金继续投入高风险、高科技、高成长潜力的类似高风险企业,实现资金的循环增值。投资家以筹组风险投资公司、招募专业经理人、从事投资机会评估并协助被投资事业的经营与管理等方法,力求早日实现投资收益,降低整体投资风险。

2. 风险投资的特点

(1) 投资对象多为具有创新技术的高新技术企业。高新技术产品在研究开发阶段往往所需时间较长,资金投入较大,市场前景又不明朗;这类企业往往缺乏固定资产或资金作为抵押或担保,因此商业银行一般不愿将资金投入此类行业。而一旦投资成功,此类企业特别是原创型的高新技术企业强劲的获利能力会立刻体现,数十倍甚至上百倍的收益符合风险资本的获利要求。

(2) 多采取权益型投资方式。风险资本投资的对象主要是刚刚起步甚至还未起步的中小型高新技术企业,企业规模很小,投资目标常常是"种子"技术或是一种构想创意,尚未经过市场检验,不确定因素较大。项目如果失败有可能导致初始投入一无所获。

(3) 个别投资失败率高,总体投资收益率却高于一般投资。据统计,美国高新技术企业的成功率只有15%~20%,30%以上的企业受挫失败,其他的企业业绩平平。但是,企业一旦成功,资金利润率平均为30%以上,如苹果公司的资金利润率曾经超过原始投资200倍以上。平均下来,风险投资的收益率要高于一般投资的收益率。

(4) 资金筹措一般采用私募方式。风险资本一般采取私募设立和公募设立两种方式,而前者占了风险资本很大的比重。私募设立一般由风险投资公司发起,吸收金融保险机构的资金组成风险资本。

(5) 风险投资回报期较长。高科技企业要将一项科学研究成果转化为新技术产品，需经历研究开发、产品试制、正式生产、扩大生产到进一步扩大生产和销售等阶段，直到企业股票上市或股权转让，风险投资才能获得投资利润。这一过程少则 3~5 年，多则 7~10 年。

(6) 风险投资谋求退出机制，具有周期流动性。风险投资运作的方式就是在企业成长初期以资金和管理作为投入，在企业步入成熟期后，通过首次公开发行、股权出售或转让变现所拥有的股份，退出风险企业。当风险投资从一个项目退出后，会继续寻找新的投资目标，将获得的收益再投入新项目中去。因此风险投资的运转是一个周期性的循环过程。

3. 风险投资的组织形式

风险投资机构的组织形式大致可以分为三类，按在美国出现的时间顺序，依次为：公司制（Corporation）、子公司制（Corporate Subsidiary）和有限合伙制（Limited Partnership）三类。而其他国家和地区的风险投资机构组织形式也主要以这三类为主。

(1) 公司制风险投资机构以股份公司或有限责任公司的形式设立。这是最早出现的风险投资组织形式，包括 1946 年成立的第一家现代风险投资公司——美国研究与发展公司（ARD）和 1958 年《小企业投资公司法》通过后建立的小企业投资公司（SBIC）。当时的主要投资者是富有的个人和家庭。美国研究与发展公司是美国第一家上市交易的封闭式基金，而大多数中小企业投资公司也是主要在公开市场上筹集资金，参照的是美国公开上市投资基金的组织结构。在这种法律结构下，风险资本提供者（即股东）只承担有限责任，因此当第三方由于合同违约等原因遭到损失时，股东不负赔偿责任。20 世纪 80 年代以后，随着机构投资（主要是公共养老基金、公司养老基金和捐赠基金等）的介入，这种组织形式很快减少。

(2) 在美国研究与发展公司成立 20 多年后的 20 世纪 60 年代中期，第一个子公司形式的风险投资基金出现，随后一些大财团通过设立附属的风险投资基金，逐渐加入风险投资事业中来。资本雄厚的公司逐渐成为风险投资的资金来源的主力之一。20 世纪 60 年代末期和 70 年代早期，《财富》500 强中有超过 25% 的公司开展了子公司形式的风险投资计划。

这些大的金融机构或实业公司以独立实体、分支机构或部门的形式建立风险投资子公司，主要目的是为其母公司提供多角化或创新的可能性。这些子公司的资金和管理者一般都来自母公司，投资的项目成功与否对于资金管理者的报酬影响是有限的，而且其运作很难摆脱上级机构的压力。实证研究表明，随着风险投资行业的发展成熟，投资项目数量越来越多，独立的有限合伙组织形式就变得越有生命力和更普遍。所以，美国子公司形式的风险投资机构在风险投资行业中份额已从 1977 年的 41% 下降到 1989 年的 16%。

(3) 第一个有限合伙形态（Limited Partership）的风险投资机构，是 Draper、Gaither 和 Anderson 于 1958 年成立的。这种形式很快被其他人所模仿。但总体而言，在 20 世纪 60 年代和 70 年代有限合伙形式在美国整个行业中比重很小。1978 年美国劳工部修改了

《雇员退休收入保障法》中"谨慎投资者"(Prudent Man)条款,允许养老基金对小的或新兴企业所发行的证券以及对风险投资投入基金。由于养老基金是私人资本市场上最大的投资者,尽管其仅仅投入5%~6%的基金于风险投资方面,但由于投资的绝对量非常大,因此,很快地,养老基金如潮水般涌入风险投资领域。80年代以后至今,美国风险投资基金的典型组织形式主要采用有限合伙制。目前,有限合伙制形式占整个风险投资机构的80%以上,成为美国风险投资的典型模式。

8.4.3 私募股权和风险投资的区别

私募股权(PE)与风险投资(VC)虽然都是对上市前企业的投资,但是两者在投资阶段、投资规模、投资理念和投资特点等方面有很大的不同。主要区别如下:

1. 风险偏好不同

VC追求的是一定程度的分散投资,追求在投资组合中有个别项目站上风口实现爆发式增长,因此相对激进。投的行业跨度较大、企业发展阶段较早、企业数量较多决定了一个VC中未能成功获得退出的项目是多数。

PE一般投向较为成熟的项目。一般这类项目由于利润水平较高、估值和资金需求都会较大,出现一个彻底失败项目(到破产的程度)将对整个基金的回报甚至声誉都会产生极大的影响,直接影响后续的募资,因此PE基金对待项目极其谨慎。

2. 规模不同

VC基金一般分为美元和人民币两个类别,目前美元的体量要比人民币大得多。科技、媒体、通信(Technology,Media,Telecom,TMT)领域需要国外上市的项目大多需要美元基金才能获得足够的资金量的支持,因此绝大多数中国的独角兽企业都是美元架构。

而PE基金的规模结构相对比较丰富。小的一两亿元,大的几百亿元。

3. 退出路径不同

国内PE的退出路径目前而言还以IPO为主,从长远来看未来的PE退出路径也许会以并购为主。

而VC要看投资阶段。如果是投资于偏天使的,退出途径很多是靠后续轮次融资转老股实现退出,只有少部分留到最后,而偏后期的VC则更像PE。

很多传统上的VC机构现在也介入PE业务,而许多传统上被认为专做PE业务的机构也参与VC项目。也就是说,PE与VC只是概念上的一个区分,在实际业务中两者界限越来越模糊。比如,著名的PE机构如凯雷(Carlyle)也涉及VC业务,其投资的携程网、聚众传媒等便是VC形式的投资。

小　结

1. 股票是一种有价证券,是股份有限公司发行的、用以证明投资者的股东身份和权益并据以获取股息和红利的凭证。股份是股份有限公司资本的表现形式。股票按照权利不同可以划分为普通股和优先股。

2. 发行市场是指股份公司通过出售新股向投资者筹集资本金的场所。按发行对象不同可以分为公募发行与私募发行。按募集资金的顺序可分为首次发行(IPO)与增资发行。

3. 股票流通市场又称为二级市场(Secondary Market),是已经发行的股票按市价进行转让、买卖和流通的市场。

4. 证券交易所(Stock Exchange)是股票流通市场的最重要的组成部分,也是交易所会员、证券自营商或证券经纪人在证券市场内集中买卖上市股票的场所,是二级市场的主体。

5. 场外交易市场亦称柜台交易市场或店头交易市场,是证券市场的一种特殊形式。它是指证券经纪人或证券商不通过证券交易所,将未上市的证券或已上市的证券直接同顾客进行买卖的市场。

6. 做市商制度是指证券交易的买卖价格均由券商(称为做市商)给出,投资者按照做市商报出的买卖价格和数量做出自己的买卖决定。

7. 第三市场是指在柜台市场上从事已在交易所挂牌上市的证券交易。这一部分交易原属于柜台市场范围,它与其他场外市场的主要区别在于第三市场的交易对象是在交易所上市的股票。

8. 第四市场是投资者直接进行证券交易的市场。在这个市场上,证券交易由买卖双方直接协商办理,不用通过任何中介机构。

9. 中国证券市场的层次结构包括主板、中小板、创业板、科创板、中小企业股份转让系统(新三板)、各地区域股权转让市场和证券公司柜台市场等在内的多层次资本市场体系。

10. 股价指数是反映股票价格综合变动趋势和程度的相对数,是将股票平均价格在两个不同时期的数值进行比较的结果。股价指数具有代表性和敏感性两个基本特征。

11. 私募股权是指通过私募形式对私有企业,即非上市企业进行的权益性投资,在交易实施过程中附带考虑了将来的退出机制,即通过上市、并购或管理层回购等方式,出售持股获利。

12. 风险投资是指以高新技术为基础,生产与经营技术密集型产品的投资。根据美国全美风险投资协会的定义,风险投资是由职业金融家投入新兴的、迅速发展的、具有巨大竞争潜力的企业中的一种权益资本。

关 键 词

股票	普通股	优先股	公募发行
私募发行	首次公开发行	增资发行	股票发行市场
股票流通市场	证券交易所	竞价制度	做市商制度
上市制度	场外交易市场	第三市场	第四市场
主板	中小板	创业板	科创板
新三板	股价指数	沪深300指数	道·琼斯指数
私募股权	风险投资	信用交易	

习 题

1. 简述股票的概念与基本特征。
2. 简述普通股和优先股的定义及其各自在权利义务上的特点。
3. 简述股票的发行市场和流通市场。
4. 简述股票的公募发行和私募发行的区别。
5. 首次公开发行和增资发行有什么区别?
6. 简述证券交易所的组织形式和职能。
7. 简述证券上市制度与竞价交易制度。
8. 私募股权与风险投资有何区别?
9. 什么是做市商制度?
10. 什么是场外交易市场?有哪些特征?
11. 简述中国证券市场的层次结构。
12. 简述股价指数及其基本特征。
13. 简述主要的股价指数。
14. 简述信用交易。

第8章即测即评

请扫描二维码进行即测即评。

参考文献及进一步阅读建议

1. 滋维·博迪,亚历克斯·凯恩,艾伦·J. 马库斯. 投资学. 10版. 汪昌云,等,译. 北京:机械工业出版社,2017.
2. 张亦春,郑振龙,林海. 金融市场学. 5版. 北京:高等教育出版社,2017.
3. 吴晓求. 证券投资学. 5版. 北京:中国人民大学出版社,2020.
4. 中国证券业协会. 金融市场基础知识. 北京:中国财政经济出版社,2018.
5. 中国证券业协会. 证券发行与承销. 北京:中国金融出版社,2012.
6. 金德环. 投资银行学. 3版. 上海:格致出版社,2018.

第 9 章
股票估值

本章学习目的

- 掌握股票内在价值的概念
- 掌握红利折现模型的原理及应用
- 了解自由现金流模型
- 掌握市盈率估值的原理及应用
- 了解其他估值财务倍数

金融市场中大部分的交易动机来自投资者试图寻找并且提前买入那些他们认为价格即将上涨的股票,或者提前卖出价格即将下跌的股票。投资者基于市场信息做出买卖决策,投资顾问也是基于市场信息做出买卖建议。有价值的市场信息大体分为两类:

第一类是隐含在历史价格和历史成交量中的信息,投资者借助这些信息试图捕捉股票价格的未来趋势。我们把利用股票交易的历史信息寻找未来趋势的决策模式称为趋势分析(Trend Analysis)或者技术分析(Technical Analysis)。

第二类是影响股票内在价值(Intrinsic Value)的信息,称为基本面信息(Fundamental Information)。基本面信息包括失业率、国内生产总值(GDP)、利率、汇率等宏观经济指标,也包括行业增长率、商业周期等行业指标,以及公司自身的经营特质和相关的财务信息。使用基本面信息寻找股票内在价值的过程称为基本面分析,也可以叫作权益估值(Equity Valuation)。本章介绍的几类股票估值模型都属于基本面分析方法。

使用基本面分析方法获得股票的内在价值之后,投资者将内在价值与可观测的市场价格进行比较。如果市场价格低于内在价值,投资者认为股票被市场低估了(Undervalued)。投资者愿意买入被低估的股票。如果市场价格高于内在价值,投资者认为股票被高估了(Overvalued)。投资者倾向于卖出所持有的被高估的股票。本章将从贴现模型、倍数模型、企业价值模型三个方面介绍常见的股票估值方法。读者在学习本章内容之后,将对股票估值体系具有大体的认识,并且能够使用公司财务数据或者可观测的市场数据来对目标公司进行估值分析。

9.1 股票的内在价值

股票的内在价值是公司权益的内涵价值,它不受资本市场短期资金供求的影响,仅仅由宏观经济状况、行业发展趋势、公司特质和财务状况等基本面信息决定。我们在第 7 章学习了债券估值的收入资本化法认为,债券的内在价值等于其未来预期收益的现值之和。收入资本化法使用的贴现率反映投资者的机会成本,体现对投资者的风险补偿。股票投资的未来预期收益和贴现率由发行公司的基本面信息决定。如果将收入资本化法应用于股票估值,那么股票的内在价值可以由股权投资的预期收益的现值决定。

股票持有者预期的投资收益来自两个方面:一是预期获得的现金股利收益(Cash Dividends);二是出售股票后的价格收益,即股票的买卖价差,也称为资本利得(Capital Gains or Losses)。现金股利和资本利得都是不确定的。现金股利不应该小于零,资本利得则有可能小于零。

假设某位投资者按照每股 17 元的价格买入某股票,(不失一般性地)同时假设该投资者计划持有一年。该股票在年末预期的现金股利分派 0.4 元/股,记作 $E(D_1)$;同时该股票年末的预期股价为 20 元,记作 $E(P_1)$。使用期望算子的原因是年末股利和股价都是不确定的。如果用 k 表示市场资本化率,根据收入资本化法,k 应该满足:

$$P_0 = 17 = \frac{E(D_1) + E(P_1)}{1+k} = \frac{20.4}{1+k}$$

得到

$$k = 0.2$$

股票价格被市场低估使得投资股票的净现值大于零。如果按照当前价格每股 15 元买入股票并持有一年,那么持有期预期的收益率($E(r)$)为:

$$E(r) = \frac{E(D_1) + E(P_1) - P_0}{P_0} = \frac{20.4 - 15}{15} \times 100\% = 36\%$$

被市场低估的股票持有期收益率将高于市场资本化率,也就是说,持有价值低估的股票比市场资本化率高出了 16% 的溢价,投资者承担的投资风险获得了超额补偿。相反,如果股票当前市场价值高于内在价值,我们认为市场当前高估了这个股票。如果持有价值高估的股票,投资者的预期收益率将低于市场资本化率,这意味着投资者所承担的投资风险将无法得到足额的补偿。

9.2 权益估值模型的分类

前述利用收入资本化法对权益估值是估值模型的一个类别,称为现值估值模型。这里主要介绍包括现值估值模型在内的两个大类权益估值模型。

9.2.1 现值估值模型

现值估值模型基于收入资本化法原理,结合公司基本面信息,对权益持有人的未来预期收益进行预测,使用合理的机会成本作为贴现率,计算未来预期收益的现值作为权益的当前内在价值。由于权益持有人追求的是现金形式的收益,因此这类模型也称为现金流折现模型。具体来说,根据不同的现金流收益指标,又可以分为红利折现模型、公司自由现金流模型、股权自由现金流模型。

这三类模型使用不同的预期收益和贴现率来估算公司的当前价值,具有不同的适应性。本章主要介绍红利折现模型和公司自由现金流模型。股权自由现金流可以由公司自由现金流得到,本章不做具体介绍。

9.2.2 财务倍数模型

财务倍数模型也可以称为财务乘数模型,这类模型通过计算价值与某个财务指标的比值来对公司进行估值。使用比值的原因是,公司规模和发行的股份数对权益的绝对价值有影响,公司规模大、发行股份数少的公司,其每股权益的单位价格自然高。投资者在多个可选投资标的之间进行筛选的时候,不能直接比较它们的单位价格。财务倍数使得公司规模和发行的股份数对权益价值的影响单位化,投资者可以在通过财务倍数在不同公司之间进行横截面上的比较,也可以对同一公司的历史表现进行时间序列上的比较。

常见的财务倍数有市盈率(Price/Earnings Ratio)、市净率(Price/Book Ratio)、市现率(Price/Cash Ratio)、市销率(Price/Sales Ratio)等以每股价格作为分子的价格倍数,它们的分母是财务报表中的财务指标(每股),比如市盈率的分母是每股净收益,市净率的分母是每股净资产。本章会重点介绍市盈率模型,同时对其他常见的价格倍数做简单介绍。如果用企业总体价值(Enterprise Value, EV)作为分子,那么可以构造企业价值倍数(Enterprise Value Multiple),比如使用 EV 对 EBITDA(息税折旧摊销前收益)的比值进行估值。使用企业价值倍数可以估计企业的总体价值,适合于行业和市场差异较大的公司之间进行价值比较。

9.3 红利折现模型

9.3.1 红利折现模型的推导

红利折现模型(Dividends Discounted Model, DDM)建立于收入资本化方法之上。模型认为,股票内在价值由无穷期限内预期红利收益的现值决定,贴现率为股票的市场资本化率。红利折现模型中似乎没有考虑到股权投资的资本利得,而且关于投资期的假设也和一般的投资经验不相符合,但是我们将看到,DDM 和考虑资本利得的贴现模型其实是一致的。

假设投资者计划持有 XYZ 公司股票 1 年。第 1 年末,该股票的预期现金股利为 $E(D_1)$,年末的预期价格为 $E(P_1)$,股票的市场资本化率为 k。根据收入资本化法,该股票的当前内在价值应该等于：

$$V_0 = \frac{E(D_1) + E(P_1)}{1+k} \tag{9.1}$$

如果市场是均衡的，那么股票在 1 年后的预期价格应该等于它在此时点的内在价值，记作 V_1。这个内在价值应该也是由此后的股票预期收益决定。假设股票在第 2 年年末的预期现金股利为 $E(D_2)$，预期股价为 $E(P_2)$，如果市场资本化率是不变的，那么：

$$E(P_1) = V_1 = \frac{E(D_2) + E(P_2)}{1+k} \tag{9.2}$$

将式 9.2 代入式 9.1 得到：

$$V_0 = \frac{E(D_1)}{1+k} + \frac{E(D_2)}{(1+k)^2} + \frac{E(P_2)}{(1+k)^2} \tag{9.3}$$

如果可以认为股票的投资期限是无穷期限，那么按照这个规律不断将式 9.3 扩展下去可以得到：

$$V_0 = \frac{E(D_1)}{1+k} + \frac{E(D_2)}{(1+k)^2} + \frac{E(D_3)}{(1+k)^3} + \cdots + \frac{E(D_t)}{(1+k)^t} + \cdots \tag{9.4}$$

式 9.4 表示股票的现在价值等于无穷期限内红利收益的现值和，贴现率为股票的市场资本化率。每一个单期投资者都认为股权内在价值等于期末现金红利和价格收益的现值，将他们的预期合并之后，我们得到了无穷期限内的红利折现模型。

应用式 9.4 对股票进行估值的难点在于如何确定未来无穷期限内预期股利的变化情况。我们将首先分析公司红利如何由公司经营收益和股利政策决定，然后提出几种可用的红利折现模型。

9.3.2 红利和公司收益

一家公司在一个经营周期内（一般以一年计算）会将其资产运用于各项经营和投资项目，形成的收入扣除各种成本、费用、税金后的剩余部分形成公司股东的收益，称为净收益（Earnings），净收益构成了股东的价值基础。每份股票获得的净收益称为每股净收益（Earnings per Share，EPS）。公司单位净资产获得的净收益称为净资产收益率或者股权收益率（Return on Equity，ROE）。一个经营周期结束后，公司会对本周期内形成的净收益进行处理分配，一般有两种方式：留存一部分用于下一个经营周期的再投资，留存的净收益将增加公司净资产的余额，留存净收益占当期净收益的比例称为再投资率（Plowed-back Ratio）；留存后剩余的部分以现金股利形式进行分派，形成股东当期的红利收益，分派出去的现金红利占当期净收益的比例称为红利分派率（Paid-out Ratio）。

公司在第一年初的净资产余额记为 EQ_0，公司的净资产收益率为 ROE。公司第一年产生的净收益 E_1 为：

$$E_1 = EQ_0 \cdot ROE \tag{9.5}$$

公司再投资率记为 b，那么红利分派率应该是 $1-b$。因此，公司第一年留存 $E_1 \cdot b$ 的净收益用于增加净资产，剩余的净收益 $E_1(1-b)$ 则用于红利分派。因此第一年的现金红

利 D_1 为：

$$D_1 = E_1(1-b) \tag{9.6}$$

公司第一年年末的净资产余额 EQ_1 增加为：

$$EQ_1 = EQ_0 + E_1 \cdot b \tag{9.7}$$

公司在第一个年度的净资产增长率为：

$$\frac{EQ_1 - EQ_0}{EQ_0} = \frac{EQ_0 + E_1 \cdot b - EQ_0}{EQ_0}$$

$$= \frac{EQ_0 + EQ_0 \cdot ROE \cdot b - EQ_0}{EQ_0} = ROE \cdot b \tag{9.8}$$

假设公司在第二个年度的净资产收益率、再投资率维持不变，那么第二年的净收益 E_2 为：

$$E_2 = EQ_1 \cdot ROE \tag{9.9}$$

第二年的现金红利 D_2 为：

$$D_2 = E_2(1-b) \tag{9.10}$$

第二年年末的净资产余额 EQ_2 为：

$$EQ_2 = EQ_1 + E_2 \cdot b \tag{9.11}$$

公司在第二个年度的净资产增长率为：

$$\frac{EQ_2 - EQ_1}{EQ_1} = \frac{EQ_1 + E_2 \cdot b - EQ_1}{EQ_1}$$

$$= \frac{EQ_1 + EQ_1 \cdot ROE \cdot b - EQ_1}{EQ_1} = ROE \cdot b \tag{9.12}$$

净资产收益率和再投资率决定了公司净资产的增长率。

在 ROE 一定的情况下，公司净资产余额的增加会使每个年度的净收益增加。如果再投资率又是维持不变的（红利分派率也维持不变），那么净收益的增加将带来每个年度现金红利的增加。比如第二个年度的现金红利相对第一个年度的增长率为：

$$\frac{D_2 - D_1}{D_1} = \frac{E_2(1-b) - E_1(1-b)}{E_1(1-b)} = \frac{E_2 - E_1}{E_1}$$

$$= \frac{EQ_1 \cdot ROE - EQ_0 \cdot ROE}{EQ_0 \cdot ROE} = \frac{EQ_1 - EQ_0}{EQ_0} = ROE \cdot b \tag{9.13}$$

即

$$\frac{D_2 - D_1}{D_1} = ROE \cdot b \tag{9.14}$$

也就是说，头两个年度的红利增长率等于第一个年度的净资产增长率 $ROE \cdot b$。按照这个规律，第二至第三个年度的红利增长率应该等于第二个年度的净资产增长率，同样也是 $ROE \cdot b$。任意相邻两个年度之间的红利增长率都将是 $ROE \cdot b$。

例 9.1：Z 公司第一年初的净资产余额为 1 000 万元，公司的净资产收益率 ROE 为 10%。每年净收益的 60% 用于再投资（$b=0.6$），40% 用于红利分派。

这家公司头四年的净资产余额、净收益、再投资额和红利分派额如表 9.1 所示。

表 9.1　Z 公司净资产、收益和红利　　　　　　　　单位:万元

经营年度	年初净资产余额	本年净收益	年末再投资	年末红利分派	年末净资产
第 1 年	1 000	100	60	40	1 060
第 2 年	1 060	106	63.6	42.4	1 123.6
第 3 年	1 123.6	112.36	67.42	44.94	1 191.02
第 4 年	1 191.02	119.10	71.46	47.64	1 262.48

根据式 9.5—式 9.14,表 9.1 中各项目关系如下:

$$本年净收益 = 年初净资产余额 \times ROE \tag{9.15}$$

$$年末再投资额 = 本年净收益 \times b \tag{9.16}$$

$$年末红利分派额 = 本年净收益 - 年末再投资额 \tag{9.17}$$

$$年末净资产余额 = 年初净资产余额 + 年末再投资额 \tag{9.18}$$

$$年初净资产余额 = 上年年末净资产余额 \tag{9.19}$$

根据表 9.1 的计算结果,很容易验证,当 ROE 和 b 不变时,公司净资产余额、净收益和红利都以 $ROE \cdot b = 0.1 \times 60\% = 6\%$ 的速度增长。

以上分析说明了红利和公司收益之间的关系。式 9.14 说明了红利增长的快慢取决于两个因素:一是公司净资产的盈利能力,也就是净资产收益率 ROE,公司盈利能力越强,能用于分派的净收益就会越多,红利越可能获得高速增长;二是公司的再投资比率。高的再投资比率毫无疑问会减少当期的红利分派水平,但是每期的留存收益使得公司净资产余额实现了复利增长,未来的净收益水平能够实现加速增长,也就提高了未来的红利分派水平。因此,高再投资率实际上就是通过减少目前的红利分派以实现未来的高速增长;反之,低的再投资率将无法实现未来红利的高速增长,但是能够保证目前比较高的红利分派水平。

从红利折现模型的角度来看,因为股权价值等于未来现金红利的现值之和,如果股权折现的市场资本化率 k 很高的话,那么未来高水平的红利只能得到一个很低的现值,很有可能使得股权价值不高。此时,低速增长策略带来的近期高水平红利的现值受到市场资本化率的影响则相对较小,因此很有可能获得一个高的股权价值。

那么,公司在什么情况下进行再投资,在什么情况下不进行再投资? 首先应该理解股权内在价值分析中的市场资本化率 k。k 代表的是股东对公司股权投资风险的一种估计,是在一定的股权投资风险下,股东所要求的最低回报,因此也叫作股权投资的必要收益率。如果公司的预期净资产收益率 ROE 能够超过股权的必要收益率 k,那么股东会支持公司留存收益进行再投资,因为再投资的回报超过了股东所要求的最低风险补偿,能给股东带来溢价。反之,如果公司的预期净资产收益率 ROE 无法超过股权的必要收益率 k,那么股东会要求把净收益用于红利分派,因为再投资回报无法达到股东所要求的最低风险补偿,股东希望自己使用净收益投资于其他能够带来更高风险溢价的项目。由此我们可以引入几种不同的红利折现模型。

9.3.3　零增长模型

如果公司的净资产收益率 ROE 小于该公司股权的市场资本化率 k,股东的最佳策略

是要求公司将净收益全部用于红利分派,然后自己用红利收益寻找其他存在风险溢价的投资项目。这意味着公司的再投资率 $b=0$,公司的净资产余额因此不会增长,使得每年净收益不增长,红利水平也就不会增长。公司第一年的预期红利就等于公司第一年的预期净收益,以后各年预期红利将维持在这一水平不变,因此红利折现模型(式9.4)改写为:

$$V_0 = \frac{E_1}{1+k} + \frac{E_1}{(1+k)^2} + \cdots \tag{9.20}$$

容易得到

$$V_0 = \frac{E_1}{k} \tag{9.21}$$

式9.21称为零增长模型,适用于对净资产收益率很低的公司进行估值。这类公司因为预期的净资产收益率不高,因此不会扩张其净资产,红利分派长期维持在相对其他公司而言的较高水平。投资这类公司的股票很像银行存款投资或者债券投资,每年都可以获得较为固定的现金收益。由于零增长模型对应公司未来净资产的零增长,我们也把式9.21的股权价值称为零成长机会的现值,简写为 $PVGZ$,即:

$$PVGZ = \frac{E_1}{k} \tag{9.22}$$

9.3.4 常增长模型

如果净资产收益率 ROE 和再投资率 b 都是大于零的常数,那么根据式9.14,公司红利增长率将稳定在 $ROE \cdot b$。记红利增长率为 g,那么:

$$g = ROE \cdot b \tag{9.23}$$

为了方便起见,将 $E(D_1)$ 简写为 D_1(下同),式9.4可改写为:

$$V_0 = \frac{D_1}{1+k} + \frac{D_1(1+g)}{(1+k)^2} + \frac{D_1(1+g)^2}{(1+k)^3} + \cdots + \frac{D_1(1+g)^{t-1}}{(1+k)^t} + \cdots \tag{9.24}$$

如果满足 $0<g<k$,式9.24不等于无穷大,容易得到:

$$V_0 = \frac{D_1}{k-g} \tag{9.25}$$

式9.25称为常增长模型(Constant Growth Model)。简单地看常增长模型,我们容易发现股利增长率 g 越高,股权价值 V_0 越高。然而这个结论不一定正确,因为股利增长率 g 受到再投资率影响,而再投资率又会影响 D_1 的大小。将式9.6和式9.23代入式9.25得到:

$$V_0 = \frac{E_1(1-b)}{k - ROE \cdot b} \tag{9.26}$$

很容易发现再投资率 b 对 V_0 的影响不是单一的。将式9.26改写为:

$$V_0 = \frac{E_1}{k} + \frac{E_1 b(ROE-k)}{k(k-ROE \cdot b)} \tag{9.27}$$

式9.27说明常增长模型的公司股权价值由两个部分组成,其中 $\dfrac{E_1}{k}$ 是式9.22所表示的零成长机会的现值 $PVGZ;\dfrac{E_1 b(ROE-k)}{k(k-ROE\cdot b)}$ 的符号则由 $ROE-k$ 的符号决定：

（1）如果 $ROE<k$，说明公司的净资产收益率无法超过股权的必要收益率，正的再投资率 b 将损害公司价值，维持再投资率等于零是最佳策略。当 $b=0$ 时，式 9.27 变成 $V_0=\dfrac{E_1}{k}$，正好等于零成长模型（式 9.22）。零成长模型是常增长模型的特殊形式。

（2）如果 $ROE>k$，说明公司的净资产收益率超过了股权必要收益率，公司股东认可正的再投资率。此时再投资将提高公司净资产增长率和股利增长率，从而提高公司股权价值。式 9.25 表示的股利和公司股权价值之间的关系成立。但是如果公司的股利增长率太高以至于超过了股权必要收益率 k，那么从式 9.24 无法得到式 9.25。

（3）如果 $ROE=k$，再投资策略无法影响公司价值，公司价值和零增长模型一致。

因此，$\dfrac{E_1 b(ROE-k)}{k(k-ROE\cdot b)}$ 表示的是由再投资率所决定的公司价值，只有公司净资产收益率高于股权必要收益率时，正的再投资率才能带来正的价值。我们称 $\dfrac{E_1 b(ROE-k)}{k(k-ROE\cdot b)}$ 为未来成长机会的现值，简写为 $PVGO$。

于是常增长模型（式 9.27）可改写为：

$$V_0=\dfrac{E_1}{k}+PVGO \qquad (9.28)$$

式中：$\dfrac{E_1}{k}$ 是零成长模型的股权价值，也叫作零成长机会的现值；

E_1 是预期第一年的净收益；

k 是股权的市场资本化率。

常增长模型适合对具有稳定增长潜力的公司进行估值，这类公司的预期净资产收益率水平要超过股权的必要收益率，同时再投资带来的股利增长率不会太高以至于超过股权必要收益率。

例 9.2：投资者估计例 9.1 中 Z 公司股权的市场资本化率应该等于 8%。Z 公司的红利增长率为 6%，第 1 年的预期股利为 40 万元。那么，用常增长模型估计的 Z 公司股权价值为：

$$V_0=\dfrac{D_1}{k-g}=\dfrac{40}{0.08-0.06}=2\,000(万元)$$

如果 Z 公司总共有 1 000 万份股票，那么每股价值是 2 元。

如果所有条件都维持不变，下面给出两种方法估算公司在第 1 年末的股权价值 V_1。

第一种方法：

假设投资者在第 1 年年末以内在价值出售股票，那么：

$$V_0=\dfrac{D_1+V_1}{1+k}$$

因此

$$V_1 = V_0(1+k) - D_1$$

其中 $D_1 = V_0(k-g)$，那么：

$$V_1 = V_0(1+k) - V_0(k-g) = V_0(1+g)$$

也就是说股权价值的收益率（称为资本利得收益率）等于红利增长率。因此第 1 年年末的每股价值是 $2\times1.06 = 2.12$（元）。

第二种方法：

第 1 年年末股票的内在价值应该等于以后各年度预期红利的现值之和，那么根据常增长模型：

$$V_1 = \frac{D_2}{1+k} + \frac{D_2(1+g)}{(1+k)^2} + \cdots = \frac{D_2}{k-g}$$

其中 $D_2 = D_1(1+g)$，于是：

$$V_1 = \frac{D_1(1+g)}{k-g} = \frac{D_1}{k-g}(1+g) = V_0(1+g)$$

使用第二种方法得到和第一种方法完全一样的结论。

如果投资者只在第 1 年持有 Z 公司的股票，并且股票价格等于内在价值，那么投资者持有期的预期收益由第 1 年的预期红利和第 1 年的预期资本利得决定，其中资本利得收益率等于红利增长率，即：

$$E(r) = \frac{D_1}{V_0} + \frac{V_1 - V_0}{V_0} = \frac{D_1}{V_0} + g \tag{9.29}$$

同时，根据式 9.25 易得：

$$k = \frac{D_1}{V_0} + g \tag{9.30}$$

式 9.29 和式 9.30 说明了如果股票按照内在价值交易，那么市场资本化率就等于股权投资的预期持有期收益率。如果股票价格存在和内在价值之间的偏差，预期持有期收益率将偏离市场资本化率。对于股票购买人来说，持有期收益率高于市场资本化率的股票是有吸引力的。

例 9.3：A 公司净资产收益率为 12%，但是投资人认为其经营风险较高，股权的市场资本化率应该是 15%。A 公司经理层决定在未来维持 60% 的再投资率，并且预计 2021 年年末每股分派现金股利 1 元。

A 公司净资产收益率和再投资率决定的股利增长率为：

$$g = ROE \cdot b = 0.12 \times 60\% = 7.2\%$$

用常增长模型对 A 公司的股权估值：

$$V_0 = \frac{D_1}{k-g} = \frac{1}{0.15 - 0.072} \approx 12.82（元/股）$$

但是我们注意到 A 公司的净资产收益率低于股权的市场资本化率，这意味着 60% 的再投资政策会减少股权价值。因为根据式 9.28：

$$V_0 = PVGZ + PVGO = \frac{E_1}{k} + PVGO$$

其中 $E_1 = \dfrac{D_1}{1-b} = \dfrac{1}{0.4} = 2.5$（元/股）, $PVGZ = \dfrac{E_1}{k} \approx 16.67$（元/股）。A 公司零成长机会的现值大于当前股权价值，因此 A 公司当前的未来成长机会的现值是负值：

$$PVGO = V_0 - PVGZ = 12.82 - 16.67 = -3.85（元/股）$$

这意味着如果 A 公司将再投资率降为零，其每股价值能从 12.82 元增加至 16.67 元。

9.3.5 多阶段模型

零增长模型或者常增长模型对公司的未来发展预期的假设都过于简单，不能用来完整描述那些当前高成长，或者暂时负增长的企业的未来状况。产业周期理论告诉我们，公司的增长速度不可能长期内一成不变，一个行业在发展过程中一般要经历四个时期：起步期、整合期（成长期）、成熟期、衰退期。产业周期的不同阶段都代表了公司不同的增长速度和经营风险。在起步期，产品刚打入市场，公司经营风险比较高，公司的未来发展难以预测，通过市场竞争，大量公司被淘汰，少数精英生存下来。在整合期或成长期，出于规模报酬递增考虑，行业领导者们开始走向资源整合，行业步入高速发展时期，处于这个阶段的公司往往表现出高于平均水平的增长速度，同时超额回报也开始吸引更多的竞争者加入市场。在企业走向成熟的阶段，随着竞争者数量增加，单个公司的增长放慢，逐步趋近于一个稳定水平。当步入行业的衰退期后，公司的增长速度趋近停滞，企业开始停止资产的扩张。

根据产业周期发展的特征，可以假定不同发展阶段的不同增长速度，然后采用股利折现模型对公司的股票进行估值。

例 9.4：假设当前是 2008 年年初，生物制药行业的必要收益率 k 为 14%。一家投资分析公司预计某生物制药公司由于某项市场热门药品开发成功并顺利推出市场，在 2009 年和 2010 年初的预计股利分配分别是 0.15 元/股和 0.18 元/股，并且将保持 20% 的高速增长率直到 2012 年初。其后由于竞争者加入，市场日趋成熟，股利增长率将稳定维持在 12% 这个水平。对于这家生物制药公司，可以使用多阶段增长模型对其进行估值。

估值可分为两个阶段，首先评估公司在 2012 年年初的股票价值。由于从 2012 年开始，公司的股利增长率保持在 12% 的水平，小于行业必要收益率 14%，因此对于该公司在 2012 年年初的股票价值可以应用常增长模型计算。得到股票在 2012 年初的价值后，可连同 2009 年至 2012 年的预期股利折现至 2008 年年初，计算出当前股票价值。

第一步，计算该公司股票在 2011 年年末的价值。

$$V_{2012} = \dfrac{D_{2013}}{k-g'} = \dfrac{D_{2009}(1+g)^3(1+g')}{k-g'}$$

其中 g 为该公司在 2008 年至 2011 年间的高速股利增长率 20%，g' 为该公司在 2011 年后保持的平稳股利增长率 12%。代入相应数据计算得：

$$V_{2012} = \dfrac{0.15 \times 1.2^3 \times 1.12}{0.14 - 0.12} \approx 14.52（元/股）$$

第二步，按照 20% 的增长率，公司 2008 年至 2011 年各年年末的红利分派分别为：

$$D_{2009} = 0.15(元)$$
$$D_{2010} = 0.18(元)$$
$$D_{2011} = 0.216(元)$$
$$D_{2012} = 0.2592(元)$$

因此，2008年年初公司的股权价值为：

$$V_{2008} = \frac{D_{2009}}{1+k} + \frac{D_{2010}}{(1+k)^2} + \frac{D_{2011}}{(1+k)^3} + \frac{D_{2012}}{(1+k)^4} + \frac{V_{2012}}{(1+k)^4} \approx 9.17(元/股)$$

上例演示的是一个简单的两阶段增长模型，通过引入更多的股利增长模式，可以设计更复杂的多阶段模型。红利折现模型对于理解股权的内在价值有很好的帮助，但是它忽视了公司资本结构的差异，没有考虑股权融资和债务融资对公司价值的不同影响。同时，在实际操作上也较为复杂，不够简洁直观，存在一定的局限性。

9.4 公司自由现金流模型

9.4.1 自由现金流模型的基本概念

股利折现模型的局限性在于它不适合那些股利分配长期为零或者相当不稳定的公司。从现金流的角度看，投资者往往更加重视公司产生的、能够被公司资本提供者所支配的现金流。比如，债权人更加重视公司债务利息和本金的偿付能力，股权人则重视每个经营周期当中公司在支付了资本开支、税收，偿还了债务本息之后有多少现金流能够归属于股东，由此形成了公司估值当中的自由现金流（Free Cash Flow）概念。

公司自由现金流（Free Cash Flow for the Firm，$FCFF$）衡量公司产生的，扣减了营运费用（包括税收），投资了营运资本及固定资产之后，归属于所有资本提供者（债权人和股权人）的现金流。股权自由现金流（Free Cash Flow to Equity，$FCFE$）衡量公司自由现金流当中归属于股东的现金流。

投资者如果能够基于基本面信息形成对公司未来自由现金流的预期，那么使用合理的贴现率对自由现金流贴现即可得到公司的当前总体价值。用公司的总体价值减去公司负债的价值则可以得到公司股权的价值。负债价值一般采用公司长期债务的市场价值，当债务的市场价值不容易获得的时候，可以用长期债务的账面价值替代。

9.4.2 自由现金流的计算

公司自由现金流可以按照两种方式从会计报表中计算得到。

第一种方法从损益表中的净利润开始，用净利润加减其他报表中的会计项目得到公司自由现金流（$FCFF$）。计算公式如下：

$$FCFF = NI + NInt(1-T) + DA - \Delta WC - CExp \tag{9.31}$$

式中：NI 为损益表中的净利润。

$NInt$ 为损益表中的净利息支出。净利息支出形成公司债权人的现金净收入，属于公司自由现金流的一部分，而净利润是扣减了这部分收益之后得到的，所以在计算自由现金流时将这项加回到净利润当中。

T 为公司的所得税率。净利润不是直接加上 $NInt$，而是加 $NInt(1-T)$ 的理由是：在计算 NI 时，应税收入等于息税前收入减去净利息支出得到。当净利息支出等于 $NInt$ 时，公司可以少交 $NInt \times T$ 所得税。利息净支出而导致的应交所得税减少称为税盾（Tax Shield）。因此，利息净支出 $NInt$ 对净利润 NI 的影响不是 $NInt$，而是 $NInt - NInt \times T = NInt(1-T)$。同时，使用税后的利息净支出也可以和债务成本的计算保持一致。

DA 为折旧摊销等非现金费用。这些项目会减少净利润，但是没有减少公司的现金流。

ΔWC 为营运资本增加。营运资本等于流动资产减去流动负债的差额。差额增加表示对公司现金的占用。

$CExp$ 为以现金支付的固定资产投资。

例 9.5：某公司连续两年的损益表、资产负债表如表 9.2、表 9.3 所示。

表 9.2 损 益 表　　　　　　　　　　　　　　　单位：万元

指标	第 1 年	第 2 年
销售收入	1 000	1 100
销售成本	300	330
利息支出	30	30
利息收入	5	7
折旧和摊销	100	120
税前利润	575	627
税金	172.5	188.1
净利润	402.5	438.9
股利	201.25	219.45
未分配利润	201.25	219.45

表 9.3 资产负债表　　　　　　　　　　　　　　单位：万元

指标	第 1 年	第 2 年
现金和流动证券	100	192.45
流动资产	150	165
固定资产		
原值	1 500	1 740
折旧	300	420
固定资产净值	1 200	1 320
总资产	1 450	1 677.45
流动负债	80	88
长期负债	300	300

续表

指标	第1年	第2年
股本金	670	670
累计未分配利润	400	619.45
负债和股东权益合计	1 450	1 677.45

公司第2年的自由现金流计算结果如表9.4所示:

表9.4 公司第2年的自由现金流　　　　　　　　　单位:万元

指标	金额
净利润	438.9
+利息支出	30
-利息收入	-7
-资本支出增加	-240
+折旧和摊销	120
-营运资本增加=-(流动资产增加-流动负债增加)	-7
-利息净支出税盾	-6.9
自由现金流	328

其中:

$$第2年等效税率 = \frac{188.1}{627} \approx 0.3$$

利息净支出税盾=(利息支出-利息收入)×等效税率=23×0.3=6.9(万元)。

9.4.3 公司自由现金流模型的贴现率——资本成本

由于公司自由现金流($FCFF$)是归属于公司所有的资本提供者的,因此公司自由现金流对应的贴现率应该等于公司资本的总体成本,称为公司的资本成本(Cost of Capital, $WACC$)。从结构上分析,公司的资本提供者分为三类:债权人、优先股股东、普通股股东。容易理解的是,哪一类资本在公司资产当中所占比例越高,对公司资本成本的影响越大。比如,公司的全部资本都由普通股股东提供,那么公司的资本成本等于普通股股东的必要收益率。因此,公司的资本成本应当等于三类资本提供者的必要收益率的加权平均值,权重为各自提供的资本占公司总资本的比重。

如果记公司资本当中债务占比为w_D,优先股占比为w_P,普通股占比为w_E。三类资本提供者的必要收益率分别为r_D、r_P和r_E。公司的所得税率为T。那么公司的资本成本($WACC$)为:

$$WACC = w_D r_D (1-T) + w_P r_P + w_E r_E \qquad (9.32)$$

其中r_D乘以$(1-T)$的原因是债务利息的税盾效应实际上减少了债务的成本,因此计算资本成本时使用税后的债务成本。

例 9.6：某公司通过发行债券、优先股和普通股来筹集资本。其中债券市场价值为 20 亿元，优先股市场价值为 5 亿元，普通股市场价值为 75 亿元。三类资本提供者的必要收益率分别为 8%、10% 和 15%。公司的所得税率为 20%。计算其资本成本。

$$w_D = \frac{20}{20+5+75} = 0.2, w_P = \frac{5}{20+5+75} = 0.05, w_E = \frac{75}{20+5+75} = 0.75$$

$$WACC = 0.2(0.08)(1-0.2) + 0.05(0.1) + 0.75(0.15) = 0.1303$$

即公司的资本成本为 13.03%。

如果公司的资本市场价值未知，可以使用长期负债和净资产的账面价值来估算资本占比。比如，在例 9.5 中，如果取两年平均，公司的长期负债账面平均余额为 300 万元，净资产账面平均余额为 1 263.73 万元。净资产的计算是否应该包括短期负债？净资产账面平均余额或为 (670+670+400+619.45)/2 = 1 179.725（万元）。那么负债占比为 300/(300+1 179.725) = 0.202 7，股权占比为 1 179.725/(300+1 179.725) = 0.797 3。

9.4.4 使用自由现金流模型估值

类似股利增长模型，自由现金流模型也可以做出零增长、常增长、多阶段增长等假设。以常增长模型为例，如果假设公司的自由现金流以 g 的增长率稳定增长，那么公司的当前价值为：

$$EV_0 = \sum_{t=1}^{\infty} \frac{FCFF_0(1+g)^t}{(1+WACC)^t} = \frac{FCFF_0(1+g)}{WACC - g} \quad (9.33)$$

例 9.7：ABC 公司最近一个会计年度的部分财务指标如下：

净利润为 100 万元，利息净支出为 10 万元，折旧和摊销费用为 20 万元，营运资本增加额为 5 万元，固定资产投资额为 30 万元。公司所得税率为 25%，税前利息成本为 8%，普通股东的必要收益率为 12%，公司没有发行优先股。同行业内可比公司的债务权益比为 3：5，假设该公司资本结构与此相同。

分析师预计 ABC 公司的自由现金流能够保持 2% 的速度永续增长，公司长期负债余额为 400 万元，试估计 ABC 公司的权益价值。

第一步，计算最近一个会计年度的自由现金流 $FCFF_0$：

$$FCFF_0 = 100 + 10(1-0.25) + 20 - 5 - 30 = 92.5（万元）$$

第二步，计算公司的资本成本：

$$WACC = \frac{3}{8}(0.08)(1-0.25) + \frac{5}{8}(0.12) = 0.0975$$

第三步，应用自由现金流折现模型计算公司总体价值：

$$EV_0 = \frac{FCFF_0(1+g)}{WACC - g} = \frac{92.5(1+0.02)}{0.0975 - 0.02} \approx 1\,217.42（万元）$$

第四步，计算公司权益价值：

$$V_0 = EV_0 - 长期债务账面余额 = 1\,217.42 - 400 = 817.42（万元）$$

相比红利折现模型，自由现金流模型不是直接衡量公司向资本提供者提供的报酬，而是衡量公司向资本提供者支付报酬的能力，更加能够体现公司可持续经营的能力。在以下一个或者多个条件满足时,适合使用自由现金流模型进行估值。

(1) 公司没有支付过红利。
(2) 公司支付的红利和它能够支付的红利相差太远。
(3) 在合理的预测期间,自由现金流更能够体现公司的盈利能力和持续经营能力。
(4) 如果公司的红利政策容易被大股东操纵,红利水平反映的信息有误导作用。

自由现金流模型的缺陷在于其计算过程比红利模型复杂得多。分析者需要从财务报表中提取有用的指标计算出自由现金流和其他关键变量,依赖于分析者对财务报表比较高的分析技巧。同时,在预测未来自由现金流时,需要分析者深刻理解公司的营运状况、财务状况、融资状况、行业发展前景,因此自由现金流模型尽管具有比红利折现模型更加深刻的金融经济学意义,但是在应用当中难度过高,估值的效率偏低。普通的投资者如果需要对目标公司权益进行快速估值,红利折现模型和自由现金流模型都不是很好的选择。接下来,本章将介绍一类更为便利的估值方法,即便没有高超财务分析技巧的投资者也可以快速使用:财务倍数估值法。

9.5 财务倍数估值

财务倍数衡量每单位财务指标对应的价值。比如,市盈率衡量每单位净收益对应的股权价值,EV/EBITDA 衡量每单位息税折旧摊销前收益对应的企业价值。如果某家公司的财务倍数较高,那么有两种可能性:第一种可能是市场对这家公司的增长前景非常乐观,愿意为每单位财务指标出更多的价格;第二种可能是这家公司的价格可能被市场高估了,投资者应该对此持谨慎态度。财务倍数估值就是为了将这两种可能性区分开来,形成对公司价值的正确认识。因此,投资者在使用财务倍数的时候需要搞清楚:

(1) 哪些财务指标具体地影响常用的财务倍数,如何分析这种影响?
(2) 财务倍数如何受到诸如企业净收益增长率这类基本面信息的影响?如何在企业之间进行比较分析?
(3) 如何在不同的目标企业之间选择适用的财务倍数?
(4) 财务倍数的局限性是什么?

本章将详细介绍市盈率的理论基础和应用,对其他几种常见的财务倍数的估值应用和局限性只做简单概括。

9.5.1 市盈率估值理论基础

在实务中,更多的分析师使用公司股票市场价格对某个财务指标的倍数(Multiple)作为价值分析指标。被较多使用的一类倍数叫作市盈率(Price-Earnings Ratio, P/E Ratio)。市盈率又称为价格盈利比,是指公司股价和每股净收益(Earnings per Share, EPS)的比值,其中每股净收益是反映公司股权盈利能力的一个财务指标。分析师使用市盈率来评估公司的未来成长机会或者当前的投资风险。根据常增长模型,公司股权价值等于零成长机会的现值加上未来成长机会的现值:

$$V_0 = \frac{E_1}{k} + PVGO$$

两边同时除以净收益E_1得：

$$\frac{V_0}{E_1} = \frac{1}{k} + \frac{PVGO}{E_1} = \frac{1}{k}\left(1 + \frac{PVGO}{E_1/k}\right) \tag{9.34}$$

从式9.34可知，零成长公司的市盈率等于$\frac{1}{k}$，这是因为零成长公司的未来成长机会$PVGO$等于零。对于未来成长机会大于零的公司，其市盈率大于$\frac{1}{k}$。$PVGO$越高，公司的市盈率也越高。特别地，如果公司未来成长机会现值高于零成长机会的现值，$\frac{PVGO}{E_1/k}$将大于1。这类公司的市盈率将是零成长公司市盈率的数倍。

式9.34计算的市盈率称为理论市盈率，根据常增长模型（式9.26），可以得到：

$$\frac{V_0}{E_1} = \frac{1-b}{k - ROE \cdot b} \tag{9.35}$$

可见，市盈率在理论上仍然是由公司股权必要收益率、再投资率、净资产收益率这些基本面的财务指标决定的。

9.5.2 可观测的市盈率

在实务中，V_0是不可直接观测的，市场参与者往往用可观测的当前价格P_0作为市盈率的分子。根据分母使用的每股净收益不同，常见的市场价格的市盈率有：

1. 静态市盈率（Static P/E Ratio）

静态市盈率用当前市场价格除以最近一年年报的每股净收益得到。

$$静态市盈率 = \frac{P_0}{E_0} \tag{9.36}$$

静态市盈率的问题是没有考虑到净收益的增长问题，对于有成长价值的公司来说，最近一个会计年度的净收益低于未来的净收益，会造成静态市盈率偏高。

2. 滚动市盈率（Trailing P/E Ratio）

滚动市盈率也可简写为TTM P/E，即Trailing Twelve Month（TTM）P/E Ratio。它使用最近四个季度的会计净收益累计值作为分母，可以克服静态市盈率对每股净收益估计偏低的问题。滚动市盈率也是使用可观测的指标和变量，同时也反映了公司在最近四个季度的成长性。滚动市盈率的缺陷是仅反映了最近一段时间的增长，而不是公司未来永续增长的精确反映。同时滚动市盈率使用公司季度报告中的每股净收益，而季度报告是没有审计的会计报告，因此数据的可信度远低于最近一期年报的每股净收益。

例9.8：表9.5是上汽集团（600 104.SH）2015年一季度至2016年三季度的每季度基本每股净收益以及每季度末对应的股票收盘价。计算2016年二季度末和三季度末的静态市盈率和滚动市盈率（假设2015年度的财务数据都已通过审计）。

表 9.5 上汽集团 2015—2016 年季度财务数据和股票价格　　　　单位:元

时间	2015 Q1	2015 Q2	2015 Q3	2015 Q4	2016 Q1	2016 Q2	2016 Q3
基本每股收益	0.677	0.608	0.643	0.774	0.72	0.646	0.728
季末收盘价	24.86	22.6	16.8	21.22	20.06	20.29	21.85

资料来源:同花顺 iFinD 数据终端。

2016 年三季度时,上汽集团 2016 年的年报未出,因此最近一个会计年度的每股净收益等于 2015 年四个季度每股收益之和:

$$E_0 = 0.677 + 0.608 + 0.643 + 0.774 = 2.702(元)$$

2016 年二季度的静态市盈率为:

$$\frac{20.29}{2.702} \approx 7.51$$

2016 年二季度的滚动市盈率为二季度末的股票价格除以最近四个季度的累计每股收益:

$$\frac{20.29}{0.646 + 0.72 + 0.774 + 0.643} \approx 7.29$$

同理,2016 年三季度的静态市盈率为:

$$\frac{21.85}{2.702} \approx 8.09$$

2016 年三季度的滚动市盈率为:

$$\frac{21.85}{0.728 + 0.646 + 0.72 + 0.774} \approx 7.62$$

可以看到,对于业绩呈现增长的公司来说,滚动市盈率小于其静态市盈率,因为滚动市盈率的分母可以反映最近几个季度的业绩增长情况。

3. 前瞻市盈率

前瞻市盈率(Forward P/E)使用分析机构预测的下一年度每股净收益作为分母。显而易见,前瞻市盈率包含了"下一年度每股净收益"这一不可观测的变量,不同机构对于同一目标公司下一年度的经营状况会产生主观预期的偏差,使得前瞻市盈率带有过多的主观意见。

估值包含的是投资者对公司未来成长性的预测,如果投资者能够形成对公司未来业绩增长情况的合理预测(比如,投资者可以从一些专业机构的数据库中获得目标公司的财务预测数据),前瞻市盈率将具有比静态市盈率和滚动市盈率更好的理论基础。

例 9.9:表 9.6 是 2017 年 1 月 6 日获得的四家券商分析师对上汽集团(600104.SH)的盈利预测(此时,2016 年年报未出,因此 2016 年每股收益仍然是预测值):

表 9.6 券商分析师对上汽集团的每股收益预测　　　　单位:元

券商名称	预测日期	2016 年	2017 年
海通证券	2017/1/5	2.9	3.33
平安证券	2017/1/4	2.83	3.63

续表

券商名称	预测日期	2016 年	2017 年
兴业证券	2017/1/1	2.88	3.32
中信建投证券	2016/12/16	2.86	3.29

资料来源:同花顺金融数据终端沪深深度资料。

上汽集团(600104.SH)2017 年 1 月 6 日的收盘价为 23.90 元[①],基于此价格可以分别计算出上汽集团(600104.SH)2016 年和 2017 年的前瞻市盈率,如表 9.7 所示。

表 9.7 券商分析师估计的上汽集团的前瞻市盈率

券商名称	预测日期	2016 年	2017 年
海通证券	2017/1/5	8.24	7.18
平安证券	2017/1/4	8.45	6.59
兴业证券	2017/1/1	8.30	7.20
中信建投证券	2016/12/16	8.36	7.27

可见,券商对目标公司盈利水平的主观预期偏差造成了前瞻市盈率的估计不是一致的。

4. 合理市盈率(Justified P/E Ratio)

前面介绍的三种市盈率在使用中的好处在于基本都是基于可观测的市场变量,投资者可以快速进行计算,然后进行比较分析。缺陷在于它们都是基于最近的公司盈利水平,难以反映公司未来的长期发展。合理市盈率基于公司长期的基本面信息,利用内在价值公式得到对市盈率的估计。即:

$$合理市盈率 = \frac{1-b}{k-g} \tag{9.37}$$

例 9.10:如果某券商分析师估计上汽集团股权收益率(ROE)为 17%,再投资水平(b)为 50%,公司股本的市场资本化率(k)为 15%,计算其合理市盈率。

公司的长期增长率为:

$$g = ROE \times b = 0.17 \times 0.5 = 0.085$$

公司的合理市盈率为:

$$\frac{1-b}{k-g} = \frac{1-0.5}{0.15-0.085} \approx 7.69$$

和前瞻市盈率一样,分析师对公司长期增长率等基本面信息的主观预期偏差会造成合理市盈率估计的不一致。

9.5.3 市盈率和投资风险

当其他条件相同时,风险较高的股票往往具有较低的市盈率,因为投资者往往对风

---

① 数据来源于上海证券交易所。

险较高的股票要求较高的市场资本化率,从而使股票市盈率较低。总的来说,高风险股票因其市场资本化率较高,那么股权的内在价值较低,在其他条件一定的情况下,使得价格盈利比,也就是市盈率偏低。

在金融市场中,那些高科技企业往往具有比传统企业更高的市盈率,但是高科技企业的经营风险显然比传统企业要高得多,这个现象似乎和以上做出的结论相悖。为什么?原因在于两种企业的未来成长机会是不一样的。高科技企业尽管具有高风险和高市场资本化率,但是投资者预期它们具有比传统企业更大的投资机会,在估值当中,PVGO 的影响超过了 k 的影响(式9.28),使得高科技企业总的来说具有更高的市盈率。总的来说,市盈率既反映股权投资风险,又反映未来成长机会,当我们对其中一个因素进行比较的时候,往往要固定另一个因素。在使用市盈率判断投资价值的时候,"其他条件相同"是一个非常重要的前提。

例 9.11:软件企业 A 和钢铁企业 S 具有如表 9.8 所示的财务指标。

表 9.8 两家企业财务指标

	最近一期的 EPS_0(元/股)	净资产收益率 ROE	股利分派率 $(1-b)$	股权必要收益率 k
软件企业 A	3	30%	50%	18%
钢铁企业 S	2	7%	60%	6%

应用常增长模型,分别计算两家企业的理论市盈率、PVGZ 和 PVGO。

根据已知条件可以得到下一期净收益和下一期股利如表 9.9 所示。

表 9.9 两家企业下一期收益和股利

	增长率 $g=ROE\times b$	下一期净收益 $EPS_1=EPS_0(1+g)$(元/股)	下一期股利 $D_1=EPS_1\times(1-b)$(元)
软件企业 A	15%	3.45	1.725
钢铁企业 S	2.8%	2.056 0	1.233 6

软件企业 A 的当前价值 = 1.725/(0.18-0.15) = 57.5(元/股)

软件企业 A 的理论市盈率 = 57.5/3.45 ≈ 16.67

钢铁企业 S 的当前价值 = $\dfrac{1.233\ 6}{0.06-0.028}$ ≈ 38.55(元/股)

因此钢铁企业 S 的理论市盈率 = $\dfrac{38.55}{2.056}$ = 18.75

可以看到,软件企业 S 较高的股权必要收益率意味着其包含较高的股权投资风险,但是,因为净资产收益率超过钢铁企业 S,以及稍低的股利分派率,使得其增长率很高,带来更高的未来成长性,所以软件企业的 P/E 估值水平也比较高。

理论市盈率当中隐含的企业未来成长性和上面的分析是一致的。

对于钢铁企业 S 而言:

零成长机会的现值 $PVGZ = \dfrac{E_1}{k} = \dfrac{2.056}{0.06} \approx 34.27$（元/股）

未来成长机会的现值 $PVGO = V_S - PVGZ = 38.55 - 34.27 = 4.28$（元/股）

两者之比 $\dfrac{PVGO}{PVGZ} = \dfrac{4.28}{34.27} \approx 0.125$

对于软件企业 S 而言：

零成长机会的现值 $PVGZ = 3.45/0.18 = 19.17$（元/股）

未来成长机会的现值 $PVGO = 57.5 - 19.17 = 38.33$（元/股）

两者之比 $= 38.33/19.17 = 1.999$

9.5.4 市盈率估值的应用

当使用市盈率进行估值时，首先需要确定目标公司的基准市盈率。然后用基准市盈率和目标公司的市盈率进行比较，或者用基准市盈率乘以目标公司的每股净收益再和目标公司的市场价格进行比较，得出目标公司是否被高估或者低估的结论。基准市盈率从目标公司的可比公司财务数据中估算得到。

比如，某公司市盈率的基准值为 10，该公司预期下一年度每股净收益为 2 元，实际市盈率为 11。如果该公司没有表现出与可比公司相比更高的未来成长性，那么投资者可以认为该公司股票被市场高估了 10%。

一般而言，基准市盈率可以按照以下方式估算。

（1）和目标公司同行业的其他公司市盈率的平均值或者中位数。

（2）目标公司所在行业的平均市盈率或者中位数市盈率。

（3）某个具有代表性的股票价格指数当中成分股的平均市盈率或者中位数市盈率。

（4）目标公司历史市盈率的平均值。

例 9.12：假设当前为 2016 年 12 月最后一天。表 9.10 给出上汽集团（600104.SH）2011 年至 2015 年的静态市盈率。

表 9.10 上汽集团 2011—2015 年静态市盈率

年度	2011	2012	2013	2014	2015
静态市盈率	9.32	9.62	7.51	10.07	8.16

资料来源：同花顺金融数据终端。

上汽集团在 2016 年 12 月全部交易日的收盘价平均价格为 23.81 元[①]，如果上汽集团 2016 年每股收益为 2.87 元。那么：

（1）用过去五年静态市盈率的中位数和平均数两种方法计算上汽集团的基准市盈率。

上汽集团过去五年的中位数市盈率为：

$\text{median}(7.51, 8.16, 9.32, 9.62, 10.07) = 9.32$

---

① 根据上海证券交易所提供的每日价格计算得到。

平均市盈率为：

$$\frac{7.51+8.16+9.32+9.62+10.07}{5} \approx 8.94。$$

（2）用上汽集团股票 2016 年 12 月平均价格计算 2016 年的静态市盈率。

上汽集团 2016 年的静态市盈率为：

$$\frac{23.81}{2.87} \approx 8.30$$

（3）对比 2016 年年底的静态市盈率和基准市盈率做出估值结论。

上汽集团 2016 年年底的静态市盈率均低于两种基准市盈率，说明其 12 月份的平均价格相对于基准市盈率而言被低估了。具体来说：如果以过去五年的中位数市盈率作为基准，上汽集团在 2016 年 12 月的平均价格低估了大概 11%。如果以过去五年的平均值市盈率作为基准，上汽集团 2016 年 12 月的平均价格低估了大概 7.16%。

使用多阶段红利折现模型估值时，可以假设目标公司在经历可变增长率阶段之后进入永续的常增长阶段（见例 9.4），也可以在可变增长率阶段的期末给目标公司估计一个权益终值。此权益终值要能够反映目标公司之后的长期成长价值。分析师一般使用市盈率来帮助确定权益终值。

例 9.13：在例 9.4 中，对生物制药公司 2009—2012 年的红利估计不变，假设 2012 年年底每股净收益估计值为 1 元，公司所在行业的长期市盈率为 30。估算该公司在 2008 年的权益价值。

已知：

$$D_{2009}=0.15 \text{元}, D_{2010}=0.18 \text{元}, D_{2011}=0.216 \text{元}, D_{2012}=0.2592 \text{元}$$

根据公司所在行业长期市盈率和公司 2012 年年底的每股净收益估计值，公司在 2012 年年底的价值为：

$$V_{2012}=1 \times 30=30$$

因此公司的当前价值为：

$$V_{2008}=\frac{0.15}{1.14}+\frac{0.18}{1.14^2}+\frac{0.216}{1.14^3}+\frac{0.2592}{1.14^4}+\frac{30}{1.14^4} \approx 18.33（元）$$

9.5.5 其他财务倍数估值

在公司估值中，除了市盈率，分析师们还经常使用其他一些价格比率指标作为相对估值的依据。

1. 市净率（Price-to-Book Ratio，P/B）

市净率等于股票价格除以每股账面价值。每股账面价值即每股净资产，是每股在资产负债表上的价值，它等于公司资产负债表中资产与负债相减后的净值再除以股份总数。

$$P/B=\frac{股票价格}{每股账面价值} \tag{9.38}$$

市净率也能反映市场对公司的估值水平高低。显然其他条件一样，市净率越高，公司价值被市场高估的可能性也越高。由于银行业务的特殊性,在会计报表上总会体现出各种准备金的大幅度变化,从而显著影响净资产账面价值,因此分析师对银行类股票的相对估值多使用市净率这个指标。

2. 市盈率相对盈利增长比率(Price/Earnings to Growth Ratio, PEG)

将市盈率和公司盈利的增长能力结合起来就得到了PEG指标,

$$PEG = \frac{市盈率}{盈利增长比率} \tag{9.39}$$

PEG指标对于高成长性公司而言更有意义,因为它考虑了每股收益的增长率。不过由于涉及过多的预测指标,它的实际准确性比较成问题。

3. 股价与现金流比率(Price to Cash Flow Ratio)

价格对现金流比率用来反映市场对公司未来现金状况的预期。预期越好,这个比率相对会越好。如果预期相同,这个比率越高,那么相应地,公司价值被高估的可能性也越大。

$$股价与现金流比率 = \frac{每股股价}{每股现金流} \tag{9.40}$$

当会计准则差异造成其他价格比率在国际不具可比性时,价格对现金流比率则可作为一个良好的参考指标。

4. 价格研发(Price to Research)比率

价格研发比率等于公司每股价格除以每股对应的研发费用。

$$价格研发比率 = \frac{每股价格}{每股研发费用} \tag{9.41}$$

价格研发比率多用于评价那些研发投资比较高的公司,比如制药行业、芯片行业。一般认为,对于那些主要依靠研发的公司,价格研发率能够反映市场对该公司研发能力的未来预期。

小 结

1. 有限期内,股票的内在价值等于投资期内预期现金红利和期末股权价值的贴现值。无穷期内,股票的内在价值等于无穷期限的现金红利的现值。这两种情况下的股权内在价值是一致的。

2. 无穷期限内的股票内在价值模型称为红利折现模型,红利折现模型分为零增长、常增长和多阶段三种类型。

3. 红利来自公司的股权净收益,因此受到公司股权收益率和股利分派率的影响。对于高股权收益率的公司而言,低的红利分派率虽然导致了较低的当期红利水平,但是能够带来高的红利增长,因此内在价值可能较高。

4. 市场资本化率反映公司股东的替代投资机会。如果公司股权收益率高于市场资本化率,降低股利分派率、提高再投资率将增加股权价值,公司成为高成长型企业;如果公司股权收益率低于市场资本化率,提高股利分派率、降低再投资率将增加股权价值,公司成为现金收益型企业。

5. 市盈率反映了公司投资风险和未来成长机会。如果未来成长预期一定,低市盈率反映了投资者预期的高投资风险;如果投资风险一定,高市盈率反映了投资者预期的高成长机会。如果同一家上市公司在不同的市场表现出市盈率水平的巨大差异,说明两个市场的交易者对这家公司存在估值差异。

关 键 词

红利折现模型　　　　零增长模型　　　　常增长模型　　　　市盈率
多阶段模型

习　题

1. 讨论股票价值和价格的联系。
2. 讨论财务倍数估值模型的优缺点。
3. 讨论自由现金流模型的优缺点。

第9章即测即评

请扫描二维码进行即测即评。

参考文献及进一步阅读建议

1. 滋维·博迪,亚历克斯·凯恩,艾伦·J. 马库斯. 投资学. 10 版. 汪昌云,等,译. 机械工业出版社,2017.

2. 张亦春,郑振龙,林海. 金融市场学. 5 版. 北京:高等教育出版社,2017.

3. 彭兴韵,陈昕. 金融市场学. 上海:格致出版社,上海三联书店,2018.

4. 弗雷德里克·S. 米什金,斯坦利·G. 埃金斯. 金融市场与金融机构. 8 版. 杜惠芬,译. 北京:中国人民大学出版社,2017.

5. 本杰明·格雷厄姆,戴维·多德. 证券分析. 6 版. 巴曙松,陈剑,等,译. 中国人民大学出版社,2013.

6. 大卫·弗里克曼,雅各布·托勒. 公司估值. 注册估值分析师协会,译. 机械工业出版社,2017.

7. 保罗·皮格纳塔罗. 财务模型与估值:投资银行和私募股权实践指南. 刘振山,张鲁晶,译. 机械工业出版社,2014.

第 10 章
远期与互换市场

本章学习目的

- 掌握远期合约的定义、主要类型
- 理解远期利率协定的应用、远期外汇合约的分类
- 掌握互换的定义、主要类型
- 理解利率互换、利率互换的功能及主要应用
- 了解信用违约互换

10.1 远期市场

10.1.1 远期合约的界定

1. 远期合约的概念

远期合约(Forward Contracts)是指双方约定在未来的某一确定时间,按确定的价格买卖一定数量的某种金融资产的合约。远期合约与即期合约(Spot Contract)相对应。

在远期合约中规定,在将来买入标的物的一方称为多头方(Long Position)或者长头寸,而在未来卖出标的物的一方称为空头方(Short Position)或者短头寸,合约事先约定的资产的未来交割价格称为远期价格(Forward Price)。

远期合约的要素有:
(1)标的资产。
(2)合约的多头、空头方。
(3)合约到期日。
(4)标的资产的交割数量。
(5)标的资产的远期价格。如果交易的资产是货币资金或者债券,那么我们一般用汇率或者利率作为合约的价格。

例 10.1：交易商 A 于 2020 年 1 月 1 日与交易商 B 达成了一份黄金远期交易合约，约定在 2020 年 7 月 1 日，A 必须以 1 254.5 美元/盎司的价格出售 100 盎司的黄金给交易商 B。

这份合约里，标的资产是黄金，交易商 A 是空头方，B 是多头方，合约到期日是 2020 年 7 月 1 日，远期价格是 1 254.5 美元/盎司，交割数量是 100 盎司。

2. 远期合约的到期日损益

以上述黄金远期交易合约为例。远期合约签订之后，合约双方就有按照条款进行交割的义务。如果 2020 年 7 月 1 日，黄金的现货价格是 1 267.5 美元/盎司，交易商 B 在以 1 254.5 美元/盎司从 A 处买入 100 盎司后，马上就可以用 1 267.5 美元/盎司的价格出售，因此获利为 (1 267.5-1 254.5)×100 = 1 300 (美元)；相应地，交易商 A 以 1 254.5 美元/盎司的价格出售了市价为 1 267.5 美元/盎司的黄金 100 盎司，因此收益为 (1 254.5-1 267.5)×100 = -1 300 (美元)，这里的负收益表示交易商 A 实际发生了交易损失。

一般地，如果假设远期合约到期日为 T，标的资产的远期价格为 F_T，到期日标的资产的现货价格为 S_T，远期合约的多头方在每单位资产上的到期损益 P_L 为：

$$P_L = S_T - F_T \tag{10.1}$$

如果到期时标的资产现货价格大于远期价格，即 $S_T > F_T$，多头方损益为正，也就是从合约上获利；反之，如果 $S_T < F_T$，多头方损益为负，发生交易损失。同理，合约空头方在每单位资产上的到期损益 P_S 为：

$$P_S = F_T - S_T \tag{10.2}$$

这意味着在到期日，如果标的资产现货价格低于远期价格，空头方获利；反之，则空头方发生交易损失。图 10.1 是一个一般化的远期合约损益曲线，其中，横轴 S_T 表示到期日标的资产的现货价格，F_T 表示标的资产的远期价格，纵轴表示交易双方的损益。如图所示，多头方损益曲线是一个斜率为 1 的直线，空头方损益曲线斜率为 -1，两直线与横轴共同相交于点 F_T，这表示如果到期时标的资产的现货价格 S_T 正好等于远期价格 F_T，交易双方的损益均为零。

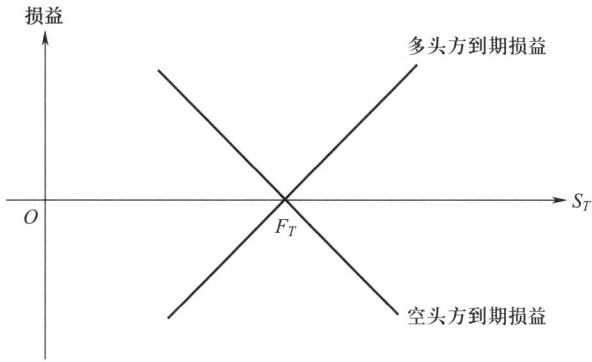

图 10.1 远期合约交易双方到期损益

3. 远期合约交易的优缺点

远期合约约定的是未来交割,可以实物交割,也可以差价交割。不要求交易者在合约订立时就持有标的资产,只要保证到期时能执行合约就可以了,其交易规模也由交易双方自行协商,合约条款根据交易双方的实际情况而定制,具有高度灵活性。同时,远期合约在订立时不需要支付价格,交易成本很低。

但远期合约也有以下明显的缺点。

(1) 由于远期合约是交易双方定制的,每份远期合约各不相同,造成合约流动性差,一般无法转让。

(2) 远期合约一般在场外交易,没有固定的、集中的交易场所,不利于信息交流和传递,不利于形成统一的市场价格,市场效率低。

(3) 远期合约缺少第三方对交易中信用风险的控制,因此很容易发生违约,风险较大。

由于远期合约的各种缺点,现实市场的远期交易多发生在银行间资金市场,银行信用减少了违约风险,短期资金借贷克服了合约流动性差的弱点,同时合约的高度定制特点反倒为银行的大额资金管理带来便利。

金融远期合约一般根据其交易对象可以分为远期利率协议、远期外汇合约和远期股票合约三类,前两种是最为常见的金融远期合约。

10.1.2 远期价格和即期价格的关系

1. 无套利均衡与远期合约定价

无套利均衡分析的开创性研究源自莫迪格利安尼(Modigliani)和米勒(Miller)在1958年提出的MM理论(Modigliani and Miller,1958)。MM理论是关于公司资本结构和公司价值之间关系的理论。Modigliani 和 Miller(1958)通过假设无套利行为,得出了两者之间的关系。事实上,现代金融理论都是直接或者间接基于无套利均衡分析的,可以把无套利看作统一所有金融的一个概念(Ross,1978)。现在无套利均衡方法被广泛应用于衍生工具的定价研究中,这一节我们通过对远期合约的无套利均衡分析让大家了解远期价格决定的基本方法。

在上一节我们已经初步了解了远期合约及其交易方式,接下来我们讨论远期合约的价格和标的资产价格之间的关系。考虑一个在未来6个月内不打算支付股利的股票XYZ,它的当前价格是40元。市场上有交易者愿意交易以XYZ为标的资产的远期合约,远期价格为43元。市场的无风险利率水平为7%。套利交易者仔细研究这些价格后作出如下交易决定。

(1) 借入6个月无风险资金40元。

(2) 买入1股XYZ。

(3) 以43元出售XYZ的6个月远期合约,数量为1股。

这三笔交易构成了该套利者的一个套利组合。现在我们来看看该套利组合的现金收益状况。首先是在当前时刻,由于该套利者以借入的资金购买股票,同时出售的远期合约在当前不会有任何现金流入,因此套利者在当前的净现金流为零,也就是说他不耗费任何成本就构筑了这个套利组合。6个月后,远期合约到期,执行合约获得43元的出售价格。同时,借入的40元无风险资金需要偿本付息,本息共需支付$40\times(1+0.07)^{\frac{6}{12}}\approx$ 41.38元。因此套利者在6个月后可以获得1.62元的现金净流入。重要的是,股票初始价格、远期价格和无风险利率在组合构建时就是已经确定了的,这个组合的到期收益不存在任何风险。

从上面的计算我们看到,套利者没有花费任何代价就构造了这个套利组合,同时可以无风险地在6个月后获得1.62元的净收益,这个套利组合就是一个典型的无风险套利组合。理性的套利者为了放大这个套利收益会不断地重复这样的交易,最终的结果就是43元的远期价格会下降(假设当前股票价格和无风险利率不受套利行为影响),直到套利组合的期末收益为零。

2. 远期—即期平价理论

下面我们使用"复制"的定价技术来一般化上面这个例子。"复制"技术是用已知的证券组合来复制未知证券的到期收益。如果复制组合的到期收益和未知证券的到期收益能够完全一致,那么复制组合和未知证券的构建成本也必须相等,否则市场就存在套利机会,套利行为会使组合和未知证券之间的价格达到无套利均衡。

假设某不支付股利的股票的当前价格为S_0,市场无风险利率为r_f,期限为T(单位:年)的该股票远期合约价格为f。我们可以构造股票和无风险资产的组合来复制远期合约买方的到期损益。

(1) 买入1股的股票。

(2) 借入无风险资产$\dfrac{f}{(1+r_f)^T}$元。

这个组合的构建成本为$S_0-\dfrac{f}{(1+r_f)^T}$元。到期时,出售股票,同时偿还无风险资金本息,净收益为:

$$S_T-\dfrac{f}{(1+r_f)^T}\times(1+r_f)^T=S_T-f \tag{10.3}$$

这个正好就是远期合约买方的到期损益。

既然股票和无风险资产组合的到期收益能完全复制远期合约买方的到期损益,那么它们的构建成本也必须相同。而我们知道,远期合约买卖双方在订立合约时是不需要支付成本的,那么这个复制组合的构建成本也必须是零,否则就会出现无风险套利机会。因此,如下等式必须成立:

$$f=S_0(1+r_f)^T \tag{10.4}$$

式10.4称为即期—远期平价定理(Spot-forward Parity)。

在前例中XYZ 6个月的远期合约价格就应该是$S_0(1+r_f)^T=40\times1.07^{0.5}\approx41.38$元。平价定理告诉我们,如果套利者可以借入无风险资金,买入股票,出售远期合约,就可以零成本套取无风险收益;那些已经持有股票的套利者则可以出售股票,贷放无风险资金,买入远期合约,同样以零成本套取无风险收益。不管是哪个方向的交易,套利行为总能使得价格向均衡方向运动,在均衡点上无风险套利机会不存在,即期—远期价格平价定理成立。

10.1.3 远期利率协定

1. 远期利率协议的定义

远期利率协议(Forward Rate Agreements,FRA)是买卖双方同意从未来某一商定的时期开始在某一特定时期内按协议利率借贷一笔数额确定、以具体货币表示的名义本金的协议。其中的协议利率是远期利率,是现在时刻确定的将来的一定期限的利率。如 1×4 远期利率,即表示 1 个月之后开始的期限为 3 个月的远期利率;3×6 远期利率,则表示 3 个月之后开始的期限为 3 个月的远期利率。

远期利率协议的买方是名义借款人,其订立远期利率协议的目的主要是规避利率上升的风险。远期利率协议的卖方则是名义贷款人,其订立远期利率协议的目的主要是规避利率下降的风险。之所以称为"名义",是因为借贷双方不必交换本金,只是在结算日根据协议利率和实际参考利率之间的差额以及名义本金额,由交易一方付给另一方结算金。

2. 远期利率协定的交易术语

远期利率协议是 1983 年问世的利率保值创新工具,最早流行于英国。目前,伦敦仍然是远期利率的交易中心,其次是纽约。为了规范远期利率协议,英国银行家协会(British Banker's Association,BBA)于 1985 年颁布了远期利率标准化文件,作为市场实务的指导原则。目前世界上主要远期利率标准化合约有两个,分别是由英国银行家协会与国际互换和衍生品协会(International Swap and Derivatives Association,ISDA)制定的。

FRA 作为一种远期资金清算协议(Cash-settled Forward Contract),是一种标准化协议约定,合约常见要素有:

(1)合同金额(Contract Amount)——借贷的名义本金额。

(2)合同货币(Contract Currency)——合同金额的货币币种。

(3)交易日(Dealing Date)——远期利率协议成交的日期。

(4)结算日(Settlement Date)——名义借贷开始的日期,也是交易一方向另一方交付结算金的日期。

(5)确定日(Fixing Date)——确定参照利率的日期。

(6)到期日(Maturity Date)——名义借贷到期的日期。

(7)合同期(Contract Period)——结算日至到期日之间的天数。

(8)合同利率(Contract Rate)——在协议中双方商定的借贷利率。

(9)参照利率(Reference Rate)——在确定日用以确定结算金的在协议中指定的某种市场利率。

(10)结算金(Settlement Sum)——在结算日,根据合同利率和参照利率的差额计算出来的由交易一方付给另一方的金额。

3. FRA 的交易流程及损益清算

在远期利率协议(FRA)下,如果参照利率超过合同利率,那么卖方就要支付买方一笔结算金,以补偿买方在实际借款中因利率上升而造成的损失。一般来说,实际借款利息是在贷款到期时支付的,而结算金则是在结算日支付的,因此结算金并不等于因利率上升而给买方造成的额外利息支出,而等于额外利息支出在结算日的贴现值。具体计算公式如下:

$$结算金 = \frac{(r_r - r_k) \times A \times \frac{D}{B}}{1 + r_r \times \frac{D}{B}} \quad (10.5)$$

式中:r_r表示参照利率;

r_k表示合同利率;

A表示合同金额;

D表示合同期天数;

B表示天数计算惯例(如美元为360天,英镑为365天)。

在式10.3中,分子表示由于合同利率与参照利率之间的差异所造成的额外利息支出,而分母是对分子进行贴现,以反映结算金的支付是在合同期开始之日而非结束之时。

例10.2:假定现在时刻是2014年1月7日星期二,A公司在1个月之后需要一笔金额为100万美元的资金,A公司与B银行双方同意成交一份1×4名义金额100万美元、合同利率4.75%的远期利率协议。其中"1×4"是指起算日和结算日之间为1个月,结算日至名义贷款最终到期日之间的时间为3个月。交易日与起算日时隔一般两个交易日。在本例中,起算日是2014年1月9日星期四,而结算日则是2014年2月10日星期一(2月9日周日为非工作日),到期时间为2014年5月10日星期一,合同期为2014年2月10日至2014年5月10日,即89天。在结算日之前的两个交易日(即2014年2月6日)为确定日,确定参照利率。参照利率通常为确定日的伦敦银行同业拆放利率。假设利率果然如预期上涨,参照利率为5.50%,这样,在结算日由于参照利率高于合同利率,银行就要支付结算金给A公司。

从这个例子可以看出,远期利率协议交易分为5个时点,分别为交易日、起算日、确定日、结算日和到期日。

远期利率协议流程见图10.2所示。应交割的结算金计算如下:

$$结算金 = \frac{(0.055 - 0.0475) \times 1\,000\,000 \times \frac{89}{360}}{1 + 0.055 \times \frac{89}{360}} \approx 1\,829.29(美元)$$

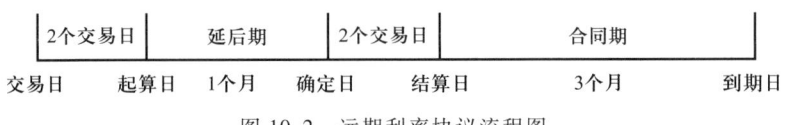

图10.2 远期利率协议流程图

此时,借方 A 公司在结算日的损益为 1 829.29 美元,即收益 1 829.29 美元;而贷方 B 银行在结算日的损益为 -1 829.29 美元,即亏损 1 829.29 美元。

远期利率协议最重要的功能在于通过固定将来实际交付的利率而避免了利率变动风险。签订 FRA 后,不管市场利率如何波动,协议双方将来收付资金的成本或收益总是固定在合同利率水平上,成为交易者防范利率风险的有效工具。

例 10.3:假设 A 公司在 6 个月后需要一笔金额为 1 000 万美元的资金,为期 3 个月,其财务经理预测届时利率将上涨,因此为了锁定其资金成本,该公司与某银行签订了一份协议利率为 5.9%,名义本金额为 1 000 万美元的 6×9 远期利率协议。

假设 6 个月后,市场利率实际上涨,3 个月期市场利率上涨为 6%,则 A 公司在到期日的利差损益为:

$$(0.06-0.059) \times 10\ 000\ 000 \times \frac{90}{360} = 2\ 500(美元)$$

则远期利率协议结算日的结算金应该等于到期日利差损益的贴现值:

$$\frac{2\ 500}{1+0.06 \times \frac{90}{360}} \approx 2\ 463.05(美元)$$

如果 A 公司为了满足资金的需求,不得不按市场利率 6% 借入一笔金额为 1 000 万美元、期限为 3 个月的资金,则其借入资金的利息成本为:

$$10\ 000\ 000 \times 0.06 \times \frac{90}{360} = 150\ 000(美元)$$

但由于 A 公司承做了上述 FRA 避险,可获远期利率协议的到期日利息差价收入 2 500 美元,所以其到期日实际的财务成本为:

$$\frac{150\ 000 - 2\ 500}{10\ 000\ 000} \times \frac{360}{90} = 0.059$$

远期利率协议的合同利率正好也是 5.9%。

通过远期利率协议,A 公司可以将其筹资成本固定,从而避免了利率波动的风险。签订了 FRA 后,不管市场利率如何波动,协议双方将来收付资金的成本或收益总是固定在合同利率的水平上。

但是 A 公司在达到规避利率风险效果的同时,也放弃了利率向有利于己方变动所可能带来的收益。若 6 个月后的市场利率下跌,仅为 5.7%,通过类似的分析,可得 A 公司的实际财务成本仍为 5.9%。而如果不签订远期利率协议,A 公司能够以利率为 5.7% 的成本获得 1 000 万美元的贷款。

10.1.4 远期外汇合约

1. 远期外汇合约的定义

远期外汇合约(Forward Exchange Contracts)是指双方约定在将来某一时间按约定的远期汇率买卖一定金额的某种外汇的合约。交易双方在签订合同时,就确定好将来进行交割的远期汇率,到时不论汇价如何变化,都应按此汇率交割。这里的远期汇率(Forward

Exchange Rate)是指两种货币在未来某一日期交割的买卖价格。

远期汇率的报价方法通常有两种:一种是直接报出远期汇率;另一种是报出远期汇率与即期汇率的差额,即远期差价,也称为远期汇水。若远期汇率大于即期汇率,那么这一差额就称为升水(Premium),反之则称为贴水(Discount),若远期汇率与即期汇率相等,那么就称为平价(At Par)。

目前外汇市场上大多用第二种报价法。通过即期汇率加减升贴水,就可算出远期汇率。根据套利定价的原理,远期汇率与即期汇率的关系是由两种货币间的利率差决定的,其公式为:

$$F = S e^{(r-r_f)(T-t)} \tag{10.6}$$

式中:F 表示 T 时刻交割的直接远期汇率;

S 表示 t 时刻的即期汇率;

r 表示本国货币的无风险连续复利利率;

r_f 表示外国货币的无风险连续复利利率。

根据远期差价的定义,其计算公式为:

$$W = F - S = S[e^{(r-r_f)(T-t)} - 1] \tag{10.7}$$

式中:W 表示远期差价。

当 $r > r_f$ 时,差价大于零,说明远期汇率大于即期汇率,称为远期升水;反之,当差价小于零,称为远期贴水。

例 10.4:即期汇率为 US \$1 = AUD1.652 0/25,1 个月远期差价为 50/55,则将即期汇率按照一定规则加减升贴水即可获得远期汇率。加减的规则是"前小后大往上加,前大后小往下减"。"前小后大"和"前大后小"是指差价的排队方式。

由于上述美元兑澳元的差价排列方式为前小后大,故往上加得到远期汇率为 US \$1 = AUD1.657 0/80。

2. 远期外汇合约的分类

(1) 按照远期外汇的交易方式。远期外汇合约可以分为固定交割日的远期外汇交易(Fixed Maturity Date Forward Transaction)和选择交割日的远期外汇交易(Optional Maturity Date Forward Transaction)。

固定交割日的远期外汇交易是指交易双方事先约定在未来某个确定的日期办理货币收付的远期外汇交易,但现实中外汇买卖者往往事先并不知道外汇收入和支出的准确时间,因此这种固定交割日的远期外汇合约在实际运用中缺乏足够的灵活性和机动性。

选择交割日的远期外汇交易则是为了弥补上述缺陷。采用择期交易方式,主动请求交易的一方可以在成交日的第三天起至约定的期限内的任何一个营业日,要求交易的另一方,按照双方事先约定的远期汇率办理货币收付。确定交割日的方法也有两种:一是事先把交割期限固定在某两个具体的日期之间,如某一出口商于 2018 年 9 月 25 日成交一笔出口交易,约定 3 个月后付款,该出口商可以马上在外汇市场卖出一笔 3 个月的远期外汇,并约定择期日期为 2018 年 9 月 29 日至 12 月 29 日,则该出口商便可在这段时间内的任何一天,随时将收到的外汇卖给银行。二是事先把交割期限固定在不同月份之间。择期交易在交割日上对客户比较有利,因此,银行在择期交易中有权选择从择期开始到结束期间内对顾客最为不利的汇率作为择期远期交易的汇率。

例 10.5:假设某家美国银行的报价如下:即期 £ 1 = US \$ 1.550 0/50;1 个月期 £ 1 = US \$ 1.560 0/50;2 个月期 £ 1 = US \$ 1.570 0/50;3 个月期 £ 1 = US \$ 1.580 0/50。如果择期从第一个月开始,到第三个月结束,则对向该行出售外汇的顾客所适用的汇率为 £ 1 = US \$ 1.560 0。如果择期在第二、三个月,则对出售外汇的顾客和购买外汇的顾客适用的汇率分别为 £ 1 = US \$ 1.570 0 和 £ 1 = US \$ 1.580 0。

(2)按照远期的开始时期。远期外汇合约又分为直接远期外汇合约(Outright Forward Foreign Exchange Contracts)和远期外汇综合协议(Synthetic Agreement for Forward Exchange,SAFE)。

前者的远期期限是直接从现在开始算的,而后者的远期期限是从未来的某个时点开始算的,因此实际上是远期的远期外汇合约。如 1×4 远期外汇综合协议是指从起算日之后的 1 个月开始计算的为期 3 个月的远期外汇综合协议。

3. 远期外汇合约的应用

远期外汇买卖是国际上最常用的一种避免外汇风险、固定外汇成本的方法。人们在进行对外贸易结算、海外投资、外汇借贷或还贷时都会涉及外汇保值的问题,通过远期外汇买卖业务,可事先将某一项目的外汇成本固定,或锁定远期外汇收付的换汇成本,从而达到管理汇率风险的目的。

例 10.6:设当前(2018 年 5 月 8 日)美元兑日元的汇率为 1 美元 = 133 日元。根据贸易合同,进口商甲公司将在 6 月 10 日支付 2 亿日元的货款。甲公司只有美元,因此需要通过外汇买卖,卖出美元买入日元来支付货款。公司担心美元兑日元的汇率下跌将会增加换汇成本,于是同中国银行签订了一笔直接远期外汇合约,按远期汇率 1 美元 = 132.50 日元买入 2 亿日元,同时卖出美元,资金交割日为 6 月 10 日。这一天,甲公司需向中国银行支付 1 509 433.96(200 000 000÷132.50)美元,同时中国银行将向甲公司支付 2 亿日元。

这笔远期外汇买卖成交后,甲公司美元兑日元的汇率成本便可固定下来,无论国际外汇市场的汇率水平如何变化,甲公司都可按 1 美元 = 132.50 日元的汇率水平从中国银行换取日元。

假如甲公司未进行上述远期外汇交易,而是等到实际支付货款时才进行即期外汇买卖,那么如果 6 月 10 日美元兑日元的即期市场汇率下跌(假设跌至 1 美元 = 124 日元),那么甲公司就必须按此汇率买入 2 亿日元,同时卖出 1 612 903.23(200 000 000÷124)美元。

如果不做远期外汇交易,公司将多支出 1 612 903.23 − 1 509 433.96 = 103 469.27(美元)。

由此可见,通过买入远期外汇合约可以锁定进口商进口付汇的成本,从而有效地规避汇率波动的风险。以此相对应,出口商则可以通过卖出远期外汇来锁定未来收汇的汇率。

10.2 互换市场

10.2.1 互换的界定

1. 互换的定义

互换(Swap)是指两个或两个以上当事人按照商定条件,在约定的时间内,交换一系列现金流的合约。在合约中,各方约定现金流的互换时间及现金流数量的计算方法。目前,互换是国际金融市场最主要的金融衍生产品之一,在场外衍生产品市场起到非常重要的作用。在金融互换中,最常见的是利率互换与货币互换。

1981年8月,所罗门兄弟公司安排在世界银行和IBM公司间进行了一笔马克和瑞士法郎对美元的互换交易。当时,IBM公司筹集了一笔固定利率的马克和瑞士法郎资金并将其转换为美元使用。不久,美元对马克和瑞士法郎的汇率上升,IBM公司在账面就获得了一笔资本利得。但是,IBM公司的高级管理人员认为美元的强势可能不会持续很久,而IBM公司的主要目的在于实现其资本利得和免除马克和瑞士法郎的敞口风险;与此同时世界银行却希望能够以尽可能低的融资成本发行欧洲债券。在所罗门兄弟公司的安排下,世界银行以IBM公司的马克和瑞士法郎债务的还款期和付息时间表相对应发行了欧洲债券,然后与IBM公司进行了互换。由IBM公司替世界银行偿付美元利息,由世界银行替IBM公司偿付马克和瑞士法郎的利息。由于马克和瑞士法郎的利率低于美元利率,所以通过互换交易,一方面世界银行降低了融资成本;另一方面,虽然IBM公司支付了较高的美元利息,但互换却使它免除了支付马克和瑞士法郎利息所可能具有的汇率风险。由于互换是负债的交换或资产的交换,其现金流的流出和流入是互为条件的,是一种表外业务,并不改变资产负债结构,因此深受一些大公司欢迎,飞速发展起来。

2. 互换与远期合约

互换可以解释为一系列远期合约的资产组合并据此定价。一个远期合约可以看作一个最简单的互换合约。

例如,假定2018年1月13日某公司签署了一个一年期的远期合约,在合约中这家公司同意在一年后以每盎司1 200美元的价格购买100盎司的黄金,这个远期合约可以被认为是一个互换合约。在此合约中,公司同意在一年后,也就是在2019年1月12日以现金120 000美元交换数量为$100 S_T$美元的现金流(S_T为一年后黄金的市场价格)。

10.2.2 利率互换

1. 利率互换的概念

利率互换(Interest Rate Swap)是20世纪80年代以来国际借贷市场上高利率和利率多变环境下的产物,是指双方同意在未来的一定期限内根据同样的名义本金交换现金流,一般情况其中一方的现金流根据浮动利率计算出来,而另一方的现金流根据固定利率计算。互换的期限通常在2年以上,有时甚至在15年以上。在利率互换交易中,交易双方无论在交易的初期、中期还是末期都不交换本金,交换的只是利息款项。交换的结果是改变了资产或负债的利率。

利率互换与外汇市场、证券市场、短期货币市场及资本市场都密切相关,既是融资工具的创新,也是金融风险管理的有效手段。利率互换交易的产生一般是基于以下几种情况:交易者所需的利率计算方式和支付方式很难得到;交易者在市场上筹措某类资金具有比较优势;根据对利率走势的判断和预测,希望得到浮动利率或固定利率贷款。

例10.7:A公司需要一笔一年期的浮动利率贷款。它可以取得固定年利率为14%的贷款,也可以取得比当时市场上的28天回购利率高出1个百分点的浮动利率贷款。同时,B公司需要一笔同样数额的贷款,但B公司倾向于固定利率贷款,它可以取得年利率固定为15%的贷款,或是浮动利率为28天回购利率的贷款(见表10.1)。

表10.1 A、B公司获得贷款的利率

	固定利率	浮动利率
A公司	14%	28天回购利率+1%
B公司	15%	28天回购利率

A公司需要浮动利率贷款却在固定利率贷款上具有比较优势,而B公司需要固定利率贷款却在浮动利率贷款上具有比较优势。此时双方可以进行互换交易,A公司接受14%的固定利率贷款,并支付28天的回购利率给B公司;B公司接受28天回购利率的贷款,并支付14%的固定利率给A公司。这样A公司实际上是支付了浮动的28天回购利率,而B公司则实际上是支付了14%的固定利率。相比于不进行利率互换的情况下,双方的借贷成本都降低了一个百分点,且各自得到了自己需要的贷款利率种类。其利率互换流程如图10.3所示。

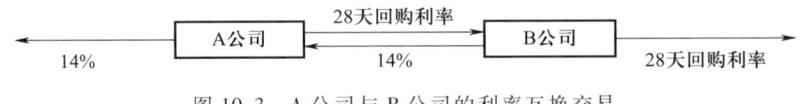

图10.3 A公司与B公司的利率互换交易

2. 利率互换的主要形式

利率可以有多种形式,任何两种不同的形式都可以通过利率互换进行相互转换。利率互换有三种主要的类型:息票互换、基础互换和交叉货币利率互换。

(1) 息票互换(Coupon Swap)是同种货币的固定利率和浮动利率之间的互换,即交易的一方向另一方支付一系列固定利率的利息款项换取对方支付的一系列浮动利率的利息款项。从交易的对方而言,则是支付一系列浮动利率的利息款项换取一系列固定利率的利息款项。这是利率互换中最基本也是最常见的交易方式,且双方不交换本金的现金流量。大多数息票互换都以美元计值,小额息票互换也有以英镑、瑞士法郎、欧元、日元等货币计值的。

(2) 基础利率互换(Basis Swap)是同种货币基于不同参考利率的浮动利率对浮动利率的利息互换,即以一种参考利率的浮动利率交换另一种参考利率的浮动利率。在基础利率互换交易中,交易双方分别支付和收取两种不同浮动利率的利息款项。两种浮动利率的利息额都是以同等数额名义本金为基础计算的。如 3 个月的美元伦敦银行同业拆放利率对美国商业票据混合利率进行核算。

（3）交叉货币利率互换（Cross-currency Interest Rate Swap）是不同货币的不同利率的互换，即一种货币的固定利率与另一种货币的浮动利率的交换。换言之，就是在一笔互换交易中，既有不同种货币（如日元对美元），又有不同利率（如固定利率对浮动利率）的交换。这种互换最典型的是美元浮动利率与非美元固定利率的交换，如浮动利率的 3 个月期美元与固定利率日元的互换。

3. 利率互换的功能与应用

（1）资产转换。投资者拥有债券等资产后，除了信用风险外往往最担心利率风险令收益缩水。用利率互换可锁定收益或增加收益，转换固定利率与浮动利率的资产组合。

例 10.8：如投资者持有某 5 年期美元债券，收益率为 6 个月美元 LIBOR+1.0%。浮动利率处于高位时，投资的收益可观，但若市场利率走跌，投资者的收益将随之下降。为此他安排了一笔利率互换（见图 10.4），对资产收益进行保值锁定，即从互换交易对手收入固定利率 9%，同时向对手支付 6 个月美元 LIBOR+1.0%。这样，由于债券收益与互换交易中的支付利息相抵，无论市场利率下滑至何处，投资者仍能获得 9% 的实际收益率，起到了资产保值的作用。针对固定利率收益的债券也可根据市场判断通过利率互换的方式改变收益率方式，甚至增加收益。

图 10.4　现金流量图

（2）债务结构转换。债务人通过利率互换可以将融资成本灵活地以固定利率或浮动利率的方式表现，改变固定利率与浮动利率的债务结构。它常被用来降低借款成本，或避免利率波动带来的风险。

例 10.9：某公司筹集到一笔 5 000 万美元、利率为 6 个月美元 LIBOR+0.6% 的 5 年期贷款，利息每半年支付一次。公司担心未来 5 年中美元利率呈上升趋势，同时由于利率水平起伏不定，该公司无法精确预测贷款的利息负担，从而难以进行成本计划与控制。为此它通过利率互换交易将浮动美元利率债务转换为固定利率为 5.5% 的美元债务（见图 10.5），互换交易中收入的浮动利率恰好用于偿还贷款的浮动利率，其结果是该公司实际债务成本为 5.5%，从而规避了利率上升的风险。对于固定利率融资也可通过利率互换转换还息方式。

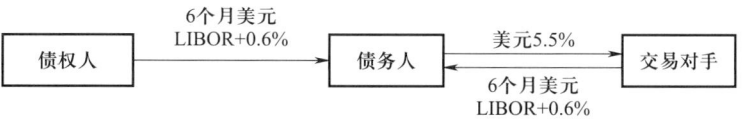

图 10.5　现金流量图

对于交易时机,一般来说,当利率处于历史低位或利率走势看涨时,投资者应尽量持有浮动收益资产,而债务保值者应尽量持有固定利率债务;同理,当利率处于历史高位或利率走势看跌时,投资者应尽量持有固定收益资产,而债务保值者应尽量持有浮动利率债务。

面对层出不穷的各类金融衍生产品,利率互换凭借其结构简单、应用广泛、效果明显、易于管理等优势,仍是利率风险防范领域的有力武器。

10.2.3 货币互换

货币互换是金融互换的主要类型之一,虽然出现的时间不是很长,但是它的发展非常迅速,已经成为最具效率的金融衍生工具之一。

1. 货币互换的基本概念

货币互换(Currency Swap),是一种一定数量的货币与另一种相当数量的货币进行交换。具体地讲,是指交易两方按固定汇率在期初交换不同货币的本金,然后按照预定的日期,进行利息和本金的分期交换。在某些情况下,也可以不交换本金或者到期日不交换本金。用一句话概括,就是交易不同币种、相同期限、等值资金债务或资产的货币及利率。

货币互换是金融互换的主要类型之一,虽然出现的时间不是很长,但是它的发展非常迅速,种类也比较丰富,主要包括:不同种类货币之间的本金互换、不同货币之间的浮动利率/浮动利率互换和固定利率/固定利率互换,以及固定利率/浮动利率互换等几类。下面通过一个例子来了解货币互换及其流程。

例 10.10:假定英镑和美元汇率为 1 英镑=1.500 0 美元。A 想借入 5 年期的 1 000 万英镑借款,B 想借入 5 年期的 1 500 万美元借款。但由于 A 的信用等级高于 B,两国金融市场对 A、B 两公司的熟悉状况不同,因此市场向它们提供的固定利率也不同(见表 10.2)。

表 10.2 市场向 A、B 公司提供的借款利率

	美元	英镑
A 公司	8%	11.6%
B 公司	10%	12%

从表 10.2 可以看出,A 的借款利率均比 B 低,即 A 在两个市场都具有绝对优势,但绝对优势大小不同。A 在美元市场上的绝对优势为 2%,在英镑市场上只有 0.4%。这就是说,A 在美元市场上有比较优势,而 B 在英镑市场上有比较优势。这样,双方就可利用各自的比较优势借款,然后通过互换得到自己想要的资金,并通过分享互换收益(1.6%)降低筹资成本。

于是,A 以 8%的利率借入 5 年期的 1 500 万美元借款,B 以 12%利率借入 5 年期的 1 000 万英镑借款。然后,双方先进行本金的交换,即 A 向 B 支付 1 500 万美元,B 向 A 支付 1 000 万英镑。

假定 A、B 公司商定双方平分互换收益,则 A、B 公司都将使筹资成本降低 0.8%,即双方最终实际筹资成本分别为:A 支付 10.8%的英镑利率,而 B 支付 9.2%的美元利率。

这样,双方就可根据借款成本与实际筹资成本的差异计算各自向对方支付的现金流,进行利息互换。即:A 向 B 支付 10.8%的英镑借款的利息计 108 万英镑,B 向 A 支付 8%的美元借款的利息计 120 万美元。经过互换后,A 的最终实际筹资成本降为 10.8%英镑借款利息,而 B 的最终实际筹资成本变为 8%美元借款利息加 1.2%英镑借款利息。若汇率水平不变的话,B 最终实际筹资成本相当于 9.2%美元借款利息。若担心未来汇率水平变动,B 可以通过购买美元远期或期货来规避汇率风险。

在贷款期满后,双方要再次进行借款本金的互换,即 A 向 B 支付 1 000 万英镑,B 向 A 支付 1 500 万美元。到此,货币互换结束。若不考虑本金问题上述货币互换的流程如图 10.6 所示。

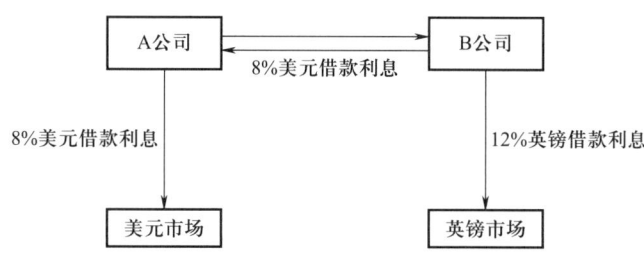

图 10.6　货币市场货币互换流程图

2. 货币互换的一般形式

货币互换最基本的形式,是一个包含有现金流交换且遵循不同现金流决定其价值规则的契约。因此可以创造出来的互换没有数量上的限制,只要包含上述要素即可。影响现金流的变量包括货币种类、即期利率、美元/非美元形式的本金、互换的到期期限、两种货币借贷的成本以及潜在的利息支付率等。货币互换的形式有四种,其中最常见的货币互换是固定利率对浮动利率的货币互换。尤其是一些信用评级欠佳的中小企业,因为很难取得长期资金,获取的长期资金的成本很高,往往通过欧洲债券市场(Eurobond Market)发行短期变动利率之浮动利率本票(Floating Rate Note),再以货币互换的方式转换成长期固定利率的资金,这样可以节省融资成本。

另外一种也很普遍的互换是固定对浮动的货币互换,也称为交叉货币互换。在这种互换中,支付流的一部分是基于一种货币的固定利率,而另一部分支付流则基于第二种货币的浮动利率。

3. 货币互换的功能

货币互换通常被用来将一种货币的资产、负债或未来收益现金流转换成另一种货币相应的现金流。进一步说,货币互换具有以下功能。

(1) 降低筹资成本。如果交易者需要一种货币资本,但自身只能以较劣的条件获得该货币,这时交易者可以举借利率条件较优的货币,再通过货币互换转换成自己需要的货币,从而达到降低筹资成本的目的。互换交易之所以具有降低筹资成本的效果,主要是因为在国际金融领域中比较优势的广泛存在。大量事实表明,在某个确定的金融市场上,私人公司和政府实体都具有各自的借款方面的优势可供利用。

(2) 规避汇率与利率风险。通过货币互换,借款人可不断调整资产和负债的货币结构,规避汇率、利率变动带来的风险,还可以改变收益流、支出流的货币种类,对债务、债权的结构进行重组。在经济日益全球化的今天,许多公司的资产和负债开始以多种货币计价,为了降低货币在将来升值或贬值的长期风险,通过与本国货币互换创造出该货币的反方向现金流,可以有效地抵消特定现金流的不利影响,对货币敞口头寸进行保值或投机。在对中长期的市场风险提供防护方面,运用互换比运用远期或期货合约进行套期保值更为有效。

(3) 规避货币管制。货币互换还可以提供一个进入受限制市场的途径。在某些市场上存在货币管制现象,如果借款人直接进入这些市场有困难,他可以通过借入其他货币,然后经过互换,调换成货币管制国货币。这种方法实际上相当于借款人间接地进入了该市场。

10.2.4 信用衍生品市场

1. 信用衍生品市场概述

信用衍生品(Credit Derivatives)和抵押债务凭证(Collateralized Debt Obligations, CDO)是两个重要的信用风险转移工具。对金融机构来说,信用衍生品尤其是信用违约互换,使它们能够在不出售贷款的条件下将信用风险转移给另一方。CDO是证券化技术的一项应用。信用衍生品可用于创造信用风险转移产品,比如合成CDO。

机构投资组合经理在日常活动中利用信用衍生品更有效地控制组合或金融机构资产负债表的信用风险,并且进行比现货市场中更高效的交易。例如,与在现货市场中卖空相比,信用衍生品为机构投资组合经理提供更高效地做空具有信用风险的证券的机制,而在现货市场上卖空常常是很困难的。对交易员和对冲基金经理来说,信用衍生品提供了一种通过杠杆提高风险在信用市场上暴露程度的方法。

到目前为止,最流行的信用衍生品类型是信用违约互换(Credit Default Swap)。这种形式的信用衍生品不仅是最常用的独立产品,而且在被称为结构化信用产品(Structured Credit Products)中也有广泛的使用。信用违约互换可能是所有信用衍生品中最简单的信用风险转移形式,也是信用衍生品中最主流的形式。

2. 信用违约互换

信用违约互换是指信用风险保护购买方向信用风险保护出售方支付互换保费(Swap Premium),将信用风险暴露转移给信用保护出售方,其主要目的是对特定资产或发行者的信用风险暴露进行套期保值。根据参考实体不同,信用违约互换可以分为单名信用违约互换(Single-name Credit Default Swap)、篮子信用违约互换(Basket Credit Default Swap)以及信用违约互换指数(Credit Default Swap Index)。

(1) 单名信用违约互换。单名信用违约互换是指只有一个参考实体的信用违约互换。在其标准合约中,如果信用事件没有发生,要求保护购买方每季度支付互换保费。如果信用事件发生,会导致两件事情。第一,保护购买方不再继续向保护出售方支付互换保费。第二,对该互换决定一个解约价值(Termination Value)。解约价值的计算过程取决于互换提供的结算条款,可能是实物结算或现金结算。市场实践中对单名信用违约互换采用的是实物结算。

在进行实物结算时,保护购买方将特定面值数额的参考实体债券交付给保护出售方,保护出售方向保护购买方支付债券的面值(见图 10.7)。由于所有信用违约互换的参考实体都有很多种债务存在,保护购买方可以在参考实体发行的多种债务中选择对保护出售方的交割品种,这些品种被称为可交割债务(Deliverable Obligations)。

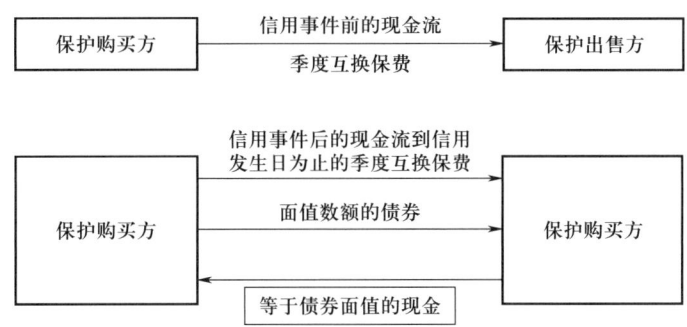

图 10.7　实物交割的单名信用违约互换的机制

(2)篮子信用违约互换。篮子信用违约互换是指有多个参考实体的信用违约互换,其最简单的情况是如果有任何一个参考债务违约,就进行支付并结束互换,这种互换称为最先违约篮子互换(First-to-default Basket Swap)。相似地,在出现两次参考债务违约后触发支付的互换称为二次违约篮子互换(Second-to-default Basket Swap)。推而广之,在出现 k 次参考债务违约后触发支付的互换称为 k 次违约篮子互换(K-to-default Basket Swap)。

与单名信用违约互换不同,篮子违约互换的首选结算为现金结算。在现金结算中,当信用事件发生时保护出售方向保护购买方支付金额,保护购买方不向保护出售方交付债券,其中支付金额等于参考债务的名义金额与其在信用事件时的市场价值之差。

(3)信用违约互换指数。信用违约互换指数是指一个标准化的参考实体篮子的信用违约互换,它的特殊之处在于当信用事件发生,保护购买方会继续进行互换支付,然而季度互换保费支付的金额随着名义本金的减少而降低。

> **专栏 10-1**
>
> ### 中国的信用衍生品市场
>
> 2010 年 10 月 29 日,中国银行间市场交易商协会发布了《银行间市场信用风险缓释工具试点业务指引》,正式推出了信用风险缓释工具(Credit Risk Mitigation,CRM)。CRM 的基本原理与 CDS 极为相似,唯一的差别在于:CDS 是金融机构在自发的柜台交易中实现的,买卖大多在场外市场进行;而 CRM 在中国是由银行间市场交易商协会主导的,从一开始就具有某种"官办"的色彩。最初登陆中国的 CRM 是两类产品,分别是

场外交易的信用风险缓释合约(Credit Risk Mitigation Agreement,CRMA)和场内交易的标准化合约信用风险缓释凭证(Credit Risk Mitigation Warrant,CRMW)。在银行间市场,CRM 的参与主体需要资格审核,目前被严格限定在了大型商业银行、投资银行、资产管理公司几类中,而保险公司及再保险公司、对冲基金、共同基金、养老基金还未拿到入场券。2016 年 9 月 23 日,中国银行间市场交易商协会修订了《银行间市场信用风险缓释工具试点业务规则》,发布了新版信用风险缓释合约、新版信用风险缓释凭证、信用违约互换(Credit Default Swap,CDS)、信用联结票据(Credit Linked Note,CLN)四份产品指引。在此次修订中,不仅增加了信用违约互换、信用联结票据两项新产品,而且放宽了市场进入门槛,优化了产品创设流程。截至 2016 年年末,CRM 发行额累计 58.8 亿元(其中,共有 16 家机构达成 47 笔 CRMA 交易,名义本金合计 40.4 亿元;7 家机构发行了 10 支 CRMW,名义本金总额为 15.4 亿元,另有 10 家机构开展了 15 笔 CDS 交易,名义本金总计 3 亿元)。

资料来源:同花顺金融数据终端。

小　　结

1. 远期合约是指双方约定在未来的某一确定时间,按确定的价格买卖一定数量的某种金融资产的合约。合约中规定在将来买入标的物的一方称为多头方或者长头寸,而在未来卖出标的物的一方称为空头方或者短头寸,合约事先约定的资产的未来交割价格称为远期价格。

2. 远期利率协议是买卖双方同意从未来某一商定的时期开始在某一特定时期内按协议利率借贷一笔数额确定、以具体货币表示的名义本金的协议。远期利率协议的买方是名义借款人,其订立远期利率协议的目的主要是为了规避利率上升的风险;卖方则是名义贷款人,其订立远期利率协议的目的主要是规避利率下降的风险。

3. 远期外汇合约是指双方约定在将来某一时间按约定的远期汇率买卖一定金额的某种外汇的合约。交易双方在签订合同时,就确定好将来进行交割的远期汇率。这可以帮交易者锁定外汇价格。

4. 互换是指约定两个或两个以上当事人按照商定条件,在约定的时间内,交换一系列现金流的合约。在合约中,各方约定现金流的互换时间及现金流数量的计算方法。它具有:规避利率和汇率风险、降低融资成本、加强资产负债管理和规避外汇利率管制等功能。

5. 利率互换是指双方同意在未来的一定期限内根据同样的名义本金交换现金流。一般情况下,其中一方的现金流根据浮动利率计算出来,而另一方的现金流根据固定利率计算。

6. 货币互换,原则上是一种一定数量的货币与另一种相当数量的货币进行交换。它需要在货币品种、数量、期限上都有共同需求的两个平等的伙伴,在其利益相同而货币持有意向上需求相反的情况下进行交换而形成。货币互换主要具有以下功能:降低筹资成本、规避汇率风险和利率风险、规避货币管制、套利和套期保值。

7. 信用违约互换是指信用风险保护购买方向信用风险保护出售方支付互换保费,将信用风险暴露转移给信用保护出售方,其主要目的是对特定资产或发行者的信用风险暴露进行套期保值。根据参考实体不同,信用违约互换可以分为单名信用违约互换、篮子信用违约互换以及信用违约互换指数。

关　键　词

远期市场	远期利率协议	远期外汇合约	互换市场
利率互换	货币互换	商品互换	股票互换
外汇互换	信用衍生品	信用违约互换	

习　题

1. 一家原油交易商 A 于 2014 年 1 月 1 日与交易商 B 达成了一份国际原油远期合约,约定在 2014 年 4 月 1 日,A 必须以 74 美元/桶的价格出售 1 万桶的国际原油给 B。如果 2014 年 4 月 1 日,国际原油的现货价格是 74.5 美元/桶,求交易商 B 的损益。

如果 2014 年 4 月 1 日原油价格变为 72 美元/桶,试计算交易商 A 的损益情况。

2. 银行 X 与银行 Y 在 2013 年 5 月 14 日签订了一个 3×6 的 FRA,合同本金为 100 万英镑,合同利率为 5%,X 为合同的借方。参照利率为 LIBOR,确定日为 8 月 14 日,此时 3 个月的 LIBOR 为 5.5%。根据 FRA 清算约定,交易双方应该在结算日 8 月 16 日结算双方损益。试回答以下问题:

(1) 分别说出此 FRA 的合同金额、合同货币、合同期(以月为单位)和参照利率。

(2) 银行 X 与银行 Y 在交易中谁获利?亏损方需支付的结算金为多少?

3. 举一个外汇合约的例子,并说出买方如何通过它规避外汇风险。

4. 一家美国公司有一笔 5 000 万元的浮动利率债务,期限为 5 年,利率为 LIBOR+0.5%,每年支付一次利息。现在公司担心未来 LIBOR 会升高,因此想借助利率互换来规避风险。公司向银行询价后,银行报出了 5yr TN+18/20 bps against LIBOR 的互换价格。当前国库券的收益率曲线假设如表 10.3 所示:

表 10.3　国库券的收益率

年	1	2	3	4	5
收益率	5.22%	5.53%	6.31%	6.96%	7.08%

请为该公司选择一个互换合约,设计一个避险计划。假设未来 5 年市场的 LIBOR 利率如表 10.4 所示,请评估你的避险计划(假设互换合约也是每年交换一次利息)。

表 10.4　LIBOR 的收益率

年	1	2	3	4	5
LIBOR	5.51%	6.00%	6.48%	6.82%	7.20%

5. 某基金经理想购买 2 500 万最小信用等级为 AA 级、收益率超过澳元 LIBOR+12bps、3 年期澳元资产,但综观澳元浮动利率借贷市场,甚至考虑用利率互换将澳元固定利率资产互换成浮动利率资产,都不存在符合条件的投资机会。该经理可以购买到利率为英镑 LIBOR+18bps 的 3 年期 AA 级英镑公司债券。即期汇率为 1 英镑=2.5 澳元。

请借助债券市场和互换市场,为该经理设计一个购买计划。

6. 举例说明利率互换中的比较优势是如何成立的?

7. 什么是互换?它具有哪些功能?在衍生品市场中,常见的互换种类有哪些?

第 10 章即测即评

请扫描二维码进行即测即评。

参考文献及进一步阅读建议

1. 约翰·赫尔. 期权、期货和其他衍生品. 10 版. 北京:机械工业出版社,2019.
2. 滋维·博迪,亚历克斯·凯恩,艾伦·J. 马库斯. 投资学. 10 版. 汪昌云,等,译. 北京:机械工业出版社,2017.
3. 张亦春,郑振龙,林海. 金融市场学. 5 版. 北京:高等教育出版社,2017.
4. 黄河. 互换交易. 武汉:武汉大学出版社,2005.

附录 1:中国人民银行与其他国家或地区的货币互换交易(扫码学习)

附录 2:中国的信用衍生品交易实践(扫码学习)

第 11 章
期货与期权市场

本章学习目的

- 掌握期货合约的定义与交易机制
- 了解主要的金融期货合约
- 掌握期权合约的定义与主要分类
- 理解期权合约的到期收益计算
- 理解影响期权价格的主要因素
- 了解期权交易的组合策略

11.1 期货市场

11.1.1 期货合约

由于远期合约交易成本高、流动性差和违约风险高的缺点,因此市场规模难以扩大。为解决这一问题,市场开始引入标准化的远期交易——期货交易。美国于 1848 年建立芝加哥交易所,随后开发出首批商品期货合约——到期执行合约(To-arrive Contract)。1972 年,美国芝加哥商品交易所(Chicago Mercantile Exchange,CME)成立了交易外币期货的国际货币市场,首次推出了金融期货交易,目前期货交易已经成为商品和金融资产的一种最重要的交易方式。

1. 期货合约的概念

与远期合约类似,期货合约(Futures Contracts)是在将来某一指定时刻以约定价格买入或卖出某一产品的标准化合约。从概念上说,期货合约就是标准化的远期合约,是一种高度标准化、可流通转让、在交易所交易的远期类衍生工具。

期货合约在订立的时候,买卖双方不用相互支付合约价格。建立一份期货合约叫作持仓,手中持有的期货合约数量叫作持仓量。承诺买入资产的交易方为多头方,承诺出售资产的交易方为空头方。达成的标的资产的未来交割价格称为期货价格。标准化的期货合约主要对标的资产的种类、品质、单位合约的交割数量、到期时间、交割地点等条款进行标准化。

2. 期货交易和远期交易的主要区别

(1) 交易场所不同。远期合约主要在场外交易市场交易,而期货交易全部在交易所进行(实体交易所或者电子网络交易所)。

(2) 合约条款的标准化程度不同。交易所根据市场需求推出固定的交易品种,包括对标的资产品质的详细要求、合约到期时间、每份合约代表的资产数量等。合约条款的标准化保证了一个活跃的二级交易市场,交易者只需针对标准化的合约竞价拍卖交易,因此期货合约有非常高的流动性。当然,标准化交易带来的负面效应就是期货交易不像远期交易那样能够精确地为公司经营活动进行套期保值,需要通过一定的期货交易策略来弥补。

(3) 清算方式不同。期货交易跟远期交易一样产生交易损益,但是合约交易双方之间并不直接清算损益,而是通过交易所的清算公司清算。这个措施主要在于限制交易的违约风险。

11.1.2 期货合约的交易与结算机制

1. 期货交易的间接清算制度

期货交易双方并不直接交割资产或者清算损益,他们都通过交易所指定的清算公司(Clearing House)进行结算。这称作期货交易的间接清算制度。在间接清算制度下,交易双方互相不知道对方,一切资产交割和损益结算都直接和清算公司完成。

期货清算公司可能由交易所直接设立,也可能由独立的金融中介提供清算服务。比如,CME 自己有清算公司,同时还为芝加哥期货交易所(Chicago Board of Trade,CBOT)提供清算服务;而中国期货交易所一般指定符合规定的结算银行清算。间接清算的存在使得所有达成的交易合约都由清算公司统一管理,清算公司通过对会员账户的管理控制了交易的违约风险,大大提高了期货交易的效率。

如果交易者选择持有期货合约至到期并交割资产,清算公司向合约买方(多头方)交割标的资产,买方则向清算公司支付价格;同时,合约卖方(空头方)向清算公司交割标的资产,清算公司则向卖方支付价格。这个流程如图 11.1 所示。

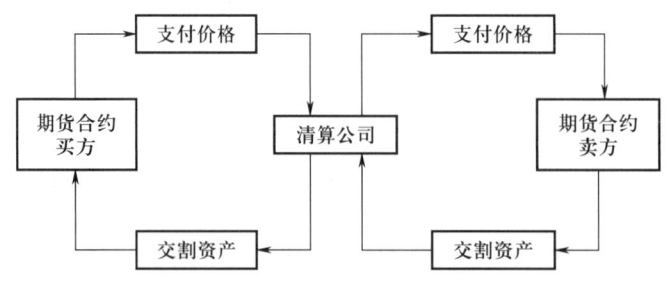

图 11.1 期货清算公司的清算流程

现实中,由于标准化的期货合约培育了一个高度活跃和发达的二级交易市场,因此大部分的期货交易者并不对标的资产的交割感兴趣,而只关注期货价格的波动。他们会通过平仓(Reversing Trade)这种交易方式来避免发生实物交割,并提前实现期货合约的价格损益。所谓平仓就是用一个数量相同但是方向相反的交易头寸去冲抵原先建立的交易头寸,平仓之后交易者的持仓量为零,价差形成交易损益,同时两个头寸相反的合约使其避免了实物交割。

2. 期货交易的损益实现

一般地,对于多头方而言,如果在期货价格上涨后平仓就获利,如果在期货价格下跌时平仓则亏损。空头方的平仓损益情况和多头方完全相反。多空方的平仓损益可以按照下式计算:

多头方损益:

$$(F_T - F_0) \times N \tag{11.1}$$

空头方损益:

$$(F_0 - F_T) \times N \tag{11.2}$$

式中:F_T是平仓时的期货单位价格;

F_0是建仓时的单位价格;

N是仓位数量。

表 11.1 摘录了中国金融期货交易所公布的国债期货 2018 年 9 月份的行情。

表 11.1　2018 年 9 月份国债期货行情

合约代码	月开盘价（万元）	月收盘价（万元）	涨跌（万元）	持仓量（份）	持仓变化（份）	月末结算价（万元）	成交量（份）	成交金额（万元）
TF1809	97.855	97.6	-0.3	0	-2 201	97.545	361	35 268.985
TF1812	97.995	97.76	-0.245	19 007	4 044	97.79	96 934	9 455 433.26
TF1903	97.94	97.835	0.14	16	11	97.845	39	3 804.735
TF1906		97.54	0	0	0	97.77	0	0
小计				19 023	1 854		97 334	9 494 506.98

资料来源:中国金融期货交易所。

第一个栏目是合约品种:TF 表示国债期货的交易代码;TF 后的四位数字表示合约的到期交割月,比如 1809 表示 2018 年 9 月到期的国债期货合约。第二到第四栏是相关价格行情。第五栏持仓量,也叫未平仓量(open interest),它是交易所国债期货在最后交割月月末未平仓的多头合约数量或者空头合约数量。第七栏月末结算价是月底平仓结算损益时采用的价格。如果某个交易者在 2018 年 9 月开盘时建立 2018 年 12 月国债期货空头仓位 5 份,9 月底选择平仓(不计中间损益),那么他的当月交易损益为:

$$(97.995 - 97.76) \times 5 \times 100 = 117.5(万元)$$

即产生 117.5 万元交易收益。

3. 盯市和保证金账户交易

间接清算制度实际上将交易者的违约风险转嫁给了清算公司,清算公司为了控制违约风险在期货交易中实行了盯市（Marking to Market）的结算制度，也就是每日根据期货价格波动强制结算交易者的当日损益。

在盯市制度下，清算公司会在每日收市时，用当日的结算价对每个交易者的未平仓头寸强制平仓，然后计算当日损益。假设在 2018 年 9 月 3 日收市时，张某有 10 份 12 月份国债期货多头仓位，张某是在当天以 97.855 元/份的价格建仓，当天的 12 月份国债期货的结算价是 97.76 元/份。那么清算公司就会强制用 10 手的 12 月份国债期货空头仓位来平仓张某的多头仓位，平仓使得张某当天发生（97.855-97.76）×10×100=95（万元）的交易损失。然后清算公司重新按照 97.76 的价格为张某建立 12 月份国债期货的多头仓位 10 份。

清算公司在计算了交易会员每日的交易损益后就会记入他们在清算公司的账户，这个账户称为保证金账户（Margin Account）。每位交易会员都会被要求在清算公司开设保证金账户，并且根据交易规模的一定比例往账户中预存一定现金（或现金等价物）作为保证金，这笔现金称为初始保证金（Initial Margin）。在交易过程中，清算公司根据每天的交易损益增减保证金账户的余额。如果账户余额低于一定的水平（称为维持水平，Maintenance Level），清算公司就会要求交易者向账户补充保证金，这称为发出支付命令（Margin Call）。如果会员不能及时按照支付命令向账户补充资金，清算公司就会清算会员的保证金账户，强行终止会员的交易。

11.1.3 金融期货

1. 金融期货的分类

金融期货即指金融期货合约（Futures Contracts），是在将来某一指定时刻以约定价格买入或卖出某种金融资产的标准化合约。按标的金融资产不同，金融期货主要有外汇期货、利率期货和股权类期货三种类型。

外汇期货又称货币期权，是以外汇为基础工具的期货合约，是金融期货中最先产生的品种，主要用于规避外汇风险。

利率期货是继外汇期货之后产生的又一金融期货类别，其基础资产是一定数量的与利率相关的某种金融工具，主要是各类固定收益金融工具。利率期货主要是为了规避利率风险而产生的。固定收益金融工具的价格受到现行利率和预期利率的影响，价格变化与利率变化一般呈反向关系。

股权类期货是以单只股票、股票组合或者股票价格指数为基础资产的期货合约。

2. 股票价格指数期货

股票价格指数期货（以下简称股指期货）是以股票价格指数作为基础资产的期货交易品种，是为适应人们控制股票市场的风险，尤其是系统性风险的需要而产生的。表 11.2 概括了主要金融市场的部分股指期货产品。

表 11.2 部分金融市场股指期货概览

地区	股指期货	标的指数	合约规模	交易所
中国香港	恒生指数期货	恒生指数	HKD 50×HSI	香港期货交易所

续表

地区	股指期货	标的指数	合约规模	交易所
美国	标准普尔 500 指数期货	标准普尔 500 指数	USD 250×S&P500	芝加哥商品交易所
	道琼斯指数;道琼斯工业平均指数	琼斯工业平均指数	USD 25×DJIA Index	芝加哥期货交易所
	纳斯达克 100 指数期货	纳斯达克 100 指数	USD 100×Nasdaq 100	芝加哥商品交易所
	CME 日经 225 股指期货	日经 225 指数	JPY 500×Nikkei 225	芝加哥商品交易所
英国	富时 100 指数期货	富时 100 指数	GBP 10×FTSE 100	伦敦国际金融期货交易所
日本	CME 日经 225 股指期货	日经 225 指数	JPY1000×Nikkei 225	大阪证券交易所

股指期货合约的期货价格约定的是到期日的指数点数,期货指数点数和到期日实际指数点数差额与合约规模(Contract Size)的乘积就是交易双方的损益。假设 1 个月的恒生指数期货合约价格为 20 413,1 个月后合约到期时恒生指数的实际值为 20 500,那么每份合约的多头方损益为:

$$(S_T - F) \times ContractSize = (20\,500 - 20\,413) \times 50 = 1\,350(元)$$

对应地,空头方损益为-1 350 元。

跟其他期货合约一样,交易双方也可以在合约到期之前就平仓。

2010 年 4 月 16 日中国首个股票指数期货交易品种沪深 300 指数期货合约在中国金融期货交易所正式交易(见表 11.3)。

表 11.3 沪深 300 指数期货的标准化条款

合约标的	沪深 300 指数
合约乘数	每点 300 元
合约价值	沪深 300 指数点×300 元
报价单位	指数点
最小变动价位	0.2 点
合约月份	当月、下月及随后两个季月
交易时间	9:15—11:30,13:00—15:15
最后交易日交易时间	9:15—11:30,13:00—15:00
价格限制	上一个交易日结算价的正负 10%
合约交易保证金	合约价值的 12%

续表

交割方式	现金交割
最后交易日	合约到期月份的第三个周五,遇法定节假日顺延
最后结算日	同最后交易日
交易代码	IF
上市交易场所	中国金融期货交易所

资料来源:中国金融期货交易所网站。

合约价格的最小变动单位(Minimum Flucturation)为0.2点。建仓时可以选择的合约到期月(Contract Months)有4个:当月(Spot Month)、下月(Next Calendar Month),以及随后两个季月(Next Two Calendar Quarter Months)。其中季月是指每年的3月、6月、9月、12月这4个月份。比如,2018年1月份建仓的交易者可以选择2018年的1月、2月、3月、6月为合约到期月。2018年10月建仓的交易者可以选择10月、11月、12月和2019年3月为到期月。合约以到期月的最后一个交易日为最后结算日,以倒数第二个交易日为最后交易日。结算时采用交易所公布的结算价(Final Settlement Price)进行结算(不一定是当日收盘价),如香港期货交易所采用最后交易日的5分钟指数的平均价为结算价。股指期货到期时均采用现金方式结算损益,并不发生实物交割。

交易指数期货的动机之一就是人们可以用低成本的方式来持有市场指数所代表的投资组合。市场指数就是一个股票组合的加权平均价格,指数的涨跌就是这个组合价值的变化。通过持有指数代表的股票组合可以分散投资风险。不过,持有这么多种类的股票本身的交易成本就很高,同时要求的资金规模也很大。比如,中国的沪深300指数有300只成分股,在购买这些股票时最小购买单位为100股,也就是说一个希望分散风险的投资者需要购买30 000股以上的股票才能复制沪深300指数,而持有股指期货的交易成本的保证金却要少很多,同时投资者又能利用对市场整体走势的判断来进行套期保值或者获利。

3. 国债期货

国债期货(Treasury Future)是以国债作为标的物的期货交易品种。它是在20世纪70年代美国金融市场不稳定的背景下,为满足投资者规避利率风险的需求而产生的。国债期货市场对国债现货市场以及相关的其他市场发展的成熟度要求比较高,进行国债期货交易的国家并不是很多,主要国债期货品种集中于美、英、德、法、日等发达国家。国债期货是目前世界金融衍生品交易品种中交易量最大且最为成功的期货交易品种之一。

中国的国债期货交易试点开始于1992年。1992年12月,上海证券交易所最先开放了国债期货交易,之后全国有14个交易场所可以交易国债期货合约,国债期货交易逐渐趋于活跃,1994年仅上交所的全年国债期货交易总额就达到1.9万亿元。1995年2月,国债期货市场上发生了著名的"327"违规操作事件,对市场造成了沉重的打击。1995年5月17日,中国证监会发出通知,决定暂停国债期货交易。

2013年,在时隔18年后,中国的国债期货于2013年9月6日正式在中国金融期货交易所上市交易。中国国债期货合约的设计原则为:在保证国债期货流动性的前提下,保障国债期货套期保值功能,规避利率风险;保障国债期货价格发现功能;防止价格操纵行为,强化风险控制。下面以中国金融期货交易所的 5 年期国债期货标准合约为例对国债期货的主要交易规则进行介绍(见表 11.4)。

表 11.4 中国金融期货交易所 5 年期国债期货标准合约

合约标的	面值为 100 万元人民币、票面利率为 3%的名义中期国债
可交割国债	合约到期月份首日剩余期限为 4 至 7 年的记账式附息国债
报价方式	百元净价报价
最小变动价位	0.002 元
合约月份	最近的三个季月
交易时间	9:15—11:30,13:00—15:15
最后交易日交易时间	9:15—11:30
涨跌停板幅度	上一交易日结算价的±2%
最低交易保证金标准	合约价值的 2%
最后交易日	合约交割月份的第二个星期五
最后交割日	最后交易日后的第三个交易日
交割方式	实物交割
交易代码	TF
上市交易所	中国金融期货交易所

资料来源:中国金融期货交易所网站。

(1)交易单位。交易单位是指每份国债期货合约的交易数量。国债期货合约的交易单位是经过严格标准化的,也就是说每份国债期货合约的交易数量都是确定的,这使国债期货交易成为一种只记录国债期货合约买卖数量的交易,极大地简化了交易的过程,提高了市场效率。

(2)最小变动价位。最小变动价位又称刻度或最小波幅,是指交易所公开竞价或计算机自动撮合过程中,国债期货价格报价的最小变动金额。最小变动价位乘以合约交易单位,就可得到每张国债期货合约的最小变动金额。有了最小变动价位,国债期货交易就以最小变动价位的整数倍上下波动,便利交易者核算盈亏。

(3)每日最高波动幅度。每日最高波动幅度又称涨跌停板幅度,是指单个交易日内国债期货价格的最高允许涨跌幅度,当价格波动幅度超过这一限制时,交易所将会停止当天交易,第二天的交易将在涨跌停板的基础上重新开始。设置每日最高波动幅度的主要目的是控制风险。

(4)标准交割时间。标准交割时间包括标准交割月份和标准交割日期。标准交割月份,指期货合约交割的未来月份,又称合约月份。标准交割日期,指交割月份的具体交割日。随着现代科技发展速度日益加快,尤其是计算机技术在国债期货交易中的广泛应用,国债期货合约已经实现了无纸化。

中国国债期货市场的"327"风波(扫码学习)

11.1.4 期货市场的功能

1. 价格发现

期货市场是一个高度活跃的交易市场,必然地,那些消息灵通或者具有优秀交易技巧的交易者会将自己对现货价格的走势判断带入期货交易之中,以求获利。而当信息有效地在期货和现货市场之间传递时,基于信息的期货价格变动也必然反过来影响到现货市场交易者对未来的预期,从而影响现货价格的变化。同时,期货非实物交割的方式降低了交易成本,使得期货价格变动更连续,对信息的反应更加灵敏。

2. 套期保值

在一般工商企业的日常经营中,它们的成本和销售随时都面临现货价格波动的风险。如果原材料价格上涨,就会给它们带来成本压力,如果产品价格下跌就会带来收益损失。这些都使得企业利润有很大不确定性。企业可以利用期货合约来规避这种不确定性。我们知道跟远期合约一样,期货合约的空头仓位在价格上升时发生交易损失,在价格下跌时获得收益。如果某企业有产品存货待销,那么就可以利用该产品的期货空头交易来规避价格风险,我们称这种交易策略为套期保值,或者称为对冲(Offset)风险。

3. 投机

无须实物交割使得那些本身不持有标的资产的交易者也可以利用自己对价格信息的掌握来获利。如果他们判断价格会上升,就会建立多头仓位;如果判断价格会下降,就会建立空头仓位。同时交易者在交易初期只要支付少额的保证金就可以进行期货交易,因此交易具有很高的杠杆效应,给投资者带来大量的投机机会。

4. 套利

严格意义上的期货套利是指利用同一合约在不同市场上可能存在的短暂价格差异进行买卖,赚取差价,称为跨市场套利。市场上也通常根据不同品种、不同期限合约之间的比价关系进行双向操作,分别称为跨品种套利和跨期限套利,但由于交易费用、冲击成本等细节问题,其结果较为复杂。对于股价指数等品种,还可以和成分股现货联系起来进行指数套利。当股指期货价格低于理论值,做空股指期货,买入股指组合,称为正套;反之,若股指期货价格低于理论值,则做多股指期货,做空指数组合,称为反套。期货套利机制的存在对于提高金融市场的有效性具有重要意义。

11.2 期权市场

11.2.1 期权合约

1. 期权合约概述

1973年4月,美国芝加哥期货交易所成立了一个新的交易所——芝加哥期权交易所,第一次推出交易所交易的期权合约,特别用来交易股票期权,自此交易所交易的期权合约开始在世界范围流行。此外,银行和金融机构也在国际金融市场上大量交易场外的期权合约。合约的标的资产涵盖了股票、价格指数、外汇、固定收益证券、商品,甚至期货合约。

期权交易中,交易双方买卖的是一种权利,具体地说是一种选择权(Option)。其中买入或者说持有这种权利的交易方称为买方(Holder),出售这种权利的交易方称为卖方(Writer)。在合约订立时,买方向卖方支付一笔价款以购买这项权利,这笔价款称为权利金(Premium)。一般这种选择权的内容是:买方和卖方就标的资产的某种未来不确定性事项做出交易约定,在合约到期时,买方可以选择市场状况对自己有利时执行交易约定,在不利时放弃合约。

需要强调的是,期权合约与远期类合约的本质区别在于,远期类合约的交易双方达成的是对等的交易承诺,而期权合约买方有灵活的交易选择权。由于不存在权利交易,因此远期类合约在订立时交易双方没有对价支付。而期权合约在交易时,买方需要向卖方支付权利金。

2. 期权合约的要素和交易术语

同期货合约一样,交易所交易的期权合约也是标准化的。下面以中国证券交易所的股票期权为例介绍标准化期权合约的要素(见表11.5)。

表11.5 上证50ETF[①] 期权

合约标的	上证50交易型开放式指数证券投资基金(50ETF)
合约类型	认购期权和认沽期权
合约单位	10 000份
合约到期月份	当月、下月及随后两个季月
行权价格	9个(1个平值合约、4个虚值合约、4个实值合约)
行权方式	到期日行权(欧式)
交割方式	实物交割(业务规则另有规定的除外)
到期日	到期月份的第四个星期三(遇法定节假日顺延)
行权日	同合约到期日,行权指令提交时间为9:15—9:25、9:30—11:30、13:00—15:30

---

① 交易所交易基金(Exchange Traded Fund,ETF)。

续表

交收日	行权日次—交易日
交易时间	上午 9:15—9:25,9:30—11:30(9:15—9:25 为开盘集合竞价时间) 下午 13:00—15:00(14:57—15:00 为收盘集合竞价时间)
买卖类型	买入开仓、买入平仓、卖出开仓、卖出平仓、备兑开仓、备兑平仓以及业务规则规定的其他买卖类型
最小报价单位	0.000 1 元
申报单位	1 张或其整数倍
熔断机制	连续竞价期间,期权合约盘中交易价格较最近参考价格涨跌幅度达到或者超过 50%且价格涨跌绝对值达到或者超过 5 个最小报价单位时,期权合约进入 3 分钟的集合竞价交易阶段
上市交易场所	上海证券交易所

（1）交易单位(Trading Unit)。同期货一样,期权合约以"份"为单位交易。上海证券交易所约定每份上证 ETF50 期权合约代表 10 000 份标的上证 50 交易型开放式指数证券投资基金。

（2）到期月份(Expiration Cycle)。按照交易所规定当月、下月及随后两个季月为到期月。

（3）到期日(Expiration Date)。到期月份的第四个星期三为合约到期日。

（4）执行方式。上证 ETF50 期权是欧式期权,即只能在到期日选择执行合约。

（5）交割方式(Methods of Delivery if Excercised)。如果买方执行合约,那么双方采用实物交割方式。

（6）执行价格。交易所设置了 9 个行权价格,分别有 1 个平值、4 个虚值、4 个实值。

（7）交易方式与最小变动单位。买卖双方针对合约在 9:15—9:25 和 14:57—15:00 实行集合竞价买卖,9:30—11:30 和 13:30—14:57 为连续竞价交易,竞价的最小变动单位为 0.000 1 元。

（8）风险控制。交易所对期权交易同样也实行头寸管理、涨跌停限制、熔断机制、保证金等制度来控制信用风险。

3. 期权合约的基本类型

根据不同的标准划分,期货合约有以下类型。

（1）根据约定的选择权不同,市场上存在两种基本的期权类型:看涨期权(Call Options)和看跌期权(Put Options)。看涨期权赋予合约买方以选择权,可以在未来约定时间以约定价格买入约定数量的某种标的资产。看跌期权和看涨期权相反,它赋予合约买方在未来约定时间以约定价格出售约定数量的某种标的资产的权利。买方如果选择按照交易约定交割标的资产称为执行合约(Exercise Options),事先约定的资产交割价格称为执行价格(Exercise Price, or Strike Price)。

（2）根据交易双方对合约到期日的约定,也有以下两种类型的期权合约:欧式期权(European Options)和美式期权(American Options)。欧式期权的买方只有在合约到期日当天才能执行合约,美式期权的买方可以选择在到期日之前的任何一天执行合约。

(3) 根据期权合约的基础资产划分,金融期权合约可分为现货期权和期货期权。其中现货期权可分为:利率期权、货币期权(或称外汇期权)、股价指数期权、股票期权;期货期权可分为利率期货期权、货币期货期权和股价指数期货期权三种。因此金融期权可细分如图 11.2 所示。

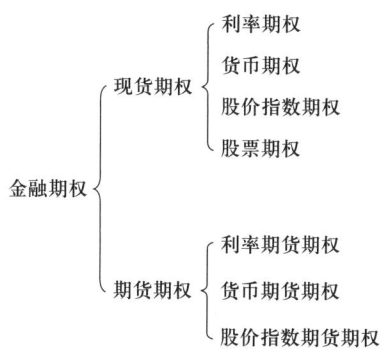

图 11.2　金融期权分类

(4) 在普通美式/欧式期权之外,还存在奇异期权。奇异期权通常在选择权性质、基础资产以及期权有效期等内容上与标准化的交易所期权存在差异,种类庞杂,较为流行的就有数十种之多。例如,有的可以在规定的一系列时点行权(百慕大期权),有的对行权设置一定条件(障碍期权)等。

4. 期权合约的交易、结算机制

与期货交易不同的是,期权交易场所不仅有正规的交易所,还有一个规模庞大的场外交易市场。交易所交易的是标准化的期权合约,场外交易的则是非标准化的期权合约。

对于场内交易的期权来说,其合约有效期一般不超过 9 个月,以 3 个月和 6 个月最为常见。跟期货交易一样,由于有效期(交割月份)不同,同一种标的资产可以有好几个期权品种。此外,同一标的资产还可以规定不同的协议价格而使期权有更多的品种,同一标的资产、相同期限、相同协议价格的期权还分为看涨期权和看跌期权两大类,因此期权品种远比期货品种多得多。为了保证期权交易高效、有序,交易所对期权合约的规模、期权价格的最小变动单位、期权价格的每日最高波动幅度、最后交易日、交割方式、标的资产的品质等都作出了明确规定。

(1) 做市商与冲销指令。大多数交易所采取做市商来促成交易。做市商报出买入价与卖出价,买入价是做市商准备买入期权的价格,卖出价是做市商准备卖出期权的价格。在报出买入价与卖出价时,做市商并不知道询价方是要买入还是卖出期权。卖出价一定会高于买入价,高出买入价的差额就是买卖差价(Bid-offer Spread)。交易所可以根据期权的价格来设定买卖价差的上下限。做市商的存在可以确保买卖指令在没有延迟的情况下在某一价格立即执行,因此,做市商的存在增加了市场的流动性。

购买期权的投资者可以发出出售相同期权的冲销指令(Off-setting Order)来清算他的头寸。类似地,期权的承约者也可以发出一个购买相同期权的冲销指令来结算其头寸。

当一个期权正在交易时,如果任何一方都没有冲销其现存交易,则持仓量(Open Interest)加1;如果某一方冲销某现存头寸而另一方没有冲销其头寸,则持仓量保持不变;如果双方都冲销头寸,则持仓量减1。

(2)期权清算公司。期权清算公司的职能与期货市场中的清算公司很相似。其职能是确保出售期权的一方按照期权合约的规定来履行义务,同时清算公司也要记录长头寸及短头寸的情况。期权结算中心采取会员制,所有的期权交易必须通过会员来进行清算。

11.2.2 期权合约的到期收益

由于只有合约买方有权决定是否执行合约,那么期权合约的到期收益决定于买方行为。表11.6为2018年10月上证ETF50行情与对应10月到期的期权合约行情。

表11.6 2018年10月的上证ETF50行情与相应10月到期期权合约行情

(a)上证ETF50行情

代码	名称	现价(元)	涨跌(元)	涨跌幅(%)	最高(元)	最低(元)	收盘(元)
510050	50ETF	2.659	+0.031	+1.18	2.674	2.634	2.628

(b)ETF50期权行情

看涨期权					执行价	看跌期权				
买价(元)	卖价(元)	涨跌(%)	持仓(万手)	最新		最新	持仓(万手)	涨跌(%)	卖价(元)	买价(元)
0.4130	0.4178	0.0298	2 767	0.4181	2.25	0.0008	2.50	-0.0002	0.0008	0.0007
0.3670	0.3671	0.0281	4 111	0.3671	2.3	0.0011	2.74	-0.0002	0.0011	0.0009
⋮	⋮	⋮	⋮	⋮	⋮	⋮	⋮	⋮	⋮	⋮
0.0459	0.0460	0.012	7.78	0.046	2.7	0.0773	2.88	-0.0167	0.0773	0.0770
0.0290	0.0291	0.0078	8.29	0.0291	2.75	0.1098	1.23	-0.0214	0.1098	0.1097

资料来源:同花顺数据库。

表11.6(a)为期权标的资产华夏上证50ETF的行情,其现价为2.6590元,涨幅为1.18%,表11.6(b)左侧为看涨合约(认购合约)行情,右侧为看跌期权(认沽合约)行情。从看涨期权合约行情来看,行权价小于2.6590元的为实值期权,行权价大于2.6590元的为虚值期权;从看跌期权行情来看,行权价大于2.6590元的为实值期权,行权价小于2.6590元的为虚值期权。

假设张某于2018年9月30日在上海证券交易所以收盘价买入10份10月到期的上证50ETF看涨期权,执行价格为2.25元,权利金为0.413元。这意味着,到10月份合约到期时,张某必须就这份合约做出选择:一是执行合约,即按照2.25元的价格买入上证50ETF10 000份;二是不执行合约,那么合约作废。显然,只要到期选择不执行合约,合约对双方的价值就是零。为了实现收益最大化,张某就必须知道自己应该在什么情况下执行合约。如果到期日股价高于执行价格2.25元,比如为2.26元,那么张某应该选择执行合约,因为执行合约能够给他带来(2.26-2.25)×10 000=100(元)的收益。相反如果到期股价低于执行价格,比如为2.24元,那么张某就不执行合约,因为此时执行合约给他带来100元的损失。

总结一下张某的决策:假设期权的执行价格为K,到期日标的股票价格为S_T,对看跌期权买方而言,如果$S_T>K$,那么买方就选择不执行合约避免价格损失;如果$S_T<K$,那么买方就应该选择执行合约获取价格收益。看涨期权买方的决策正好相反,如果$S_T>K$,那么看涨期权买方应该选择执行合约获取价格收益,否则就不执行合约避免价格损失。

因此期权合约对买卖双方的到期价值可以总结如表11.7所示。

表 11.7 期权合约到期价值

标的股票到期价格	看涨期权到期价值		看跌期权到期价值	
	买方	卖方	买方	卖方
$S_T \geq K$	S_T-K	$-(S_T-K)$	0	0
$S_T < K$	0	0	$K-S_T$	$-(K-S_T)$

表11.7显示的到期计算也可以总结为如下公式:

看涨期权买方到期价值为:

$$\max(S_T-K,0) \tag{11.3}$$

看涨期权卖方到期价值和买方完全相反:

$$-\max(S_T-K,0) \tag{11.4}$$

图11.3总结了期权交易双方的到期价值曲线。对于买方而言,投资净利润就是到期价值减去期初支付的权利金;卖方的投资净利润就是到期价值加上期初获得的权利金。因此,我们将图11.3的到期价值曲线按照权利金大小上下平移后就得到了如图11.4所示的期权净利润曲线。

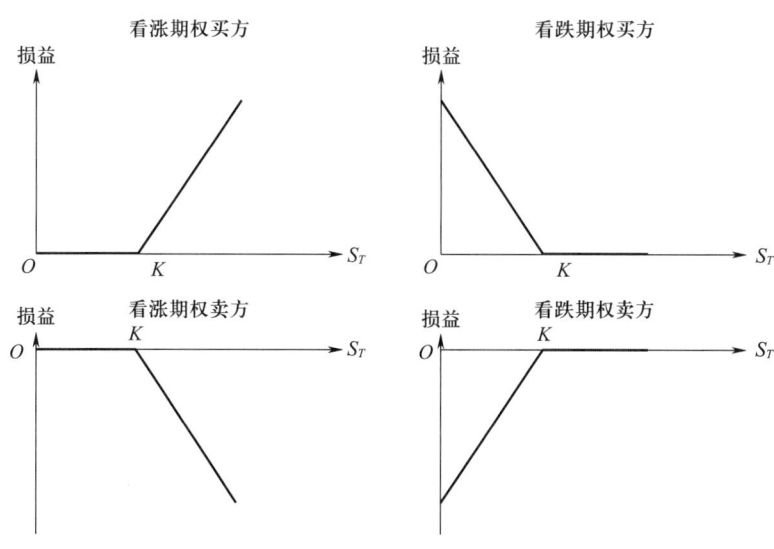

图 11.3 期权交易双方的到期价值曲线

图 11.4 中,净利润曲线和横轴的交点位置表示买卖双方的利润为零,这个价格称为损益平衡点(Break-even Point)。看涨期权的损益平衡点是 $K+Premium$,看跌期权的损益平衡点是 $K-Premium$。

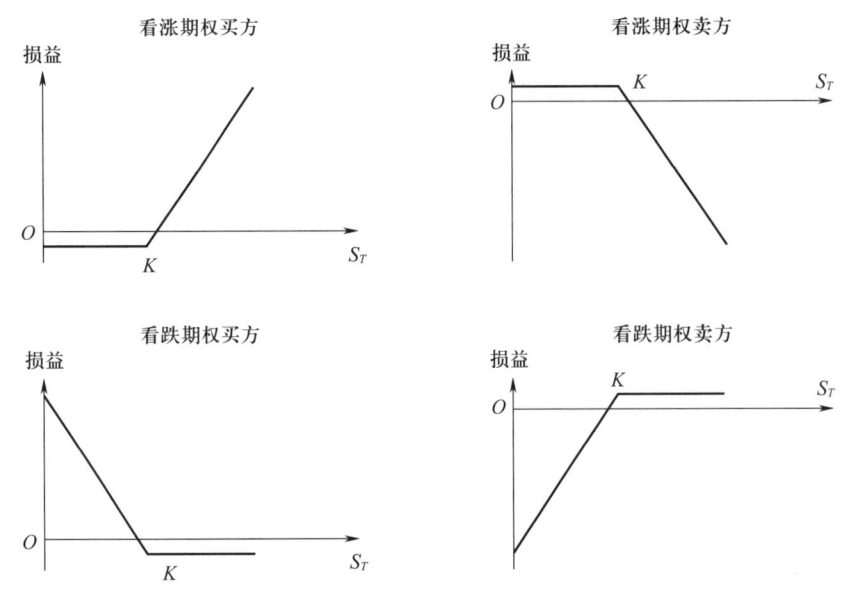

图 11.4　期权合约净利润曲线

图 11.3 和图 11.4 显示了期权合约交易双方的损益特点:正是由于权利持有人可以始终做出对自己有利的选择,因此买方在到期日不会面临价格损失的情况下,还有可能获得价格收益,这跟保险合约在本质上是一样的。这也从另一个角度说明了为什么期权合约本身有价值,因为它相当于合约卖方给买方开出的一份"保单"。

11.2.3　期权合约价格的影响因素

期权合约类似于一份针对标的资产价格波动的保险合约,合约持有人或者说买方通过期权合约既能避免资产价格波动带来的损失,又不失去价格波动带来的收益。因此这样的合约是有价的,期权合约的价格就是权利金。交易者通过协商权利金来买卖这种选择权。我们以股票期权为例,简要讨论期权合约价格的影响因素。

一般而言,有六个因素影响股票期权的价格:

(1) 当前股价(Current Price),S_t。

(2) 执行价格(Strike Price),K。

(3) 股价的波动性(Volatility),σ。

(4) 期权期限内的预期股利支付(Expected Dividends),D。

(5) 距到期日时间(Time to Expiration),$T-t$。

(6) 无风险利率,r。

为了表述方便,我们给每个因素都约定了相应的数学符号,其中 T 表示期权的到期日，t 表示当前日，显然 $0 \leq t \leq T$，并且当 $t = 0$ 时，表示期权合约的创设日。下文不再重复解释这些符号。期权合约的当前价格可以表述为：

$$V_t = f(S_t, K, T-t, \sigma, r_f, D) \tag{11.5}$$

其中 V_t 表示期权合约在 t 时刻的价格。下面我们考虑在其他条件不变（Ceteris Paribus）时，改变其中一个变量，期权价格 V_t 会发生什么变化。

1. 当前股价（S_t）和执行价格（K）

金融投资的基本原理告诉我们，金融资产的当前价格与预期收益大小相关，是其预期收益的现值。期权的预期收益由到期日股价偏离执行价格的可能性和幅度决定。

对于看涨期权而言，如果当前股价 S_t 越高，或者执行价格 K 越低，那么在到期时股价就越可能超过执行价格，看涨期权价格越高。同样的道理，对于看跌期权来说，在当前股价越低或者执行价格越高时，期权越有价值。

2. 波动性（σ）

股票价格波动性越大，未来时刻的股价分布越离散，这意味着对期权持有人而言股价不利变动和有利变动的可能性都增加了。但是如果股价发生不利变动，持有人可以选择放弃合约，避免价格损失；同时如果股价发生有利变动，持有人可以执行合约获取价格收益。总的来说，当股票波动性增加时，期权买方的预期收益增加，合约变得更有价值。

3. 预期股利（D）

预期股利分派会降低股票预期价格，因此会提升看跌期权当前价值，降低看涨期权当前价值。

4. 距到期日时间（$T-t$）

一般而言，距到期日时间越长，股票价格在这个期间内的波动的幅度和可能性会越大。对于美式看涨期权而言，股票价格在期间内的负向波动对合约价值没有影响，同时持有人还能在资产价格波动到高点时选择执行合约获取高收益，因此距到期日时间越长，美式看涨期权的预期收益越高，合约因此也越有价值。这对于美式看跌期权也是同样适用的。

但是对于欧式期权来说，情况有些不同。因为欧式期权没有美式期权那么多的执行机会，欧式期权只能在到期日执行。这样期限越长的欧式期权将更多地面临不确定性因素的影响，因此对当前期权价格的影响也无法确定。比如，距到期日时间越长，期限内股利分派的预期也越大，我们知道，股利分派会引起股价下跌，而这对欧式看涨和欧式看跌期权的影响是不一样的。

5. 无风险利率（r_f）

如前所述，金融资产的当前价值等于其预期收益的现值，折现率就是这个资产的机会成本。当无风险利率升高时，意味着市场整体利率水平上升，金融资产的机会成本也随之上升。如果其他条件不变，这会使得当前期权合约价值降低。当然，在现实中，利率的变动会引起很多因素的变动，"其他条件不变"的条件并不能满足，所以无风险利率对期权价格的影响不能一概而论。

11.2.4 期权合约的交易策略

期权交易的精妙之处在于可以通过不同的期权品种构成众多具有不同盈亏分布特征的组合。投资者可能根据各自对未来标的资产现货价格概率分布的预期,以及各自的风险—收益偏好,选择最适合自己的期权组合。下面简略介绍一下较为常见的期权组合。简单起见,我们这里的利润(Payoff)等于到期价值减去期权费,并且忽略货币的时间价值。

1. 单一期权产品与股票

单一期权和股票的交易策略有多种不同形式。备兑看涨期权(Covered Call)是指买入一份股票与卖出一份以这只股票为标的资产的欧式看涨期权;保护看跌期权(Protective Put)是指买入一只股票并同时买入一份以这一股票为标的资产的欧式看跌期权。从图11.5盈亏图来看,前者类似于卖出一个看跌期权;后者类似于买入一个看涨期权。

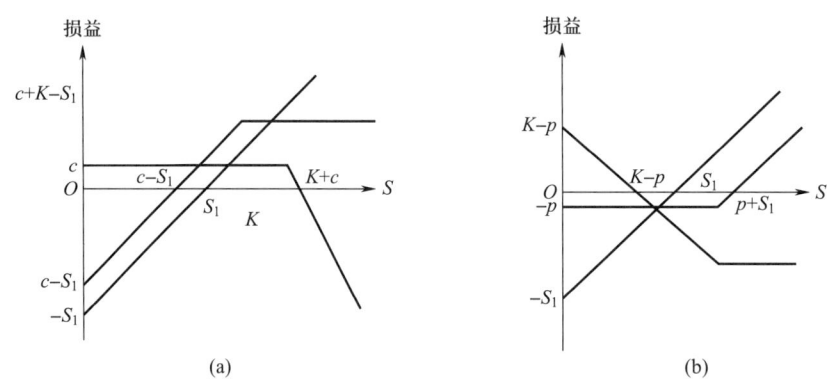

图 11.5　股票与期权组合的盈亏分布图

图11.5(a)反映了股票多头与看涨期权空头组合的盈亏图,该组合称为有担保的看涨期权(Covered Call)空头。股票空头与看涨期权多头组合的盈亏图,与有担保的看涨期权空头刚好相反。图11.5(b)反映了股票多头与看跌期权多头组合的盈亏图,股票空头与看跌期权空头组合的盈亏图刚好相反。

2. 差价组合

差价(Spread)是指将具有相同类型的两个或多个期权(由两个或更多个看涨期权/看跌期权)组合在一起的交易策略。

牛市差价策略(Bull Spread)由买入一个具有较低执行价格的欧式股票看涨期权(看跌期权),同时卖出一个具有较高执行价格的欧式股票看涨期权(看跌期权)构成;熊市差价策略(Bear Spread)由买入一个具有较高执行价格的欧式股票看跌期权(看涨期权)及卖出一个具有较低执行价格的欧式股票看跌期权(看涨期权)构成;蝶式差价策略(Butterfly Spread)由买入一个具有较低价格及一个具有较高执行价格的看涨期权(看跌期权)及卖出两个具有中间执行价格的看涨期权(看跌期权)构成;日历差价策略

(Calendar Spread)包括卖出一个较短期限的看涨期权(看跌期权),并同时买入一个较长期限的看涨期权(看跌期权)构成;对角差价策略(Diagonal Spread)包括买入一个期权及卖出一个期权,买入及卖出的期限与执行价格均不同。

图 11.6(a)反映了牛市差价策略的盈亏图,该组合的最大的损失为 c_2-c_1,最大收益为 $K_1-K_2+c_2-c_1$,因此这种策略可以在预期股票将要上涨时锁定损失和收益,降低风险;图 11.6(b)是熊市差价策略的盈亏图,与牛市差价策略类似,该组合的最大损失为 p_1-p_2,最大收益为 $K_1-K_2+p_1-p_2$,因此熊市差价策略可以在预期股票将要下跌时锁定损失与收益,降低风险;图 11.6(c)是蝶式差价策略的盈亏图,其损失最大为 $2c_2-c_3-c_1$,最大收益为 $K_2-K_1+2c_2-c_3-c_1$,由图中可知,蝶式差价策略在当股票实际价格与预期股票价格一致时将获得最大收益;图 11.6(d)是日历差价策略的盈亏图,其与蝶式差价期权类似,在当股票实际价格与预期股票价格一致时将获得最大收益,但日历差价策略盈亏收益变化更为平缓。

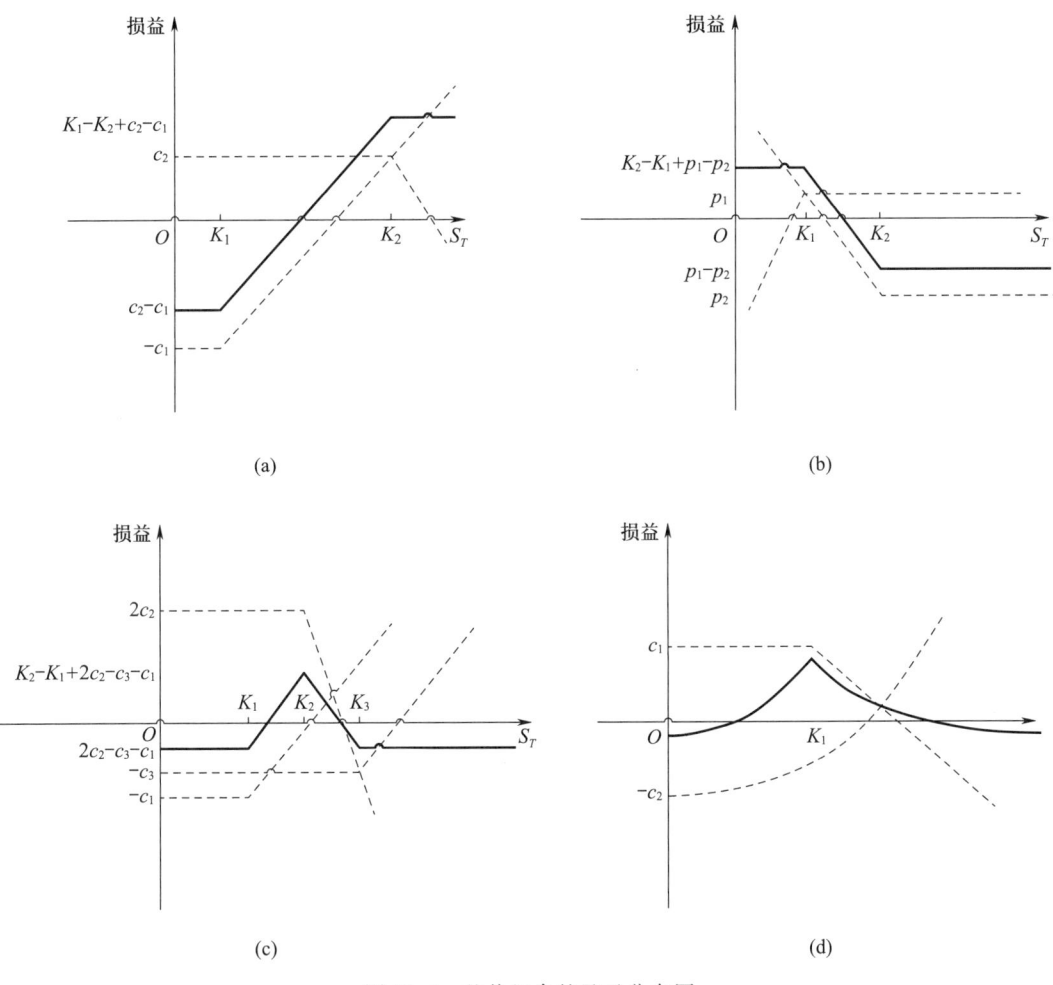

图 11.6 差价组合的盈亏分布图

11.2.5 其他期权类衍生产品

1. 权证

权证是基础证券发行人或以外的第三人(以下简称发行人)发行,约定持有人在规定期间或特定到期日,有权按约定价格向发行人购买或出售标的证券,或以现金结算方式收取结算差价的有价证券。从产生属性看,权证是一种期权类衍生产品。

认购权证的收益来自股票价格上涨。当股票价格跌落至认购权证执行价以下时,投资人可以选择不执行认购权,其损失为初始购买认购权证的费用,认购权证将过期作废,发行公司赚得了权证的发行价。反之,当股票价格上涨超过执行价时,权证的认购权将被执行,发行公司有义务以执行价将股票卖给权证持有人。例如,投资者以 1 元购入某只股票 1 000 份的认购权证,行权价为 10 元;当该股票市场价格下跌到 10 元以下时,可选择不执行认购权,其损失是购买认购权证的费用 1 000 元。反之,当股票市场价格上涨至 10 元(该投资者的成本是行权价 10 元+权证购买价 1 元共 11 元)以上时,发行公司将以 10 元价格将 1 000 股股票卖给权证持有人,投资者获得相应的差价收益。

(1) 权证分类。根据各种分类标准,可以把权证分为不同的类型。

① 按基础资产分类。根据权证行权的基础资产或标的资产,可将权证分为股权类权证、债权类权证以及其他权证。目前中国证券市场推出权证均为股权类权证,其标的资产可以是单只股票或股票组合(如 ETF)。

② 按基础资产的来源分类。根据权证行权所买卖的标的股票来源不同,权证分为认股权证和备兑权证。认股权证也称为股本权证,一般由基础证券的发行人发行,行权时上市公司增发新股售予认股权证的持有人。备兑权证通常由投资银行发行,备兑权证所认兑的股票不是新发行股票,而是已在市场上流通的股票,不会增加股份公司的股本。

③ 按持有人权利分类。按照持有人权利的性质不同,权证分为认购权证和认沽权证。前者实质上属看涨期权,其持有人有权按规定价格购买基础资产;后者属看跌期权,其持有人有权按规定价格卖出基础资产。

④ 按行权的时间分类。按照权证持有人行权的时间不同,可以将权证分为美式权证、欧式权证、百慕大式权证等类别。美式权证可以在权证失效日之前任何交易日行权;欧式权证仅可以在失效日当日行权;百慕大式权证则可在失效日之前一段规定时间内行权。

⑤ 按权证的内在价值分类。按权证的内在价值,可以将权证分为平价权证、价内权证和价外权证,其原理与期权相同。

(2) 权证的要素。权证的要素包括权证类别、标的、行权价格、存续时间、行权日期、行权结算方式、行权比例等要素。

① 权证类别。权证类别即标明该权证属认购权证或认沽权证。

② 标的。权证的标的物种类涵盖股票、债券、外币、指数、商品或其他金融工具,其中股票权证的标的可以是单一股票或是一篮子股票组合。

③ 行权价格。行权价格是发行人发行权证时所约定的、权证持有人向发行人购买或出售标的证券的价格。若标的证券在发行后有除息、除权等事项,通常要对认股权证的

认股价格进行调整。

④ 存续时间。权证的存续时间即权证的有效期,超过有效期,认股权自动失效。

⑤ 行权日期。这是指权证持有人有权行使权利的日期。

⑥ 行权结算方式。行权结算方式分为证券给付结算方式和现金结算方式两种。前者指权证持有人行权时,发行人有义务按照行权价格向权证持有人出售或购买标的证券;后者指权证持有人行权时,发行人按照约定向权证持有人支付行权价格与标的证券结算价格之间的差额。

⑦ 行权比例。这是指单位权证可以购买或出售的标的证券数量。

专栏 11-1

中国的权证交易

从中国权证市场的发展历程来看,可以分为两个阶段:第一阶段为中国权证市场的起步,从 1992 年 6 月至 2005 年 6 月;第二阶段为中国权证市场的发展,从 2005 年 6 月至 2011 年 8 月。

1992—1996 年,中国内地证券市场曾经推出过转配股认股权证交易。当时,认股权证对于活跃中国证券市场起到了较大的作用,但由于政策不确定、监管力度不够、设计不合理、没有相应的风险防范与管理机制等原因,在中国证券市场发展初期,权证这种金融衍生工具的积极作用未能得到很好的发挥,反而产生了很多问题,如市场投机过度、价格严重偏离理论价格,表现为暴涨暴跌。因此,在交易制度不完善的条件下,权证市场于 1996 年被政府管理部门终止。

阔别近十年之后,权证于 2005 年再次出现在中国资本市场,这次权证的出现有其特殊的历史作用,主要目的是解决中国资本市场上特有的股权分置问题。2005 年 6 月,上海证券交易所制定了《上海证券交易所权证业务管理暂行办法》。2005 年 8 月,宝钢权证在上交所挂牌上市,成为权证市场暂停 10 年后诞生的第一只权证。其后武钢、万科、鞍钢等企业在其股权分置改革中相继推出了认购或认沽权证,权证交易在中国内地证券市场恢复发展。自此,中国权证市场引来了各方的关注,权证市场一度成为投资者们的主战场之一,权证得以快速发展。然而,权证市场在发展的同时也出现了一系列问题,随着股改权证陆续到期,权证市场逐渐冷清下来。2011 年 8 月 18 日,权证市场上最后一只权证——长虹 CWB1 到期,权证市场恢复了沉寂。

2. 含权债券

可转换债券是指其持有者可以在一定时期内按一定比例或价格将之转换成一定数量的另一种证券的证券。可转换债券通常是转换成普通股票,当股票价格上涨时,可转换债券的持有人行使转换权比较有利。因此,可转换债券实质上是嵌入了普通股票的看涨期权。正是从这个意义上说,我们将其列为期权类衍生产品。

在国际市场上,按照发行时证券的性质,可将其分为可转换债券和转换优先股票两种。可转换债券是指证券持有者依据一定的转换条件,可将信用债券转换成为发行人普通股票的证券。可转换优先股票是指证券持有者可依据一定的转换条件,将优先股票转换成发行人普通股票的证券。目前,中国只有可转换债券。

(1) 可转换债券的要素。可转换债券有若干要素,这些要素基本决定了可转换债券的转换条件、转换价值、市场价值、市场价格等总体特征。

① 有效期限和转换价格。就可转换债券而言,其有效期与一般债券相同,指债券从发行之日起至偿清本息之日止的存续时间。转换期限是指可转换债券转换为普通股票的起始日至结束日的期间。大多数情况下,发行人都规定一个特定的转换期限,在该期限内,允许可转换债券的持有人按转换比例或转换价格转换成发行人的股票。

② 票面利率或股息率。可转换债券的票面利率(或可转换优先股票的股息率)是指可转换债券作为一种债券的票面年利率(或优先股股息率),由发行人根据当前市场利率水平、公司债券资信等级和发行条款确定,一般低于相同条件的不可转换公司债券(或不可转换优先股票)。可转换公司债券应半年或 1 年付息 1 次,到期后 5 个工作日内应偿还未转股债券的本金及最后 1 期利息。

③ 转换比例或转换价格。转换比例是指一定面额可转换债券可转换成普通股票的股数。用公式表示为:

$$转换比例=\frac{可转换债券面值}{转换价格} \tag{11.6}$$

如果某可转换债券面额为 1 000 元,规定其转换价格为 25 元,则转换比例为 40,即 1 000 元债券可按 25 元 1 股的价格转换为 40 股普通股票。

转换价格是指可转换债券转换为每股普通股份所支付的价格。

用公式表示为:

$$转换价格=\frac{可转换债券面值}{转换比例} \tag{11.7}$$

④ 赎回条款与回售条款。赎回是指发行人在发行一段时间后,可以提前赎回未到期的发行在外的可转换公司债券。

赎回条件一般是当公司股票价格在一段时间内连续高于转换价格达到一定幅度时,公司可按照事先约定的赎回价格买回发行在外尚未转股的可转换公司债券。

回售是指公司股票在一段时间内连续低于转换价格达到某一幅度时,可转换公司债券持有人按事先约定的价格将所持可转换债券卖给发行人的行为。

赎回条款和回售条款是可转换债券在发行时规定的赎回行为和回售行为发生的具体市场条件。

⑤ 转换价格修正条款。转换价格修正是指发行公司在发行可转换债券后,由于公司的送配、配股、增发股票、分立、合并、拆细及其他原因导致发行人股份发生变动,引起公司股票名义价格下降时而对转换价格所作的必要调整。

(2) 附权证的可分离公司债券。根据前面的论述可知,可转换债券实质上是一种含有嵌入式认股权的债券,从理论上说,将内嵌的权证从主体债券中分离出来,与主体债券分别进行独立交易是可行的。欧美等国上市公司在发行公司债券时,为提高债券的吸引力,也经常在债券上附认股权证,这些认股权证可以与主体债券相分离,单独交易。

> **专栏 11-2**
>
> **东方雨虹可转换公司债券**
>
> 国内首只实施信用申购的可转债——东方雨虹(002271)可转债于2017年9月25日完成网上申购,在当日晚间公布的网上发行中签率仅有0.001 3%。
>
> 东方雨虹于2017年9月25日发布雨虹转债募集说明书,可转债存续期为6年,即2017年9月25日至2023年9月25日。雨虹可转债在网上以面值发行,最终以121元/张的价格上市交易。
>
> 雨虹转债的票面利率设计采用逐年增加利率,各年利率依次为0.3%、0.5%、1.0%、1.3%、1.5%、1.8%,到期赎回价为106元(含最后一期利息)。
>
> 该可转债券的条款设计如下:
>
> 换股期为发行完成6个月后,转股价格为38.48元/股。
>
> 该可转换债券的向下修正条款如下:本次发行的可转换公司债券存续期间,当公司股票在任意连续30个交易日中至少有15个交易日的收盘价低于当期转股价格的80%时,公司董事会有权提出转股价格向下修正方案并提交公司股东大会表决。
>
> 提前赎回条款如下:
>
> 在转股期间,如果公司股票在任何连续30个交易日中至少有15个交易日的收盘价格不低于当期转股价格的130%(含130%)。
>
> 回售条款:在本次发行的可转换公司债券最后两个计息年度,如果公司股票任何连续30个交易日的收盘价格低于当期转股价格的70%时,可转换公司债券持有人有权将其持有的可转换公司债券全部或者部分按面值加上当期应计利息的价格回售给公司。

小　结

1. 期货合约是标准化的远期合约,它在交易所交易,合约对标的资产的规格、数量、到期日都有标准化的约定,交易所实行间接清算和盯市制度限制期货交易的信用风险。期货市场由于其交易成本低、参与者众多、交易频繁,因此具有很高的市场效率,对现货市场的价格变化有指导作用。

2. 股指期货是以股票市场价格指数为标的的期货。交易者可以借助它来低成本地持有市场组合,或者利用它来规避市场风险。

3. 国债期货是以国债作为标的物的期货交易品种,是目前世界金融衍生品交易品种中交易量最大且最为成功的期货交易品种之一。

4. 期权合约指定合约持有者有权利在约定期限按照约定价格来交易标的资产。期权合约代表的是买方的一项权利,这项权利是有价的,因为合约保证买方在到期时的收益不会小于零,合约的价格称为期权的权利金。与此作为比较的是,远期合约只约定双方的交割义务,双方在到期日的损益既可能是正也可能是负,因此远期合约在订立时没有价格。

5. 权证是基础证券发行人或以外的第三人发行,约定持有人在规定期间或特定到期日,有权按约定价格向发行人购买或出售标的证券,或以现金结算方式收取结算差价的有价证券。

6. 可转换债券是指其持有者可以在一定时期内按一定比例或价格将之转换成一定数量的另一种证券的证券。可转换债券通常是转换成普通股票,当股票价格上涨时,可转换债券的持有人行使转换权比较有利。

关 键 词

期货合约　　　　股指期货　　　　国债期货　　　　期权合约
期权交易策略　　权证　　　　　　可转换债券

习　题

1. 2019年6月8日,某化工厂从中东购入了200 500桶原油,约定在10~11月到港。由于油价波动较大,合约规定价格按照到港时的原油市价确定。6月8日当天的原油市价为70美元/桶。交易所的原油期货合约为1 000桶/份,6月8日当天可以选择的合约到期月为6月、7月、9月和12月。该化工厂出于生产的成本控制需要,不愿意面临油价的剧烈波动。请选择一种原油期货为该公司设计一个套期保值策略。

2. 接上题,假设公司在2019年6月8日选择了12月到期的原油期货来进行套期保值。6月8日当天,12月份到期的原油期货价格为80美元/桶。公司在8月份时收到通知,原油将于11月10日到港。再假设11月10日当天,12月份到期的原油期货价格为82美元/桶,11月10日当天原油现货价格为80.5美元/桶。该化工厂于11月10日平仓期货合约,试计算该套期保值组合的损益。

3. 期货交易所用什么机制来控制交易的信用风险?

第11章即测即评

请扫描二维码进行即测即评。

参考文献及进一步阅读建议

1. 约翰·赫尔. 期权、期货和其他衍生品. 10版. 北京:机械工业出版社,2018.
2. 滋维·博迪,亚历克斯·凯恩,艾伦·J. 马库斯. 投资学. 10版. 汪昌云,等,译. 北京:机械工业出版社,2017.
3. 张亦春,郑振龙,林海. 金融市场学. 5版. 北京:高等教育出版社,2017.
4. 罗孝玲. 期权与期货. 3版. 北京:高等教育出版社,2016.

第 12 章
资产证券化与抵押债务凭证

本章学习目的

- 掌握资产证券化的定义、运作流程
- 掌握抵押支持证券与资产支持证券的概念
- 理解抵押支持证券与资产支持证券的特点与分类
- 了解担保债务凭证的定义与主要类型

12.1 资产证券化

12.1.1 资产证券化的定义

资产证券化(Asset Securitization)是指把缺乏流动性但能够产生可预见现金收入的资产出售给特定发行人,通过创设一种以该资产产生的现金流为支持的金融工具或权利凭证,进而将这些资产转换成可以在金融市场上出售和流通的证券的一种融资过程或融资方法。

美国资产证券化发展及市场情况(扫码学习)

资产证券化的核心原理是被证券化资产的现金流分析。被证券化的资产可以采取多样化形式,可以是实物资产(如高速公路的收费),也可以是非实物资产(如住房抵押贷款)。但这类资产必须具备一个先决条件——能产生可预见的未来现金流。所以,表面上看资产证券化是以资产为支撑的,但实际上是以资产所产生的现金流为支撑的,这是资产证券化的本质与精髓。换句话说,资产证券化所"证券化"的不是资产本身,而是资产所产生的现金流。

按照抵押物不同,资产证券化可分为抵押支持证券(Mortgage-backed Securities,MBS)和资产支持证券(Asset-backed Securities,ABS)。抵押支持证券中的抵押物是住房贷款;资产支持证券中的抵押物是非住房贷款,如企业的应收账款、信用卡贷款、汽车贷款等。

专栏 12-1

中国资产证券化发展的背景及成就

2005年之前中国的资产证券化还处于探索阶段。1992年三亚的地产投资券可以看成早期的类证券化产品,但这段时期并没有形成统一标准;2003年9月,证监会颁布《证券公司客户资产管理业务试行办法》,包括中金公司在内的证券公司开始研究企业资产证券化的可能性。

从2005—2008年,资产证券化进入起步、发展阶段。证监会开始了企业资产证券化的试点,先后有中国联通、中国网通等9单企业资产证券化产品问世,融资总额达到264.1亿元。在此期间,央行和银保监会也于2005年颁布《信贷资产证券化试点管理办法》,到2008年年底共审批发行了包括工行、建行在内的17单信贷资产证券化产品,规模达667.8亿元。

从2011年开始,资产证券化逐渐进入快速增长阶段。证监会在2011年重启了对企业资产证券化项目的审批,并于2013年正式颁布《证券公司资产证券化业务管理规定》,标志着资产证券化的常态化。2012年5月,央行和银保监会联合下发了《关于进一步扩大信贷资产证券化试点有关事项的通知》,重启了信贷资产证券化的试点工作。截至2013年6月底,证监会监管的资产证券化共有5单产品成功发行,融资82.4亿元。信贷资产证券化也有6单业务通过审批成功发行,募资金额共计228.6亿元。

值得注意的是,2012年8月银行间市场交易商协会颁布了《银行间债务市场非金融企业资产支持票据指引》,正式推出资产支持票据(ABN),为资产证券化提供了新的融资途径。发起人以基础资产产生的现金流作为还款支持,在银行间债务市场发行债务融资工具,这使得非金融企业在银行间市场发行证券化产品成为可能。由于资产支持票据的发行相对灵活,在推出之后就迅速成为资产证券化市场的重要渠道之一,完善了资产证券化的市场,对金融市场的发展也产生积极的影响。截至2013年6月底,资产支持票据发行量达到97亿元。

12.1.2 资产证券化的参与者

资产证券化是一个复杂的系统工程,主要参与方包括原始债务人、原始债权人(发起人)、特别目的机构(发行人)、投资者以及专门服务人、信托机构、担保机构、信用评级机构和证券承销商等中介机构。

1. 原始债务人

原始债务人(Obligators)是指在与原始债权人签订的债权债务合同中承担债务的一方。在抵押贷款中,原始债务人是指抵押贷款合同中承担还本付息义务的借款方。

2. 原始债权人

原始债权人(Originators)又被称为资产证券化的发起人,是指在与原始债务人签订的债权债务合同中享有债权的一方。在资产证券化过程中,原始债权人把需要证券化的资产出售给特别目的机构,从而实现资产的风险与收益的重组。

3. 特别目的机构

特别目的机构(Special Purpose Vehicle,SPV)是指从发起人那里购买可证券化的资产,并发行以此为支持的证券的特殊实体。它的业务范围被严格限定,而且必须是一个不能破产的实体。同时,特设机构还应该是一个独立机构,并具有独立的决策权,通常配有少量的职员。SPV是资产证券化过程中的核心,各个参与者都围绕它展开工作。

4. 投资者

投资者是指在资本市场上购买SPV发行的抵押支持证券或资产支持证券的机构或个人。影响投资者购买的主要因素有信用质量、持续期、到期期限、预期的平均寿命和相对收益。

5. 专门服务人

专门服务人(Servicer)是指负责按期收取证券化资产所产生的现金流,并将其转移给SPV或SPV指定的信托机构。一般来讲,由于发起人熟悉基础资产以及他们的债务人,最适合成为服务人。

6. 信托机构

信托机构(Trustee)是指在资产证券化交易中的投资者利益的代表,是由SPV指定的负责对专门服务人收取的现金流进行管理并向投资者按时支付的机构。SPV本身就可能是以信托的形式设立的或者是被一个信托所拥有的第三方利益的代表。

7. 担保机构

担保机构(Guarantors)是指为SPV发行证券提供担保的机构。由于资产证券化涉及多种风险,因此SPV需要找到对应载体并与之签订合同以降低风险,达到信用增级的目的。一般政府机构、银行、保险公司等都可以充当资产证券化的担保机构。

8. 信用评级机构

信用评级机构(Rating Agency)是指通过对资产证券化各环节进行评估而给出信用等级的机构。其作用是为了对证券进行信用增级,降低发行成本。

9. 证券承销商

证券承销商(Underwriters)是指为SPV发行的证券进行承销的实体。

12.1.3 资产证券化的基本流程

概括地讲,一次完整的资产证券化的基本流程是:发起人将证券化资产出售给SPV,或者由SPV主动购买可证券化的资产。然后将这些资产汇集成资产池(Assetspool),再以该资产池所产生的现金流为支撑在金融市场上发行有价证券融资,最后用资产池产生的现金流来清偿所发行的有价证券(见图 12.1)。

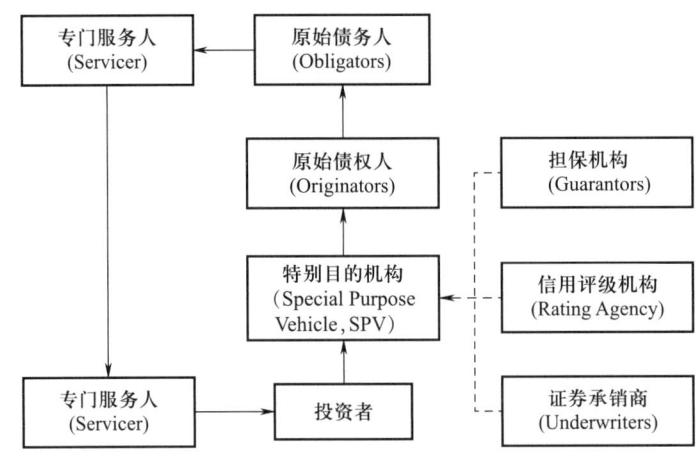

图 12.1 资产证券化的基本流程

注:图中实线表示现金流的方向,虚线代表中介机构在证券化中的作用。

具体地,完成一次资产证券化交易通常需要以下步骤:

1. 确定证券化资产并组建资产池

资产证券化的发起人在分析自身融资需求的基础上,通过发起程序确定用来进行证券化的资产。尽管证券化是以资产所产生的现金流为基础,但并不是所有能产生现金流的资产都可以证券化。总结多年来资产证券化融资的经验可以发现,具有下列特征的资产比较容易实现证券化。

(1) 资产可以产生稳定的、可预测的现金流收入;
(2) 原始权益人持有该资产已有一段时间,且信用表现记录良好;
(3) 资产须具有标准化的合约文件,即资产具有很高的同质性;
(4) 资产抵押物易于变现,且变现价值较高;
(5) 债务人的地域和人口统计分布广泛;
(6) 资产的历史记录良好,即违约率和损失率较低;
(7) 资产的相关数据容易获得。

2. 设立 SPV

设立 SPV 的目的是最大限度地降低发起人的破产风险对证券化的影响,即实现被证券化资产与原始权益人(发起人)其他资产之间的"风险隔离"。在设立 SPV 时应该遵循以下要求:① 债务限制;② 设立独立董事;③ 保持分离性;④ 满足禁止性要求。

SPV 可以是由证券化发起人设立的一个附属机构,也可以是一个长期存在的专门进行资产证券化的机构。设立的形式可以是信托投资公司、担保公司或其他独立法人实体。具体如何组建 SPV 要考虑一个具体国家或地区的法律制度和现实需要。

3. 资产的真实出售

证券化资产完成从原始权益人向 SPV 的转移是资产证券化运作流程中非常重要的环节。其中一个关键问题是:一般都要求这种转移在性质上是"真实出售",即发起人的债权人将不得追索该资产,SPV的债权人也不得追索发起人的其他资产,实现风险隔离。

4. 信用增级

为吸引投资者并降低融资成本,必须对资产证券化产品进行信用增级,使证券在信用质量、偿付的时间性与确定性等方面能更好地满足投资者的需要,同时满足发行人在会计、监管和融资目标方面的需求。

5. 信用评级

在资产证券化交易中,信用评级机构通常要进行两次评级:初评与发行评级。初评的目的是确定为了达到所需要的信用级别必须进行的信用增级水平。在按评级机构的要求进行完信用增级之后,评级机构将进行正式的发行评级,并向投资者公布最终评级结果,作为投资选择的重要依据。信用等级越高,表明证券的风险越低,从而使发行证券筹集资金的成本越低。

6. 发售证券

信用评级完成并公布结果后,SPV将经过信用评级的证券交给证券承销商去承销,可以采取公开发售或私募的方式进行。由于这些证券一般都具有高收益、低风险的特征,所以主要由机构投资者(如保险公司、投资基金和银行机构等)购买。

7. 向发起人支付资产购买款项

SPV从证券承销商那里获得发行现金收入,在优先向其聘请的各专业机构支付相关费用后,按事先约定的价格向发起人支付购买证券化资产的价款。

8. 管理资产池

SPV要聘请专门的服务商来对资产池进行管理,主要包括收取债务人每月偿还的本息、将收集的现金存入SPV在受托人处设立的特定账户、对债务人履行债权债务协议的情况进行监督、管理相关税务和保险事宜等工作。一般来说,管理人可以是证券化的发起者,也可以是专门聘请的有经验的资产管理机构。

9. 清偿证券

按照证券发行时说明书的约定,在证券偿付日,SPV将委托受托人按时、足额地向投资者偿付本息。利息通常是定期支付的,而本金的偿还日期及顺序就要因基础资产和所发行证券的偿还安排不同而不同了。当证券被偿付完毕后,如果资产池产生的现金流还有剩余,那么这些剩余的现金流将被返还给交易发起人,资产证券化交易的全部过程即结束。

12.1.4 资产证券化的意义

一项金融创新之所以会被参与各方迅速而广泛地接受,其根本原因在于能给参与各方带来好处,在这方面资产证券化自然也不例外。本节重点介绍资产证券化对发起人和投资者的意义。

1. 资产证券化对发起人的意义

(1)降低资金成本。传统融资方式一般是以借款方的综合信用为担保,与此不同,资产证券化则是一种收入导向型的融资方式。它一般要求被证券化的基础资产具有稳定的、可预测的现金流,且历史的信用记录良好。它通过真实出售和破产隔离的证券化结构设计,再辅以信用增级等手段,使得要发行证券的信用级别大大提高,实现降低融资成本的目的。

(2) 改善资本结构。资产证券化采用了表外融资的处理方法,发起人通过真实销售而不是担保融资的形式,将证券化资产和负债转移到资产负债表外,从而达到改善资产负债表结构的目的。证券化的这一优势对于银行等金融机构具有特殊意义。如果银行开展资产证券化交易,不但可以提前收回现金,从而可相应缩减负债,同时由于将证券化资产移到表外,银行可以释放相应的资本。

(3) 有利于资产负债管理。金融机构普遍面临的一个问题就是资产和负债在期限上的匹配失当,从而给资产负债管理带来困难。而资产证券化则可以有效地减少这种风险:通过资产证券化,金融机构所持有的长期资产提前变现,长期资产和短期负债匹配失当的问题得以化解;另外,原本要由金融机构承担的提前偿还风险也转移给了投资者。

(4) 优化财务状况。由于资产在证券化后是以很高的信用级别出售的,所以成本较低。这样在基础资产的收益和资产支持证券的收益之间就会有一个差额收益,这个收益一般都是由发起人获得。这种赚取差额收益的能力常常能够提高发行人在资产上的收益。另外,发起人还可以凭借其在资产管理方面具有的优势充当中介服务商的角色来赚取服务费。此外,资产证券化还可以使公司把未来的服务费收入流提前兑现为现期盈利。如果不进行证券化,通常这种收入要在贷款的整个期限内才能逐步实现。

2. 资产证券化对投资者的意义

(1) 提供优质投资资产。一般地,由于组成资产池的是优质资产,且有完善的信用增级,因此所发行证券的风险通常很小(多数能获得 AA 以上的评级),而收益却相对比较高,并且在二级市场上具有很高的流动性,所以资产支撑证券越来越受到投资者,尤其是那些在投资品种上受到诸多限制的机构投资者(如养老基金、保险公司、货币市场基金)的欢迎。

(2) 扩大投资规模。一般而言,证券化产品的风险权重比基础资产的风险权重低得多。比如,在美国,住房抵押贷款的风险权重为 50%,而由联邦国民住房贷款协会发行的以住房抵押贷款为支撑的过手证券却只有 20% 的风险权重,金融机构持有这类投资工具可以大大节省为满足资本充足率要求所需要的资本金,从而可以扩大投资规模,提高资本收益率。

(3) 创造新的投资品种。现代证券化交易中的证券一般不是单一品种,而是通过对现金流的分割和组合,设计出具有不同档级的证券,这些证券具有不同的偿付次序,甚至可以将不同种类的证券组合在一起,形成合成证券,从而可以更好地满足不同投资者对期限、风险和利率的不同偏好。

12.2 抵押支持证券市场

12.2.1 抵押支持证券的定义

抵押支持证券是以各种抵押债权或抵押池的现金流作为支持的证券的统称。抵押是指为贷款的偿还提供财产的保障,这里的财产多为不动产。如果抵押人不能偿还被抵押人的贷款,则被抵押人有权取消抵押人赎回贷款抵押物的权利,并占有其财产以偿还贷款。抵押贷款市场包括抵押贷款的一级(或发行)市场和抵押贷款交易的二级市场。根据被证券化的基础资产不同,抵押支持证券可分为住宅抵押贷款支持证券(Residential Mortgage-backed Security,RMBS)和商业房产抵押贷款支持证券(Commercial Mortgage-backed Security,CMBS)。

12.2.2 住宅抵押贷款支持证券

根据对利息、计划偿还本金、提前偿付本金的处理方法不同,RMBS可以分成三类:过手证券(Mortgage Pass-through Securities)、抵押担保证券(Collateralized Mortgage Obligations,CMO)和分离抵押贷款支持证券(Stripped Mortgage-backed Securities)。其中,过手证券是最基本的形式,抵押担保证券和分离抵押贷款支持证券都是由过手证券衍生而来。

1. 过手证券

过手证券是将一个或多个抵押贷款集合起来建立一个抵押池并出售该抵押池的参与凭证而形成的。过手证券的现金流取决于其基础抵押贷款的现金流,每月资产池中收到的现金流扣除服务费和其他费用后过手给证券持有人。同时现金流流入资产池中的时间与过手到证券持有人的时间并不一致,时间差的长短随过手证券种类不同而有所不同(见图12.2)。

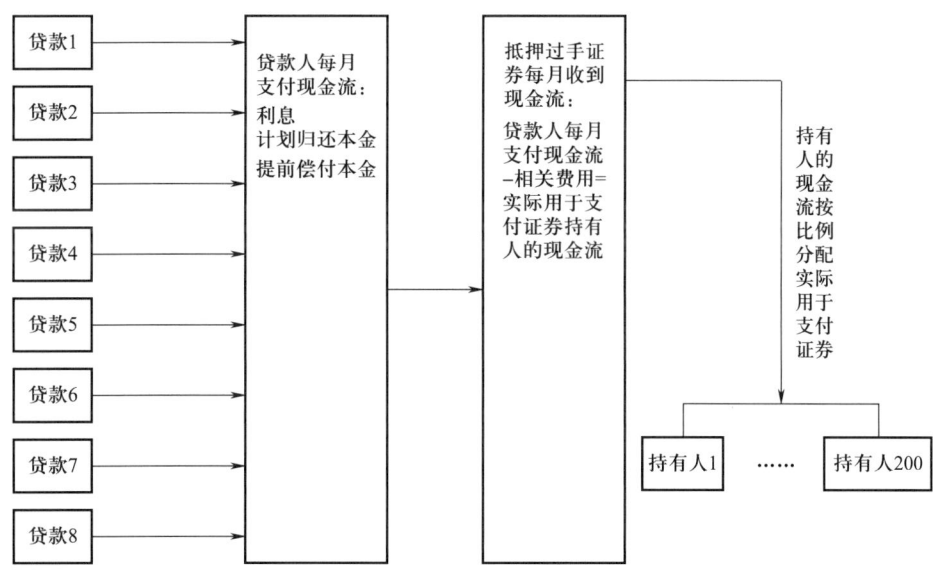

图12.2 过手证券的构建流程及现金流模式

与过手证券密切相关的风险是提前偿付风险(Prepayment Risk),主要有收缩风险(Contraction Risk)和延长风险(Extension Risk)两方面。收缩风险是指由于抵押贷款利率下跌带来的不确定性,即抵押贷款利率下跌促使借款人提前还款,以较低成本再融资,压缩了过手证券的收益空间。延长风险是指由于抵押贷款利率上涨带来的不确定性。举个例子,当抵押贷款利率上升时,过手证券价格会下跌,借款者不会进行再融资而会延迟还款,而投资者却希望提前还款,以便以较高的利率进行再投资。

2. 抵押担保债务证券

在过手证券中,一部分投资者担心收缩风险,一部分投资者担心延长风险。为解决这个问题,抵押贷款产生的现金流可以重新分配从而使提前偿付风险也得到重新分配,形成了一些不同期限、不同息票率、不同风险程度的投资序列,抵押担保债务证券应运而生。抵押担保债务证券是以过手证券或抵押贷款本身的现金流为基础发行的一种衍生证券。需要注意的是,抵押担保债务证券的创造过程并不能消除提前还款风险,只能够把该风险在不同类别的证券持有人之间重新分配。

下面我们分析一种比较典型和比较原始的CMO——接序还本结构CMO。该CMO具有四类序列债券:A类、B类、C类以及Z类。这四个序列所代表的面值总和为500万元(见表12.1)。

表12.1 一个典型的CMO

债券序列	面值(万元)	息票率(%)
A类	250	5
B类	125	6
C类	100	7
Z类	25	8

本金的支付按照A、B、C、Z序列依次进行的,从抵押池中收到的本金先用于偿还序列A的本金,此时序列B、C、Z是没有本金收入的。直到序列A的250万元全部清偿,序列B的投资者才开始收到抵押池中产生的本金,随后是序列C。该CMO结构中还存在一个Z序列,又称为本金增值序列。每期本应支付给Z债券持有者的利息先用来偿还其他具有优先等级序列的本金,等其他债券的本金支付结束后,再以Z债券的原始本金和累积的利息作为新的本金来计算Z债券每期应支付的利息和计划偿还本金。

3. 分离抵押贷款支持证券

1986年,美国的房利美最早推出分离抵押贷款支持证券,这是另一种衍生抵押贷款证券。分离抵押贷款支持证券将抵押池中产生的现金流具体区分为利息和本金,利息全部支付给一类证券持有人,本金则全部支付给另一类证券持有人。分离抵押贷款支持证券可以分为以下三类:

第一,合成息票过手证券(Synthetic-coupon Pass-through)。合成息票过手证券对息票和本金具有不同的分配方式。

第二,纯利息/纯本金证券(Interest-only/Principle-only Securities)。这类证券从资产池中收到的所有本金都分配给纯本金证券持有人,收到的所有利息都分配给纯利息证券持有人。

第三,剥离式抵押担保证券(CMO Strips)。剥离式抵押担保证券是CMO结构中的一个纯利息序列或者纯本金序列。

分离抵押贷款支持证券可以用于对抗利率风险和提前偿付风险。以纯利息/纯本金证券为例。纯本金部分能对抗利率降低带来的风险,因为利率降低导致提前还款率提高,这时纯本金证券的持有者就能够提前收回本金,较快实现收益。然而利率上升会导致纯本金证券价格降低,因为收回本金的时间延长,利率的上升会导致贴现因子升高,使得未来现金流的限制降低,从而导致其价值降低。纯利息部分对于利率的反应则不尽相同。利息上升一方面降低了提前还款率,未偿还本金的增多使每期能收到的利息数额增加,另一方面会导致贴现因子上升,部分抵消每期利息收入的增加额。当利息下降时,提前还款的增加导致利息收入减少,但贴现率的降低可以弥补投资人的部分损失。

建元个人住房抵押贷款证券化(扫码学习)

12.2.3　商业房产抵押贷款支持证券

1. 商业房产抵押贷款支持证券的定义

商业房产抵押贷款(Commercial Mortgageloans)是为用于盈利的房产提供的抵押贷款,其发起的目的是为商业房产的融资提供融资,或为已有的房产抵押债务提供再融资。商业房产抵押贷款没有追索权,即如果借款人不履行还款,那么贷款人只能从支持贷款的房产的收入中获得本息的偿还。商业房产抵押贷款支持证券是一种由一个或多个商业房产抵押贷款集合起来建立一个抵押池并出售该抵押池的参与凭证形成的。目前已被证券化的最主要的 4 种房产为:零售业房产(如购物中心)、办公楼、宾馆和多家庭房产。

2. 商业房产抵押贷款支持证券的分类

CMBS 可以由新发放的商业房产抵押贷款支持,也可以由过了一段时间的商业房产抵押贷款支持,但大多数 CMBS 是由新发放的商业房产抵押贷款支持。CMBS 可按照资产池的类型分类。第一类 CMBS 由单个借款人的贷款支持。这种 CMBS 通常有大的房产支持,如区域性的购物中心或办公楼。第二类 CMBS 由多个借款人的贷款支持。这种 CMBS 最为普遍,由多种房产类型支持。

3. 商业房产抵押贷款支持证券与住宅抵押贷款支持证券的主要区别

CMBS 与 RMBS 在结构上有不少相似之处,都有不同的类型与层次,也有本金与利息的分配规则。两者主要有四个区别:

第一,借款人不同。商业房产抵押贷款的借款人是企业,而住宅抵押贷款的借款人是个人购房者,两种贷款都是以分期的形式偿还,但商业房产抵押贷款的分期期限较短,一般为 10 年左右。此外,商业房产抵押贷款的抵押品是商业房地产,其出租收入是偿还贷款的主要来源,而住房抵押贷款以借款人的个人收入作为还款来源。

第二,商业房产抵押贷款的提前还款条件与住房抵押贷款有显著的不同。前者对提前还款处以罚金和限制。虽然有些住房抵押贷款有提前还款的罚金,但该种贷款只占市场上的很小部分,大多可以在到期前任何时候按照面值提前偿还。

第三,贷款发生违约时服务机构具有不同作用。在商业房产抵押贷款中,如果借贷人发生违约、即将违约或违反约定事项,该贷款可以由服务机构转给特殊服务机构。这里的关键是,贷款可以在即将违约时转移。特殊服务机构有责任在即将违约时修改贷款条件,目的是减低违约的可能性。在住房抵押贷款交易中没有类似的安排。

第四,证券投资者不同。CMBS 的发行人在设计交易结构前通常会首先寻找次级债券的潜在购买者,潜在购买者首先审阅提议的抵押贷款资产池。在审阅过程中,会基于产品的市场需求情况,要求从资产池中排除一些贷款。这个过程在 RMBS 交易中是不存在的。

12.3 资产支持证券市场

12.3.1 资产支持证券的定义

资产支持证券(Asset-backed Security,ABS)的抵押物是一揽子金融资产的现金流。一般 ABS 的抵押物可分为两类:消费者金融资产和商业金融资产。消费者金融资产包括汽车贷款、学生贷款和信用卡应还款项等;商业金融资产包括设备租赁、经营资产(如飞机、海运货物集装箱)、娱乐资产(如电影版权)、商业应收款等。

12.3.2 资产支持证券的特征与结构

资产支持证券必须具备以下三个基本特征。

1. 资产重组

资产重组是资产的所有者或支配者为实现发行证券的目标,根据资产重组原理,运用一定的方式与手段,对其资产进行重新配置与组合的行为。在 ABS 中,资产重组原理的核心思想是通过资产的重新组合来实现资产收益的重新分割和重组,它是从资产收益的角度来进一步对现金流进行分析。资产重组原理一般包括如下内容:① 最佳化原理。通过资产重组使基础资产的收益达到最佳水平,从而使以资产为基础发行的证券价值达到最佳化。② 均衡原理。资产重组应将资产的原始所有人、策略投资者以及将来的证券持有人的利益进行协调,以有利于证券的发行和未来的表现。③ 成本最低原理。在资产重组过程中,必须坚持低成本的战略,也就是必须降低资产重组的操作成本。④ 优化配置原理。按照边际收益递减理论,在某种资产连续追加投入的过程中,边际投入所能带来的边际收益总是递减的。当边际收益与边际成本趋于一致时,资产投入的效益就达到最优化状态。

2. 风险隔离

在构造 ABS 的交易结构时,证券化结构应能保证发起人破产不会对 SPV 的正常运营产生影响,从而不会影响对资产担保证券持有人的按时偿付。这就是 ABS 的破产隔离机制。为了达到这个目的,证券化资产从发起人到特设机构的转移必须是真实销售。资产的转移可以被分为真实销售和担保融资。如果资产在发起人和特设机构之间的转移被认定为担保融资,那么资产将继续保留在发起人的资产负债表上,发起人必须以自己的全部资产为偿付担保。当出售者遇到破产或清算时,已转让的资产就有遭受牵连的风险,妨碍对证券本息的正常偿付,投资者的利益就受到了发起人破产风险的影响。但如果资产的转移被认定为真实销售,当发起人破产时,该资产不作为破产财产,从而使资产担保证券的投资者的利益不受发起人破产的影响。因此,通过真实销售使资产和发起人的破产风险相隔离,进一步降低了投资者的风险,使投资者的风险被限定在证券化的资产组合中。

3. 信用增级

信用增级机制是资产证券化交易结构得以成功的一个重要保证。信用增级是用于确保发行人按时支付投资利息的各种有效手段和金融工具的总称。信用增级可以分为内部信用增级和外部信用增级。内部信用增级的方式主要有:划分优先/次级结构(Senior/Subordinate Structure)、建立利差账户(Spread Account)、开立信用证、进行超额抵押等。外部信用增级主要通过金融担保来实现。

开元资产证券化(扫码学习)

12.3.3 资产支持证券的主要类型

ABS 的现金流模式也依赖于其抵押物的现金流模式,因此可以将 ABS 按现金流的特性分为规则现金流结构(Regular Cash Flows)和无规则现金流结构(Irregular Cash Flows)。

1. 规则现金流结构

规则现金流结构表现为标的抵押物的还本付息具有摊销时间表,这类证券的抵押资产主要是抵押贷款,如汽车贷款、民政股本贷款、农业机械贷款等。抵押池中资产为抵押贷款的 ABS,通常被构造为过手证券形式和多级证券形式。过手证券又称为委托人信托(Grantor Trust),多级证券又称为所有者信托(Owner Trust)。

(1)委托人信托。委托人信托是市场上最早的 ABS 形态,其现金流按照一定的分配方式同时分配给证券持有人,平均期限取决于抵押资产的提前还款情况,其典型是汽车贷款支持证券。

汽车贷款支持证券的发行者主要有汽车生产商下设的金融机构、商业银行和专门发放汽车贷款的金融机构等。汽车贷款支持证券的现金流包括每期规定的还款额和提前偿还的本金。和抵押支持证券一样,提前偿还本金是汽车贷款支持证券的主要风险之一。

（2）所有者信托。目前市场上用得最多的还是多级证券形式的ABS,即所有者信托。过手证券的一个不足就是所有过手证券的投资者都承受着提前偿付风险,而多级证券从某种程度上克服了这一不足。多级证券将每期收到的现金流按照证券等级进行重新分配。证券等级包括短期货币市场级别（Money-Market Class）、一年期级别（1-year Class）、二年期级别（2-year Class）和三年期级别（3-year Class）。所有者信托按照投资级别不同,将每期收到的现金先支付利息给所有级别证券的持有者,之后按照期限由短到长依次支付本金,类似于按序还本结构CMO。

2. 无规则现金流结构

无规则现金流结构中没有摊销时间表,这类证券的抵押池为那些循环贷款（Revolving Loans）,比如信用卡应还款和贸易应收款等。之所以称这些贷款为循环贷款,是因为在循环周期内从这些贷款中收到的本金并没有分配给证券持有人,而是由信托人管理并再投资于与收到的本金额度相当的其他循环贷款,从而将抵押池的规模维持在一个比较稳定的水平。典型的无规则现金流结构的ABS是信用卡应还款支持证券（Credit Card Receivable-backed Securities）。

信用卡应还款支持证券的抵押物就是信用卡还款的现金流。信用卡持有人通常具有一定的信用额度,在这个额度内他们能够随意透支现金。由于信用卡持有人可以随意选择还款时间,信用额度也可以循环使用,因此信用卡应还款支持证券并不存在实际的到期时间,本金数量也是实时变动的。信用卡应还款的利息定期支付给证券持有人,而信用卡持有人支付的本金在循环期内由托管人保管并再投资于其他的应收款中。循环期结束以后,这些本金将不进行再投资,而是支付给证券持有人。

12.4 担保债务凭证

12.4.1 担保债务凭证的定义

担保债务凭证（Collateralized Debt Obligation,CDO）是由一种或多种类型的债务凭证（投资级和高收益公司债券、银行贷款、抵押支持证券、资产支持证券等）构成的分散化资产池支持的证券。在CDO的构造中,由抵押经理负责管理债务凭证的组合。抵押经理投资的债务凭证组合称为抵押品,构成抵押品的那些债务证券称为抵押资产。购买抵押资产的资金来源于发行债务凭证,这些债务凭证称为份额或债券等级。份额按照信用等级由高到低依次分为优先份额、中间份额、次级/权益份额。

12.4.2 担保债务凭证的分类

根据不同的分类标准划分,CDO可以进行如表12.2所示分类。

表 12.2 CDO 分类类型

分类标准	类 型
交易目的	资产负债表型 CDO(Balance Sheet CDO)
	套利型 CDO(Arbitrage CDO)
证券化方法 (是否进行资产剥离)	现金型 CDO(Cash CDO)
	合成型 CDO(Synthetic CDO)
	混合型 CDO(Hybrid CDO)
是否进行积极管理	静态型 CDO(Static CDO)
	管理型 CDO(Managed CDO)
基础资产种类	CLO(杠杆贷款)
	CBO(企业债券)
	CIO(保险或再保险合同)
	SFCDO(MBS、ABS)
	CDO 平方、CDO 立方(CDO)
其他	单级 CDO(Single-Tranch CDO)

12.4.3 现金型 CDO 与合成型 CDO

CDO 根据证券化方法不同,可分为现金型 CDO(Cash CDO)和合成型 CDO(Synthetic CDO)。

1. 现金型 CDO

现金型 CDO 是最基本的 CDO 类型。现金型 CDO 有一个现货资产投资组合,其中包括贷款、公司债券、资产支持证券(ABS)或抵押贷款担保证券(MBS)。现金型 CDO 对银行获得更好管理其资产负债表的机会大有帮助(见图 12.3)。

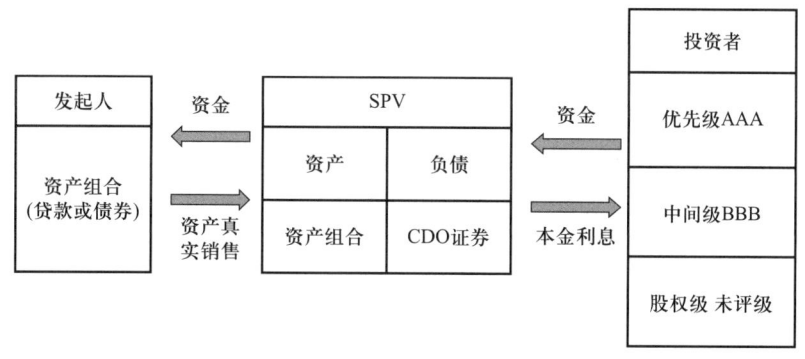

图 12.3 现金型 CDO 的构造

2. 合成型 CDO

合成型 CDO 是资产证券化和 CDS 的结合,其参考实体是某个资产组合。合成型

CDO 转移的是整个资产组合的信用风险。合成型 CDO 的参考资产组合可以是任何一种金融资产,如公司债券、公司信贷、市政债券、现金型 CDO、ABS、RMBS 或 CMBS 等,也可以是上述多种资产的组合。合成型 CDO 构筑在 CDS 的基础上,还可以划分为完全融资合成型 CDO(Fully Funded Synthetic CDO)(见图 12.4)和部分融资合成型 CDO(Partially Funded Synthetic CDO)。

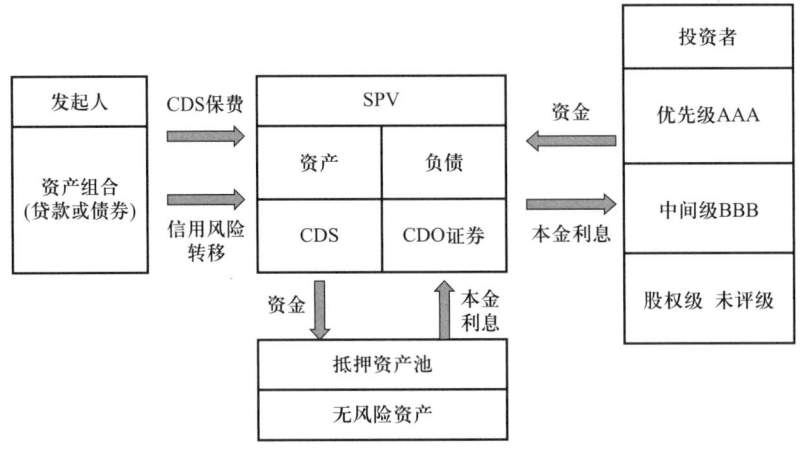

图 12.4 完全融资合成型 CDO 构造

合成型 CDO 工作原理如下:像现金型 CDO 中一样发行债券,出售份额收到的资金被抵押经理投资于低风险资产。同时,抵押经理与对手方进行信用违约互换。在互换中,抵押经理对一篮子具有信用风险暴露的参考债务提供信用保护(即抵押经理是保护出售方)。由于是出售信用保护,抵押经理会收取信用违约互换保费。信用违约互换的另一方是保护购买方,将向抵押经理支付互换保费。这一实体可能是某一个寻求摆脱所拥有资产信用风险的金融机构,该资产正是信用违约互换的参考债务。如果信用事件没有发生,抵押经理实现的收益可用于满足向 CDO 持有者的支付,该收益来源于由低风险资产构成的抵押品收益加上信用违约互换保费。如果信用事件发生导致要求支付,抵押经理必须向保护购买方进行支付,这会减少可用于满足向 CDO 持有者支付的收益。

3. 合成型 CDO 与现金型 CDO 的区别

在合成型 CDO 中,资产组合本身并不从发起人转移到 SPV,转移的仅仅是与资产组合相关的信用风险。与之相对应,SPV 销售 CDO 证券获得的收入也不支付给发起人,而是由 SPV 投资于无风险资产,用于未来的还本付息。

小 结

1. 资产证券化是指把缺乏流动性,但能够产生可预见现金收入的资产出售给特定发行人,通过创设一种以该资产产生的现金流为支持的金融工具或权利凭证,进而将这些资产转换成可以在金融市场上出售和流通的证券的一种融资过程或融资方法。按照抵押物不同,资产证券化可分为抵押支持证券和资产支持证券。

2. 抵押支持证券是以各种抵押债权或抵押池的现金流作为支持的证券的统称,可划分为住宅抵押贷款支持证券和商业房产抵押贷款支持证券两类。

3. 住宅抵押贷款支持证券可分为三类：过手证券、抵押担保证券和分离抵押贷款支持证券。过手证券是将一个或多个抵押贷款集合起来建立一个抵押池并出售该抵押池的参与凭证形成的。担保抵押债务证券是以过手证券或抵押贷款本身的现金流为基础发行的一种衍生证券，抵押贷款产生的现金流可以重新分配，形成一些不同期限、不同息票率、不同风险程度的投资序列。分离抵押贷款支持证券是另一种衍生抵押贷款证券，将抵押池中产生的现金流具体区分为利息和本金，利息全部支付给一类证券持有人，本金则全部支付给另一类证券持有人。

4. 资产支持证券的抵押物是一揽子金融资产的现金流。一般资产支持证券的抵押物可分为两类：消费者金融资产和商业金融资产。按现金流的特性分为规则现金流结构和无规则现金流结构。

5. 信用违约互换是指保护购买方向保护出售方支付互换保费，将信用风险暴露转移给信用保护出售方，其主要目的是对特定资产或发行者的信用风险暴露进行套期保值。根据参考实体不同，信用违约互换可以分为单名信用违约互换、篮子信用违约互换以及信用违约互换指数。

6. 抵押债务凭证是由一种或多种类型的债务凭证构成的分散化资产池支持的证券，可分为现货抵押债务凭证与合成抵押债务凭证。

关 键 词

资产证券化　　　　抵押支持证券　　　　住宅抵押贷款支持证券
过手证券　　　　　担保抵押债务证券　　分离抵押贷款支持证券
商业房产抵押贷款支持证券　　　　　　资产支持证券
规则现金流结构　　无规则现金流结构　　抵押债务凭证

习　题

1. 资产证券化对资产负债表有何影响？
2. 当市场利率上升和下降时，过手证券各面临何种风险？
3. 在建元资产证券化案例中，如果有一部分本金收不回来，哪个序列损失最大？为什么？
4. 在开元资产证券化案例中，主要采取的信用增级手段有哪些？还可以通过哪些途径实现信用增级？

第 12 章即测即评

请扫描二维码进行即测即评。

参考文献及进一步阅读建议

1. 约翰·赫尔. 期权、期货和其他衍生品. 10版. 北京:机械工业出版社,2019.
2. 滋维·博迪,亚历克斯·凯恩,艾伦·J. 马库斯. 投资学. 10版. 汪昌云,等,译. 北京:机械工业出版社,2017.
3. 张亦春,郑振龙,林海. 金融市场学. 5版. 北京:高等教育出版社,2017.
4. 弗兰克·J. 法博齐. 债券市场:分析与策略. 9版. 路蒙佳,译. 北京:机械工业出版社,2016.
5. 阿诺·德·瑟维吉尼,诺伯特. 结构化金融手册. 李楠,等,译. 北京:机械工业出版社,2018.

第 13 章
投资基金市场

本章学习目的

- 掌握投资基金的定义与特点
- 了解投资基金的作用
- 掌握投资基金的基本分类
- 了解投资基金的设立和募集
- 理解投资基金的当事人及相互关系
- 掌握投资基金的运作与投资

投资基金市场也是资本市场重要的组成部分,在投资基金市场上投资者既可以通过投资于投资基金间接投资于证券市场来获取收益,也可以通过交易投资基金单位来获取收益。基金(Fund)既是一种金融投资工具,也是一种投资方式,它与前面所述的投资工具如股票、债券有较大的区别,具有集合理财、专业管理、组合投资、分散风险的优势和特点。随着金融市场快速发展及市场规模不断扩大,投资品种也越来越多,投资者购买投资基金已成为一种常见的投资方式。

13.1 投资基金概述

13.1.1 投资基金的定义

投资基金(以下简称基金)是指通过发售基金单位(也称为基金份额或基金券),将众多投资者的资金集中起来,形成独立资产,由基金托管人托管,基金管理人管理,以投资组合的方法进行投资的一种利益共享、风险共担的集合投资方式。投资基金在不同国家或地区称谓有所不同,美国称为共同基金(Mutual Fund),英国和中国香港称为单位信托基金(Unit Trust),在欧洲一些国家被称为集合投资基金或集合投资计划(Collective Investment Scheme），在日本和中国台湾称为证券投资信托基金（Securities Investment Trust）。

（1）投资基金是一种金融市场的媒介。它存在于投资者与投资对象之间，起着把投资者的资金转换成金融资产，通过专门机构在金融市场上再投资，从而使货币资产得到增值的作用。

（2）投资基金是一种金融信托形式。它与一般金融信托关系一样，主要有委托人、受托人、受益人三个关系人。其中受托人与委托人之间订有信托契约。

（3）投资基金本身属于有价证券的范畴。它发行的凭证即基金单位（也称为基金份额或基金券）与股票、债券一起构成有价证券的三大品种。

投资基金的产生与经济的发展有紧密的联系。1868年11月组建的英国"海外和殖民地政府信托"，是公认设立最早的投资基金机构，以分散投资于国外殖民地的公司债为主。当时为设立投资基金而发行受益债券，每100英镑面值按85英镑出售，固定利率6%，信托期限为24年，投资者可得年收益率为7%以上，而当时政府债券的利率只有3.3%。该机构成立时募集了100万英镑，并投资于伦敦交易所上市的17种政府债券，包括埃及、美国、俄国等国债券。它的产生很快就得到了广大投资者的热烈回应。此后投资基金在英国得到了迅速发展，截至1930年，在英国就有200多家投资基金公司成立。

投资基金起源于英国，在20世纪20年代传入美国后，得到极大地发展和普及。美国是当今世界上证券投资基金最发达的国家，无论是基金品种、数量、资产总额、投资者数量，还是美国基金公司的治理结构，美国的证券投资基金均居世界领先地位。美国为此出台了一系列法律，把投资基金置于严格的管制与监督之下，保护投资者的利益，也为投资基金的进一步健康发展奠定了良好的法律基础。美国作为全球金融业最发达的国家，其投资选择品种很多，包括股票、基金、债券等投资方式应有尽有。在美国，股票和债券市场的主要参与者是机构投资者，对投资大众来说，最普遍的理财方式就是购买共同基金。据美国投资公司协会的调查数据显示，2013年年底，美国投资基金管理资产规模约14.7万亿美元，投资基金的数量有8 752只，5 380万户美国家庭拥有投资基金，9 240万人拥有投资基金，占美国人口数量的44.4%。

投资基金以其极大的优越性受到各国投资者的欢迎。第二次世界大战后，日本、瑞士及其他欧洲大陆国家、新兴工业化国家和地区纷纷引进西方的投资基金制度，新加坡、马来西亚、印度尼西亚、韩国、中国香港地区和台湾地区等都建立了众多的形式多样的投资基金。现在，投资基金已从最初单纯的个人理财工具转变为大众化的投资新方式，成为国际资本流动的一条重要渠道和发展中国家吸引外资发展本国经济的有效形式。

中国投资基金的发展概况（扫码学习）

13.1.2 投资基金的特点

投资基金为投资者提供了一种新型的投资渠道。与其他投资工具相比,它具有下面三个显著的特点。

1. 集合理财,专业管理

基金将众多投资者的资金集中起来,委托基金管理人进行共同投资,表现出一种集合理财的特点。通过汇集众多投资者的资金,积少成多,有利于发挥资金的规模优势,降低投资成本。基金由基金管理人进行投资管理和运作。基金管理人一般拥有大量的专业投资研究人员和强大的信息网络,能够更好地对证券市场进行全方位的动态跟踪与分析。将资金交给基金管理人管理,使中小投资者也能享受到专业化的投资管理服务。

2. 组合投资,分散风险

为降低投资风险,《中华人民共和国证券投资基金法》规定,基金必须以组合投资的方式进行投资运作,从而使"组合投资、分散风险"成为基金的一大特色。"组合投资、分散风险"的科学性已为现代投资学所证明。中小投资者由于资金量小,一般无法通过购买不同的股票分散投资风险。基金通常会购买几十种甚至上百种股票,投资者购买基金就相当于用很少的资金购买了一篮子股票,某些股票下跌造成的损失可以用其他股票上涨的盈利来弥补。因此可以充分享受到组合投资、分散风险的好处。

3. 利益共享,风险共担

基金投资者是基金的所有者。基金投资人共担风险,共享收益。基金投资收益在扣除由基金承担的费用后的盈余全部归基金投资者所有,并依据各投资者所持有的基金份额比例进行分配。为基金提供服务的基金托管人、基金管理人只能按规定收取一定的托管费、管理费,并不参与基金收益的分配。

13.1.3 投资基金的作用

1. 为中小投资者拓宽了投资渠道

对中小投资者来说,存款或购买债券较为稳妥,但收益率较低;投资于股票有可能获得较高收益,但风险较大。证券投资基金作为一种新型的投资工具,把众多投资者的小额资金汇集起来进行组合投资,由专家来管理和运作,大大降低了投资风险,并可能获得比单纯投资存款或购买债券高的收益,可以说是专门为中小投资者设计的间接投资工具,大大拓宽了中小投资者的投资渠道。因此证券投资基金已进入了寻常百姓家,成为大众化的投资工具。

2. 促进储蓄向投资转化

基金吸收社会上的闲散资金,为企业在证券市场上筹集资金创造了良好的融资环境,实际上起到了把储蓄资金转化为生产资金的作用。这种储蓄转化为投资的机制为产业发展和经济增长提供了重要的资金来源,而且,随着基金的发展壮大,这种作用越来越大。

3. 有利于证券市场的稳定和发展

第一,基金的发展有利于证券市场的稳定。证券市场的稳定与否同市场的投资者结构密切相关。基金的出现和发展,能有效地改善证券市场的投资者结构,成为稳定市场的中坚力量。基金由专业投资人士经营管理,其投资经验比较丰富,信息资料齐备,分析手段较为先进,投资行为相对理性,客观上能起到稳定市场的作用。同时,基金一般注重资本的长期增值,多采取长期的投资行为,较少在证券市场上频繁进出,能减少证券市场的波动。

第二,基金作为一种主要投资于证券的金融工具,它的出现和发展增加了证券市场的投资品种,扩大了证券市场的交易规模,起到了丰富活跃证券市场的作用。随着基金的发展壮大,它已成为推动证券市场发展的重要动力。

4. 有利于证券市场的国际化

很多发展中国家对开放本国证券市场持谨慎态度,在这种情况下,与外国合作组建基金,逐步、有序地引进外国资本投资于本国证券市场,不失为一个明智的选择。与直接向投资者开放证券市场相比,这种方式使监管当局能控制好外资的规模和市场开放程度。

13.1.4 投资基金与股票、债券的区别

1. 投资者地位不同

股票持有人是公司的股东,有权对公司的重大决策发表自己的意见;债券的持有人是债券发行人的债权人,享有到期收回本息的权利;基金单位的持有人是基金的受益人,体现的是一种信托关系(但是公司型基金除外)。

2. 风险程度不同

一般情况下,投资股票的风险大于基金。对中小投资者而言,由于受可支配资产总量的限制,只能直接投资于少数几只股票,当其所投资的股票股价下跌或企业财务状况恶化时,资本金有可能化为乌有;而基金的基本原则是组合投资,分散风险,把资金按不同的比例分别投于不同期限、不同种类的有价证券,把风险降至最低程度。债券在一般情况下,本金得到保证,收益相对固定,风险比基金要小。

3. 收益情况不同

基金和股票的收益是不确定的,而债券的收益是确定的。一般情况下,基金收益比债券高。

4. 投资方式不同

与股票、债券的投资者不同,投资基金是一种间接的投资方式,基金的投资者不再直接参与有价证券的买卖活动,不再直接承担投资风险,而是由专家具体负责投资方向的确定、投资对象的选择。

5. 投资回收方式不同

债券投资是有一定期限的,期满后收回本金。股票投资是无限期的,除非公司破产、进入清算,投资者不得从公司收回投资,如要收回,只能在证券交易市场上按市场价格变现。投资基金则要视所持有的基金形态不同而有区别:封闭型基金有一定的期限,期满后投资者可按持有的份额分得相应的剩余资产,在封闭期内还可以在交易市场上变现;开放型基金一般没有期限,投资者可随时向基金管理人要求赎回。

13.1.5 基金的当事人

1. 基金持有人

基金持有人是指持有基金份额或基金股份的自然人和法人,也就是基金的投资人。他们是基金资产的实际所有者,享有基金信息的知情权、表决权和收益权。持有人是基金一切活动的中心。

基金持有人的基本权利包括对基金收益的享有权、对基金单位的转让权和在一定程度上对基金经营决策的参与权。对于不同类型的基金,持有人对投资决策的影响方式是不同的。在公司型基金中,基金持有人通过股东大会选举产生基金公司的董事会来行使对基金公司重大事项的决策权。对基金运作的影响力大些。而在契约型基金中,基金持有人只能通过召开基金持有人大会对基金的重大事项作出决议,但对基金日常决策一般不能施加直接影响。根据《基金法》的规定,基金持有人享有的权利主要包括:分享基金财产收益;参与分配清算后的剩余基金财产;依法转让或者申请赎回其持有的基金份额;按照规定要求召开基金份额持有人大会;对基金份额持有人大会审议事项行使表决权;查阅或者复制公开披露的基金信息资料;对基金管理人、基金托管人、基金份额发售机构损害其合法权益的行为依法提起诉讼;基金合同约定的其他权利。

2. 基金管理人

基金管理人是指负责基金发起设立与经营管理的专业性机构。中国《基金法》规定,基金管理人由依法设立的基金管理公司担任。基金管理公司通常由证券公司、信托投资公司或其他机构等发起成立,具有独立法人地位。基金管理人作为受托人,必须履行诚信义务。基金管理人的目标是受益人利益最大化,因而,不得在处理业务时考虑自己的利益或为第三者牟利。

3. 基金托管人

基金托管人又称基金保管人,是依据基金运行中"管理与保管分开"的原则对基金管理人进行监督和保管基金资产的机构,是基金持有人权益的代表,通常由有实力的商业银行或信托投资公司担任。基金托管人与基金管理人签订托管协议,在托管协议规定的范围内履行自己的职责并收取一定的报酬。证券投资基金托管人为充分保障基金投资者的权益,防止基金资产被挪作他用,各国的证券投资信托法规都规定:基金要由某一托管机构,即基金托管人来对基金管理机构的投资操作进行监督和保管基金资产。基金托管人应该是完全独立于基金管理机构、具有一定的经济实力、实收资本达到相当规模、具有行业信誉的金融机构。

4. 证券投资基金当事人之间的关系

(1) 基金持有人与基金管理人之间的关系。基金持有人是基金的实际所有者,而基金管理人则是凭借专门的知识与经验,运用所管理基金的资产,根据法律、法规及基金章程或基金契约的规定,按照科学的投资组合原理进行投资决策,谋求所管理基金资产不断增值,使基金持有人获取尽可能多收益的机构。所以,基金持有人与基金管理人的关系实质上是所有者与经营者之间的关系。前者是基金资产的所有者,后者是基金资产的经营者。前者是一般的社会投资人,既可以是自然人,也可以是法人或其他社会团体;后者则是由职业投资专家组成的专门经营者,是依法成立的法人。

(2) 基金管理人与托管人之间的关系。管理人与托管人的关系是经营与监管的关系。基金管理人由投资专家组成,负责基金资产的经营,基金资产独立于管理人固有财产;托管人由主管机关认可的金融机构担任,负责基金资产的保管,依据基金管理机构的指令处置基金资产,并监督管理人的投资运作是否合法合规。对基金管理人而言,处理有关证券、现金收付的具体事务交由基金托管人办理,自己就可以专心从事资产的运用和投资决策。基金管理人和基金托管人均对基金持有人负责。他们的权利和义务在基金契约或基金公司章程中预先界定清楚,任何一方有违规之处,对方都应当监督并及时制止,直至请求更换违规方。这种相互制衡的运行机制,极大地保证了基金信托财产的安全和基金运用的高效。但是,这种机制的作用得以有效发挥的前提是基金托管人与基金管理人必须严格分开,由不具有任何关联的不同机构或公司担任,两者在财务上、人事上、法律地位上应该完全独立。

(3) 基金持有人与托管人之间的关系。持有人与托管人的关系是委托与受托的关系,也就是说,基金持有人把基金资产委托给基金托管人管理。对持有人而言,把基金资产委托专门的机构管理,可以确保基金资产的安全。对基金托管人而言,必须对基金持有人负责,监管基金管理人的行为,使其经营行为符合法律法规的要求,保证资产的安全,提高资产的报酬。

13.1.6 投资基金的运作

1. 投资基金的设立

投资基金是一种特殊的制度安排,在这种制度下,由于各当事人之间的委托/代理关系的存在,使信息不对称问题显得比较突出。为保护投资者利益,各国家和地区均制定了相应的法律法规来规范投资基金的设立。投资基金有公募和私募之分。对于私募基金中国目前已逐步建立相应的法律法规来规范。而对于公募基金则要求在发行之前,先获得中国证券监督管理委员会的审批。

基金是由基金发起人发起设立的。根据有关规定,在中国发起人申请设立基金,一般要完成以下工作。

(1) 基金发起人申请设立基金,首先必须准备各种法律文件,如设立基金的申请报告、发起人协议书、基金契约、基金托管协议、基金招募说明书等。

(2) 基金发起人准备好各种文件后,应上报中国证监会。中国证监会收到文件后对基金发起人资格、基金管理人资格、基金托管人资格以及基金契约、托管协议、招募说明书以及上报资料的完整性、准确性进行审核,如果符合有关标准,则正式下文批准基金发起人公开发行基金。

(3) 基金发起人收到中国证监会的批文后,于发行前三天公布招募说明书,并公告具体的发行方案。

在《中华人民共和国证券投资基金法》及相关的规定中,对申请设立的基金本身也作了一些规定,如发起人可申请设立开放式基金,也可申请设立封闭式基金,并规定封闭式基金存续期不得少于 5 年,最低募集数额不得低于 2 亿元等。发起人申请设立基金的申报材料中有关内容必须符合上述规定,基金才有可能获中国证监会批准。基金经批准向社会公众公开发售后,并不表明基金已正式成立。

2. 投资基金的发行方式

在中国,投资基金的发行方式主要有两种:上网发行方式和网下发行方式。

上网发行方式是指将所发行的基金单位通过与证券交易所的交易系统联网的全国各地的证券营业部,向广大的社会公众发售基金单位的发行方式。这主要是封闭式基金的发行方式。

网下发行方式是指将所要发行的基金通过分布在一定地区的银行或证券营业网点,向社会公众发售基金单位的发行方式。这主要是开放式基金的发行方式。

3. 投资基金的投资运作

投资基金的投资运作是指基金经理人如何将所募集的资金进行投资从而为基金持有人获取最好的收益。投资目标和投资政策是投资基金投资运作的核心问题。投资政策是基金实现投资目标的手段。不同类型的基金有不同的投资目标和投资政策。投资目标和投资政策通常是在基金招募说明书中阐述。有关投资基金简单运作流程如图 13.1 所示。

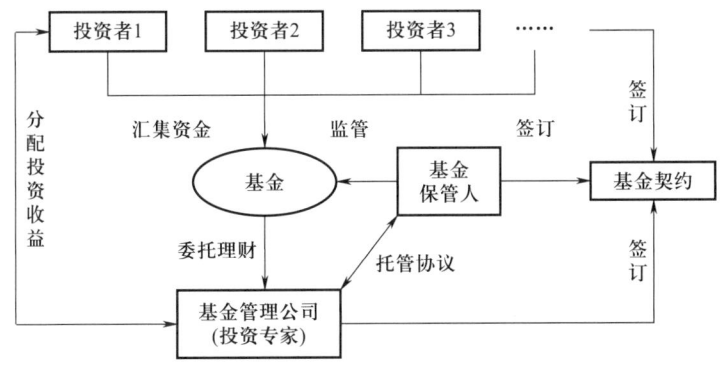

图 13.1 投资基金简单运作流程

基金管理人的投资运作方面的相关信息通常通过基金契约、招募说明书(扩募说明书)详述。主要包括:

(1) 投资目标。投资目标是指基金所追求的收益类型,基金投资要达到的目标。如力求为投资者提供长期稳定的资本利得,获得固定的股利分红收益等,不同基金的目标是不相同的,所以不同的投资者应选择适合自己目标的投资基金。

(2) 投资范围,是指基金所投资的标的物的范围。在基金契约、招募说明书(扩募说明书)上会描述基金可能购买证券的范围、基金投资的标的物、基金如何选择它们、基金侧重购买的证券类型及在实际中如何操作。例如,投资基金可能选择具有良好流动性的金融工具,包括国内依法公开发行上市的股票、债券及中国证监会允许基金投资的其他金融工具。其中又以上市公司所发行的股票为投资重点。阐明基金投资的主要对象是哪一类证券或上市公司,如投资于业绩优良并能稳定增长的上市公司的股票和具有较大成长潜力的上市公司的股票。

(3) 投资理念。基金秉承的投资理念,是以长期投资为主,还是积极进取为主。从国外成熟市场来看,基金的投资理念一直是基金管理人投资智慧的最好体现,也是基金投资成功的重要前提和基础。对基金投资理念做出比较分析具有十分重要的意义。不同类型的基金具有各自不同的投资理念和投资风格,对投资收益的追求与风险的控制也各不相同,对基金类型的判断和认定,将有助于投资者对适合自己风险偏好和收益目标的基金进行投资。当然,由于基金的投资理念是一个比较抽象的概念,不经过长时间的考验是很难做出较为客观的比较的。

(4) 投资政策。基金的投资政策指的是基金对各类证券投资进行选择的原则和方针。例如,在不同的条件下,基金如何调整现金、国债、不同类型的股票或其他投资品种的比例等。

(5) 投资产品。基金管理者所做的投资是以收益回报高、安全性和流动性好为主要目标。而风险与收益关系甚为密切,基金管理者尽量希望以最低的风险获取最高的回报,而安全性与流动性又是相辅相成的。管理者只有在合理地使用投资工具、使其在最佳的组合下,才能达到最佳的投资效果。基金管理者运用基金投资工具,实现基金投资目标的主要投资产品包括投资国债、投资新股、投资上市公司的股票。基金在进行股票投资的过程中,总是力图减少投资风险和提高投资收益。这需要在科学的分析方法和娴熟的投资技巧的基础上,采用投资组合方式来实现。基金的投资组合规定是为了分散投资风险、保护基金持有人的利益而制定的。

(6) 投资限制。为了保护投资者的利益,有关的法律法规对不同类型的基金投资均制定了一定的限制。对基金投资进行限制的主要目的:一是引导基金投资人分散投资,降低风险;二是避免基金操纵市场;三是发挥基金引导市场的积极作用。

13.2 投资基金的分类

投资基金因各国的历史、社会、经济、文化等环境不同,呈现出各种各样的形态。世界各国的基金虽然形式多样,但仍然可以根据不同的标准来对它们进行分类。对于同一类基金,由于划分的标准不同,也可能属于不同的类型。

13.2.1 按法律基础和组织形态划分

1. 公司型基金

公司型基金是指基金本身为一家投资公司,它通过发行受益凭证(或股份)的方式来募集资金,投资人即为公司的股东,按公司章程享受权利和承担义务,根据公司经营状况获取股息或红利。股东大会选出董事会、监事会,再由董事会、监事会选出公司总经理,负责执行基金的业务,并向股东负责。同时聘请保管机构(保管人)负责保管基金资产。

2. 契约型基金

契约型基金又称信托型基金,是指根据一定的信托契约原理,由委托人、受托者和受益者三方订立信托投资契约而组成的基金形态,三者的关系由基金投资信托契约作为彼此权利义务的依据。其运行方式是,由基金管理公司(委托人)与基金保管机构(受托人)订立托管契约,由前者负责基金的经营与管理操作,后者则负责基金信托资产的保管与处分,而投资成果由投资人(受益人)享受。这种基金以发行受益凭证的方式向投资大众筹集资金。

3. 公司型基金与契约型基金的区别

(1)法律依据不同。契约型基金是依照基金契约组建的,信托法是契约型基金设立的依据;公司型基金是依照公司法组建的。

(2)投资者的地位不同。契约型基金的投资者作为信托契约中规定的受益人,对基金如何运用所做的重要投资决策通常不具有发言权;公司型基金的投资者作为公司的股东有权对公司的重大决策进行审批,发表自己的意见。

(3)基金运营依据不同。公司型基金像一般的股份公司一样,除非依据公司法到了破产、清算阶段,否则公司一般都具有永久性;契约型基金则依据基金契约建立、运作,契约期满,基金运营也就终止。

13.2.2 按基金单位能否赎回和买卖方式划分

1. 开放式基金

开放式基金是指基金管理公司在设立基金时,发行的基金单位总份数不固定,基金总额亦不封顶,可视经营策略和实际需要连续发行。投资者可随时购买基金单位,也可以随时将手中持有的基金单位在基金管理公司设定的内部交易营业日里转卖给基金管理公司(即基金管理公司赎回基金单位,或投资者赎回现金)。购买或赎回基金单位的价格,取决于单位基金的净资产。

2. 封闭式基金

封闭式基金是指基金发行总额是限定的,在初次发行期满后,基金即宣告成立,并进行封闭,在封闭期内不再追加新的基金单位。投资人不得向发行机构请求赎回其持有的股份或受益凭证。其流通采取在交易所上市的办法,投资者可以经过经纪商在二级市场进行竞价交易,因此封闭式基金的交易类似于普通股票。

3. 开放式基金与封闭式基金的区别

(1)基金规模的可变性不同。封闭式基金均有明确的存续期限,通常在 5 年以上,一般为 10 年或 15 年,在此期限内已发行的基金单位不能被赎回。因此,在正常情况下,基金规模是固定不变的。而开放式基金所发行的基金单位是可赎回的,而且投资者在基金的存续期间内也可随意申购基金单位,导致基金的资金总额每日均不断地变化。换言之,它始终处于"开放"的状态。这是封闭式基金与开放式基金的根本差别。

(2)基金单位的买卖方式不同。封闭式基金发起设立时,投资者可以向基金管理公司或销售机构认购,在封闭期内投资者只可在证券交易所按市价买卖;而投资者投资于开放式基金时,则可以随时向基金管理公司或代销机构申购赎回。

(3)基金单位的买卖价格形成方式不同。封闭式基金在交易所上市,其买卖价格由市场供求关系决定(一般围绕基金单位的资产净值波动)。而开放式基金的买卖价格是以基金单位的资产净值为基础计算,不受市场供求关系的影响,可直接反映基金单位资产净值的高低。在基金的买卖费用方面,投资者在买卖封闭式基金时与买卖上市股票一样,也要在价格之外付出一定比例的手续费;而开放式基金的投资者在支付和赎回基金单位时还要缴纳申购费和赎回费。一般而言，买卖封闭式基金的费用要高于开放式基金。

基金的投资策略不同。由于封闭式基金在封闭期内不能随时被赎回，其募集得到的资金可全部用于投资，这样基金管理公司便可据以制定长期的投资策略，取得长期经营绩效。而开放式基金则为了应对投资者随时赎回，要保持一定数量的现金而不能将资金全部用于投资，同时为了保持基金资产的流动性，只能投资于变现能力强的资产。

13.2.3 按投资目标划分

1. 成长型基金

成长型基金是基金中最常见的一种，它追求的是基金资产的长期增值。为了达到这一目标，基金管理人通常将基金资产投资于信誉度较高、有长期成长前景或长期盈余的所谓成长公司的股票。成长型基金又可分为稳健成长型基金和积极成长型基金。

2. 收入型基金

收入型基金主要投资于可带来现金收入的有价证券，以获取当期的最大收入为目的。收入型基金资产的成长潜力较小，损失本金的风险相对也较低，一般可分为固定收入型基金和股票收入型基金。固定收入型基金的主要投资对象是债券和优先股，因而尽管收益率较高，但长期成长的潜力很小，而且当市场利率波动时，基金净值容易受到影响。股票收入型基金的成长潜力比较大，但易受股市波动的影响。

3. 平衡型基金

平衡型基金将资产分别投资于两种不同特性的证券上，并在以取得收入为目的的债券及优先股和以资本增值为目的的普通股之间进行平衡。这种基金一般将25%~50%的资产投资于债券及优先股，其余的投资于普通股。平衡型基金的主要目的是从其投资组合的债券中得到适当的利息收益，与此同时又可以获得普通股的升值收益。投资者既可获得当期收入，又可得到资金的长期增值。平衡型基金的特点是风险比较低，缺点是成长的潜力不大。

13.2.4 按投资标的划分

1. 国债基金

国债基金是以国债为主要投资对象的证券投资基金。风险较低，适合于稳健型投资者。国债基金的收益会受市场利率影响。另外，汇率也会影响基金收益，管理人在购买国际债券时，往往还需要在外汇市场上做套期保值。

2. 股票基金

股票基金指以上市股票为主要投资对象的证券投资基金。优点是成长潜力较大，投资者不仅可以获得资本利得，还可以通过股票基金将较少的资金投资于各类股票，从而降低风险，提高或保持高收益。

3. 货币市场基金

货币市场基金其投资标的都是货币市场工具，包括通知存款、一年以内(含一年)的银行存款、剩余期限在397天以内(含397天)的债券、期限在一年以内(含一年)的中央银行票据等。这些工具通常由政府、金融机构以及信誉较高的大企业发行,具有流动性好、安全性高且收益相对稳定的特征。更重要的是,一般投资人是无法直接参与投资货币市场工具的,从这个角度来说,货币市场基金给了普通投资人一个参与货币市场、获得稳定安全收益的捷径。优点是资本安全性高、购买限额低、流动性强、收益较高、管理费用低,有些还不收取赎回费用。尽管不能与股票基金等品种比回报,但货币市场基金可以提供给投资人的短期收益还是较为可观的,特别是相比银行存款仍有较大优势。实际上,在西方发达国家,货币市场基金已经在很大程度上成为活期存款的替代。美国活期存款的替代率从1970年的不到1%,上升到2013年第三季度的27%,超过两成的美国家庭短期资产投向货币市场基金,而中国的这一比例还比较低。

4. 指数基金

指数基金是20世纪70年代以来出现的基金品种。特点是:其投资组合等同于市场价格指数的权数比例,收益随着即期的价格指数上下波动。当价格指数上升时,基金收益增加;反之,收益减少。指数基金的优点是:第一,费用低廉,管理费用较低,尤其是交易费用较低。第二,风险较小。第三,在以机构投资者为主的市场中,指数基金可获得市场平均收益率,可以为股票投资者提供较稳定的投资回报。第四,指数基金可以作为避险套利的工具。

5. 衍生证券投资基金

衍生证券投资基金是一种以衍生证券为投资对象的基金,包括期货基金、期权基金、认股权证基金等。这种基金的风险大,因为衍生证券一般是高风险的投资品种。

> **专栏 13-1**
>
> ### 余 额 宝
>
> 余额宝(其实质就是货币市场基金)是由第三方支付平台支付宝打造的一项余额增值服务。通过余额宝用户不仅能够得到较高的收益,还能随消费支付和转出,用户在支付宝网站内就可以直接购买基金等理财产品,获得相对较高的收益,同时余额宝内的资金还能随时用于网上购物、支付宝转账等支付功能。
>
> 转入余额宝的资金在第二个工作日由基金公司进行份额确认,对已确认的份额会开始计算收益。余额宝的优势在于转入余额宝的资金不仅可以获得较高的收益,还能随时消费支付,灵活便捷。余额宝是支付宝为个人用户推出的一项余额增值服务。把钱转入余额宝中,可以获得一定的收益。支持支付宝账户余额支付、储蓄卡快捷支付(含卡通)的资金转入。目前不收取任何手续费。通过余额宝,用户存留在支付宝的资金不仅能拿到利息,而且和银行活期存款利息相比收益更高。根据其工作人员介绍,2012年10万元活期储蓄利息350元/年,如通过余额宝收益能超过4 000元/年。2013年11月14日,余额宝最新规模已突破1 000亿元,成为中国基金史上首支规模突破千亿元的基金。
>
> 随着余额宝的推出,"宝宝"类理财工具一时层出不穷,微博上、微信里、主流媒体中,都不乏"宝宝"们火爆的身影。从收益率来看,宝宝类理财工具的吸引力毋庸置疑。

> 以兴全添利宝"掌柜钱包"为例,近年来七日年化收益率均稳定在6%上下,远远高于银行活期利率乃至1年定存。可以说,宝宝类理财工具的诞生给广大投资者带来实实在在的方便和收益。然而,宝宝类理财工具的收益来自货币基金,货币基金理财早已有之,真正投资者意识到"宝宝"可贵的,不仅仅是收益,还在于方便快捷的活期资金管理功能。

13.2.5 按资金募集的方式划分

1. 公募基金

公募基金是指以公开发行方式向社会公众投资者募集基金资金的投资基金。基金证券的发行规则与公募股票的规则基本一致。公募基金所需的各种手续和文件较多,所以受到比较严格的限制,但公募基金证券的发行范围比较广泛,发行数量较大,流动性较强,一些公募基金证券在条件成熟时,还可以申请上市交易。

2. 私募基金

私募基金是指以非公开方式向一些特定投资者募集基金资金的投资基金。在这种方式下,基金发起人通过电话、信函、面谈等方式,直接向一些老客户、相关机构等投资者推销基金证券,并由这类投资者认购。由于私募基金容易发生不规范行为,所以,一些国家的法律法规明确限定了私募基金证券的最高认购人数,超过最高认购人数就必须采用公募发行。

中国私募基金风云二十年(扫码学习)

与公募基金相比,私募基金不能进行公开发售和宣传推广,只能采取非公开方式发行。投资金额要求高,风险较大,投资者的资格和人数常常受到严格的限制。与公募基金必须遵守基金法律和法规的约束并接受监管部门的严格监管相比,私募基金在运作上具有较大的灵活性,所受到的限制和约束也较少。它既可以投资于衍生金融产品进行买空卖空交易,也可以进行汇率、商品期货投机交易等。私募基金的投资风险较高,主要以具有较强风险承受能力的富裕阶层为目标客户。按《中华人民共和国证券投资基金法》规定,非公开募集基金应当向合格投资者募集,合格投资者累计不得超过200人。而所谓的合格投资者,是指达到规定资产规模或者收入水平,并且具备相应的风险识别能力和风险承担能力,其基金份额认购金额不低于规定限额的单位和个人。

对冲基金(扫码学习)

13.2.6 其他特殊类型的基金

近二十多年来,随着金融市场的迅速发展与科学技术的进步,投资基金也产生了许多新产品、新方法。

1. ETF 与 LOF

ETF(Exchange-traded Funds)指的是可以在交易所交易的基金,交易所交易基金从法律结构上说仍然属于开放式基金。ETF 存在一级和二级两个市场,投资者可以在一级市场用一篮子股票进行申购和赎回,也可以在二级市场用现金买入和卖出。对一般投资者而言,交易所交易基金主要还是在二级市场上进行买卖。

LOF(Listed Open-end Fund)是指在交易所上市交易的开放式证券投资基金,也称为上市型开放式基金。LOF 的投资者既可以通过基金管理人或其委托的销售机构以基金净值进行申购、赎回,也可以通过交易所市场以交易系统撮合成交价进行买入、卖出。

LOF 与 ETF 区别表现在:首先,ETF 本质上是指数型的开放式基金,是被动管理型基金,而 LOF 则是普通的开放式基金,它可能是指数型基金,也可能是主动管理型基金。其次,在一级市场上申购和赎回时,ETF 与投资者交换的是基金份额和一篮子股票,而 LOF 则是与投资者现金交换。再次,在一级市场上,即申购赎回时,ETF 的投资者一般是较大型的投资者,如机构投资者和资金量较大的个人投资者,而 LOF 则没有限定。最后,在二级市场的净值报价上,ETF 每 15 秒钟提供一个基金净值报价,而 LOF 则是一天提供一个基金净值报价。

2. 避险策略基金(保本基金)

保本基金是指在基金产品的一个保本周期内(基金设定了一定期限的锁定期,在中国一般是 3 年,在国外甚至达到了 7 年至 12 年),投资者可以拿回原始投入本金,但若提前赎回,将不享受此优待。这类基金对于风险承受能力比较弱的投资者或是在未来股市走势不确定的情形下,是一个很好的投资品种,既可以保障所投资本金的安全,又可以参与股市上涨的获利,具有其特定的优势。

很多投资人容易将保本基金归入"无收益资产"。但从本质上说,保本基金其实是一种偏绝对收益的投资品种。比如,兴全保本基金就是以 3 年期定存税后收益作为比较基准,而其在截至 2014 年 8 月 4 日的第一个保本期实现了接近 16% 的收益。

从历史表现来看,根据海通证券统计,截至 2014 年 5 月底,已完成至少一个完整保本周期的 14 只保本基金,普遍实现了正收益,即成功实现了保本。不仅如此,除极个别外,这些保本基金中的绝大多数业绩都远远超过了同期的银行定存利率。

3. 并购基金

并购基金是私募股权投资基金的一个重要分支,专指将投资方向定位于并购企业资产或股权的一类基金,是目前欧美成熟市场 PE 的主流模式。

绝大多数情况下并购基金的运作方式是把上市企业通过退市后重组、改善、提升,再二次上市或出售给其他更适合管理和运营的企业,最终使投资者获得丰厚的财务收益。

并购基金主要分为控股型并购基金模式和参股型并购基金模式。前者是美国并购基金的主流模式,强调获得并购标的控制权,并以此主导目标企业的整合、重组及运营。

后者并不取得目标企业的控制权,而是通过提供债权融资或股权融资。我国目前并购基金的主要模式是,协助其他主导并购方参与对目标企业的整合重组。

并购基金常常采用的是有限合伙制,由普通合伙人(General Partner,GP)和有限合伙人(Limited Partner,LP)组成。其中GP负责并购基金的运作,并提供一定比例的资金,常常为整个并购基金的1%~5%。LP是并购基金的主要资金提供方,分享并购基金的主要收益。

4. 量化基金

区别于普通基金,量化基金主要采用量化投资策略来进行投资组合管理。量化投资就是借助现代统计学、数学的方法,从海量历史数据中寻找能够带来超额收益的多种大概率策略,并纪律严明地按照这些策略所构建的数量化模型来指导投资,力求取得稳定的、可持续的、高于平均的超额回报。量化投资属主动投资范畴,本质是定性投资的数量化实践,理论基础均为市场的非有效性或弱有效性。量化基金采用的策略包括量化选股、量化择时、股指期货套利、商品期货套利、统计套利、期权套利、算法交易、资产配置等。

风险投资基金(扫码学习)

13.3 投资基金的收益与风险

13.3.1 投资基金的收益

投资基金的收益是基金资产在运作过程中所产生的超过本金部分的价值。基金收益的来源有两部分:一是利息收入,即基金在一定时期内收到的分红和利息收入,如股息、债券利息和银行存款利息等;二是资本利得,反映基金所持有的股票与债券价格涨跌的幅度。

基金收益的构成具体如图13.2所示。

13.3.2 投资基金的费用

基金是以委托的方式请专家进行投资管理和操作的,因此,从设立到终止都要支付一定的费用。通常情况下,基金所支付的费用主要有以下五个方面。

1. 管理费

管理费是指支付给实际运用基金资产、为基金提供专业化服务的基金管理人的费用,也就是管理人为管理和操作基金而收取的费用。这笔费用用于基金管理公司在该年

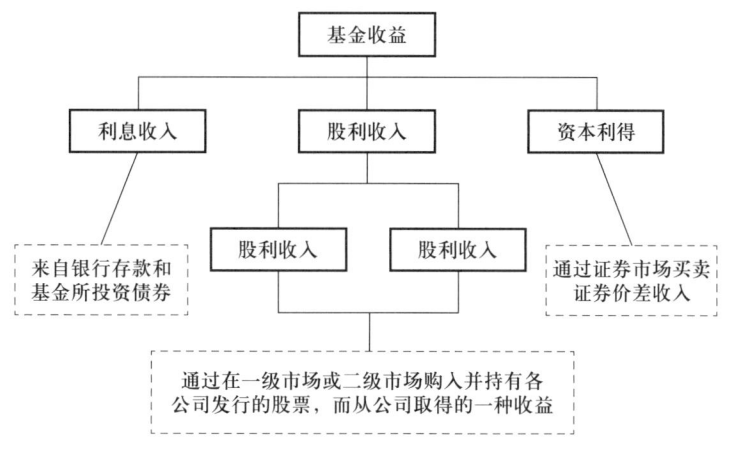

图 13.2 投资基金收益来源

资料来源:华富基金公司网站。

度的各种必要的开支,包括有关登记及秘书工作的费用。基金管理费通常按照每个估值日基金净资产的一定比例(年率)逐日计算,按月支付。费率的高低通常与基金规模成反比,与风险成正比。基金规模越大,风险越小,管理费率就越低;反之,则越高。不同的国家及不同种类的基金,管理费率不完全相同。在美国,各种基金的年管理费率通常在基金资产净值的 1% 左右。在日本,基金的年管理费率约为基金资产净值的 1.5%,随着基金规模的扩大将适当调低。而在多种基金中,货币基金的年管理费率最低,为基金资产净值的 0.25%~1%;其次为债券基金,为 0.5%~1.5%;股票基金居中,为 1%~1.5%;认股权证基金为 1.5%~2.5%。管理费通常从基金的股息、利息收益中或从基金资产中扣除,不另向投资者收取。有的基金也准许预提一部分管理费。

2. 托管费

托管费是指基金托管人为基金提供服务而向基金收取的费用。托管费通常按照基金资产净值的一定比例提取,逐日计算并累计,按月支付给托管人。托管费率也会因基金种类不同而异,如香港怡富东方小型企业信托基金的托管费率为 0.20%;而香港渣打世界投资基金支付的托管年费分得更细,股票基金为基金资产净值的 0.25%,债券基金为基金资产净值的 0.125%;中国证券投资基金的年托管费率为基金资产净值的 0.25%。

3. 运作费

运作费包括支付注册会计师费、律师费、召开年会费用、中期和年度报告的印刷制作费以及买卖有价证券的手续费等。这些开销和费用是作为基金的营运成本支出的。运作费占资产净值的比率较小,通常要在基金契约中事先确定,并按有关规定支付。

一个基金运作是否有效率,主要看其运作费用是否偏高。如果运作费用较高,投资者的投资成本就高;反之,则较低。运作费用比率高低与基金规模有关,一般情况下,基金规模越大,运作费用比率越低。另外,表现不好的基金,运作费用比率就比较高。所以,运作费用高低是投资者衡量基金效率及表现的一个依据。

运作费用比率的高低也与基金规定的最低投资额的高低有关。如果最低投资额定得太低,运作费用比率就会相应提高。此外,新设立的基金和投资于多国证券市场的国际基金,其运作费用比率也较高。

4. 宣传费用

宣传费用是指基金支付广告费、宣传品支出、公开说明书和年报中报的印刷制作费、销售人员佣金、股票经纪人及财务顾问的佣金等营销费用。

5. 清算费用

清算费用是指基金终止时清算所需的费用,按清算时的实际支出从基金资产中提取。

13.3.3 投资基金的分配

在获取投资收益并扣除费用后,投资基金需将投资利润分配给受益人。分配通常有两种方式:一是分配现金,二是分配基金单位。中国有关法律规定基金收益分配原则是:

(1) 基金收益分配比例不得低于基金净收益的90%。

(2) 基金当年收益应先弥补上一年亏损后,才可进行当年收益分配。

(3) 基金投资亏损,或者基金当年虽有收益但基金份额净值低于面值,则不进行收益分配。

(4) 基金收益分配后基金份额净值不能低于面值。

(5) 每份基金份额享有同等分配权。

不同的基金分配方式有所不同,主要有下面两种类型:

(1) 在封闭式基金中,投资者只能选择现金红利方式分红,因为封闭式基金的规模是固定的,不可以增加或减少。

(2) 开放式基金分配可采用两种方式:① 分配现金。即向投资者分配现金,这是基金收益分配的最普遍的形式。② 再投资方式。再投资方式是将投资人分得的收益再投资于基金,并折算成相应数量的基金单位。这实际上是将应分配的收益折为等额的新的基金单位送给投资人。许多基金为了鼓励投资人进行再投资,往往对红利再投资低收或免收申购费率。不同基金在各自的招募说明书中明确规定自己的收益分配原则及方式,以供投资者选择。

13.3.4 基金资产的估值与基金资产净值的计算

投资者投资于基金的目的是获取比较稳定的收益。基金管理人作为基金的受托人,必须采取一定的方式向投资者表明基金的运作情况,其主要方法是对基金资产进行估值,并定期公布基金的资产净值。

1. 基金资产净值

基金资产净值(Net Asset Value),是指在某一时点基金实际代表的价值。基金单位资产净值是指某一时点上某一投资基金每份基金份额实际代表的价值。

$$基金资产净值 = 基金总资产 - 基金总负债$$

$$基金单位资产净值 = (基金总资产 - 基金总负债)/基金份额总数$$

基金总资产是指基金拥有的所有资产的价值,包括现金、股票、债券、银行存款和其他有价证券。基金总负债是指基金应付给基金管理人的管理费和基金托管人的托管费等必要的开支。

2. 基金资产估值

基金资产的估值,是指计算、评估基金资产和负债的价值,以确定基金资产净值和基金份额净值的过程。

(1) 估值的目的。基金资产估值的目的是客观、准确地反映基金资产的价值,并与一定标准比较后,衡量基金是否贬值、增值。依据经基金资产估值后确定的基金资产净值而计算出的基金单位资产净值,是计算基金申购与赎回价格的基础。

(2) 基金估值的对象。指基金所持有的全部资产,包括股票,债券及配股权证等证券类资产,银行存款、清算备付金等现金类资产,应收利息等应收项目,以及按照有关法规规定应作为资产类的投资估值增值等。同时,为了计算基金资产净值,也需对基金所承担的所有负债进行评估。

(3) 估值日的确定。基金管理人应于每个交易日当天对基金资产进行估值。

(4) 估值暂停。遇到下列特殊情况,有权暂停估值:① 基金投资所涉及的证券交易场所遇法定节假日或因故暂停营业时;② 开放式基金出现巨额赎回的情形;③ 因不可抗力或其他情形致使基金管理人、基金托管人无法准确评估基金资产价值的情形。

(5) 估值方法。

① 上市流通证券,以估值日该证券收盘价(开放式基金)或市场平均价(封闭式基金)估值;估值日无交易的以最近一日收盘价或市场平均价估值。

② 未上市股票分两种情况处理:A. 送股、转增股、配股和增发新股按估值日在证券交易所挂牌的同一股票的收盘价或市场平均价估值;B. 首次发行的股票按成本价估值。

③ 配股权证,从配股除权日起到配股确认日止,如果收盘价高于配股价,按收盘价高于配股价的差额估值;如果收盘价低于配股价,则估值增值额为零。

④ 在银行间同业市场交易的债券按不含息成本与市价孰低法估值。

⑤ 如有确凿证据表明上述方法对基金资产进行估值不能客观反映其公允价值,基金管理人可与基金托管人商定后,按最能反映公允价值的价格估值。

⑥ 如有新增事项,按国家最新规定估值。

13.3.5 投资基金的风险

虽然投资基金是一种集中资金、专家管理、分散投资、降低风险的投资工具,但投资者投资于基金仍有可能面临风险。投资基金投资存在的风险主要有以下几个方面。

1. 市场风险

市场风险主要有政策风险、经济周期风险、利率风险、通货膨胀风险、流动性风险、信用风险等。投资者购买基金,相对于购买股票而言,由于能有效地分散投资和利用专家优势,可能对控制风险有利,但其风险依然存在。分散投资虽能在一定程度上消除来自个别公司的非系统风险,但市场的系统风险却无法消除。

2. 管理风险

基金管理人的专业技能、研究能力及投资管理水平直接影响到其对信息的占有、分析和对经济形势、证券价格走势的判断,进而影响基金的投资收益水平。同时,基金管理人的投资管理制度、风险管理和内部控制制度是否健全,能否有效防范道德风险和其他合规性风险,以及基金管理人的职业道德水平等,也会对基金的风险收益水平造成影响。

3. 操作和技术风险

基金的相关当事人在各业务环节的操作过程中,可能因内部控制不到位或者人为因素造成操作失误或违反操作规程而引致风险,如越权交易、内幕交易、交易错误和欺诈等。此外,在开放式基金的后台运作中,可能因为技术系统的故障或者差错而影响交易的正常进行甚至导致基金份额持有人利益受到影响。这种技术风险可能来自基金管理人、基金托管人、注册登记人、销售机构、证券交易所和证券登记结算机构等。

4. 巨额赎回风险

它是开放式基金所特有的风险。按照《开放式证券投资基金试点办法》的规定,当基金单个交易日的净赎回申请超过基金总份额的10%时可认定为巨额赎回。如果发生巨额赎回,投资者可能遇到顺延赎回或暂停赎回等风险。

5. 其他风险

指因战争、自然灾害等不可抗力可能导致基金资产面临遭受损失的风险,以及证券市场、基金管理人及基金销售代理人因不可抗力无法正常工作,从而有影响基金的申购和赎回按正常时限完成的风险。

小　　结

1. 投资基金是指通过发售基金单位(也称为基金份额或基金券),将众多投资者的资金集中起来,形成独立资产,由基金托管人托管,基金管理人管理,以投资组合的方法进行投资的一种利益共享、风险共担的集合投资方式。

2. 公司型基金是指基金本身为一家投资公司,它通过发行受益凭证(或股份)的方式来募集资金。

3. 契约型基金是指根据一定的信托契约原理,由委托人、受托者和受益者三方订立信托投资契约而组成的基金。

4. 开放式基金是指基金管理公司在设立基金时,发行的基金单位总份数不固定,基金总额亦不封顶,可视经营策略和实际需要连续发行。

5. 封闭式基金是指基金发行总额是限定的,在初次发行期满后,基金即宣告成立,并进行封闭,在封闭期内不再追加新的基金单位。

6. 私募基金是指以非公开方式向一些特定投资者募集基金资金的投资基金。公募基金是指以公开发行方式向社会公众投资者募集基金资金的投资基金。

7. ETF指的是可以在交易所交易的基金。LOF是指在交易所上市交易的开放式证券投资基金,也称为上市型开放式基金。

8. 基金持有人是指持有基金份额或基金股份的自然人和法人,也就是基金的投资人。基金管理人是指负责基金发起设立与经营管理的专业性机构。基金托管人又称基金保管人,是依据基金运行中管理与保管分开的原则对基金管理人进行监督和保管基金资产的机构,是基金持有人权益的代表,通常由有实力的商业银行或信托投资公司担任。

9. 投资基金的发行方式主要有两种:上网发行方式和网下发行方式。

10. 投资基金的收益是基金资产在运作过程中所产生的超过本金部分的价值。基金收益的来源有两部分:一是利息收入,即基金在一定时期内收到的分红和利息收入,如股息、债券利息和银行存款利息等;二是资本利得,反映基金所持有的股票与债券价格涨跌的幅度。

11. 基金资产净值,是指在某一时点基金实际代表的价值。基金单位资产净值是指某一时点上某一投资基金每份基金份额实际代表的价值。

12. 投资基金投资存在的风险主要有市场风险、管理风险、操作和技术风险、巨额赎回风险和其他风险。

关 键 词

投资基金	公司型基金	契约型基金	开放式基金
封闭式基金	成长型基金	收入型基金	平衡型基金
股票基金	货币市场基金	国债基金	指数基金
衍生证券投资基金	私募基金	公募基金	ETF
LOF	对冲基金	保本基金	并购基金
分级基金	量化基金	基金持有人	基金管理人
基金托管人	投资基金的费用	投资基金的收益	基金资产净值
基金资产的估值	管理风险	操作和技术风险	巨额赎回风险

习 题

1. 简述投资基金的定义、特点及其作用。
2. 简述投资基金与股票、债券的区别。
3. 简述公司型基金和契约型基金的定义及其区别。
4. 简述开放式基金和封闭式基金的定义及其区别。
5. 什么是私募基金和公募基金?
6. 简述 ETF 和 LOF 的定义及其区别。
7. 简述投资基金当事人的权利和义务。
8. 简述投资基金的收益和费用的构成。
9. 简述投资基金估值的目的与对象。
10. 投资基金面临哪几方面的风险?
11. 假设某基金持有的某三种股票的数量分别为 10 万股、50 万股和 100 万股,每股的收盘价分别为 30 元、20 元和 10 元,银行存款为 2 000 万元,该基金负债有两项:对托管人或管理人应付未付的报酬为 500 万元,应交税金为 500 万元,已售出的基金单位为 2 000 万。试计算该基金的单位净值。

第 13 章即测即评

请扫描二维码进行即测即评。

参考文献及进一步阅读建议

1. 滋维·博迪,亚历克斯·凯恩,艾伦·J.马库斯. 投资学. 10 版. 汪昌云,等,译. 北京:机械工业出版社,2017.
2. 张亦春,郑振龙,林海. 金融市场学. 5 版. 北京:高等教育出版社,2017.
3. 中国证券业协会. 金融市场基础知识. 北京:中国财政经济出版社,2018.
4. 中国证券投资基金业协会. 证券投资基金. 2 版. 北京:高等教育出版社,2017.
5. 吴晓求. 证券投资学. 5 版. 北京:中国人民大学出版社,2020.

第 14 章
投资组合理论

本章学习目的

- 了解风险及风险厌恶的基本概念
- 了解效用函数及不同投资者的效用函数的特征
- 掌握风险及收益衡量的方法
- 理解马科维茨的资产组合理论及投资可行集、有效边界、最小方差组合等相关概念
- 理解无风险资产对有效边界的改进
- 理解资本资产定价模型及资本市场线、证券市场线等相关概念

资产组合理论在现代投资学中有着重要的影响和广泛的应用。本章将从投资者所面临的风险及对待风险的态度开始讨论,介绍收益与风险的衡量、投资可行集、最小方差集合、有效边界等概念,并在以上基础上讨论引进无风险资产对有效边界的改进,最后介绍资本资产定价模型,使读者对资产组合理论有较为全面的理解。

14.1 投资者效用和均方准则

14.1.1 不确定性和投资者效用

投资者面临的投资项目总是存在未来收益的不确定性。我们在第 9 章介绍的几种红利增长模型仅仅是对股票的预期收益做出适当的假设,但是股票在未来真实的红利和出售价格是不确定的。像债券一样的固定收益类证券会在发行合同中承诺未来收益,但是投资者获得的真实收益要受到发行人的信用风险的影响。如何管理不确定环境下的收益风险是金融市场投资的永恒主题。现代投资组合理论就是一种不确定条件下的金融决策理论。在介绍现代投资组合理论之前我们需要介绍有关投资者效用的一些基础知识。

考虑如下两个投资项目,投资成本都是 100 元,但是未来的收益存在差异(见图 14.1)。

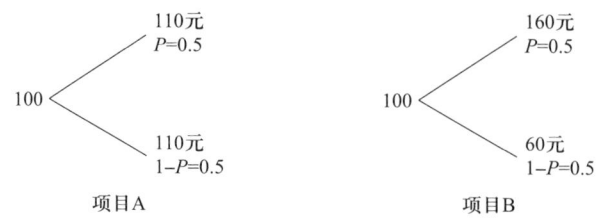

图 14.1　不同风险的投资项目

项目 A 是无风险的,提供确定 110 元的收益。项目 B 是有风险的,以 50%的概率提供 160 元的收益,以 50%的概率提供 60 元的收益。稍加计算会发现,项目 B 的期望收益也是 110 元。项目 B 有一半的机会能够获得比项目 A 多 50 元的利润,同时也有一半的机会输掉 40%的投资本金。项目 A 的利润尽管不高,但是稳赚不赔。

图 14.1 演示的是一个经典的不确定条件下的决策问题。将这个问题提供给不同的投资者进行决策,答案并不一致。由于两个项目的预期收益率是一样的,因此可以认为不一致的决策来自投资者对项目风险的偏好不一致,或者说两个项目因风险不同而带给投资者不同的"效用"。借助效用函数,我们可以发现投资者的决策是如何形成的。

假设投资者的效用函数形式如下:

$$U(W) = \frac{W^{1-\gamma}}{1-\gamma}, (\gamma < 1) \tag{14.1}$$

式中:W 是投资者的收益水平;

γ 是一个严格小于 1 的常数,参数的不同取值水平代表不同投资者对风险的态度。

例 14.1:假设投资者甲的效用函数中 γ 取值为 0.95,我们把甲的效用函数曲线绘制在图 14.2 的效用—收益坐标系当中。①

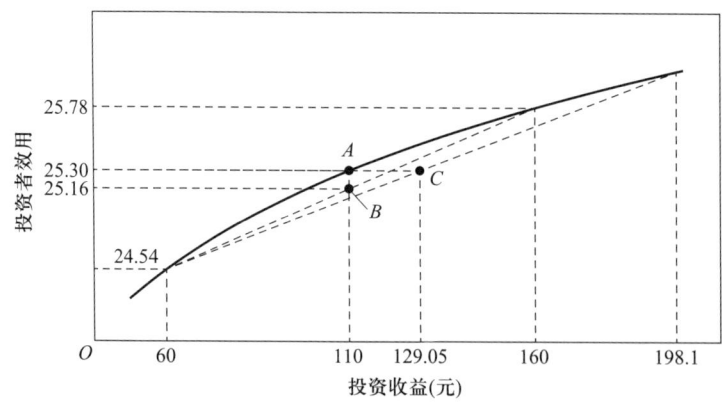

图 14.2　风险厌恶型投资者的效用函数($\gamma = 0.95$)

---

① 为了绘图方便,我们选择了一个较大的值。常数的具体含义见下文。

项目 A 的收益带给投资者甲的效用对应图 14.2 中的圆点 A：

$$U_A = \frac{110^{0.05}}{0.05} \approx 25.30$$

项目 B 的收益不确定,因此带给投资者甲的效用也是不确定的,我们用"期望效用"表示项目 B 的效用水平。计算结果对应图 14.2 中的圆点 B：

$$E(U_B) = \frac{1}{2}\left(\frac{160^{0.05}}{0.05} + \frac{60^{0.05}}{0.05}\right) \approx 25.16$$

尽管项目 A 和项目 B 的期望收益是一致的,但是两个项目带给投资者甲的期望效用却不一样,$U_A > E(U_B)$,即项目 A 的期望效用高于项目 B 的期望效用。因此,如果甲依照效用来进行决策,他应该选择项目 A。对甲而言,尽管项目 B 存在高收益的可能,但是他更在意 50% 机会获得负收益而带来的副作用。我们把这类投资者称为风险厌恶型(Risk-averse)投资者。

对于风险厌恶型投资者而言,如果要他在无风险项目和风险项目之间进行决策,只有当风险项目提供足够高于无风险收益率的预期收益率时,他才可能选择承担风险。比如对于甲而言,另有项目 C,其最低收益和 B 一样是 60 元,但是最高收益能够达到 198.1元,那么它带给甲的期望效用为(对应图 14.2 的圆点 C)：

$$E(U_C) = \frac{1}{2}\left(\frac{198.1^{0.05}}{0.05} + \frac{60^{0.05}}{0.05}\right) \approx 25.30$$

此时,$U_A = E(U_C)$,投资者甲在项目 A 和项目 C 之间是无差异的。项目 C 提供的高收益补偿了甲所承担的风险。如果计算项目 C 的预期收益：

$$E_C = \frac{1}{2} \times 198.1 + \frac{1}{2} \times 60 = 129.05(元)$$

项目 C 的预期收益要高于项目 A 的预期收益。对于风险厌恶的投资者而言,在相同效用水平下,风险项目的期望收益应该高于无风险项目的期望收益,高出的部分称为风险溢价(Risk Premium)。本例中,项目 C 相对于项目 A 的风险溢价为 19.05。在投资分析中一般习惯使用收益率,那么项目 A 的每单位投资成本的风险溢价为 19.05%。

风险溢价 = 风险项目预期收益率 - 无风险收益率

风险厌恶型投资者的效用函数中的常数 γ 称为风险厌恶系数。γ 越大,表示投资者的风险厌恶程度越高,相同效用水平下投资者要求的风险溢价越高。

γ 的正负号代表了不同风格的投资者：

$\gamma < 0$ 意味着投资者是风险偏好的(Risk-loving),这类投资者认为风险项目的潜在高收益带来的效用增加要多于潜在低收益带来的效用减少。图 14.3 是 $\gamma = -1$ 的投资者的效用函数。

图中圆点 A 表示无风险项目 A 带给投资者的效用水平为 6 050；圆点 B 表示风险项目 B 带给投资者的期望效用水平为 7 300。风险偏好投资者会选择投资项目 B。其原因就在于凸向原点的效用函数曲线在高收益端带给投资者的效用更高,足够抵补投资者在低收益端的效用损失。在相同效用水平下,风险偏好型投资者可以接受风险项目的预期收益低于无风险项目的收益,即风险溢价为负数。比如,在图 14.3 中,让项目 B 的最低

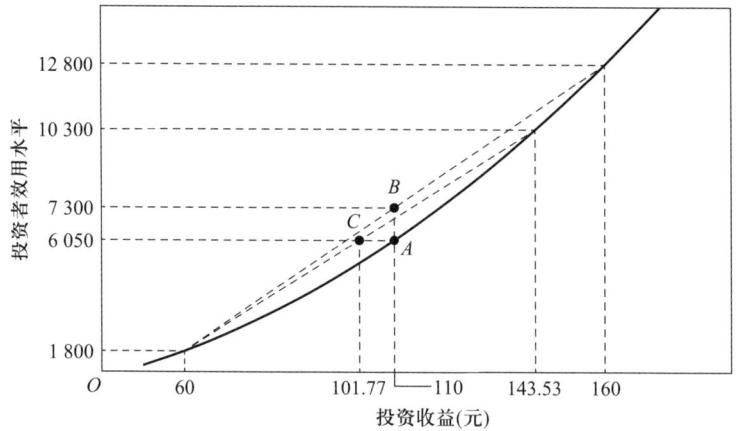

图 14.3 风险偏好投资者的效用函数($\gamma = -1$)

收益保持不变,让最高收益降至 143.53 元,项目 B 的期望效用等于:

$$E(U_B) = \frac{1}{2}\left(\frac{60^2}{2} + \frac{143.53^2}{2}\right) \approx 6\ 050 = U_A = \frac{110^2}{2}$$

而项目 B 此时的期望收益等于:

$$E_B = \frac{1}{2}(60 + 143.53) \approx 101.77\ 元$$

和无风险项目 A 的期望效用水平相同的风险项目的风险溢价为 $101.77 - 110 = -8.23$,或者说单位投资成本的风险溢价为 -8.23%。

$\gamma = 0$ 表示投资者是风险中性的(Risk-neutral)。这类投资者对任何风险项目要求的风险溢价都等于零,也就是说,只要项目的期望收益相同,带给风险中性投资者的期望效用就是相同的。图 14.4 是风险中性投资者的效用函数,因为函数曲线为直线,因此项目 A 和项目 B 的期望收益和期望效用分别相等,投资者的效用在它们之间是无差异的。

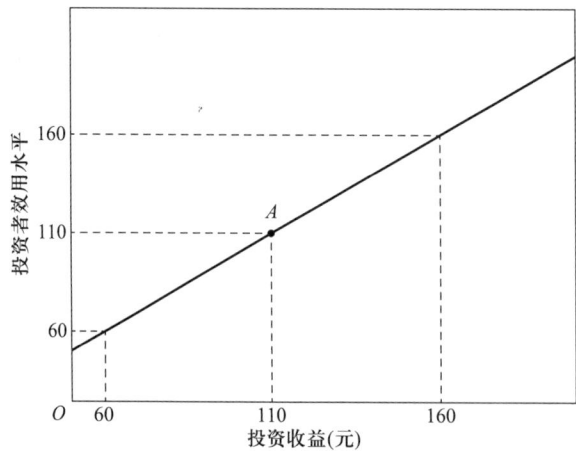

图 14.4 风险中性投资者的效用函数($\gamma = 0$)

在实际的金融市场中,资产价格总是表现出正的风险溢价。比如,表 14.1 是 1926 年至 2005 年几种典型资产组合平均收益率的比较。[①]

表 14.1 1926—2005 年资产收益率的比较   单位:%

资产组合品种	1926—1950 年	1926—2005 年
美国国库券	1.02	3.70
美国大公司股票组合	7.05	10.17
美国大公司股票组合的风险溢价	6.03	6.47
美国小公司股票组合	11.85	12.01
美国小公司股票组合的风险溢价	10.83	8.34
世界债券组合	2.38	5.77
世界债券组合的风险溢价	1.36	2.07

表 14.1 中美国国库券收益率是无风险收益率。风险溢价等于股票组合的收益率减去美国国库券的收益率。数据对比可以看到无风险的美国国库券在所有资产中具有最低的收益率。股票组合和债券组合相对国库券都提供正的风险溢价。小公司股票组合因为风险最高,因此风险溢价也是最高的。世界债券组合则因为投资风险低而提供相对较低的风险溢价。

表 14.1 的风险溢价对比说明,从整体来看,金融市场是风险厌恶的,也就是说:风险项目相对无风险项目的风险溢价是正的,而且风险越高,风险溢价越大。在投资组合理论当中,我们假设一个典型的投资者是风险厌恶的。

14.1.2 均方准则

投资者效用理论说明投资项目的收益和风险共同影响了投资者的决策。对于风险厌恶型投资者而言,要令其愿意承担投资的风险,投资项目应该提供正的风险溢价;风险越高,投资者要求的风险溢价越高。图 14.2 使用的效用—收益坐标系可以表示风险项目的期望收益和期望效用,但是无法很清晰地度量项目的风险大小。哈里·马科维茨(Harry M. Markowitz,1952)[②]提出了度量投资项目的均方准则(Men-Variance Criteria)。均方准则使用预期收益率(即单位投资成本的期望收益,以下简称期望收益)和收益率的方差/标准差(以下简称方差/标准差)来度量投资项目的收益和风险;投资项目的预期收益率和方差/标准差共同决定了投资者的效用。

例 14.2:我们以一个算例说明预期收益率和方差/标准差的计算,以及风险厌恶型投资者如何参照均方准则进行决策。分析师认为股票 S 的收益率的高低由市场情境(Senarios)决定。如果市场是牛市,股票 S 可实现 24% 的收益率;如果是熊市,股票 S 实现 −5% 的收益率;如果市场没有明显涨跌趋势,股票 S 可实现 5% 的收益率(见表 14.2)。

[①] 兹维·博迪. 投资学. 8 版. 英文版. 北京:机械工业出版社,2010:136.
[②] Harry Markowitz. Portfolio Selection. Journal of Finance, Vol 7. No. 1, 1952:77−91.

表 14.2 股票 S、Q、G、L 在不同情境下的收益率分析

市场情境	发生概率	S 收益率	Q 收益率	G 收益率	L 收益率
牛市		0.24	0.27	0.294	0.263 3
无明显趋势		0.05	0.05	0.05	0.05
熊市		−0.05	−0.08	−0.05	−0.019 3
预期收益率		0.08	0.08	0.098	0.098
标准差		0.120 3	0.144 5	0.144 5	0.120 3

如果三种市场情境是等概率的,股票 S 的预期收益率为:

$$\bar{r}_S = \frac{1}{3} \times 0.24 + \frac{1}{3} \times 0.05 + \frac{1}{3} \times (-0.05) = 0.08$$

股票 S 的收益率方差为:

$$\sigma_S^2 = \frac{1}{3}(0.24 - \bar{r}_S)^2 + \frac{1}{3}(0.05 - \bar{r}_S)^2 + \frac{1}{3}(-0.05 - \bar{r}_S)^2 \approx 0.014\ 467$$

标准差为:

$$\sigma_S = \sqrt{\sigma_S^2} \approx 0.120\ 3$$

同样,分析师对股票 Q、G、L 也做出了三种情境下的收益率预测,计算结果见表 14.2。

均方准则认为风险厌恶型投资者总是在一定期望收益下寻求更小的投资风险;或者在一定风险下寻求更高的期望收益。

表 14.2 中股票 S 和 Q 具有相同的期望收益,但是股票 Q 的风险(标准差)更高,依据均方准则,风险厌恶型投资者在两者之间偏好 S,记作 $S \succ Q$。股票 S 和 L 具有相同的风险(标准差),但是股票 L 的期望收益更高,投资者更偏好 L,即 $L \succ S$。同理我们可以得到如下偏好关系:

$$L \succ G \succ Q$$
$$L \succ S \succ Q$$

股票 G 的期望收益高于股票 S,但是风险也更高,在不知道效用函数的时候我们无法对两者偏好进行判断。

图 14.5 的坐标系称为风险—收益坐标系,横坐标是标准差,纵坐标是预期收益率。均方准则在这个坐标系里面可以得到很好的体现。对于任何一个投资项目,只要期望收益和标准差是已知的,就可以映射到这个坐标系中的一个点。如果两个项目的期望收益和标准差是完全相同的,那么就映射到坐标系中的同一个点,我们认为这两个项目在均方准则下是完全相同的。坐标系的西北方向对风险厌恶型投资者而言是效用水平更高的位置。例 14.2 中股票 S、Q、G、L 分别对应图 14.5 中的四个圆点 S、Q、G、L,箭头方向代表了投资者在两只股票之间的偏好,也代表效用水平更高的方向。

均方准则和风险—收益坐标系可以很直观地表示投资项目的收益和风险,以及收益和风险如何影响投资者的效用水平,最终影响投资者的决策。

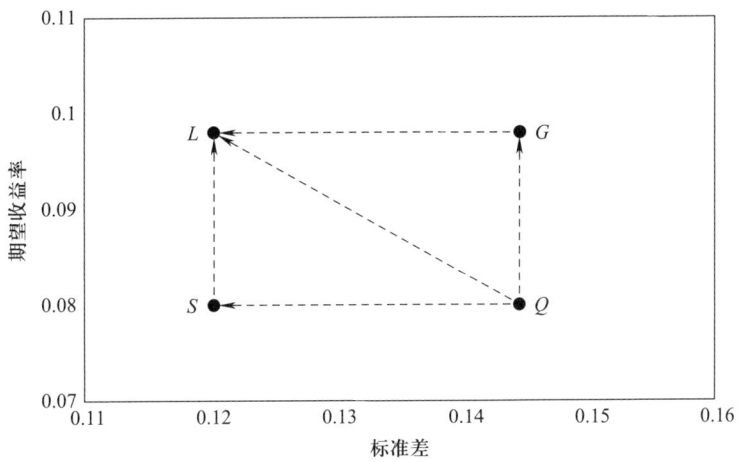

图 14.5　股票 S、Q、G、L 在风险—收益坐标系中的相对位置

14.1.3　均方准则下的投资者效用

在上一小节我们讨论了均方准则下风险—收益坐标系内投资者的偏好是如何确定的。总的来说,坐标系内左上方的点比右下方的点效用更高。同时,我们也可以定义坐标系内的无差异曲线:在同一条无差异曲线上任意两点的效用水平是相同的。那么,风险—收益坐标系内的无差异曲线应该是什么形状呢?

首先,对于风险厌恶型投资者而言,当一条无差异曲线上的点的风险逐渐增大时,为了维持效用不变,期望收益也应该增加以提供更高的风险溢价作为补偿,因此无差异曲线应当是正斜率的,也就是从左下方向右上方延伸。

其次,无差异曲线的斜率表示维持相同效用水平时收益对风险的边际替代率。对于风险厌恶型投资者而言,这个边际替代率应该随着风险的增加而增加,也就是说,风险越高,投资者要求的风险溢价也越高。无差异曲线的斜率是随着风险增加而增加的,这意味着曲线凸向原点。图 14.6 的坐标系中绘制了均方准则下的几组无差异曲线。

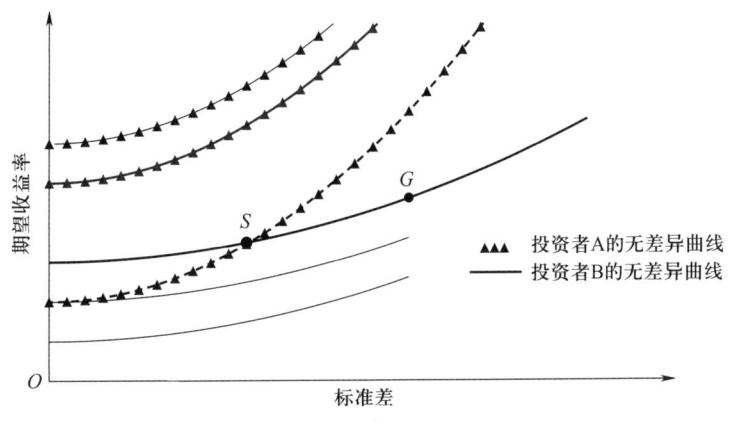

图 14.6　均方准则下的无差异曲线

图14.6中投资者A和投资者B都是风险厌恶的,投资者B的无差异曲线较平坦说明B的风险厌恶程度低于A(或者说A更加厌恶风险一些)。对于A和B而言,位置更高的无差异曲线代表更高的效用。从图14.6中标注的股票S和G的位置可以看到,尽管这两支股票对于投资者B而言是无差异的,但是对于投资者A而言,由于他的风险厌恶程度比B更高,因此偏好风险更低的股票S(在投资者A的无差异曲线簇里,S位于效用更高的无差异曲线上)。

14.2 投资组合的风险和收益

14.2.1 分散化投资

在长时间的投资实践活动中,无须借助复杂的数学模型,人们早就已经认识了"不要把鸡蛋放在一个篮子里"的道理。比如,在金融市场中,如果投资者只持有联想公司的股票,那么他的未来收益主要遭受两类风险因素的影响:一是来自整体经济环境的影响,如周期、通胀、利率、汇率。这类风险因素不只影响联想公司,还影响金融市场的其他资产。另一种则是来自微观层面的,由联想公司自身的独特性造成的影响。如联想自身产品、技术研发的成败,联想重大的人事变动等,这些因素的影响范围非常有限,对互联网技术(Internet Technology,IT)行业可能有一些小范围冲击,而且影响主要局限于和联想有很大业务关联的公司,但是对诸如苹果、谷歌这些和联想业务没什么交叉的公司来说很难有影响,更不用说其他非IT行业的公司。因此投资者的一般经验是在可行范围内,尽可能购买那些业务关联度小的公司的股票,某一家公司的风险不至于在股票组合当中引起连锁反应,风险可以得到分散化(Diversified)。这样的投资理念就称为分散化投资(Diversification)。分散化投资是组合投资的一种形式,只有当资产组合中各个资产之间的收益关联性很小的时候,我们才把这样的组合称为分散化组合。降低风险对于风险厌恶型投资者是有意义的,利用均方准则可以说明只有分散化投资才是最佳的组合投资策略。

在组合投资中,人们发现一个实行分散化策略的投资组合的总体风险会随着组合中资产种类的增加而减少。比如组合资产选自一个行业的若干家公司,那么组合的风险和某家特定公司无关,主要受行业因素的影响;如果资产来自不同行业的多家公司,投资组合则能有效避免某个特定行业风险的影响,总体风险水平能够进一步降低。图14.7表示的是投资组合总体的风险(用标准差度量)和组合中资产个数之间的关系。图14.7揭示了分散化策略的一个重要特征:尽管增加组合中的资产种类能够降低风险,但是组合总体风险不会降为零。投资组合中无法分散的是整体经济环境的风险,这些宏观经济因素对金融市场中所有的资产都有影响,无法进行分散化。

我们把来自整体经济环境对所有资产都有影响的风险称为"系统性风险"(Systematic Risk),也叫作市场风险(Market Risk)或者不可分散风险(Non-diversifiable Risk)。相对地,来自公司特定层面,和其他资产关联不强,不会对整个组合产生重要影响的风险因素称为特定风险(Unique Risk,Idiosyncratic Risk,或者 Firm-specific Risk)或者非系统风险(Non-systematic Risk)。特定风险在组合中可以分散掉,因此也称为可分散风

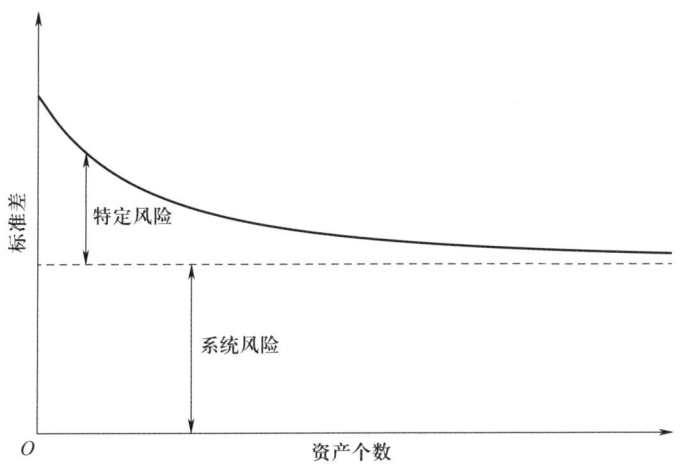

图 14.7 组合风险和资产个数之间的关系

险(Diversifiable Risk)。

接下来,我们将在均方准则下介绍投资组合的收益和风险计算问题,然后通过效用函数讨论投资者为什么会认为分散化投资策略是有效的。

14.2.2 双证券投资组合收益和风险的计算

假设下一期市场有五种可能的状态,Y 和 Z 两只证券在四种状态下的收益率如表 14.3 中第 3 列和第 4 列所示。

表 14.3 证券 Y 和证券 Z 在四种市场状态下的收益率分析

市场状态	发生的概率	证券 Y 的收益率	证券 Z 的收益率	Y+Z 组合*
1	0.2	10%	7%	8.2%
2	0.2	8%	11%	9.8%
3	0.2	15%	5%	9%
4	0.2	2%	1%	1.4%
5	0.2	-10%	0%	-4%
预期收益率		5%	4.8%	4.88%
方差		0.007 4	0.001 6	0.002 9
标准差		8.58%	4.02%	5.35%

* 每 1 元的投资组合包括 0.4 元的 Y 和 0.6 元的 Z。

构筑投资策略时,投资者既可以将全部资金购买 Y 或者 Z,也可以购买一个 Y+Z 的投资组合。现假设每 1 元的投资,投资者拿出 0.4 元用于购买 Y,剩余的 0.6 元用于购买 Z。这个组合策略在每个市场状态下的收益率见表 14.3 最后一列。比如,市场状态为 1 时,如果拿出 1 元钱投资 Y+Z 组合,那么 Y 产生的收益为 0.4 元×10%,Z 产生的收益为 0.6 元×7%,因此整个组合产生的收益为 0.4 元×10%+0.6 元×7%=0.082,这意味着组合收益率为 8.2%。其余状态下的组合收益率以此类推。如果使用例 14.2 的方法,我们可以计算出 Y、Z 以及 Y+Z 组合的预期收益率(见表 14.3 第 7 行)。

每 1 元投资中用于购买 Y 的金额称为组合中 Y 的投资比例,我们用符号 W_Y 表示。相应地,可以用 W_Z 表示组合中对 Z 的投资比例。按照表 14.3 的组合方式,如果投资者总共投资 10 000 元,那么用于购买 Y 的金额是 4 000 元,购买 Z 的金额是 6 000 元。如果组合中仅包括 Y 和 Z 两种证券,可知:

$$W_Y + W_Z = 1 \tag{14.2}$$

此时,我们称 Y 和 Z 构成了一个凸组合。本章所称的组合一般是指凸组合。

如果分别用符号 r_Y、r_Z 和 r_{Y+Z} 表示资产 Y、Z 和 Y+Z 组合的收益率,那么 r_Y、r_Z 和 r_{Y+Z} 是由下一期市场状态决定的随机变量。显然,这三者满足如下关系:

$$r_{Y+Z} = W_Y \cdot r_Y + W_Z \cdot r_Z \tag{14.3}$$

式 14.2 说明组合的收益率等于单个证券收益率的线性加权和,权重是单个证券的投资比例。对式 14.3 两侧取期望值得到:

$$E(r_{Y+Z}) = W_Y \cdot E(r_Y) + W_Z \cdot E(r_Z)①$$

其中 $E(\cdot)$ 是期望算子。

如果记 $E(r_{Y+Z}) \equiv \bar{r}_{Y+Z}$,$E(r_Y) \equiv \bar{r}_Y$,$E(r_Z) \equiv \bar{r}_Z$,上式简写为:

$$\bar{r}_{Y+Z} = W_Y \cdot \bar{r}_Y + W_Z \cdot \bar{r}_Z \tag{14.4}$$

式 14.4 说明组合的预期收益率等于单个证券预期收益率的线性加权和,权重是单个证券的投资比例。

继续使用例 14.3 的方法,可以计算出 Y、Z 以及 Y+Z 组合的方差/标准差(见表 14.3 第 8、9 行)。实际上,如果我们对式 14.3 两侧同时求方差就可以得到 Y+Z 组合方差的计算式:

$$Var(r_{Y+Z}) = W_Y^2 Var(r_Y) + W_Z^2 Var(r_Z) + 2W_Y W_Z Cov(r_Y, r_Z)②$$

其中 $Var(\cdot)$ 表示方差算子。如果记 $Var(r_{Y+Z}) \equiv \sigma_{Y+Z}^2$,$Var(r_Y) \equiv \sigma_Y^2$,$Var(r_Z) \equiv \sigma_Z^2$,$Cov(r_Y, r_Z) \equiv \sigma_{YZ}$,上式简写为:

$$\sigma_{Y+Z}^2 = W_Y^2 \sigma_Y^2 + W_Z^2 \sigma_Z^2 + 2W_Y W_Z \sigma_{YZ} \tag{14.5}$$

式 14.5 说明组合的方差不是单个证券方差的线性加权和。组合方差中要包括证券之间的协方差,即证券的单个风险以及证券之间的相互影响决定了组合的整体风险。衡量随机变量之间相互影响的另一个统计指标是"相关系数",如果用 ρ_{YZ} 表示 Y 和 Z 的相关系数,那么式 14.4 可以等价地写成:

$$\sigma_{Y+Z}^2 = W_Y^2 \sigma_Y^2 + W_Z^2 \sigma_Z^2 + 2W_Y W_Z \rho_{YZ} \sigma_Y \sigma_Z③ \tag{14.6}$$

例 14.3:我们在本例中演示如何计算表 14.3 中证券 Y 和 Z 的协方差和相关系数。

---

① 两边取期望得到 $E(r_{Y+Z}) = E(W_Y \cdot r_Y + W_Z \cdot r_Z)$,因为 $W_Y \cdot r_Y + W_Z \cdot r_Z$ 是两个随机变量的线性加权和,而且 W_Y 和 W_Z 不是随机变量,根据期望算子的运算性质可以得到式 14.3。

② 对式 14.2 右侧求方差,$Var(W_Y r_Y + W_Z r_Z) = W_Y^2 Var(r_Y) + W_Z^2 Var(r_Z) + 2W_Y W_Z Cov(r_Y, r_Z)$。这里应用了随机变量的线性加权和的方差的运算性质,请读者自行参考高等数学相关教材。

③ $\sigma_{YZ} = \rho_{YZ} \sigma_Y \sigma_Z$。

根据协方差的计算公式：

$$\sigma_{YZ} = E[(r_Y - \bar{r}_Y)(r_Z - \bar{r}_Z)]$$
$$= 0.2[(0.1-0.05)(0.07-0.048)+(0.08-0.05)(0.11-0.048)+(0.15-0.05)(0.05-0.048)+(0.02-0.05)(0.01-0.048)+(-0.1-0.05)(0-0.048)]$$
$$= 0.0023$$

则：

$$\rho_{YZ} = \frac{\sigma_{YZ}}{\sigma_Y \sigma_Z} = \frac{0.0023}{0.0858 \times 0.0402} \approx 0.6668$$

请读者根据例 14.3 的结果，验证按照式 14.5 计算的组合方差和表 14.3 的结果是相同的。

14.2.3 多证券投资组合收益和风险的计算

双证券组合的收益和风险的计算方法很容易推广到三种证券或者更多证券的情形。比如，假设组合中有三种证券，我们对其标号为 1、2、3。每种证券的投资比例分别为 W_1、W_2、W_3；证券的收益率分别为 r_1、r_2、r_3。这三种证券构成凸组合的条件是：

$$W_1 + W_2 + W_3 = 1 \tag{14.7}$$

如果用 r_P 表示证券组合的收益率，组合的收益率仍然是单个证券收益率的线性加权和，权重是单个证券的投资比例：

$$r_P = W_1 \cdot r_1 + W_2 \cdot r_2 + W_3 \cdot r_3 \tag{14.8}$$

对式 14.8 两侧取期望得到：

$$\bar{r}_P = W_1 \cdot \bar{r}_1 + W_2 \cdot \bar{r}_2 + W_3 \cdot \bar{r}_3 \tag{14.9}$$

也就是说，组合的预期收益率仍然是单个证券预期收益率的线性加权和，权重是单个证券的投资比例。

对式 14.8 两侧求方差得到：

$$\sigma_P^2 = W_1^2 \sigma_1^2 + W_2^2 \sigma_2^2 + W_3^2 \sigma_3^2 + 2W_1 W_2 \sigma_{12} + 2W_2 W_3 \sigma_{23} + 2W_1 W_3 \sigma_{13} \tag{14.10}$$

式 14.10 说明，三证券组合的方差既包括了单个证券自身的风险，也包括了两两证券之间的关联影响。

从式 14.9 和式 14.10 我们可以归纳得到多证券组合的收益和风险计算公式。假设投资组合中共有 N 种证券（$N \geq 2$），其中第 i 个证券的收益率为 r_i，投资比例为 W_i（$i=1, 2, \cdots, N$）。证券组合的收益率为 r_P，方差为 r_P^2，则：

$$\bar{r}_P = \sum_{i=1}^{N} W_i \cdot \bar{r}_i \tag{14.11}$$

$$\sigma_P^2 = \sum_{i=1}^{N} \sum_{j=1}^{N} W_i W_j \sigma_{ij} \tag{14.12}$$

式 14.11[①] 是显而易见的。下面验证式 14.12。

令 $N = 3$，则：

---

① $\sigma_{ii} = \sigma_i^2$，$\sigma_{ij} = \sigma_{ji}$。

$$\sum_{i=1}^{3}\sum_{j=1}^{3} W_i W_j \sigma_{ij}$$
$$= W_1 W_1 \sigma_{11} + W_1 W_2 \sigma_{12} + W_1 W_3 \sigma_{13} + W_2 W_1 \sigma_{21} + W_2 W_2 \sigma_{22} + W_2 W_3 \sigma_{23}$$
$$+ W_3 W_1 \sigma_{31} + W_3 W_2 \sigma_{32} + W_3 W_3 \sigma_{33}$$

根据协方差的意义,$\sigma_{ii} = \sigma_i^2$,$\sigma_{ij} = \sigma_{ji}$,那么上式改写为:

$$\sigma_P^2 = \sum_{i=1}^{3}\sum_{j=1}^{3} W_i W_j \sigma_{ij}$$
$$= W_1^2 \sigma_1^2 + W_2^2 \sigma_2^2 + W_3^2 \sigma_3^2 + 2 W_1 W_2 \sigma_{12} + 2 W_2 W_3 \sigma_{23} + 2 W_1 W_3 \sigma_{13}$$

这正好就是式 14.10。

14.2.4 均方准则下的投资分散化

式 14.12 可以对图 14.7 所揭示的经济现象进行较好的解释。考虑某个基金经理管理的一个资产组合,一个充分分散的投资策略必然使得资产组合中任何一种资产的比例都不会太大或者太小。① 如果资产的个数 N 非常大,我们可以近似地用 $\frac{1}{N}$ 来表示每种资产的投资比例。那么式 14.12 可以改写为:

$$\sigma_P^2 = \sum_{i=1}^{N} \frac{1}{N^2} \sigma_i^2 + \sum_{i=1}^{N}\sum_{\substack{j=1 \\ j \neq i}}^{N} \frac{1}{N^2} \sigma_{ij} \qquad (14.13)$$

等式将组合的方差写成了两个部分的和:第一个部分表示单个证券的方差之和,共有 N 项;第二个部分表示两两证券的协方差之和,共有 $N(N-1)$ 项。对于第一个部分,我们将其改写为:

$$\sum_{i=1}^{N} \frac{1}{N^2} \sigma_i^2 = \frac{1}{N} \cdot \frac{\sum_{i=1}^{N} \sigma_i^2}{N}$$

其中 $\frac{\sum_{i=1}^{N} \sigma_i^2}{N}$ 表示这 N 种证券的平均方差。在均方准则下,任何一种证券的风险都不能是"无限大"②,因此这些资产的平均风险也不会随着 N 的增加而变得无限大。我们用 $\overline{\sigma_2}$ 表示平均方差,则:

$$\sum_{i=1}^{N} \frac{1}{N^2} \sigma_i^2 = \frac{1}{N} \cdot \overline{\sigma_2} \qquad (14.14)$$

因为 $\overline{\sigma_2}$ 是个有限的数(有上确界),那么随着 N 不断增加,$\frac{1}{N} \cdot \overline{\sigma_2}$ 将趋近于零,其金融经济学的意义为组合当中证券之间不相关的、可以分散的风险。

---

① 实际金融市场中有可能出现某个基金经理在某个时候特别重仓某只证券,此时这个基金经理的策略很可能是价值投资策略,而不是单纯的风险分散策略。

② 风险厌恶的投资者不可能投资一种风险是无限大的资产,因为无限大的风险无法得到合理的补偿。

对于第二部分,我们进行类似地改写:

$$\sum_{i=1}^{N}\sum_{\substack{j=1\\j\neq i}}^{N}\frac{1}{N^2}N(N-1)\frac{\sigma_{ij}}{N(N-1)}=\frac{N-1}{N}\cdot\frac{\sum_{i=1}^{N}\sum_{\substack{j=1\\j\neq i}}^{N}\sigma_{ij}}{N(N-1)} \quad (14.15)$$

式 14.15 中的 $\dfrac{\sum_{i=1}^{N}\sum_{\substack{j=1\\j\neq i}}^{N}\sigma_{ij}}{N(N-1)}$ 表示组合中两两证券的平均协方差。两种证券的协方差来源于两类因素:一是两两公司之间的业务关联,通过选择业务关联小的公司可以降低这类因素的影响;第二个因素就是前面所说的整体经济环境变化引起的系统风险,系统风险对所有证券都有影响,这种影响在两两证券之间就表现为它们的相关关系。因此在系统风险作用下,平均协方差既不会无限大,也不会等于零。我们用 $\overline{\sigma}_{ij}$ 来表示平均协方差,则:

$$\sum_{i=1}^{N}\sum_{\substack{j=1\\j\neq i}}^{N}\frac{1}{N^2}N(N-1)\frac{\sigma_{ij}}{N(N-1)}=\frac{N-1}{N}\cdot\overline{\sigma}_{ij} \quad (14.16)$$

显然当 N 足够大的时候,式 14.16 趋近于 $\overline{\sigma}_{ij}$,这就是组合中的不可分散风险。归纳式 14.13~式 14.16 得到:

$$\sigma_P^2=\frac{1}{N}\cdot\overline{\sigma}_2+\frac{N-1}{N}\cdot\overline{\sigma}_{ij} \quad (14.17)$$

式 14.17 说明了投资组合的风险由可分散的平均方差部分和不可分散的平均协方差部分构成,随着组合中资产个数的增加,证券的特定风险在平均方差中分散了,组合风险越来越趋近于平均协方差。系统风险决定了平均协方差大小,从而决定了一个充分分散化的投资组合最终风险水平的高低。

14.3 投资可行集和投资者效用最大化

14.3.1 双证券组合的可行集和有效边界

式 14.11 和式 14.12 说明了组合的预期收益率是单个证券预期收益率的线性加权和(以投资比例为权重),但是组合方差/标准差和单个证券方差/标准差则是非线性关系(以投资比例的两两乘积为权重)。双证券组合的预期收益率和方差随着各个证券的投资比例改变而改变。使用式 14.11 和式 14.12,根据表 14.4 给出的五组投资比例,分别计算表 14.3 中的证券 Y 和 Z 的组合的预期收益率和标准差。

表 14.4 证券 Y 和 Z 的五个凸组合

Y 的投资比例	Z 的投资比例	投资比例合计	组合预期收益率	组合标准差
-0.5	1.5	1	0.047	0.044 72

续表

Y 的投资比例	Z 的投资比例	投资比例合计	组合预期收益率	组合标准差
0	1	1	0.048	0.040 2
0.5	0.5	1	0.049	0.058 3
1	0	1	0.05	0.086 0
1.5	-0.5	1	0.051	0.116 6

表 14.4 中 Y 和 Z 的投资比例满足式 14.2，构成凸组合。在表 14.4 中，我们允许凸组合中某个证券的投资比例为负，负的投资比例表示卖空证券。比如，投资者的初始投资成本为 1 元，如果卖空 0.5 元的 Y，那么对 Y 的投资比例记为-0.5。卖空 Y 所得的 0.5 元加上初始成本 1 元全部投资 Z，那么对 Z 的投资比例为 1.5。Y 和 Z 的投资比例之和仍为 1。当 Y 的投资比例等于零时（即 Z 的投资比例等于 1），投资者用全部资金购买证券 Z；当 Z 的投资比例等于零时（即 Y 的投资比例等于 1），投资者用全部资金购买证券 Y。

使用式 14.11 和式 14.12 可以计算 Y 和 Z 的任意凸组合的预期收益率和标准差。所有 Y 和 Z 的凸组合构成的集合称为 Y 和 Z 的可行集（Opportunity Set）。图 14.8 的风险—收益坐标系中画出了 Y 和 Z 的可行集的一段。

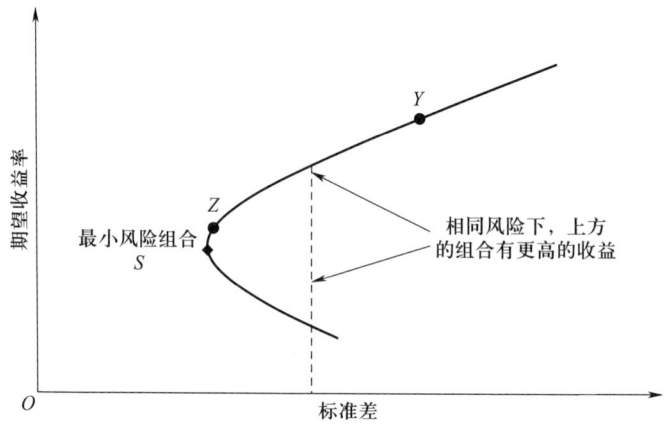

图 14.8 风险—收益坐标系中 Y 和 Z 的可行集

图 14.8 的曲线就是 Y 和 Z 的可行集，线上的每一点都是 Y 和 Z 的一个凸组合。改变 Y 和 Z 的投资比例就能得到曲线上不同的点。显然，Y 和 Z 本身应该包括在这个可行集当中。图 14.8 标注了 Y 和 Z 在可行集中的位置。在可行集当中存在一个标准差最小的组合，即图中的最小风险组合 S。[①] Y 和 Z 的可行集以最小风险组合 S 为顶点向右上和右下方延伸，对应曲线的斜率分别为正和负。可行集正斜率的部分相比负斜率部分而言，在相同风险下提供更高的预期收益率，意味着均方准则下的效用更高。因此，对于风

---

① 根据式 14.5 和 $W_Y+W_Z=1$，易得，当 $W_Y=\dfrac{\sigma_Z^2-\sigma_{YZ}}{\sigma_Y^2+\sigma_Z^2-2\sigma_{YZ}}$ 时 Y 和 Z 的组合实现最小风险。

险厌恶型投资者而言,可行集正斜率部分是有效的(Efficient),有效的可行集也称为有效边界(Efficient Frontier)。比如图中证券 Y 和 Z 都是有效的。

在双证券组合问题中,两个证券的相关系数影响着可行集的形状。在图 14.8 中,当 Y 和 Z 的相关系数为 0.666 8 时(例 14.3),最小风险组合 S 的标准差是大于零的。相关系数是一个[-1,1]之间的数,如果其他条件不变,Y 和 Z 的相关系数等于-1,投资者可以构造一个零风险组合。根据式 14.6,组合的方差为:

$$\sigma_{Y+Z}^2 = W_Y^2 \sigma_Y^2 + W_Z^2 \sigma_Z^2 + 2 W_Y W_Z \rho_{YZ} \sigma_Y \sigma_Z = W_Y^2 \sigma_Y^2 + W_Z^2 \sigma_Z^2 + 2 W_Y W_Z \rho_{YZ} \sigma_Y \sigma_Z$$
$$= W_Y^2 \sigma_Y^2 + W_Z^2 \sigma_Z^2 - 2 W_Y W_Z \sigma_Y \sigma_Z$$
$$= (W_Y \sigma_Y - W_Z \sigma_Z)^2$$

于是:

$$\sigma_{Y+Z} = |W_Y \sigma_Y - W_Z \sigma_Z| \tag{14.18}$$

显然,当 $W_Y = \dfrac{\sigma_Z}{\sigma_Y + \sigma_Z}$ 时,式 14.18 等于零,此时的 Y+Z 组合是无风险的。

如图 14.9 所示,当 Y 和 Z 的相关系数为-1 时,Y 和 Z 的无风险组合对应坐标系中的圆点 J,此时 Y+Z 组合的可行集对应图中连接 Y、J、Z 三点的直线(点划线),Y、J 之间的部分为有效边界。有效边界为直线说明此时双证券组合的风险(标准差)和收益(预期收益率)具有线性关系。

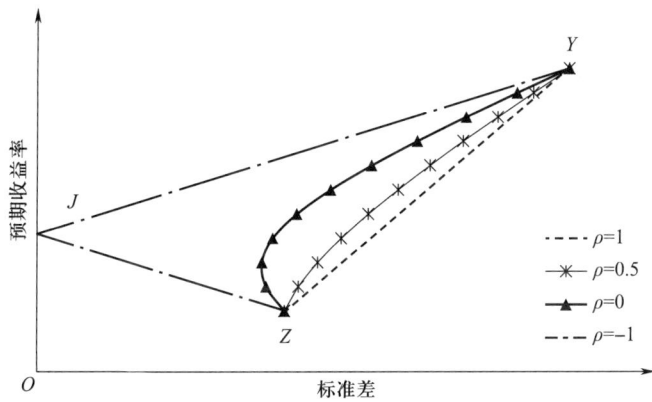

说明:为了简单起见,我们在此排除了卖空的情形。

图 14.9 不同相关系数对应的双证券组合可行集形状

当 Y 和 Z 的相关系数为 1 时,根据式 14.6 容易得到 $\sigma_{Y+Z}^2 = (W_Y \sigma_Y + W_Z \sigma_Z)^2$,此时 Y 和 Z 组合的可行集对应图 14.9 中连接 Y 和 Z 的虚线直线,这条可行集同时也是 Y 和 Z 的有效边界。

当 Y 和 Z 的相关系数为 0.5 和 0 时,它们的组合的可行集分别对应图 14.9 中连接 Y 和 Z 的带星号标记的实线和带三角标记的实线。

当相关系数不等于±1 时,双证券组合可行集是一条向左弯曲的曲线,相关系数越小,曲线的弯曲程度越大,可行集上的效用也越大。比如图 14.9 中,比较 $\rho=0$ 和 $\rho=0.5$

的可行集,前者相关系数更小,在一定风险下获得的预期收益率更高(见图中竖直的点虚线和两个可行集的交点)。

当相关系数等于-1时,Y 和 Z 的收益率完全负相关,这两个证券是完全对冲的,选择 $W_Y = \dfrac{\sigma_Z}{\sigma_Y + \sigma_Z}$(见式 14.18),投资者可以构造一个无风险组合(见图 14.9 的 J 点)。

相关系数不等于±1时,双证券组合有效边界是向左上方凸出的曲线,这意味着有效边界上的组合不可能在同一无差异曲线上,因此有效边界上可能存在一个效用最大化的组合。

图 14.10 标记出了某个风险厌恶型投资者的效用最大化组合 MU。因为风险厌恶型投资者的无差异曲线是向右下方凸出的,因此在任何一个投资者的无差异曲线簇中,必然存在唯一无差异曲线与有效边界相切。图 14.10 中实线绘出的无差异曲线,与有效边界的切点 MU 就是效用最大的有效组合。位置更高的虚线表示的无差异曲线尽管代表更高的效用水平,但是它与有效边界没有交点,代表无法实现的效用水平;位置更低的虚线表示的无差异曲线尽管与有效边界有交点,但是代表更低水平的效用。

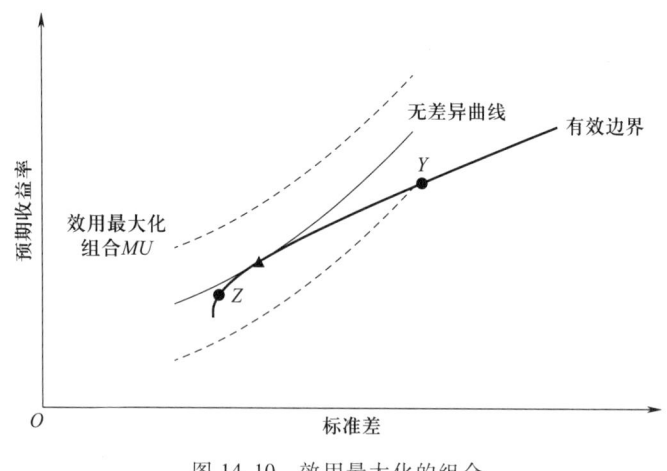

图 14.10 效用最大化的组合

14.3.2 多证券组合可行集和有效边界

当证券数量大于或者等于 3 时,组合的可行集不再是一条曲线。为了说明多证券组合可行集的形状,我们引入三只证券 A、B 和 C,它们的预期收益率、方差和协方差见表 14.5。

表 14.5 证券 A、B 和 C 的预期收益率和协方差矩阵

证券	预期收益率	协方差矩阵		
A	$\bar{r}_A = 0.06$	$\sigma_A^2 = 0.1$	$\sigma_{AB} = 0.03$	$\sigma_{AC} = -0.08$
B	$\bar{r}_B = 0.08$	$\sigma_{BA} = 0.03$	$\sigma_B^2 = 0.2$	$\sigma_{BC} = 0.02$
C	$\bar{r}_C = 0.1$	$\sigma_{CA} = -0.08$	$\sigma_{CB} = 0.02$	$\sigma_C^2 = 0.3$

表 14.5 将三只证券的方差和协方差排布成一个协方差矩阵(Covariance Matrix)。协方差矩阵从左上到右下的主对角线的三个元素对应三只证券的方差,其余元素对应它们的协方差。注意 $\sigma_{ij}=\sigma_{ji}(i,j=A,B,C)$,因此协方差矩阵关于主对角线对称。

根据式 14.7,我们生成 1 000 组 A、B、C 的凸组合,然后计算出这些凸组合的预期收益率和标准差,并且把它们绘制在图 14.11 当中。图中的小圆点对应 A、B、C 的 1 000 个凸组合。这 1 000 个凸组合都是 A+B+C 组合可行集的一部分。

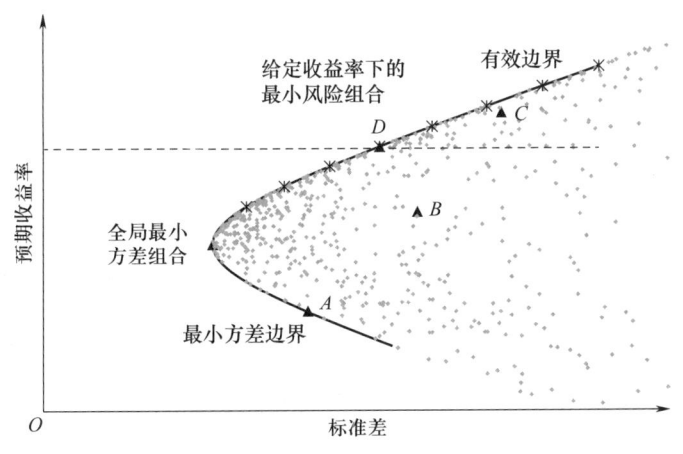

图 14.11 多证券组合的可行集和有效边界

观察图 14.11 可以发现,三证券组合的可行集不是一条曲线,而应该是一个右侧开口的平面。这个可行集有个左包络线,其含义是包络线上的组合代表一定预期收益率下,可行集中的组合能够实现的最小风险。比如,图 14.11 中的 D 点,通过这点的水平虚线在可行集内的部分代表和 D 预期收益率相同的组合,在这些组合当中,D 点代表的组合具有最小的风险,我们称之为一定收益下的最小方差组合。可行集的包络线就是不同预期收益率的最小方差组合的集合,对应图 14.11 中实线绘制的曲线。我们也把这条包络线称为最小方差边界(Minimum Variance Frontier)。和双证券组合可行集类似,最小方差边界也有一个顶点,其含义是整个可行集中风险最小的组合,我们称之为全局最小方差组合(Global Minimum Variance Portfolio)。全局最小方差组合将最小方差边界分成了上下两个部分,和双证券组合可行集一样,上半部分是投资者的有效边界。图 14.11 中最小方差边界加星号标记的部分就是投资者的有效边界。当风险水平一定时,有效边界在可行组合中提供最高的期望收益,因此具有最高的效用水平,投资者最大化效用的决策应该在有效边界上做出。图 14.11 的有效边界将 A、B、C 三只证券包络在其下方,这说明在均方准则下,投资有效边界上的证券组合比投资单个证券更优。

14.3.3 资本配置线

我们在均方准则下通过投资组合可行集和效用的分析得到的一个重要结论是,组合投资有可能提供比单个证券投资更好的风险和收益。在风险一定时,能够实现最高预期收益的组合是有效边界上的组合。在有效边界上构建资产配置策略比投资单个证券更优,同时也比边界以外的组合策略更优。在金融市场的投资活动中,投资者除了在风险证券之间进行资产配置,还会配置一种重要的资产——无风险资产。在金融实务中,根据投资者所处的市场环境和客观条件,无风险资产可以是银行存款、国债、国债回购、同业拆借等的一种或者几种,无风险资金在这些产品上的借贷利率也是不相同的。为了理解无风险资产对投资组合的影响,我们需要简化市场条件。我们假设市场上仅存在一种无风险资产,记为 RF。无风险资产的收益率称为无风险利率(Risk-free Rate),记为 r_f。投资者既可以按照 r_f 借入资金,也可以按照同一利率贷出资金。

如图 14.12 所示,虚线绘制的曲线表示投资者能够实现的风险资产有效边界,投资者最初选择投资边界上的某个有效组合 E。有效组合 E 的预期收益率和标准差分别是 $\overline{r_E}$ 和 σ_E。另一方面,投资者在购买了一定量的有效组合 E 后,打算将剩余资金分配到无风险资产 RF 上。现假设投资者对无风险资产的投资比例为 W_{RF},相应地,对有效组合 E 的投资比例为 $1-W_{RF}$。

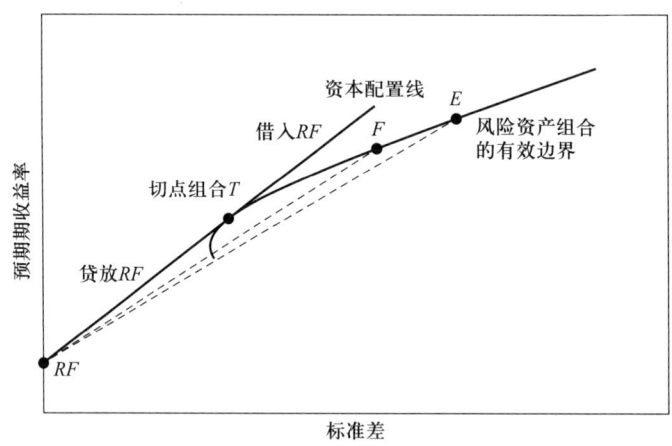

图 14.12 无风险资产和资本配置线

$RF+E$ 组合的预期收益率和标准差分别是:

$$\overline{r_{RF+E}} = W_{RF} \cdot r_f + (1-W_{RF}) \cdot \overline{r_E} \tag{14.19}$$

$$\sigma_{RF+E} = \sqrt{W_{RF}^2 \sigma_{RF}^2 + (1-W_{RF})^2 \sigma_E^2 + 2W_{RF}(1-W_{RF})\sigma_{RF,E}} \tag{14.20}$$

注意到 RF 是无风险资产,因此 $\sigma_{RF}^2 = 0$,且 $\sigma_{RF,E} = 0$[①]。于是式 14.20 可以改写为:

$$\sigma_{RF+E} = (1-W_{RF})\sigma_E, W_{RF} \leqslant 1 \tag{14.21}$$

合并式 14.19 和式 14.21,消去 W_{RF} 得到 $RF+E$ 组合的预期收益率和标准差之间的关系:

$$\overline{r_{RF+E}} = r_f + \frac{\overline{r_E} - r_f}{\sigma_E} \cdot \sigma_{RF+E} \tag{14.22}$$

---

① 其经济意义在于,无风险利率本身没有风险,同时无风险资产和其他任何资产之间也没有相关关系。

式 14.22 说明 $RF+E$ 组合的可行集是连接点 RF 和 E 的直线，即图 14.12 中的直线 RFE（点划线）。我们称类似直线 RFE 这样的"无风险资产+风险资产"的可行集为资本配置线（Capital Allocation Line，CAL），它表示投资者将资金在无风险资产和风险资产之间分配时，整个组合的预期收益率和标准差之间具有线性关系。当无风险资金的投资比例从 1 逐渐减少时，整个组合的风险按照固定不变的斜率逐渐增大，这个斜率称为夏普比率（Sharpe Ratio）。比如，图 14.12 中组合 E 的夏普比率就是资本配置线 RFE 的斜率 $\dfrac{r_E - r_f}{\sigma_E}$。资本配置线 RFE 上每一个组合的夏普比率都是相同的。

夏普比率的分子是风险资产的风险溢价[①]，分母是风险资产的风险，因此夏普比率表示投资者在某条资本分配线上配置资产时，增加单位风险所能获得的风险溢价补偿。当其他条件相同时，风险厌恶投资者总是偏好更高的夏普比率，或者说资本配置线的斜率。

图 14.12 中 E 点下方的风险资产组合有效边界在资本配置线 RFE 的上方，因此比资本配置线 RFE 更有效。如果投资者选择 E 点下方的有效组合，比如图 14.12 中的点 F，对应的资本配置线 RFF 有更高的夏普比率，比 RFE 更加有效。以此类推，我们还能找到比 RFF 夏普比率还高的资本配置线，但是有效边界的形状决定了有效组合的夏普比率不可能无限增加。图 14.12 中 T 点的夏普比率是风险资产组合有效边界上的最大值，此时资本配置线 RFT 和风险资产组合有效边界相切于 T 点。因为 RFT 与风险资产组合有效边界仅有一个交点，使得风险资产组合有效边界位于 RFT 的下方（除去相交的 T 点），这意味着 RFT 比原来的风险资产组合有效边界更加有效。

资本配置线 RFT 的存在说明在投资者的配置策略中应该包含无风险资产，投资者应该在风险资产组合有效边界上选择夏普比率最高的组合 T（有时候也称为切点组合），然后将资金同时配置到组合 T 以及无风险资产上，这个策略比单纯投资风险资产的有效组合更优。

风险厌恶程度比较高的投资者会选择在 RF 和 T 点之间配置资金，即使用部分资金购买组合 T，剩余资金以无风险利率 r_f 贷放出去（图 14.12 点 RF 和点 T 之间的资本配置线）。风险厌恶程度越高，投资者越会配置更多的无风险资产以"稀释"风险。风险厌恶程度比较低的投资者愿意承担较高的风险，他会以无风险利率借入资金然后买入 T 点组合，选择在 T 点上方的资本配置线配置资产。

14.4 资本资产定价模型

我们在第 7 章和第 9 章使用了现金流贴现法对金融资产进行价值评估，该方法的关键变量是项目贴现率，因为项目的净现值对贴现率的高低非常敏感。投资者在承担风险时总会寻求足够的风险补偿，因此贴现率应该和项目风险水平正相关，不过在现代组合理论体系完全建立之前，项目分析师们无法定量地描述风险和贴现率之间的关系。哈

[①] 见式 14.3。

里·马科维茨提出的均方准则决策模型奠定了现代组合理论体系的基石——投资者如何度量风险和收益,以及如何利用风险和收益指标进行决策。然而,马科维茨的组合选择模型仅指明了投资者在给定项目的预期收益率、方差、协方差条件下如何决策,没有回答项目的预期收益是如何由其风险水平决定的。基于马科维茨的决策模型,金融经济学家们在接下来的十多年时间里将单个投资者的决策行为发展成为市场均衡模型,在市场均衡条件下证明了资产的预期收益率和其风险之间的关系,这个均衡条件的预期收益率就是项目分析师们长久以来寻找的贴现率。借助均衡条件下的经过风险调整的贴现率(Risk-adjusted Discount Rate),分析师们就能以更科学严谨的方法来对金融资产进行价值评估。以威廉·夏普(William Sharpe)模型为代表,威廉·夏普、约翰·林特纳(John Lintner)、简·莫辛(Jan Mossin)等人提出的市场均衡模型统称为资本资产定价模型(Capital Asset Pricing Model, CAPM)。[1]

CAPM 是现代金融经济学的核心理论,它使得我们可以定量地描述资产期望收益率和风险之间的关系。CAPM 对于金融理论和实践的意义在于:一方面它为项目估值提供了贴现率的计算方法,我们可以用 CAPM 计算债券的必要收益率,也可以用它计算股票的市场资本化率;另一方面,对于新发行的股票,只要能够正确评估其风险,我们就能对其均衡的预期收益率进行估计。尽管在后续的实证研究中,CAPM 的结论总是被研究者质疑,不过因为它包含了对市场行为的深刻理解,同时模型本身非常简洁,便于操作,金融从业人员一直将其作为价值评估、投资策略构建的基准模型,在现实中应用非常广泛。

14.4.1 模型假设

从 CAPM 提出至今,很多实证研究均对 CAPM 提出了质疑,其原因是 CAPM 包含了很多严格的前提假设,而这些前提假设和市场实际环境是不完全一致的。不过经济模型的目的是帮助人们理解市场运行的基本机制,金融经济学家应该在纷繁复杂的现实条件中剥离出市场运行最本质的前提,使得人们可以洞察市场背后的逻辑。CAPM 的后续研究主要集中于如何放松之前较为严格的前提假设,慢慢建立更复杂、更符合现实情况的扩展 CAPM。本章基于标准 CAPM 前提假设介绍市场均衡时资产的预期收益率是如何由风险决定的。

假设 1:市场是完全竞争的,也就是说市场存在众多投资者,每个投资者的财富数量不大,不至于形成垄断。投资者都是价格接受者,尽管市场均衡由投资者集体行为决定,但是单个投资者的交易行为无法影响市场价格。

假设 2:投资者都是短视的(Myopic),也就是他们只进行单期决策,只考虑本期效用最大化,不考虑一期以后的情形。[2]

假设 3:投资者所有风险资产都是可公开交易的(以股票和债券形式交易);市场存

---

[1] William Sharpe. Capital Asset Prices: A Theory of Market Equilibrium. *Journal of Finance*, September 1964.
John Lintner. The Valuation of Risk Assets and the Selection of Risky Investments in Stock Portfolios and Capital Budgets. *Review of Economics and Statistics*, February 1965.
Jan Mossin. Equilibrium in a Capital Asset Market. *Econometrica*, October 1966.

[2] 在跨期效用最大化决策问题中,单期效用最大化是次优策略。

在单一无风险资产,且无风险借贷利率相等。①

假设 4:投资者不需要支付税金和其他交易成本。

假设 5:投资者都是理性的且风险厌恶,所有投资者都按照 Markowitz 均方准则进行决策。

假设 6:投资者之间是完全信息对称的,不同投资者对同一组资产的预期收益率、方差、标准差、协方差的估算是完全相同的,也就是说投资者之间除了风险厌恶程度不同,关于资产的预期是同质的(Homogeneous Expectations)。

14.4.2 资本资产定价模型的推导

回顾我们在本章前面各节所建立的均方准则投资者的决策模式:

(1) 图 14.11 说明了投资者是以风险资产有效组合的形式持有证券,仅持有单个证券的策略一定不是最优策略。因此,尽管 CAPM 是关于单个证券预期收益率和风险的均衡关系,但是单个证券的均衡收益率是在有效组合中由相关风险因素决定的。

(2) 有效组合是指一定风险下预期收益率最大的组合,同时也是一定预期收益率下风险最小的组合,因此有效组合必然是一个充分分散的组合。式 14.16 说明了一个充分分散组合当中,单个证券的总风险(单个证券方差)是可以完全分散的,不能分散的是证券之间的相关风险,或者说协同风险。

所谓市场均衡是指在一定的市场条件下,投资者所承担的风险得到了正确的补偿。按照上述两个决策模式,我们可以推论当市场均衡时:

(1) 投资者的风险资产组合中应该包含市场上所有的风险资产(假设3)以使得组合风险得到充分分散。

(2) 投资者不承担在有效组合中可以完全分散的风险,因此单个证券的总风险(方差/标准差)不是决定均衡预期收益率的唯一因素。

(3) 投资者承担的风险是不能分散的协同风险,因此某个证券和整个投资组合的相关风险(协方差)决定了均衡时该证券的风险补偿大小,也就是它的均衡预期收益率。

同质预期假设(假设6)说明不同投资者面临相同的风险资产组合有效边界(见图14.13)。

市场存在单一无风险借贷利率(假设3),因此为了实现最优效用,按照均方准则配置资产的投资者(假设5)都会在从点 RF 出发的所有资本配置线中选择和风险资产组合有效边界相切的资本配置线以获得最大的夏普比率。单一无风险利率(假设3)和同质预期(假设6)说明所有投资者一定会构建相同的切点组合,得到相同的夏普比率。相同的切点组合意味着投资者都按照相同比例持有市场上所有的风险资产②,因此风险资产的市值比重等于切点组合对应的风险资产比例。因此,我们将市场均衡时的切点组合称为市场组合(Market Portfolio),对应图 14.13 中的 M 点。市场组合是市场均衡时投资者

---

① 现实中很多投资都是不可交易或非公开交易的,比如教育(包括人力资源培训)、私人股权、政府基础设施等。同时,现实的无风险资产的界定不是一致的,借贷利率也不相同。

② 投资者在风险组合上的投资额有差异,但是一定会按照相同比例投资风险资产。

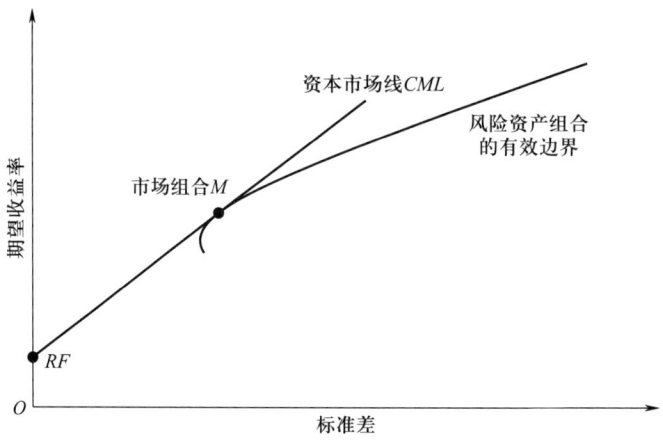

图 14.13 市场均衡和资本市场线

所能获得的夏普比率最大的风险资产有效组合,组合中各资产的持有比例等于其市场价值权重。比如,如果当前市场正好处于均衡状态,全部风险资产(股票和债券)市值总和是 50 万亿元,其中工商银行总市值为 1.2 万亿元,那么在市场组合中工商银行的持有比例应该等于 $\frac{1.2}{50} \times 100\% = 2.4\%$。

投资者在 RF 和市场组合 M 之间配置资产形成的资本配置线称为资本市场线(Capital Market Line, CML)。资本市场线描述了市场均衡时投资者承担的风险所能得到的补偿(即风险溢价),我们把均衡时单位风险获得的风险溢价称为风险的市场价格。CML 的正斜率说明了均衡时低风险的配置策略获得的补偿较低,高风险的配置策略获得的补偿较高。CML 是直线说明了增加单位风险而增加的风险溢价是相同的(即夏普比率),其比值就是风险的市场价格:

$$风险的市场价格 = CML 的夏普比率 = \frac{\bar{r}_M - r_f}{\sigma_M} \quad (14.23)$$

市场均衡意味着风险的价格应该处处相等,因此单个证券的风险价格应该也等于式 14.23 确定的风险市场价格。然而,对于单个证券,我们不能简单使用其标准差来衡量风险,因为投资者只承担市场组合的风险。在市场组合当中,单个证券的风险是由它和整个组合的协方差决定的。市场组合的风险为:

$$\sigma_M^2 = \sum_{i=1}^{N} \sum_{j=1}^{N} W_i W_j \sigma_{ij} \quad (14.24)$$

式中:σ_M^2 表示市场组合的风险;

其他符号含义同前。

考虑有效边界内的证券 $k(k=1,2,\cdots,N)$[①],它和市场组合的协方差是:

---

① 任何单个证券不可能落在有效边界上方,因为这样的话,有效边界不再"有效"。

$$\begin{aligned}\sigma_{k,M} &= Cov(r_k, r_M) \\ &= Cov(r_k, W_1 r_1 + W_2 r_2 + \cdots + W_k r_k + \cdots + W_N r_N) \\ &= W_1 \sigma_{1,k} + W_2 \sigma_{2,k} + \cdots + W_k \sigma_{k,k} + \cdots + W_N \sigma_{N,k}\end{aligned} \quad (14.25)$$

式 14.25 决定了单个证券在组合中的风险大小,单个证券的均衡收益率应该对 $\sigma_{k,M}$ 进行补偿。

为了计算单个证券均衡收益率和 $\sigma_{k,M}$ 的关系,现假设投资者持有市场组合 M 和证券 k 的组合。显然,$M+k$ 组合的可行集是连接 M 点和 k 点的一条曲线(见图 14.14 中的虚线),这个可行集必然与风险资产有效边界相切于 M 点。

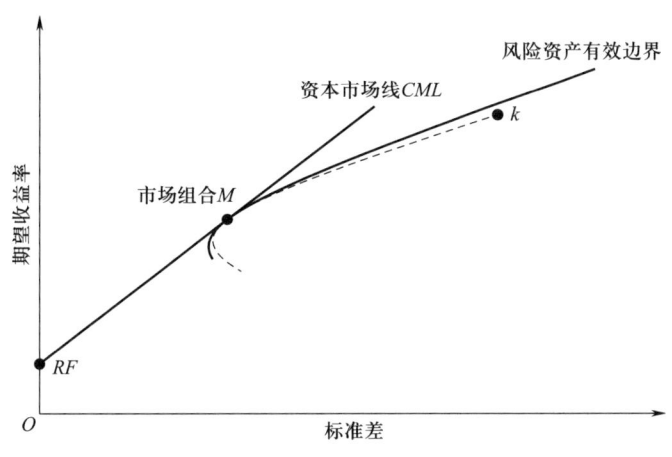

图 14.14 单个证券的均衡

$M+k$ 组合的可行集与风险资产有效边界在 M 点相切的原因是:首先,它们在 M 点相交;其次 $M+k$ 组合的可行集(虚线)不能穿过风险资产有效边界到上方去,因为如果这样的话,原来的风险资产有效边界就不再是有效的。根据相切条件,我们可以求解 $M+k$ 组合的可行集在 M 点的斜率。首先写出 $M+k$ 组合的预期收益率和标准差:

$$\bar{r}_{M+k} = \alpha \bar{r}_k + (1-\alpha) \bar{r}_M \quad (14.26)$$

$$\sigma_{M+k} = \sqrt{\alpha^2 \sigma_k^2 + (1-\alpha)^2 \sigma_M^2 + 2\alpha(1-\alpha) \sigma_{k,M}} \quad (14.27)$$

其中 α 表示 $M+k$ 组合中对 k 的投资比例,相应的 $1-\alpha$ 是对 M 的投资比例。可行集在 M 点的斜率就是当 $\alpha = 0$ 时,$\bar{r}_{M+k}$ 对 σ_{M+k} 的一阶导数,即 $\left(\dfrac{\mathrm{d} \bar{r}_{M+k}}{\mathrm{d} \sigma_{M+k}}\right)_{\alpha=0}$。为了计算这个导数,在式 14.26 和式 14.27 两边对 α 求一阶导数:

$$\frac{\mathrm{d} \bar{r}_{M+k}}{\mathrm{d} \alpha} = \bar{r}_k - \bar{r}_M \quad (14.28)$$

$$\frac{\mathrm{d} \sigma_{M+k}}{\mathrm{d} \alpha} = \frac{2(\alpha \sigma_k^2 - (1-\alpha) \sigma_M^2 + (1-2\alpha) \sigma_{k,M})}{2\sqrt{\alpha^2 \sigma_k^2 + (1-\alpha)^2 \sigma_M^2 + 2\alpha(1-\alpha) \sigma_{k,M}}} \quad (14.29)$$

令 $\alpha = 0$,式 14.28 和式 14.29 改写为:

$$\frac{\mathrm{d}\bar{r}_{M+k}}{\mathrm{d}\alpha} = \bar{r}_k - \bar{r}_M \tag{14.30}$$

$$\frac{\mathrm{d}\sigma_{M+k}}{\mathrm{d}\alpha} = \frac{\sigma_{k,M} - \sigma_M^2}{\sigma_M} = \frac{\sigma_{k,M}}{\sigma_M} - \sigma_M \tag{14.31}$$

用式 14.30 除以式 14.31 得到 $M+k$ 组合的可行集在点 M 的斜率：

$$\frac{\mathrm{d}\bar{r}_{M+k}}{\mathrm{d}\sigma_{M+k}} = \frac{\bar{r}_k - \bar{r}_M}{\frac{\sigma_{k,M}}{\sigma_M} - \sigma_M} \tag{14.32}$$

风险资产有效边界在 M 点的斜率等于 CML 的斜率，$M+k$ 组合的可行集与风险资产有效边界在 M 点相切意味着两个斜率相等，于是：

$$\frac{\bar{r}_k - \bar{r}_M}{\frac{\sigma_{k,M}}{\sigma_M} - \sigma_M} = \frac{\bar{r}_M - r_f}{\sigma_M} \tag{14.33}$$

整理式 14.33 得到：

$$\bar{r}_k - r_f = \frac{\sigma_{k,M}}{\sigma_M} \cdot \frac{\bar{r}_M - r_f}{\sigma_M} \tag{14.34}$$

式 14.34 给出了市场均衡时单个证券 k 的预期收益率 $\bar{r}_k$ 和其风险之间的关系，即标准 CAPM 所得到的市场均衡。其中 $\bar{r}_k - r_f$ 是单个证券在均衡时的风险溢价，$\frac{\bar{r}_M - r_f}{\sigma_M}$ 是均衡时由 CML 决定的风险的市场价格（也是 CML 的斜率），$\frac{\sigma_{k,M}}{\sigma_M}$ 度量的是单个证券的风险。当投资者持有市场组合的时候，单个证券风险不是由标准差衡量的，而是由它与市场组合的协方差除以市场组合的标准差的比值衡量的。[①] 式 14.34 的含义是：

$$\text{单个证券风险溢价} = \text{单个证券风险} \times \text{风险的市场价格} \tag{14.35}$$

如果记 $\beta_k = \frac{\sigma_{k,M}}{\sigma_M^2}$，那么式 14.34 可以改写为一种更简洁的形式：

$$\bar{r}_k - r_f = \beta_k \cdot (\bar{r}_M - r_f) \tag{14.36}$$

β_k 的含义是证券 k 和市场组合的协同风险相对市场组合总风险的比重。β_k 越大，表示这种资产对市场组合风险贡献越大，因此要求的风险补偿越高，风险溢价越大；反之，则说明资产对投资者承担的风险贡献小，投资者要求的风险溢价也小。市场组合本身的 β 值等于 1。[②]

特别地，如果 $\beta_k = 0$，说明资产对市场组合的风险完全没有贡献，因为投资者只持有市

[①] 注意到 $\frac{\sigma_{k,M}}{\sigma_M}$ 与 σ_M 具有相同的量纲。

[②] $\beta_M = \frac{\sigma_{M,M}}{\sigma_M^2} = 1$。

场组合,因此零 β 资产不增加投资者的风险,它的风险补偿或者说风险溢价相应等于零。无风险资产属于零 β 资产的一种,它和任何资产的相关系数等于零,因此对市场组合的风险贡献为零,式 14.34 能够给出无风险资产的正确均衡收益率等于无风险利率。然而, β 值为零的资产不一定是无风险资产,只要该种资产对市场组合的风险没有贡献,即使它是风险资产也属于零 β 资产。在市场均衡时,它的均衡预期收益率等于无风险利率。

如果某家基金持有了一个资产组合,我们想知道这个资产组合的均衡预期收益率,那么如何计算资产组合的 β 值呢?根据式 14.34 中关于 β 值的定义,容易得出任意资产组合的 β 值是其中各个证券 β 值的线性加权和,权重为单个证券的投资比例。

假设某个资产组合 P 中包含 K 只证券,每只证券的持有比例为 $W_i(i=1,2,\cdots,K)$,证券的收益率为 $r_i(i=1,2,\cdots,K)$。根据 β 值的定义式,组合 P 的 β 值为:

$$\beta_P = \frac{\sigma_{P,M}}{\sigma_M^2} = \frac{Cov(r_P, r_M)}{\sigma_M^2} \tag{14.37}$$

其中:

$$r_P = W_1 r_1 + W_2 r_2 + \cdots + W_K r_K \tag{14.38}$$

根据协方差的运算性质①,有:

$$\begin{aligned} Cov(r_P, r_M) &= Cov(W_1 r_1 + \cdots + W_K r_K, r_M) \\ &= W_1 Cov(r_1, r_M) + \cdots + W_K Cov(r_K, r_M) \\ &= W_1 \sigma_{1,M} + \cdots + W_K \sigma_{K,M} \end{aligned} \tag{14.39}$$

将式 14.39 代入式 14.37 得到:

$$\beta_P = W_1 \frac{\sigma_{1,M}}{\sigma_M^2} + \cdots + W_K \frac{\sigma_{K,M}}{\sigma_M^2} = W_1 \beta_1 + \cdots + W_K \beta_K \tag{14.40}$$

即组合的 β 值是其中各个证券 β 值的线性加权和。

14.4.3 证券市场线

式 14.36 描述了市场均衡时,资产的预期收益率和其风险水平之间的关系。如果投资者都持有市场组合,那么投资者只关心资产对市场组合风险的贡献,也就是资产的 β 值。现实中,因为交易成本、税金不可忽略,同时构建组合时资产不可无限细分,因此很难有投资者或者投资机构能够完全构建一个市场组合。即便如此,CAPM 仍然被认为有很强的现实解释力。市场中有一类执行被动策略的基金,它们尽管不能持有真正的市场组合,但是基金经理会让投资组合跟踪市场指数,并且尽可能地缩小跟踪误差,这种基金的资产组合可以近似地看作市场组合。普通投资者可以通过购买这样的基金份额实现对市场组合的投资。即便是基金不跟踪市场指数,只要它们的资产组合是充分分散的(见式 14.17),那么整个组合的风险和市场组合风险也会非常接近,或者说这样的组合的 β 值是非常接近 1 的。因此,在一个成熟的、以机构投资者为主的金融市场,证券的 β 值

---

① 如果 X、Y、Z 为随机变量,c_1、c_2 为常数,那么 $Cov(c_1 X + c_2 Y, Z) = c_1 Cov(X, Z) + c_2 Cov(Y, Z)$。

是一个有用的风险度量指标。

β值的另一个优点是它和标准差一样,是一个可计算的风险指标。如果将某只证券的历史收益率对同期市场指数的历史收益率进行线性回归,回归方程的斜率就是样本β值,我们可以用样本β值作为证券真实β值的一个估计。β值的可计算特点使得式14.36具有实证意义。如果我们将不同证券的平均收益率对它们各自的样本β值进行线性回归,那么在理论上应该可以得到由式14.36所描述的一条直线。这条回归线表示我们所预期的资产的收益率和β值之间的关系,我们称之为证券市场线(Security Market Line)。

图14.15是一条证券市场线,均匀散落在证券市场线上下两侧的星号标记表示样本证券。SML所在的坐标系以β值作为横坐标,以预期收益率作为纵坐标。SML上β值为1的点对应市场组合的均衡预期收益率0.09。SML在纵轴的截距对应无风险利率r_f = 0.05。SML的斜率等于市场组合的风险溢价,即$\bar{r}_M - r_f = 0.04$。

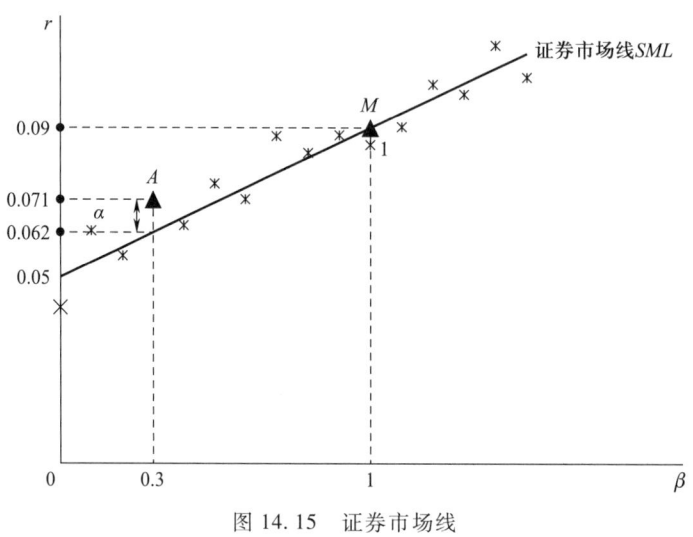

图14.15 证券市场线

从图14.15可以看到,实际证券不可能正好落在证券市场线SML上,因为SML是一条市场均衡线,是在市场全部实现均衡时我们所预期的证券的风险和收益之间的关系。证券的实际预期收益率减去对应风险水平的均衡预期收益率(也就是SML所预期的收益率)得到的差值称为α。比如,图14.15中证券A所在点的β值为0.3,它的实际预期收益率为0.071,而证券市场线预期的均衡收益率为$r_f + (\bar{r}_M - r_f) \cdot \beta = 0.05 + 0.3(0.09 - 0.05) = 0.062$。因此证券A具有正α,为0.009。落在证券市场线上方的证券都具有正α,落在证券市场线下方的证券都具有负α。α在资产管理中的意义是:正α表示证券能够提供比均衡水平更高的风险溢价,此时证券价格是被市场低估的;负α表示证券提供比均衡水平更低的风险溢价,此时证券价格是被市场高估的。执行主动策略的资产管理经理会动态追踪资产α的变化,在组合中增加正α资产的持有比例,同时减少负α资产的持有比例。

证券市场线在资本预算中也具有广泛的应用。当公司经理需要通过外部市场为某个项目进行融资的时候,往往需要使用现金流贴现法确定项目的内在价值。估值当中使用的贴现率要能够反映项目的风险,称为项目的内部收益率(Internal Rate of Return)。因为市场投资者是根据风险资产的 β 值来寻求风险补偿的,公司经理可以先计算项目的 β 值,然后通过证券市场线方程(式 14.34)来确定项目的内部收益率,从而计算出项目的内在价值。

小　　结

1. 投资者在不确定条件下进行效用最大化的决策。均方准则认为投资者使用收益率的期望和方差来衡量投资者效用。

2. 均方准则认为风险厌恶型的投资者在既定期望收益率下总是追求更小的风险,或者在既定风险水平下总是追求更高的期望收益率。

3. 相对于单个证券而言,证券组合能够改进投资者的效用,也就是在既定期望收益率下承担更小的投资风险。

4. 分散化投资能够减少投资组合的平均方差,但是无法完全消除投资组合的平均协方差。投资组合中证券之间的平均协同风险称为系统性风险,或者不可分散风险。系统性风险归因于诸如利率、汇率、产业周期、产业政策等宏观经济因素。投资组合中可以被分散的风险称为特定风险,或者可分散风险。特定风险归因于仅存在于某企业或者某行业,和其他证券相互关联程度非常弱的因素。

5. CAPM 是均方准则下的市场一般均衡模型,它认为如果投资者按照均方准则决策,那么都会持有市场组合。当投资者都持有市场组合后,市场均衡成立,此时市场组合中单个证券的期望收益率和它与市场组合之间的协同风险之间存在一个等量关系,这个等量关系称为证券市场线方程。

6. 证券市场线方程均方准则投资者的最优决策使得单个证券的期望收益率等于无风险利率加一个风险溢价,这个风险溢价由单个证券和市场组合的协同风险决定,度量单个证券和市场组合协同风险的指标称为 β 系数。

关　键　词

投资者效用	均方准则	凸组合	证券市场线
风险—收益坐标系	无差异曲线	投资可行集	资本市场线
投资有效边界	资产分配线	市场组合	

习　　题

1. 证券 A 的期望收益率为 10%,收益率的标准差为 20%;证券 B 的期望收益率为 15%,收益率的标准差为 30%。银行的同期存贷利率为 8%。如果 A 和 B 收益率的相关系数为 -1。请设计一个无风险套利方案。

2. 假设某人的财富效用函数如下所示:

$$U(x) = \frac{x^\gamma}{1-\gamma}$$

其中 x 代表财富水平;$\gamma = 0.5$ 是常数(其含义为"相对风险厌恶系数")。

他的财富的当前水平为 10 000 元,未来因为不确定性,有 99% 的可能性财富维持在 10 000 元;有 1% 的可能性损失 8 000 元。保险公司愿意向其出售一个保险,如果他的财富在未来遭遇损失,那么保险公司愿意给他补偿 8 000 元。不考虑资金的时间价值,此人愿意为这项保险支付的保险金不会超过多少元?

3. 股票组合包括三只股票。三只股票的期望收益率分别为 10%、15% 和 20%。这三只股票收益率的方差和协方差构成如下协方差矩阵:

$$\Sigma = \begin{bmatrix} 0.2 & 0.25 & 0.1 \\ 0.25 & 0.3 & -0.4 \\ 0.1 & -0.4 & 0.4 \end{bmatrix}$$

协方差矩阵第 i 行第 j 列的元素记为 σ_{ij},用来表示股票 i 和股票 j 的协方差($i \neq j; i, j = 1, 2, 3$);如果 $i = j$,则表示第 i 只股票的方差($i = 1, 2, 3$)。协方差矩阵应该是一个对称的正定矩阵。

(1) 如果按照 20%、40% 和 40% 的比例持有这三只股票,这个股票组合的期望收益率和标准差是多少?

(2) 同期银行存款的利率为 6%,你的客户希望将 100 000 万元资金分配到(1)的股票组合和银行存款上去,从而获得 10% 的期望收益率。你如何设计分配方案?

4. 一个养老基金正在对三只基金进行评估。第一只基金是股票型基金,第二只是长期政府债券和公司债券基金,第三只是货币市场的国库券基金(视为无风险资产)。国库券基金的收益率为 8%。股票基金的期望收益率为 20%,标准差为 30%。债券基金的期望收益率为 12%,标准差为 15%。股票和债券基金之间的相关系数为 0.1。

(1) 股票和债券基金组合的最小方差是多少?对应的期望收益率和投资比例是多少?

(2) 如果资产分配线上切点组合期望收益率和标准差分别为 0.156 2 和 0.165 4,在资产分配线上构造一个期望收益率为 14% 的投资组合。

(3) 可以通过股票和债券基金的组合构造一个期望收益率为 14% 的组合吗?比较(2)和(3)的两个组合的差异,你觉得哪个组合更有效?

第 14 章即测即评

请扫描二维码进行即测即评。

参考文献及进一步阅读建议

1. 滋维·博迪,亚历克斯·凯恩,艾伦·J. 马库斯. 投资学. 10 版. 汪昌云,等,译. 机械工业出版社,2017.

2. 张亦春,郑振龙,林海. 金融市场学. 5版. 北京:高等教育出版社,2017.

3. 彭兴韵. 金融市场学. 上海:格致出版社,上海三联书店,2018.

4. 弗雷德里克·S. 米什金,斯坦利·G. 埃金斯. 金融市场与金融机构. 8版. 杜惠芬,译. 北京:中国人民大学出版社,2017.

5. 理查德·C. 格林诺德,雷诺德·N. 卡恩. 主动投资组合管理:创造高收益并控制风险的量化投资方法. 李腾,杨柯敏,刘震,译. 北京:机械工业出版社,2014.

6. 埃德温·J. 埃尔顿. 现代投资组合理论与投资分析. 9版. 王勇,隋鹏达,译. 北京:机械工业出版社,2017.

7. 哈里·M. 马科维茨. 资产组合选择:投资的有效分散化. 2版. 张扬,译. 人民邮电出版社,2017.

8. 威廉·F. 夏普. 投资组合理论与资本市场. 郑磊,译. 北京:机械工业出版社,2016.

第 15 章
有效市场假说和行为金融理论

本章学习目的

- 理解有效市场的概念,掌握有效市场的类型。
- 理解现实市场中的异象及其与有效市场的联系。
- 了解行为金融学的概念,掌握行为金融学的理论支柱和行为金融学解释的市场现象。

市场有效性理论(Efficient Market Hypothesis)是理性预期学派理论的一个重要组成部分,也是现代金融经济学的理论基石之一。在 20 世纪 60 年代,市场有效性理论一经提出,就受到经济学家前所未有的关注。经过多年的发展与完善,市场有效性理论已被广泛应用于西方资本市场,虽然目前对该理论还有某些质疑,在现实的资本市场中亦有一些不能被该理论所解释的现象,但大部分经济学家都认为,市场有效性理论是正确的,尽管它有需要完善的地方。证券市场有效性是衡量证券市场信息分布、信息传递速度、交易的透明度和规范程度的一个重要标志。在前面几个章节论述的经典理论都是以有效市场为前提条件的,那么现在我们来深刻了解一下有效市场假说的精髓、有效市场假说目前还不能够解释的现象和新兴发展的行为金融学理论。

15.1 有效市场假说

经济学认为,经济时间序列的不断演化,最终能够帮助我们预测未来经济表现。比如下一年度经济将步入繁荣还是萧条?自然而然,他们也把这种思维带入对股价走势的分析。他们想当然地也认为股价既然反映了国民经济的走向,那就应该服从某种类似于经济周期的从波峰到波谷的趋势。然而,英国统计学家肯德尔(Kendall)的研究证明了他们是错误的,在一个健全的、有效率的股票市场里,股价应该是随机变动无法预测的。

15.1.1 有效市场的定义

第一个摆在我们面前的问题就是什么是有效性。目前我们了解得最多的是帕累托最优,这是描述的配置效用,它衡量市场是否把资源进行了最好的分配和利用。市场有效性所指的是信息效率,具体而言是看市场对新信息能做出多快的反应,市场能反映信息的多少。

一般认为最早对股票市场价格在一段时间内变动情况作研究的人是一位名叫路易斯·巴金利非(Louis Bachelier)的法国数学家。他把统计分析的方法应用于股票收益率的分析,发现其波动的数学期望值总是零。在20世纪50年代的早期,人们第一次可以使用电子计算机对股价的长时期时间序列进行分析。英国统计学家莫里斯·乔治·肯德尔(Maurice George Kendall)在1953年对22只英国股票的时间序列进行了分析,然而他却得出了令他自己都很惊讶的结果。他总结道:在这一系列被观察的股价变动中,价格的变动几乎没有任何模式可循,就是任意变动的序列。1964年奥斯本(M F M Osborne)提出了"随机漫步理论"。他认为股票价格的变化类似于化学中的分子布朗运动,具有"随机漫步"的特点,它们变动的路径是不可预期的。1970年尤金·法玛(Eugene Fama)也认为,股票价格收益率序列在统计上不具有"记忆性",所以投资者无法根据历史的价格来预测其未来的走势。这个结论不免使许多在做股价分析的人有点沮丧,他们全力研究各家公司的会计报表与未来前景以决定其价值,并试图在此基础上做出正确的金融决策。经济的发展有周期性的改变,难道股价真的是如此随机且无规律可循吗?后来经济学家们认识到,金融市场资产价格的随机走动并非不按经济规律运作,恰恰相反,这正是符合经济规律的作用而形成的一个有效率的市场。

有效市场假说的集大成者是美国的经济学家尤金·法玛。他在1970年发表的《有效资本市场:对理论和实证工作的评价》文章中提出,在有效市场中,投资者都利用可获得的信息力图获得更高的报酬,证券价格对新的市场信息的反应是迅速而准确的,证券价格总能反映全部信息,市场竞争使证券价格从一个均衡水平过渡到另一个均衡水平,而与新信息相应的价格变动是相互独立的,或称随机的。因此市场有效性理论又称随机行走理论。总而言之,如果资本市场是有效的,就意味着该资本市场里的证券可以完全地反映所有的信息。

15.1.2 如何理解有效市场

关于有效市场理论的大部分文献都在描述在有效市场中信息在股票价格里的反应速度。假设一个公司宣布下一年其盈利会是预期的三倍以上,并且公司的财务状况也能够永久性地支持其盈利的增加,投资者也相信公司宣布的这一消息,很明显公司价值比以前要增加很多,股价肯定要上涨以反映公司价值的上升。有效市场假说从来没有否定信息的用处,也不否定股价会上涨。有效市场理论关注的是在什么条件下投资者可以获得超额利润。换句话说,有效市场理论所指的是有效市场里的投资者不能通过运用普通的投资策略而长期系统性地胜过市场。具体而言,第一,有效市场中的股票是一个服从对赌游戏的工具,股价在下一时段的结果是上涨或者下跌,其概率各为50%。对于股票的研究和评估是劳而无功的,收集信息和进行股票研究的最好报偿只不过是填补进行这些研究的成本。第二,"随机分散"的投资策略在有效市场中由于几乎不含信息成本和极少的执行成本将胜过任何包含大量信息成本和执行成本的所谓"深思熟虑"的策略,因为这些策略不会给组合管理者和投资决策者带来任何追加价值。第三,在一个有效市场中,尽量减少交易的投资策略,即构造一个组合后,当需要现金才交易的策略优于需要频繁交易的策略。

值得注意的是,尽管有效市场上资产的价格反映了信息的价值含量,但这并不意味着股票的价格时刻都不能偏离其价值,事实上,股票价格总是围绕其价值上下波动;同时,也不意味着任何投资者在任何时刻都不能"胜过"市场,有许多投资者在一定时间段内是胜过市场的,但这并不归因于其精湛的分析,而是归因于其运气。

15.1.3 有效市场的类型

罗伯茨(Roberts)在他早期的研究中,对有效市场的概念进行了有效的扩展,并且划分了有效市场的三种类型,也可以称作有效市场的三个阶段。

1. 弱式有效市场

弱式(Weak Form)有效市场指的是当前的股票价格变动已经完全反映了股票的历史信息。这些数据包括以前的收益率、交易量、大宗交易记录等。任何根据历史信息而做出的买卖决策都不可能获得超额收益。所以,当前的股价变动完全独立于股价以前的变动。这就意味着对于投资者而言,以往的股票价格对未来预测没有作用。这就导致了投资者不能够通过研究过去股价的图表来获取利润,股价的变动仅仅是因为新的信息出现。换句话说,股价的变动应该服从随机行走理论。在弱式有效市场里,利用技术分析无法击败市场。

2. 半强式有效市场

半强式(Semi-strong Form)有效市场是弱式有效市场的发展,是指证券价格不但反映了所有以前的相关信息,而且市场能够迅速地吸纳当前的新信息并在瞬间反映在股价上。这些新的信息包括政治事件、经济指标以及收益报告等。因此,从长期来看,迅速的价格调整不会让投资者获得超额利润。有的人很幸运,选择的证券可以让他获得超额利润;可有的人选择的证券价格下跌让他遭受损失。整体上看,没有人可以系统地挑选出能使其获得超额利润的证券。当市场属于半强式有效的类型,技术分析和基本分析加在一起都不可能战胜市场。因为所有的公开信息都已经在瞬间全部反映在了股票价格上。因为每天都有成千上万的分析师运用各种分析来发现定价不合理的证券,一旦发现机会,他们就会立刻买卖,从而使证券价格很快地回归到合理的水平。

3. 强式有效市场

强式(Strong-form)有效市场是有效市场类型中的最后一种,是指市场的股价完全反映了所有的信息,包括公开信息和内幕信息。尽管在市场中有人可以获得内幕消息,但是强式有效市场能够很快吸纳内幕消息,并很快反映在股价上,所以有内幕消息的人也无法获得超额利润。

这三种类型的有效市场之间是什么关系呢?实际上,我们可以将其理解为有效市场发展的三个阶段。弱式有效市场是最低阶段,半强式有效市场是中间阶段,强式有效市场是一个极端的阶段。但是半强式有效性中包括了弱式有效性,也就是说如果一个市场是半强式有效市场,那它肯定就已经是弱式有效市场了。同理,强式有效性包括了弱式有效性和半强式有效性。根据三个效率市场层次所包含的信息集的大小,它们的关系可以由图15.1来表示。

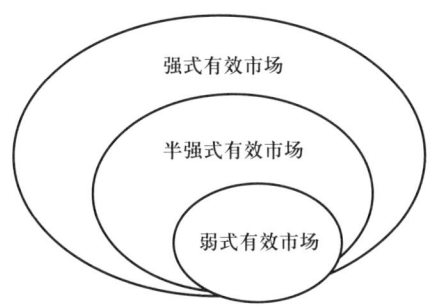

图 15.1 有效市场三个阶段的关系

按照对有效市场三个阶段定义的外延来看,可以发现在图 15.1 中强式有效市场和弱式有效市场在图中的位置应该互相置换。但是图 15.1 切入点是有效市场三个阶段定义的基本内涵:有效市场三个阶段分别反应的不同层次的信息。因此,强式有效市场反映的信息是最多的,应该放在最外面,其次是半强式有效市场,最后是弱式有效市场。

15.1.4 市场为什么会达到有效

市场达到有效需要一些必要条件。这些条件有的与资产及其特性相关,有的与投资者的特性相关。与资产及其特性相关的因素包括:① 导致非有效的资产必须有交易,如果该资产没有交易或交易困难,则非有效性难于消除;② 消除非有效性的措施或策略的交易成本应该小于从该措施中所获得的预期利润,否则措施或策略的结果得不偿失,投资者会放弃执行该措施或策略,已经存在的非有效性也会继续存在。

市场达到有效需要大量的利润最大化的投资者,他们独立地分析和评估证券。追求利益最大化的投资者需要具备以下三个方面的能力:① 认识能力。能敏锐地意识到市场非有效性之所在,以及据此获得超常收益的可能性和策略。② 决策能力。可以有效地调整自己的组合,果断采用能获取超常收益的措施。③ 资金实力。具有足够的资金使之在股市上进行交易,一直到非有效性消除为止。

随着关于证券的新信息被随机地发布,利润最大化的投资者的交易行为让股票价格迅速地调整到新的价位来反映新的信息。这种调整可以是不完美的、不完全到位的,但是无偏的调整。这就意味着有时候市场会过度反应,有时候市场会调整不够,这种调整偏差的发生是不可预测的。股票价格之所以能迅速地调整是因为投资者为了利润最大化而互相竞争,因此市场的有效性来源于竞争。市场要达到有效必须有一定的交易量,并且互相竞争的投资者交易越频繁股价的调整就越迅速,市场就更加有效。比如,在一个分析的密集度和受关注程度较小的市场中,市场有效性的程度就会低一些。同时,在不同的股票上所表现出来的市场有效性也会有所不同。例如,即使在华尔街这样分析密集度很高的地方,小股票所受到的关注比大股票要少,因此相对而言其有效性也要低得多。在上述这些情况下,收集和分析新信息的行为都可能产生更多的投资收益,因此投资者就会有动机花时间和资源发现和分析新信息。关于市场有效性在现实中的偏差,在下一节股票市场的异象中将会进一步探讨。

15.2 有效市场假说的异象

15.2.1 市场中的异象

有效市场理论作为金融市场的一个基本命题,一直以来都受到人们的极大关注,围绕该命题的研究层出不穷。其中一部分研究是围绕其三个层次的直接或间接的检验,检验在全世界范围内哪些国家或地区的哪些市场达到了哪一层级的有效性。另一部分是基于有效市场理论所建立的资产定价理论的研究,这部分研究成果非常广泛。其中一些研究发现分样本定价与全样本定价存在不同之处,之后就有人专门研究这些不同之处,将其进行了归纳总结,并且将其命名为"市场异象"(Market Anomaly)。之所以称之为"异象",是因为这些现象在有效市场框架内不好解释。也就是说,如果市场是有效的,那么这些定价偏高或偏低的现象不可能在市场上长期存在,因为市场中的投资者一旦发现这一现象,会立刻采用交易策略买卖资产而使得这样的现象即刻消除。但是研究者发现,这些现象在全世界各不同国家和地区的市场中都存在,并且长期存在。这些"谜"一样的存在明显有悖于有效市场理论,因此被冠名为"市场异象"。

研究者发现的市场异象有很多,但概括起来可以分成两种类型:一种是与公司特性有关的异象;另一种是与时间有关的异象。下面我们介绍几个主要的市场异象。

1. 与公司特性有关的异象

(1) 小公司效应。小公司效应(Small-firm Effect)也称规模效应(Size Effect),是指以股票市值为衡量标准的公司规模的大小与该股票的市场收益率之间呈相反的关系。即小盘股比大盘股的收益率高。1981年美国金融学家班兹(Banz)利用美国的股价数据发现,股票总收益率都有随公司的相对规模的上升而下降的趋势,他把所有在纽约证券交易所上市的股票按公司规模分成五组,结果最小规模组的平均年收益率比最大规模组的要高19.8%,这一现象以后被学者称为小公司效应。后由学者进一步研究证明,小公司效应在1月份特别明显,其具体时间是在1月的头两个星期。同一年,雷甘根(Reimganum)也发现了公司规模最小的普通股票的平均收益率要比根据CAPM模型预测的理论收益率高,且小公司效应大部分集中在1月份。由于公司的规模和1月份的到来都是市场已知信息,这一现象明显地违反了有效市场假设。

随后他们用1963—1979年的数据计算,得出了小公司在1月份平均每天上涨达0.714%,头5个交易日的上涨幅度超过了8.16%。对该效应最有力的解释是小公司一般具有较高的风险,因此它们应获得相应更高的收益率。那么,为什么1月份小公司效应最显著,他们相信这与之前描述的减少纳税的动机相关。许多人在年前出售股票是为了在课税年度结束之前实现其资本损失,在新的一年开始时再重回股市。后有学者又证明,个人投资者的股票持有量在12月底和1月初分别达到年度最低点和最高点,有"首尾呼应"的特点。

(2)价值效应。价值效应(Value Effect)与反映公司价值和其财务特征的指标有关,最主要的指标一个是市盈率,一个是市账率。价值效应是指具有低市盈率或低市账率公司的股票能够提供更高的投资回报。研究发现低市盈率股票的收益率要高于高市盈率股票,因此投资于具有低市盈率的股票能够获得较高的投资回报。同样,从历史数据来看,高市账率的公司股票与低市账率公司股票相比,收益率要低一些。而且这一现象在熊市时更为明显。因此,投资于具有低市账率的公司能够获得较高的投资回报。

如果市场是有效的,投资者发现这些现象后,应该买入收益较高的小公司股票或低市盈率、低市账率股票。大量买入的结果,将促使其价格上升,收益下降并回归到正常水平。但事实上,上述效应在不同的市场上长期存在,因此有违市场有效性假定。

2. 与时间有关的异象

(1) 1月效应。如果市场是有效率的,原则上每个月的回报率平均也应是差不多。但根据统计学的验证结果显示,1月份的回报率往往是正数,而且会比其他月份高;相反在12月的股市回报率很多时会呈现负值,这就是学界称为的1月效应(January Effect)。1月效应的产生很大程度上是因为投资者出于避税的目的选择在每年年末之前出售手中已经亏损的股票。一旦税收年度进入下一个新的年度,这些投资者就会很快把钱重新投入市场,造成股价上扬。美国的税法规定:投资所获盈利需要缴纳资本增值税(Capital Gain Tax)。如果股票卖出价比买入价高,则所赚取的利润便要缴税。但这税项是对称的,如果股票卖出价比买入价低,投资便出现亏损。原则上,这些亏损可以抵扣税款。股票投资的赚蚀税务效应的产生需要进行实质的买卖。如果持有股票是账面亏损,原则上不能抵扣税款。要把股票在市场上沽出,账面亏损变成实际亏损,才能获得税务宽免。美国报税的截数日在每年12月尾,因此如要获得扣税,便要在年尾之前把账面亏损股份沽出从而产生实际亏损。为了降低所缴纳的税款,不少投资者都会在12月底前卖出已亏损股票沽出账面亏损股份,形成了12月的股市偏淡。但翌年1月,投资者会重新投入市场,把12月套现的资金重新投放股市之中,买入心仪的股份,继而带动股市上升。尽管1月效应在历史上发生了很多次,但是投资者仍然很难从中获得超额利润,因为所有的人都期望市场有1月效应的发生,所以在价格很快就做出了调整。

> **专栏 15-1**
>
> **1月效应在中国是否应验?**
>
> 有关专家的统计分析表明,沪深股市出现1月效应极为明显。根据有关资料对中国股市14年来的走势统计,从1991年到2005年的14年里,有10个年份具有明显的1月效应,概率达到71.43%,而在10次1月效应中,有6次是上涨,4次是下跌。根据资料显示,每年1月,除了具有"首尾呼应"的预示效应外,1年的最低点或次低点出现在1月份的概率也要大大高于其他月份。从1991年至2004年中,有7个年份的最低点

> 或次低点出现在 1 月份,其中,有 5 次形成了重大转折。较近的 2000 年、2002 年、2003 年,大盘几乎都是在结束长达 6 个月的调整后在 1 月份出现转折及恢复上涨的。另据资料介绍,1 月的赚钱效应也是相当明显的。历史上 1 月份有 8 次上涨 6 次下跌,且平均上涨幅度明显偏大,为 13.89%,平均下跌幅度为 5.81%。虽然西方国家股市关于这种效应的税收解释在中国并不适合,但是也有着其他一些合理的解释:一是岁末年初资金紧张,基金迫于年初的分红压力及应对春节前的赎回高峰,也必须保持一定比例的现金头寸。所以当市场资金供应量相对偏紧的时候,游资等短线炒手则更青睐于资金推升成本较低的低价股;二是低价股、亏损股基本面较差,容易被普通投资者冷落,这样却有利于主力或游资在低位收集筹码,而在拉升低价股后往往再启动颇具人气的科技股;三是绩差股的年报风险已经通过预警预亏机制得到了提前释放,同时绩优公司利好效应也得到提前展现,从而使得一些主力资金更倾向于低价股、亏损股。

(2) 其他日历效应。之前描述的 1 月效应是日历效应中的一种。其他日历效应中观察得最为广泛的要数对一个星期中每一天的收益差异的观测。研究发现,纽约证券交易所周一的收益要比其他四天交易日的收益低很多。吉本斯(Gibbons)和赫斯(Hess)在对 1962—1978 年的纽约证券交易所的股票市场收益进行研究后发现,周一的年收益率是-33.5%。进一步而言,他们又将样本分为 1962—1970 年和 1970—1978 年两个时间段,也得到了类似的结果:周一有着相当大的负收益率。哈利斯(Harris)在对 1981 年 12 月至 1983 年 1 月这 14 个月的每天和每周的交易进行了研究后发现了一些更有趣的现象:周一有比较大的负收益而其他四天有正收益;周一的负收益不是平均分布的,而是可以分解成两部分:有一半的负收益是来自周五收盘和周一开盘之间,另一半来自于周一开盘后的前 45 分钟。在周一收盘前 30 分钟,大部分股票都有回升。根据此研究的结论,投资者应该在周五晚些时候卖出股票,并在周一开盘 45 分钟后买进股票。这看似十分明显的股票价格规律,至今却很少有人利用其制定相应的交易策略获得超额利润。可能是这个策略覆盖的时间间隔比较短并且市场很容易进行自我调节。另外,对于大公司而言,周一的负收益效应经常发生在周一开盘之前(或者将其称为"周末效应");对于小公司而言,大部分的周一负收益效应发生在周一开盘的当天(或者将其称为"周一交易效应")。

(3) 动量效应与反转效应。研究者发现市场上还存在所谓的动量效应(Momentum Effect)和反转效应(Contrarian Effect)。动量效应与反转效应也可以看作与时间有关的一类市场异象,二者的存在说明市场没有达到有效。动量效应是指证券市场价格对信息反应不足(Underreact)的现象,也就是说,与证券价格相关的信息没有立即、足够地反映在证券价格上,价格在之后的一段时间内仍然朝原方向(涨或跌)继续运动。杰加迪什(Jegadeesh)和特曼(Titman)(1993)发现:过去一年收益较高的投资组合与过去一年收益较差的组合相比,前者收益会更好。买入过去一年表现好的股票,能继续获取超额收益,证明之前存在信息反映不足。反转效应是指证券价格由于对信息存在过度反应

(Overreact),对所谓"好消息"的过度反应使其价格超涨,对所谓"坏消息"的过度反应使其价格超跌,一段时间后,这种过度反应回归理性从而使资产价格反转回归正常的现象。对这一效应研究的最有名的文献是德邦特(DeBondt)和塞勒(Thaler)于1985所发表的文章《股票市场反应过度了吗?》。他们发现:过去三至五年回报率较低的股票(输家组合)在之后的年份回报率都较高;相反,过去三至五年回报率较高的股票(赢家组合)在之后的年份回报率都较低。市场收益存在反转现象,证明在此之前,市场对信息反应过度。

以上列举的只是市场中与市场有效假说相违背的几种现象,而这几种现象是经济学家发现的股票收益率的时间规律以及和公司市值大小的关系。从研究结果来看,有的股票确实在某个特定的时候或者特定的一群公司中有持续性和系统性的偏低或者偏高的收益率,但是又很难对这些文献研究一概而论。背后的解释有很多,有的观点认为这些有规律的股价走势是随机发生的,但是有无数的研究者无时不刻在研究股价,所以这种耦合的股价趋势被发现也是在所难免;也有观点认为这种有规律的股价走势可能是因为市场的微观结构和市场交易指令的运行模式所带来的;还有一些观点认为这些股价走势的产生就证明股票市场是无效的,当投资者利用这些走势套利时这些明显的股价走势就会消失。

15.2.2 关于市场有效性理论的评述

市场有效性理论的核心思想就是认为证券的价格是自由灵活的,并反映所有可能获得的信息。正如克拉克·弗兰西斯(Clark Francis)所指出,因为资本市场上各种证券的价格能充分反映所有可能获得的信息,且价格信号又是资本市场中资本有效配置的内在机制,所以"一个有效的资本市场会迅速准确地将资本导向收益最高的企业"。基于这个思想,对资本市场效率的研究主要集中在信息与价格之间的关系上,有关信息的获取成为价格能否作为正确信号反映市场的有效程度的关键。现实的资本市场也正是如此:一个有效的市场,必然是一个信息分布均匀的、透明度高的市场。

在有效市场中,认为证券价格的波动为无规律可循的随机运动,初看起来使人感到很难理解,人们会很自然地提出许多疑问,如证券价格是无规律的随机运动,为何还有那么多专业人员在进行技术分析?证券价格真的能迅速对信息作出准确的反应吗?等等。类似的问题很多,对于这些问题,经济学家们已做出了许多解释,其中既有对市场有效性理论的肯定,亦有对它的否定。在一个有效市场中,价格必然能够对信息作出迅速、准确的反应,但证券价格的无规律的随机运动并不排斥专业人员的基础分析和技术分析,从某种意义上说,专业人员的技术分析恰恰是使价格能够充分反映信息的一种力量。

虽然市场有效性理论尚有一些不完善之处,并且对有些现象如1月效应、小公司效应、周末效应等还不能给出令人满意的解释,然而它毕竟揭示出资本市场的运作实质,为评价现实的资本市场提供了方法,从而为促进现实的资本市场从无效到有效、从低效向高效的转化提供了方向。在现实的资本市场中所反映出的很多问题,恰恰是市场尚未达到一定有效程度的表现。随着对市场监管的法律、法规的完善及计算机通信技术的发展,信息的分布会更均匀,透明度会更高,价格对信息的反应会更加灵敏、快捷,资本市场会更具有效率。

市场有效性理论的确立为大量的金融理论提供了存在的基础条件,保证了金融理论的适用性,它成为现代经济金融学的基础是实至名归。可以说,在经济学中很少有一个理论能获得像市场有效性理论这么多的支持,同时也很少有一个理论能够承受像市场有效性理论这么多的批评和质疑。

因为有效市场假说是关于市场价格行为的假说,因此关于有效市场假说的研究都会面临双重假设检验的问题:一是关于市场行为的模型设定是否正确;二是在假设模型下价格行为的表现是否显著地异常。由于在有效市场假说之下存在大量的市场异象,因此研究学者们根据现代心理学的最新研究成果,对有效市场假说的经济学根本"人类行为的理性假设"提出了质疑,从而提出"行为金融"(Behavioral Finance)这一理念。

15.3 行为金融

我们以上的讨论都是关于经典金融理论的,比如该理论如何假设资本市场的功能,如何在该理论的框架下来测试市场是否在信息上是有效的。经典金融理论从20世纪60年代开始风靡全球,直到20世纪80年代一个新的领域开始抓住了金融学者的眼球——行为金融学。这是金融经济学的一个新的分支,在分析金融问题时加入了许多投资个体的心理因素,并研究这些心理因素是如何影响投资者、股票分析师和基金经理的。

15.3.1 行为金融学与传统金融学的关系

用"扬弃"来形容行为金融学与传统金融学的关系是比较贴切的。这是因为行为金融学是对传统现代金融理论的批判的继承。传统现代金融理论在有效市场假说(EMH)的基础上发展起来了投资组合理论、资产定价理论(CAPM)、套利定价理论(APT)、期权定价模型(OPT)。1952年马克维茨发表《证券投资组合选择》一文,提出了以均值方差原则为核心的投资组合理论。夏普、林特纳和莫辛几乎同时发展出了资本资产定价模型(CAPM)。他们从分析资产投资面临的分析和均衡预期收益之间的关系入手,解决了资产定价的问题。1976年罗斯(Ross)提出另一著名资产定价模型——套利定价模型(APT)。该模型假设资本市场是完全竞争的,理性的投资者通过套利机会的寻求,通过"贵卖贱买"以获利,直至这样的套利机会耗尽。

传统金融学经过历年的推敲已经形成较为缜密的理论体系,看似固若金汤。但是20世纪80年代以来的金融市场似乎越来越不能对EMH和CAPM提供经验支持。行为金融学的兴起开始对传统金融发起了挑战。其一,市场是否有效,行为人是否完全理性;其二,套利原则是否存在。行为金融学对社会性的人做出了三点假设,即有限理性、有限控制力和有限自利。行为金融学也论证了"套利限制"的命题,认为套利策略面临各种风险,如基本面风险、噪声交易风险、执行成本和模型风险等,这些风险导致套利受到限制。这两点也就成为了行为金融学挑战传统金融学的两大支柱。

> **专栏 15-2**
>
> **行为金融学早期的发展和代表人物**
>
> 早期有学者认为,1936年凯恩斯的空中楼阁理论应归为行为金融学理论的源头。但大多数学者还是将1951年美国的伯瑞尔(O. K. Burell)教授发表的《投资战略的实验方法的可能性研究》一文视为行为金融学产生的标志,因为该文首次提出了用实验来讨论理论的必要性,将行为心理学与经济学相结合来解释金融现象。行为金融学成为一个引人注目的学派,大约是20世纪80年代。其代表人物主要是芝加哥大学的塞勒(Thaler)和耶鲁大学的罗伯特·希勒(Robert J. Shiller),还有费舍尔(Fisher)和舍夫林(Sheferin)。塞勒主要研究了股票回报率的时间序列、投资者的心理账户等问题;希勒主要研究了股票价格的异常波动、股市中的羊群效应、投机价格与流行心态的关系。希勒教授在2000年出版的《非理性的繁荣》一书在实践中显示了行为金融学的威力。舍夫林(Sheferin)从事行为资产定价模型和行为资产组合理论的研究。费舍尔在噪声交易方面有很深的研究。由于他们的研究成果能够解释金融市场中异常现象,符合现实,逐步被学术界认同和同行人士接受,因而形成一个新兴学派。

15.3.2 行为金融学的理论支柱

1. 人的心态和情绪

行为金融学理论基础之一是人的心态和情绪,用规范的语言叫作"价值感受"。行为金融学认为,投资者在投资过程中有四种心态和情绪。

(1) 过于自信。投资者在投资决策过程中总是倾向于过高估计自己的判断力,从而表现出过分自信。但心理学研究发现,如果人们称对某事抱有90%的把握时,成功的概率大约只有70%,金融活动中此心理特质表现尤为突出。

(2) 避害大于趋利。趋利避害是人类行为的主要动机之一。在经济活动中人们首先考虑的是如何避免损失,其次才是获取收益。这表明,人们在从事金融交易时,其内心对利害的权衡是不均衡的,赋予"避害"因素的考虑权重是"趋利"因素的两倍。

(3) 追求时尚与从众心理。人们相互影响从而改变人的偏好的作用十分巨大,追求时尚与从众心理便是其中最突出的特点,这对投资决策的形成与改变具有特殊的影响。在金融投资领域,这方面的表现尤为突出,所以经济学家已经开始将这一条作为重要的偏好选择因素加以考虑。

(4) 减少后悔与推卸责任。当投资决策失误后,投资者的后悔心情是难以避免的。因此,即使是同样的决策结果,如果某种决策方式可以减少投资者的后悔心理,则对投资者来说,这种决策方式将优于其他决策方式。减少决策失误后的后悔心态的方式有多种,比如,委托他人代为进行投资;仿效多数投资者的投资行为进行投资等。而如果委托他人投资可以减少因自身决策失误造成的后悔心态,则这种委托代理关系将会提高委托人的效用。由于投资者在投资过程中有以上四种心态和情绪,所以,人们通常并不遵循数理金融学意义上的最优模型进行决策,而是追求满意。

2. 投资者并非全都理性

行为金融学的理论基础之二是:投资者并非都是理性的,市场不可能完全由理性投资者主宰,非理性投资者能够继续存在,从而对证券市场价格的形成也能产生影响。投资者并非都是理性的,究其原因是掌握、理解信息的差别性、偏好性和不精确性:

(1) 信息的获得具有差别性是指获得的信息有的多、有的少,有的充分、有的不充分。不是每一个投资者都能获得必要的信息。

(2) 对获得的信息各有偏好,有的确认这个信息有价值,有的确认那个信息有价值,对信息的理解不同会导致不同的行为。

(3) 所发布信息有不同的导向,因为人们以不同的心态来对待内容大致相同的一条信息会有不同的反应。此外,信息在语句上的不同组合,人们也会有不同的心理反应。如"失业率为历史最低水平,但工资增长低于预期",如果将语句的组合改为"工资增长低于预期,但失业率为历史最低水平",则对人们的影响不一样。前者能产生消极影响,后者会带来积极影响。

(4) 信息纷繁复杂,传播速度又快,决策者难以适从。在这种情况下,就运用经验、直觉选择信息来决策,但所掌握的信息又可能是不正确、不精确的。

市场不可能完全由理性投资者主宰,是因为由理性投资者主宰市场是有条件的,这些条件是:① 理性投资者能及时把握证券的真实价值;② 理性投资者多于非理性投资者;③ 长时间的无成本的卖空。但由于上述掌握、理解信息的差别性、偏好性和不精确性,理性投资者难以及时把握证券的真实价值;由于市场的淘汰有一个过程,比较慢;再由于投资者的投资时间是不确定的,随机因素较多,长时间的无成本的卖空也是不现实的。所以,完全由理性投资者主宰市场的概率是较小的。非理性投资者能继续存在,是因为:在某些情况下,非理性投资者实际上可以获得比理性投资者更高的收益。另外,由于淘汰过程本身是较为缓慢的,因此,即使非理性投资者得到的期望收益确实较低,他们仍然可以影响证券(资产)的价格。而且,如果把"理性"看作一个选择过程的话,则不论人们如何做出决策,投资者能够生存下来本身就证明了他们的决策是"理性"的。

3. 市场竞争的非有效性

行为金融学的理论基础之三是市场竞争的非有效性。这种非有效性的存在,一方面是由于信息披露不充分、掌握信息不对称;另一方面是因为在证券市场上有理性投资者和非理性投资者,理性投资者掌握的信息相对充分,非理性投资者掌握的信息不充分或根本未掌握信息。在这种情况下,两类投资者的行为共同决定市场价格,不存在充分反映信息的市场价格。所以,市场竞争具有非有效性。

15.3.3 行为金融学的三大主题

行为金融学的拥护者都认为以上列举的这些心理现象渗透了整个金融决策过程。为了更好地阐明这一点,我们将这一系列心理现象总结成为三大主题。我们在此进行简单的探讨,从中也可以看到行为金融学与传统金融学在处理经济(金融)问题时的明显不同。

1. 直觉驱动偏差(Heuristic-driven Bias)

直觉推断(Heuristic)在字典里的定义是指人们通常是采用探索法发现事物的过程。探索法经常导致人们单凭以前的经验(Rule of Thumb)解决碰到的新问题,但这一过程也经常带来其他错误。直觉推断就是单凭经验法则本身就得出结论。行为心理学的一个主要进展就是辨认这些与利用以前的经验相关的系统性错误。

在一个特定的社会环境下,凶杀与中风哪个是造成死亡的最主要的直接因素?大多数人都会依赖于回忆。如果人们更容易回忆起凶杀而不是中风是一个更主要的因素,那么他们就会回答凶杀。这个过程就是直觉推断。这样的判断有时候会很接近正确答案,有时候却可以带来偏差。在这个例子当中,如果媒体认为某一种死因的报道更具有新闻价值,他们就会更倾向于集中地对其进行报道,这就使得人们在直觉推断的时候更容易回忆起与经常报道的死因相关。很显然,这个直觉推断的过程还包含了媒体报道所带来的偏差。

我们从更广阔的视角来看待这个过程,会发现以下四个步骤。

(1) 人们在看待和探索事物的时候,一般都有自己的一般性原则。

(2) 人们依赖直觉推断,或者说凭借自己以往的经验,处理获得的新信息并据此进行推断。

(3) 因为人们依赖的直觉推断法不是完美的,该方法会受到各方面的影响而倾向于犯一些特定的错误。

(4) 于是人们就在特定的场合犯错误。

以上四个陈述定义了直觉驱动偏差。

在直接推断法的作用下,无论是职业经理人还是私人投资者都会碰到一系列的心理问题,比如我们提及的过度自信、模糊性规避等。这会直接作用于对盈利的预测、对基金业绩的评估、公司并购决策,也会影响到个人与机构投资者证券组合类型的选择。

大多数人对自己过度自信了吗?(扫码学习)

2. 情境依赖(Frame Dependence)

在传统金融理论中,不同的情境对于投资者的决策是没有任何影响的,这被称为情境无关性,它是 MM 定理的核心思想。MM 定理的创始人米勒对情景无关性做了一个简单的描述,认为如果你将 1 美元从你的右口袋转移到你的左口袋,你并没有因此增加财富。在该描述中的右口袋还是左口袋只是不同的情境问题,或者叫作形式。情境独立表明形式与行为无关。传统金融假设摆在投资者面前的情境一目了然,这就意味着从业人员能看穿描述现金流的各种不同的方式。然而,许多情境是模糊不清的。当一个人难以看透模糊的情境的时候,他的决策会很明显地依赖他所处的特定情境。其结果必然是形式的不同也就是内容上的不同。行为反映了情境依赖。

在情境依赖中,损失厌恶(Loss Aversion)是一个典型的情况。假设你面对的选择是:① 确定损失 7 500 元;② 有 75%的可能损失 10 000 元,25%的机会不遭受任何损失。这两者之间你会选择哪个?尽管两个选择的期望损失都是 7 500 元,但是大多数人都选择后者。为什么?因为他们讨厌损失。事实证明,同等数量的损失所带来的负效应是同等数量盈利所带来的正效应的 2.5 倍。

专栏 15-3

损失厌恶的现实事例

现实生活中,损失厌恶的例子也无处不在。在一个关于股票经纪人的手册中,将投资者面对损失时的困境描述如下:许多客户在股票被套牢的时候,是极不情愿将任何股票抛售出去的。对任何特定的投资,他们都不想放弃任何赚钱的希望,在抛出去的时候至少要不亏不赚。经常被套牢的投资者总会对自己或者他的爱人说:"没有关系,这只是账面上的损失,它会回来的。"这种想法被称为"扳平症",它对投资组合的破坏作用比其他因素更大。

巴林银行的里森(Leeson)行为也是一个鲜活的例子。1995 年,里森因为搞垮了他的雇主——有 232 年历史的巴林银行——而名声大振。他在交易中损失超过了 14 亿美元。在已经得知损失了几亿美元的情况下,仍然加大头寸,以一种赌徒的心态想把损失捞回来,结果是越陷越深。最后,他自己造成了巨大损失,这就是扳平症在发生作用。

3. 无效市场

金融学界争论的最激烈的问题之一就是市场到底是有效的还是无效的。美国曾经有个长期资本管理公司(Long Term Capital Management,LTCM),它宣传自己为全球市场价格异象的利用者。当 LTCM 的合伙人、诺贝尔奖得主斯科尔斯(Scholes)与康赛克资本管理公司衍生证券业务部的副总经理周(Chow)发生激烈争论时,周说:"我不认为市场上存在许多纯粹的异象。"斯科尔斯回应说:"只要继续存在像你这样的人,我们就能够赚钱。"如果斯科尔斯的因果关系是正确的,投资者的错误决策是产生错误定价的原因,那么市场还是有效的吗?斯科尔斯说 LTCM 利用高杠杆累积了很多金钱,然后在全世界赚钱。这里的"赚钱"就代表了市场的无效性。

无效市场与前面两个主题通过因果关系联系起来。直觉驱动偏差和情境依赖导致了价格偏离了基本面价值。以其中一个现象为例:投资者依赖直观推断法就会对过去输家产生过度悲观而对过去的赢家产生过度乐观的情绪,这样就导致价格偏离其基本面价值。准确地说,过去的输家价值会被低估,过去的赢家价值会被高估。然而,随着时间的推移,错误定价会自我纠正,输家的表现会超过市场的平均水平,而赢家的表现将差于市场水平。有时这种情绪上的偏差所带来的价格偏差有可能是大幅度偏离,也有可能是长时间偏离。

行为金融学作为一门新兴学科,要成为一个完善的理论体系还需要行为金融学家们执着地努力和不懈地探索。但从行为金融学的研究现状和发展前景看,从对主流金融学的假设与结论提出质疑,到对投资者的行为特征、市场有效性假说等问题提出自己独特的观点,一直到行为资产组合和定价理论、行为公司金融理论以及宏观行为金融分析理论的提出,行为金融学正在逐步向一个完善的体系发展。虽然行为金融学完全替代主流金融学还只是行为金融学家的一厢情愿,但行为金融学必将对金融理论与实践产生越来越大的影响。也许正如1994年塞勒所说,终将有一天"行为金融学"作为一个名词将不再被人提起——这是多余的,因为金融主体在对资产定价和从事投融资活动时将很自然地考虑各种"心理和行为"因素的影响和作用。

2013年诺贝尔经济学奖得主——法码和希勒(扫码学习)

小　结

1. 有效市场是指这样一个市场:投资者都利用可获得的信息力图获得更高的报酬的结果,使得证券价格对新的市场信息的反应是迅速而准确的。证券价格总是能反映全部信息,市场竞争使证券价格从一个均衡水平过渡到另一个均衡水平,而与新信息相应的价格变动是相互独立的,或称随机的。因此市场有效性理论又称随机行走理论。

2. 有效市场根据市场所反映的信息的层次可以分为三个阶段:弱式有效市场、半强式有效市场和强式有效市场。

3. 在弱式有效市场里,股票当前的价格变动已经完全反映了股票的历史信息,这些信息包括以前的收益率、交易量、大宗交易记录等。

4. 半强式有效市场里的证券价格不但反映了所有以前的相关信息,而且能够迅速地吸纳新信息并在瞬间反映在股价上,这些新的信息包括政治事件、经济指标以及收益报告等。

5. 强式有效市场的股价完全反映了所有的信息,包括公开信息和内幕信息。

6. 有效市场的提出引起了金融界的轩然大波,人们在纷纷找寻市场有效的证据的同时,也发现了很多有效市场假说所不能够解释的现象,我们称之为异象。具体包括有1月效应、周末效应、小公司效应等。

7. 1月效应是指在每年的12月31日到第二年1月第一个周末之间,股票市场都有上涨的趋势。

8. 小公司效应也称规模效应,是指以股票市值为衡量标准的公司规模的大小与该股票的市场收益率之间呈相反的关系。也就是说,从统计规律看,总市值较小的公司股票有较高的收益率,而总市值较大的股票有较低的收益率。

9. 周末效应是指对十一周内五个交易日的收益进行分析,发现星期一的收益明显低于一周里其他各天。

10. 行为金融学是应用心理学、行为学的理论和方法分析和研究金融行为和现象的一门新兴交叉学科。行为金融学在接受传统金融学以数学模型为基础的资产定价模型的同时,也考虑人们的心理、行为等因素对资产价格的影响,力求建立一种能正确反映市场主体实际决策行为和市场运行状况的描述性模型。

11. 行为金融学有三个理论支柱:其一是人类的价值情绪,比如过度自信、避害大于趋利、追求时尚与从众心理、减少后悔与推卸责任;其二是人类的理性是有限性的,人类的心智、生理能力受到各方面的限制,并没有像传统金融学假定的那样具有无限的认知、计算能力。其三是市场的无效性。

12. 行为金融学的三大主题:第一是人们喜欢凭自己的经验去判断事物,从而带来了直觉驱动偏差;第二是同一个问题由于表达方式不一样,从而带来了投资者决策的差异,这就是投资者具有情境依赖;第三是市场是无效的。

关 键 词

有效市场假说　　随机行走　　弱式有效市场　　市场无效
半强式有效市场　　强式有效市场　　市场异象　　情境依赖
行为金融学　　直觉驱动偏差　　有限理性

习　题

1. 什么是有效市场假说?它分为哪三个层次?
2. 现实市场中有哪些现象是不能够被有效市场理论所解释的?
3. 行为金融学的理论支柱是什么?它有哪三大主题?
4. "如果所有证券都被合理定价,那么它们的预期收益率一定都相等。"这句话对否?为什么?
5. 我们知道股市应对好消息产生正面反应。而像经济衰退即将结束这样的好消息可以比较精确地被预计到。那么,可以认为在经济复苏时股市就一定上涨吗?
6. 已知 A 公司的管理很差。你给该公司管理水平打的分数是 30 分,而市场调查发现投资者平均打 20 分。你应买入还是卖出该股票?B 公司刚宣布其年度利润增加,然而其股价不升反跌。对于这个现象,你有没有合理的解释?

第 15 章即测即评

请扫描二维码进行即测即评。

参考文献及进一步阅读建议

1. 滋维·博迪,亚历克斯·凯恩,艾伦·马库斯. 投资学. 北京:机械工业出版社,2017.
2. 张亦春,郑振龙,林海. 金融市场学. 5版. 北京:高等教育出版社,2017.
3. 理查德·H. 泰勒,罗伯特·J. 希勒. 行为金融学新进展(Ⅱ). 北京:中国人民大学出版社,2017.
4. 戴晓凤. 证券投资学. 长沙:湖南人民出版社,2001.
5. 戴晓凤,晏艳阳. 现代投资学:组合投资分析与管理. 长沙:湖南人民出版社,2003.
6. 周爱民,张容亮. 行为金融学. 北京:经济管理出版社,2005.
7. 李国平. 行为金融学. 北京:北京大学出版社,2006.
8. 赫什·舍夫林. 超越恐惧和贪婪:行为金融学与投资心理诠释. 上海:上海财经大学出版社,2005.
9. 张月飞,史震涛,陈耀光. 香港与大陆股市有效性比较研究. 金融研究,2006(6).

郑重声明

高等教育出版社依法对本书享有专有出版权。任何未经许可的复制、销售行为均违反《中华人民共和国著作权法》，其行为人将承担相应的民事责任和行政责任；构成犯罪的，将被依法追究刑事责任。为了维护市场秩序，保护读者的合法权益，避免读者误用盗版书造成不良后果，我社将配合行政执法部门和司法机关对违法犯罪的单位和个人进行严厉打击。社会各界人士如发现上述侵权行为，希望及时举报，我社将奖励举报有功人员。

反盗版举报电话　　(010) 58581999　58582371
反盗版举报邮箱　　dd@hep.com.cn
通信地址　　北京市西城区德外大街4号　高等教育出版社法律事务部
邮政编码　　100120